U0089217

中國學術思想研究輯刊

三一編

林慶彰 主編

第15冊

《五經正義》政治道德思想研究

王貞 著

花木蘭文化事業有限公司

國家圖書館出版品預行編目資料

《五經正義》政治道德思想研究／王貞 著 — 初版 — 新北市：
花木蘭文化事業有限公司，2020〔民 109〕
目 4+288 面；19×26 公分
（中國學術思想研究輯刊 三一編：第 15 冊）
ISBN 978-986-518-005-8（精裝）
1. 五經 2. 研究考訂
030.8　　109000275

ISBN-978-986-518-005-8

中國學術思想研究輯刊
三一編　第十五冊　　ISBN：978-986-518-005-8

《五經正義》政治道德思想研究

作　　者　王　貞
主　　編　林慶彰
總 編 輯　杜潔祥
副總編輯　楊嘉樂
編　　輯　許郁翎、張雅淋　美術編輯　陳逸婷
出　　版　花木蘭文化事業有限公司
發 行 人　高小娟
聯絡地址　235 新北市中和區中安街七二號十三樓
　　　　　電話：02-2923-1455／傳眞：02-2923-1452
網　　址　http://www.huamulan.tw 信箱 hml 810518@gmail.com
印　　刷　普羅文化出版廣告事業
封面設計　劉開工作室
初　　版　2020 年 3 月
全書字數　268199 字
定　　價　三一編 25 冊（精裝）新台幣 50,000 元

《五經正義》政治道德思想研究

王貞　著

作者簡介

王貞，女，河北辛集人，2000 年畢業於河北師範大學，獲學士學位；2003 年畢業於南開大學歷史學院，獲碩士學位，研究方向爲近現代世界史，同年任職天津社會科學院《天津社會科學》雜志社歷史學編輯；2012 年畢業於南開大學歷史學院，獲博士學位，研究方向爲中國政治思想史。現爲《天津社會科學》雜誌社副編審。主持或參與國家級、省部級、院課題若干項，並在《中國史研究動態》《社會科學戰線》《江海學刊》等報刊發表學術論文若干篇。

提　要

《五經正義》政治道德理論涉及政治哲學、政治原則、政治關係、爲政之道、君德、臣道、民規等。天立君、道義立君、自然法則立君的思想以及君、家、國三位一體的國家觀，對君、臣、民三大政治等級政治道德觀念的形成起著基礎性主導作用，是各種政治道德論說之源；君權至上論極力弘揚君爲政本的觀念，強調君主在政治生活中的主宰和中樞地位，這決定了君權至上是政治道德之本，在整個政治道德體系中起著決定性制導作用，各種政治調節理論是君權至上論的派生物；在君民關係、君臣關係、臣民關係理論基礎上，《五經正義》提出了極具適用性和實用性的維持政治體系並使之正常運轉的政治道德原則與規範。而這一範疇的政治道德則是第二位的，從屬於君權至上的政治道德規範；在君主專制制度下，爲君之道亦即治國之道，故君道又稱「治道」，有力地調整著君、臣、民三者之間的關係張力，其根本目的在於完善和強化帝王權力。《五經正義》注重實踐運用，強調致用思想，成爲貞觀君臣一致認同的政治意識、執政理念，在一定意義上造就了貞觀治世。縱觀《五經正義》政治道德理論體系，明顯具有綜合性、系統性、實踐性、典範性特徵，體現了傳統政治思維的特質和特點，蘊涵著若干超越時代的政治價值和普遍意義。

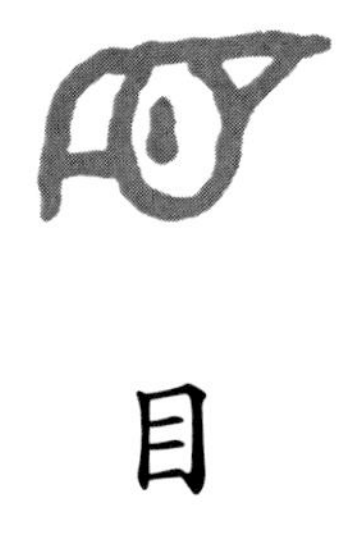

目次

導　論

以《五經正義》爲文本個案，以歷史學研究方法爲主，借鑒政治學、哲學、倫理學的方法和範疇，收集、整理、分疏相關史料，圍繞政治道德之源、政治道德之本、政治道德之用、政治道德之道、政治道德之德等方面，期以對《五經正義》政治道德思想體系作一系統全面的研究。

一、選題緣起

從現代學術分科體系看，倫理道德是一個獨立的研究領域，不同於政治思想。之所以選擇以政治道德作爲《五經正義》研究的切入點，主要出於以下三方面的考慮：

其一，在中國政治思想史上，倫理道德政治化、把道德與政治合而爲一，是一個十分突出的思維特徵，尤其是儒家，其問題意識基本圍繞道德倫理、政治以及成人三方面展開。相應地，對儒學的定位也基本從三類理想類型即道德哲學、政治哲學和人生哲學著眼〔註 1〕。這一定位劃分有一定的道理，但也有不足和值得商榷的地方，即有把倫理、政治、人學三者割裂開來的危險。爲了準確定位儒學，有學者從交叉學科即倫理學和政治學相結合的路徑審視儒學，爲把握儒學的特質提供了思路。

20 世紀早期，梁啓超指出，古典政治思想具有倫理與政治相結合的特質〔註 2〕。劉澤華則明確主張早期儒家思想是「倫理原則與政治原則渾然一體

〔註 1〕參見陳少峰《中國倫理學史》，北京：北京大學出版社 1996 年版；龐樸《儒家辯證法研究》，北京：中華書局 1984 年版；張岱年《中國哲學大綱》，北京：中國社會科學出版社 1982 年版。

〔註 2〕梁啓超：《先秦政治思想史》，上海：上海書店 1992 年版，第 36 頁。

的，可稱之爲倫理政治」〔註 3〕。樊浩認爲，儒家思想具有一種「倫理政治精神」〔註 4〕。馮天瑜等將其歸爲「倫理—政治型文化」〔註 5〕。任劍濤則在這一基礎上強調儒學思想作爲倫理政治理論形態的文化意義，在倫理與政治同構互化的基礎上、在歷史進程中對倫理政治的類型特質作發生學的探討〔註 6〕。對儒學的倫理政治學定位凸顯了儒學的特質。這種定位之所以成立，不僅是因爲儒學致思方式本身就是以政治與道德倫理的相互間性來思考政治問題，前者建構政治秩序，後者收拾人心秩序，二者共同維繫社會政治體系穩定、有序地運轉，而且這種致思方式有其歷史根源，政治與道德互構在中國早期國家即已奠定基調。

政治與道德互相緣飾一開始就奠基於宗法血緣基礎之上並規範這種等級身份社會，中國古代社會家國同構的歷史形態起初也是政治與道德倫理互構的結果。正如馬克思所說：「人按照自己的物質生產的發展建立相應地社會關係，正是這些人按照自己的社會關係創造了相應的原理、觀念和範疇。」〔註 7〕這種家國同構的社會關係結構反過來又加強政治與倫理道德的互構。陳剩勇指出：「夏代國家組織的一個顯著性特徵，是國家政治結構中血緣姓族制度與國家組織的疊合，在這裡，姓族始終是政治單位中的重要組成部分，國家（即王朝）實行『家天下』的姓族統治。」〔註 8〕在「家天下」的社會政治結構誕生的同時，維繫政治體系的禮也有了雛形。關於夏禮，限於史料，「文獻不足徵」，儘管難以全面地描述，但其政治功能卻已外顯。禮在器物、服飾、儀容等差別上顯示尊卑貴賤，成爲兼具政刑法度、道德規範、行爲準則等多重社會功能的系統，在國家政治生活中發揮著主導作用〔註 9〕。

〔註 3〕劉澤華：《中國古代政治思想史》，天津：南開大學出版社 1992 年版，第 50 頁。

〔註 4〕樊浩：《中國倫理精神的歷史建構》，南京：江蘇人民出版社 1992 年版，第 74 頁。

〔註 5〕馮天瑜等：《中華文化史》上冊，上海：上海人民出版社 1990 年版，第 254 頁。

〔註 6〕任劍濤：《倫理政治研究——從早期儒學視角的理論透視》，長春：吉林出版集團有限責任公司 2007 年版，第 6 頁。

〔註 7〕《馬克思恩格斯全集》第四卷，北京：人民出版社 1960 年版，第 144 頁。

〔註 8〕陳剩勇：《中國第一王朝的崛起——中華文明和國家起源之謎破譯》，長沙：湖南人民出版社 2002 年版，第 371 頁。

〔註 9〕陳剩勇：《中國第一王朝的崛起——中華文明和國家起源之謎破譯》，第 412 頁。

但夏統治者並沒有自覺運用道德倫理的政治功能，直到湯武革命之後，商在尋求政治統治的合法性時才強化了道德的政治功用，社會動員時的託辭就是從道德出發譴責夏桀的暴行〔註 10〕，凸顯了政治對道德力量的藉重。周滅商，同樣面臨著建構統治合法性的問題。一方面繼承「君權神授」、天立君的傳統思路，另一方面又有所突破，明確提出「以德配天」、「敬德保民」的命題，德成爲治權主體得以確立的合法性依據之一，明晰了得人便敬德，有德便得天的思路，使道德修爲外化爲政治功能。而周禮則成爲政治統治的古典範式，其本身具有的倫理—政治功能規約了中國古代政治思維的主流路徑，成爲思想家、政論家思考解決政治難題的思想起點和歸宿。春秋戰國時期，歷史進入非常態時期，社會政治文化整體性失範。在政治上，政治家們如火如荼地進行著社會秩序的實踐性重建；在思想上，則是百家爭鳴，思想家們探索著社會秩序、理想政治模式的理論願景。這一時期道德所凸顯的社會政治功用，「此後一直起著作用，它探究人類的全部活動，賦予歷史以新的意義」〔註 11〕。

其二，從五經本身的內容看，《易》、《詩》、《書》、《禮》、《春秋》五種經典文獻本身就蘊涵極其豐富的政治倫理、政治道德的思想，可謂是政治道德思想的文本載體。《易》辯證思維特色突出，爲政治與道德規範雙向對流提供了形而上的終極依據；《禮》熔倫理與政治於一爐，爲思想家、政論家提供了二者同構互化的政治實踐範式；《詩》中大量思路圍繞民情、民意表達以及如何監察民情、民意展開；《尚書》、《春秋》則寓道德評判於歷史人物和事件之中，爲思想家、政論家提供了生動具體的現實鑒戒。

《五經正義》由孔穎達〔註 12〕奉詔編纂，又稱《五經義贊》，包括《周易正義》（王弼、韓康伯注）、《尚書正義》（孔安國注）、《毛詩正義》（毛亨傳、鄭玄箋）、《禮記正義》（鄭玄注）和《春秋左傳正義》（杜預注）。永徽四年（653年），《五經正義》頒行天下。「每年明經依此考試。自唐至宋，明經取士，皆尊此本。夫漢帝稱制臨決，尚未定爲全書；博士分門授徒，亦非止一家數；

〔註 10〕謝維揚：《中國早期國家》，杭州：浙江人民出版社 1995 年版，第 393 頁。

〔註 11〕雅斯貝爾斯：《歷史的起源與目標》，魏楚雄、俞新天譯，北京：華夏出版社 1989 年版，第 13 頁。

〔註 12〕孔穎達（574～648），字沖遠（又作仲達），冀州衡水人，孔子後裔，唐代著名經學家、教育家，歷任河內郡博士、國子博士、給事中、國子司業、員外散騎常侍、國子祭酒等職。

以經學論，未有統一若此之大且久者」〔註 13〕。《五經正義》是唐朝正式頒行的儒家經典及其注疏的國定本，是唐代學校教育的標準教材。這部書博綜古今，義理該洽，於哲學、政治、倫理、文學及教育思想方面頗有建樹，在儒學發展史上佔有重要的地位。

五經的政治道德致思路徑在《五經正義》中不僅得到了延續，甚至有進一步的發展。從政治道德視角切入《五經正義》的研究，可以說是水到渠成。

其三，就其現實意義來講，傳統政治道德確有值得繼承的良性因子。由於儒家在古代政治體系中占正統地位，所以道德政治化、政治道德化在歷史上的影響是十分深遠的。2012 年 2 月初《人民日報》頭版接連刊發「換屆之際說政德」系列評論〔註 14〕，引起廣泛關注。這作爲一種現實政治現象，從一個側面凸顯和印證了研究政治道德的重要性與現實意義。只有全面客觀地把握和認識中國傳統政治道德理論，發掘政治道德對政治文明的現實建構的價值底蘊與普遍意義，才能眞正有助於推進當代社會政治道德建設。

二、概念分析

界定概念是學術研究的前提，我們首先對傳統政治道德的內涵和外延作一界定，在此基礎上深入考察其特徵，並對其功能作一宏觀把握。

（一）何謂傳統政治道德

政治道德是反映政治與道德關係的範疇。唯有釐清政治與道德之間的關係，才有可能正確把握傳統政治道德的眞諦，對其合理定位。

「政治」是政治學中最基本的概念。如何界定這一概念，可謂是眾說紛紜。如政治即國家事務；政治是與公共權力有關的現象；政治是人與人之間的權力關係；政治即管理眾人之事；政治是政府制定政策的過程；政治是爲社會進行價值物的權威性分配；政治是「權術」、「霸術」、「統治術」等等。此外，還有人試圖通過一系列關係的綜合考察來多層次、多角度地界定這一概念。總體來看，政治是圍繞國家政權問題而發生的一系列特殊的社會現象

〔註 13〕皮錫瑞：《經學歷史》，北京：中華書局 2004 年版，第 139 頁。

〔註 14〕截至 2 月 17 日，「換屆之際說政德」系列評論共刊發了 6 篇，分別是 2 月 6 日《領導幹部要有歷史擔當》，2 月 8 日《是與非不容含糊》，2 月 10 日《公與私豈能混淆》，2 月 13 日《眞與假衡量政治原則》，2 月 16 日《實與虛考驗人品黨性》，2 月 17 日《幹部之德在爲民》。該組評論被輿論解讀爲黨報發文釋放信號，顯示中央高度重視政德問題。

的總稱〔註15〕。

在先秦歷史文獻中談「政」論「治」的材料不勝枚舉。「在君爲政，在民爲事」。所謂「爲政」、「從政」、「執政」指行使權力，治理國家事務。禮樂刑政之「政」，主要是指行政。《國語・齊語》載：「教不善則政治。」《論語・學而》載：「夫子至於邦也，必聞其政。」《韓非子・五蠹》載：「今欲以先王之政，治世之民。」「政」又稱爲「刑政」，主要指一種統治手段。「治者，理也」，「勞心者治人，勞力者治於人」，即政治活動的方式是「治」。「治」是一種統治者管理、支配、操縱、影響、控制廣大被統治者的活動。《論語・憲問》載：「仲叔圉治賓客，祝治宗廟，王孫賈治軍旅。」治的對象是「人」，「治人」的目的是使之達到一種安定、有序、服從管理的狀態。《易・繫辭下》載：「黃帝堯舜，垂衣裳而天下治。」《尚書》是中國最早的政治典籍，《尚書・畢命》載：「道洽政治，澤潤生民。」《周禮・遂人》也有「掌其政治禁令」之說。這表明華夏民族很早就已開始使用「政治」一詞。在中國古代，「政治」一般稱爲「政」或「治」，主要指布政治事，關注的是治國之道〔註16〕。

「德」字起源很早，甲骨文中已經有「德」字。德之本義或曰得、曰升、曰直行等。《說文解字》云：「德，升也。從彳悳聲。」「悳，外得於人，內得於己也。」段玉裁注：「此當依小徐《通論》作『內得於己，外得於人。』內得於己，謂身心所自得也。外得於人，謂惠澤使人得之也。俗字叚德爲之。德者，升也。古字或叚得爲之。」〔註17〕由此可知，德字起初並不包含現代倫理學意義上的道德涵義，德字用於道德乃假借或後起之義。到殷商時代，道德成爲人們經常談論的話題，已帶有鮮明的政治色彩。如《尚書・盤庚》載：「汝克黜乃心，施實德於民，至於婚友，丕乃敢大言，汝有積德。」「朕不肩好貨，敢恭生生，鞠人謀人之保居，敘欽……無總於貨寶，生生自庸，式敷民德，永肩一心。」到西周，周公正式將德引入政治。在周公看來，「德是一個綜合概念，融信仰、道德、行政、政策爲一體。依據德的原則，對天、祖要誠，對己要嚴，與人爲善。用於政治，最重要的是保民與慎罰」〔註18〕。

〔註15〕劉澤華、張分田主編：《政治學說簡明讀本》導言，天津：南開大學出版社2001年版，第2頁。

〔註16〕劉澤華、張分田主編：《政治學說簡明讀本》導言，第3頁。

〔註17〕段玉裁：《說文解字注》，成都：成都古籍書店1981年版，第532頁。

〔註18〕劉澤華：《中國政治思想史・先秦卷》，杭州：浙江人民出版社1996年版，第24頁。

從現代學科體系劃分的視角看，政治與道德是兩個不同的範疇，有各自獨立的研究領域。但混淆政治與道德界限是世界各地古代政治學說乃至現代政治流派的普遍特徵。中國政治學的獨特之處就在於政治思想與道德觀念結合得更爲緊密，政治倫理化的傾向更爲明顯。這在儒家那裡表現得尤爲突出。儒家學派對道德規範的認識價值與行爲規範作了充分的論證，賦予每一項道德規範以具體的政治功能，主張以道德原則規劃社會政治，約束政治行爲。

政治道德是政治哲學的核心命題。康德宣稱：「眞正的政治不先向道德宣誓效忠，就會寸步難行。」〔註 19〕建立合乎政治道德的社會秩序，是歷代仁人志士的個人理想與共同追求。任何政治學說體系幾乎無一例外地要描繪一幅理想人生和理想社會的藍圖。理想社會模式理論既是其學說體系的重要組成部分，又是其重要的理論論證手段。形形色色的社會理想無一例外地描繪了一個至善至美、人際和諧的「道」、「道義」、「道德」的境界，並把道德修養、道德教化視爲實現社會理想的主要途徑，藉此討論有關理想的政體形式以及政治權力的運用何以在道德上得到正當性證明的問題，其必然蘊涵著有關政治道德的基本論說和內在規定的維度。如「大德者必受命」是獲得權力的必備資格；「以德配天」是保有權位的重要條件；「敬德保民」是實施統治的基本原則；「明德愼罰」是行使權威的主要方略；「德裕乃身」是道德修養的努力方向，等等〔註 20〕。

對政治道德的界定，有學者直接視之爲政治職業道德，認爲從政道德，即「官德」、「政德」，指當政者本人的道德品質。有學者進一步提出，「對政治道德的涵義可以從狹義和廣義兩個方面去理解：從狹義上講，政治道德就是政治家的職業道德，是約束政治家行爲的心理規範；從廣義上講，政治道德就是政治生活中調整人與人之間的政治關係，規範人們政治行爲的心理規範」〔註 21〕。也有學者主張，所謂政治道德，是爲了實現和維護一定的政治理想與政治秩序，在政治實踐中形成的有關政治活動的合理、合宜的價值觀念、行爲規範與從政者道德品質的總和〔註 22〕。還有學者認爲，政治道德不

〔註 19〕康德：《歷史理性批判文集》，何兆武譯，北京：商務印書館 1990 年版，第 139 頁。

〔註 20〕張分田：《從理想政治模式的視野研究傳統社會道德建設理論》，《天津社會科學》2008 年第 6 期。

〔註 21〕虞崇勝：《政治文明論》，武漢：武漢大學出版社 2003 年版，第 160 頁。

〔註 22〕肖群忠：《論政治權術與政治道德的關係》，《齊魯學刊》1996 年第 1 期。

只是指政治家在其政治職業活動中的職業道德規範，而是從屬於政治原則的、調整人們政治關係的一般倫理準則〔註23〕。也有學者從綜合考察角度對政治道德進行多層次、多角度的界定：「政治道德是指在政治實踐活動中形成的關於政治權力的價值屬性、政治活動的道德準則及政治主體的道德品質等方面的總和。它關注的是政治公共權力的價值基礎及約束，政治制度、結構本身的道德屬性，政治行爲主體的道德品質以及如何使道德理念、道德原則合理地、創造地運用於現實政治操作等等問題」〔註24〕。所謂政德不但包括當政者本身的政治活動，而且也包括政治關係及政治體制即制度層面的道德〔註25〕。這些現代政治學意義上的政治道德概念討論爲全面、深入透析傳統政治道德的基本內涵奠定了學術基礎。

對傳統政治道德的概念界定，學界所見不多。一般最基本的也是比較狹隘的界定，認爲傳統政治道德即爲政之德、政德、官德，所以關於當代政治道德建設對傳統文化的借鑒文章也一般止於古代的官箴官德理論。也有學者認爲，傳統政治道德包括政德之道與政德之事兩方面。所謂政德之道，指關於政治道德的思想、認識、理論（爲君之道、爲臣之道），主要是圍繞君、臣、民三者之間的政治關係展開的；所謂政德之事，指的是政治道德在實際政治生活中的具體表現，以及政德與治亂興衰的關係〔註26〕。這一說法較前一種認識要全面得多，科學得多，但也存在不足之處。首先，它對政治行爲主體的界定不夠寬泛，僅關注爲君之道、爲臣之德，對於普通民眾參與政治、作爲政治行爲主體的道德規範沒有給予觀照，這可能與相關史料比較缺乏以及臣民之道相互雜糅有很大關係；其次，它關注到了政德之事，這應該是一大進步，是理論與實踐、思想與社會相結合研究的大膽探索，但它忽視了傳統政治道德的制度建設和實踐路徑即政德之制的研究。可以說，從思想與制度、思想與社會相結合的視閾拓展傳統政治道德的研究還存在很大空間，值得我們進一步關注。

綜合學者對現代政治學意義上的政治道德概念與傳統政治道德的認

〔註23〕施元湘、朱法貞：《論政治的倫理意蘊》，《杭州大學學報》1994年第4期。

〔註24〕趙玲：《社會主義社會政治道德的基本內涵及其實現途徑》，《政治學研究》2004年第2期。

〔註25〕陳瑛：《政德——政權興亡的生命線》，《倫理學研究》2004年第2期。

〔註26〕參見葛荃《中華文化通志》第5典《教化與禮儀·政德志》，上海：上海人民出版社1998年版。

識，本著在確定研究內容和範圍時，寧失之於寬，勿失之於狹的原則，筆者以爲，傳統政治道德是圍繞國家政治權力的道德價值要求而發生的一系列社會現象的總和。其研究內容不僅關涉政治權力合法性的道德論證、政治行爲主體道德品質（這裡尤其需要特別強調的是，政治行爲主體應包括君、臣、民一切社會成員在內，要利用現有歷史文獻資料的記載，充分挖掘「民」作爲政治行爲主體時的道德倫理規範）、政治關係的道德規範，還包括政治制度作爲政治道德載體的道德屬性研究、政治道德的制度建設和實踐路徑研究、政治價值觀的總體研究、政治運作層面的道德準則以及經濟、軍事、文化、外交等其他社會關係、社會領域中包含的政治道德內容。因爲我們必須注意到，政治是一個歷史範疇，在上層建築中處於主導地位，幾乎滲透到社會生活的一切領域。政治關係在各種社會關係中居中心地位，影響、制約甚至支配其他社會關係。各種社會關係與政治息息相關，在一定條件下可以轉化爲政治現象。

（二）傳統政治道德的特徵

從中國古代經濟結構和社會結構中產生的傳統政治道德，除了政治道德所具有的階級性、歷史發展階段性、相對穩定性、相對獨立性等一般特徵外，還有著自己鮮明的特徵：

首先，君權至上是傳統政治道德核心價值。政治道德作爲一種社會的意識形態，是建立在一定的經濟基礎之上的上層建築，具有鮮明的時代性和強烈的階級性。正如恩格斯所說：「一切已往的道德論歸根到底都是當時的社會經濟狀況的產物。而社會直到現在還是在階級對立中運動的，所以道德始終是階級的道德；它或者爲統治階級的統治和利益辯護，或者當被壓迫階級變得足夠強大時，代表被壓迫者對這個統治的反抗和他們未來的利益。」〔註27〕中國自進入文明社會即有一個最顯赫的利益集團，這就是「以王—貴族爲中心的利益集團，以後則發展爲帝王—貴族、官僚集團」〔註28〕。在社會諸多權力中，王權是最高的權力，以王權爲中心的權力體系，王的權力是至上的、無限的。在觀念上，王權主義是整個思想文化的核心，古代思想家必然圍繞王權展開政治思維。無論是君道的天下爲公、敬天法祖、尊師重道、任賢納

〔註27〕《馬克思恩格斯選集》第三卷，北京：人民出版社1972年版，第134頁。

〔註28〕劉澤華：《中國的王權主義》引言，上海：上海人民出版社2000年版，第2頁。

諫、勤政愛民，臣道的忠君恤民、清廉守禮、以道事君，還是君臣合道、君臣同志、君臣師友、君臣一體、民惟邦本、民貴君輕、立君爲民等思想命題，都是以維護王權權威爲前提的。傳統政治道德正是在這樣的歷史文化條件下形成的，故而君權至上是貫穿其中的核心價值。這一點還可以從有關爲君之道的歷史文獻資料的繁複性上得到證明。

其次，傳統政治道德以「人性善論」爲出發點，以道德自律爲主要實現途徑。「修身爲本」成爲政治道德行爲的價值基點。「天下之本在國，國之本在家，家之本在身」〔註29〕。「身之不治，而何暇治天下乎？」〔註30〕「有身不治，奚待於人？有人不治，奚待於家？有家不治，奚待於鄉？有鄉不治，奚待於國？有國不治，奚待於天下？」〔註31〕中國傳統政治文化基礎是「人性善論」。這種以「人性善論」爲基礎的政治文化注重的是人的內在的道德自律、道德修養，其目的是治國平天下。《中庸》載：「凡爲天下國家有九經，曰修身也，尊賢也，親親也，敬大臣也，體群臣也，子庶民也，來百工也，柔遠人也，懷諸侯也。」列子指出：「臣未嘗聞身治而國亂者也，又未嘗聞身亂而國治者也。故本在身。」〔註32〕無論君主、群臣還是庶民，修身是其完成政治角色定位的根基。正如《大學》所載：「自天子以至於庶人，壹是皆以修身爲本。其本亂而末治者否矣。」

再次，傳統政治思想與倫理觀念結合得更爲緊密，政治倫理化傾向更爲明顯。中國古代社會是以血緣關係爲紐帶的宗法原則與君主專制的政治體制相結合的政治結構。中國古代宗法觀念在社會政治生活中佔據重要位置，重倫理的文化傾向爲重人的政治開闢了道路，「人」成爲古代政治學說關注的重點，從而推動了道德觀念的昇華，倫理道德成爲指導社會政治生活的根本法則之一。倫理政治直接根源於家國一體的社會結構，家是國的根基，國是家的擴大，家與國、父權與君權同構互通，孝親與忠君一脈相承，「忠臣以事其君，孝子以事其親，其本一也」〔註33〕。禮、孝、義、忠、守節、仁、信等家庭人倫的準則錯位轉化爲防止犯上作亂的政治倫理。《孝經・廣揚名》載：「君子之事親孝，故忠可移於君；事兄悌，故順可移於長；居家理，故治可

〔註29〕《孟子注疏》卷七《離婁上》。
〔註30〕《莊子集解》卷三《天地》。
〔註31〕《管子校正》卷一《權脩》。
〔註32〕《列子注》卷八《說符》。
〔註33〕《禮記正義》卷四十九《祭統》。

移於官。」《論語・學而》載:「其為人也孝悌,而好犯上者,鮮矣;不好犯上,而好作亂者,未之有也。」由家庭中的父子關係引申出君臣關係,由家族中的「孝悌」觀念引申出政治上的忠君思想,以血緣為基礎的人倫關係延伸為以階級為基礎的統治與被統治之間的各種等級關係,倫理與政治緊密相連。以倫理道德奠立中國傳統政治合法性,與中國傳統社會結構、政治生活形態是吻合的。政治合法性的建構植根於深厚的宗法倫理土壤之中,也就意味著它可以獲得最深厚的社會大眾支持或認同。

最後,傳統政治道德制度化和法律化。歷代政治家和思想家都非常重視政治道德的制度化和法律化。儒家提出了完善的關於「禮」的思想,「禮」極具剛性色彩,是王朝的政教法度、朝章國典,是維繫政治秩序之禮。法家更是把一些經過長期實踐為人們所接受和認同的社會道德規範納入法律,並制定了相應獎懲措施,加強政治道德的權威性和實效性。孝之上升為政治法律內容是其典型表現。《唐律》中有關於十惡的立法,其中第七條即是對不孝的界定:「謂告言詛詈祖父母、父母及祖父母、父母在,別籍異財;若供養有闕;居父母喪身自嫁娶,若作樂、釋服、從吉;聞祖父母、父母喪,匿不舉哀;詐稱祖父母、父母死」〔註34〕。凡是違反孝道,出現上述情況的皆為不孝罪。再如,封建統治者非常重視國家政權的行政質量與官吏的素質,尤其注重官吏的道德品質,創建了一套行之有效的官吏任用、政績考核和獎懲制度,並逐步使之法律化。選拔官員始終把德行放在重要位置,正所謂「任人唯賢」。「賢者」的重要標準就是具有崇高的道德修養。「得賢人,國無不安,名無不榮;失賢人,國無不危,名無不辱」,「身定,國安,天下治,必賢人」〔註35〕。西周把「六德」、「六行」作為選拔官吏的法定標準。漢代選官制度實行「察舉制」,其標準為「四科取士」和「光祿四行」。所謂「四科取士」即任官必須具備四個標準,「皆有孝悌公廉之行」:「一曰德行高妙,志節清白;二曰學通行修,經中博士;三曰明達法令,足以決疑,能按章覆問,文中御史;四曰剛毅多略,遭事不惑,明足以決,才任三輔令」〔註36〕。而「光祿四行」也是要求為官者要具有良好的德行,即「質樸、敦厚、遜讓、節儉」〔註37〕。

〔註34〕《唐律疏議》卷一《十惡》。
〔註35〕《呂氏春秋》卷二十二《慎行・求人》。
〔註36〕《文獻通考》卷三十九《選舉考》。
〔註37〕《後漢書》卷六十七《黨錮列傳・范滂傳》注引《漢官儀》。

唐代吏部擇人有四事即「身言書判」:「一曰身，取其體貌豐偉；二曰言，取其言詞辨正；三曰書，取其楷法遒美；四曰判，取其文理優長。四事皆可取，則先德行，德均以才，才均以勞」〔註 38〕。先秦思想家提出「明主治吏不治民」，推行一套自上而下的嚴格的考課和獎勵制度。秦朝規定了「五善」和「五失」的考課原則。唐朝也制定了「四善二十七最」的考課標準，其中「四善」專指臣僚的道德品行，即「一曰德義有聞，二曰清慎明著，三曰公平可稱，四曰恪勤匪懈」〔註 39〕。

學界一般觀點大多都認爲，中國傳統政治文化有大量豐富的政治道德理論，但不注重政治道德制度建設，這種理解是有偏差的。其實，中國傳統政治道德建設並不缺乏制度建構，翻看中國政治制度史，存在大量關於臣、民政治行爲和政治規範的制度，缺乏的只是對君主政治道德制度的建設，尤其是對君權的道德監督與規約制度的建構，「天譴說」、「民心說」等政治道德規範只存在思想家的論說中，雖然在一定程度上起到制約君權的作用，受到統治者的重視，但並沒上升到到明確的硬性制度監督層面或依據該理論建構相應的有效的具有可操作性的監督制度。這也體現了傳統政治文化君權至上的核心價值和原則。之所以會出現這種理解偏差，在於對傳統政治道德內涵的理解存在偏差，即偏重於爲君之道的理解。造成這種認識的另外一個因素，可能是受現代學科劃分體系思維定勢的影響，探討問題時研究思想的只關注思想理論，研究制度的只分析制度，忽視了思想與制度、思想與社會相結合的分析路徑。

（三）傳統政治道德的功能

在邏輯上，政治統治體系對政治道德、政治倫理、政治心理起著決定性的作用，但這並不影響政治道德和政治倫理對政治統治體系的反作用。傳統政治道德作爲上層建築，是規約政治權力健康運行、維護政治秩序穩定、促進政治統治體系發展的基本力量之一。

第一，傳統政治道德把政治體系的確立、政治權力的獲取、政權統治的目的、政治秩序的穩定等歸結於倫理道德觀念，進而從倫理道德的角度證明君主政治制度的合理性，提供合法性說明。在中國古代政治文化中，政治道

〔註 38〕《通典》卷十五《選舉》。
〔註 39〕《唐六典》卷二《尚書吏部》。

德體現在「天理」或「天道」觀念中。所以君主、帝王一方面要敬天，一方面要行德政，即所謂的「以天爲宗，以德爲本」〔註 40〕。在一定意義上，傳統政治道德可以說是以「天」、「道」爲統治權威的終極來源，以君主之「德」爲統治權威的合法性標準的倫理政治觀。在殷商時代，德與政治緊密相連的關係已得到普遍認識，周公進一步提高了德的政治價值，用「德」說明「天」的意向，「天不可信」〔註 41〕，「惟命不於常」〔註 42〕，「皇天無親，惟德是輔」〔註 43〕，用德的興廢作爲王權更替的原因，把德看作統治者上應天命而擁有統治權力的必要條件。「德，國家之基也」〔註 44〕。「天子不仁，不保四海；諸侯不仁，不保社稷；卿大夫不仁，不保宗廟；士庶人不仁，不保四體」〔註 45〕。「爲政以德，譬如北辰，居其所而眾星共之」〔註 46〕。以德論證政治權力合法性、鞏固政權統治的思維模式爲後世所繼承和發展。

第二，傳統政治道德規範的主要功能之一就是規約人們的政治行爲，調節政治關係。孟德斯鳩指出：「一切有權力的人都容易濫用權力，這是萬古不易的一條經驗。有權力的人們使用權力一直到遇有界限的地方才休止。」〔註 47〕王權絕對化理論與政治調節理論的有機結合是中國古代政治學說的一大特徵〔註 48〕。君權至上是古代政治學說的主題，可在現實生活中，王權受到各種政治道德思想的制約。思想家從討論君與臣、君與民等現實政治關係及天與君、道與君等虛擬的政治關係入手，提出了一系列王權自我調節的理論，如民本論、君臣師友論、尚公論、從道論、納諫論，等等。這實際上承認了君權的相對性，即統治者只有尊天、行道、敬德、尊禮、爲公、任賢、保民、納諫，才能居王位，保社稷，安天下。對於臣來說，一方面要處理好君臣關係，做到「居

〔註 40〕《莊子集解》卷三《天地》。

〔註 41〕《尚書正義》卷十一《周書・君奭》。

〔註 42〕《尚書正義》卷十四《周書・康誥》。

〔註 43〕《尚書正義》卷十七《周書・蔡仲之命》。

〔註 44〕《春秋左傳正義》卷三十五《襄公二十四年》。

〔註 45〕《孟子注疏》卷七《離婁上》。

〔註 46〕《論語注疏》卷二《爲政》。

〔註 47〕孟德斯鳩：《論法的精神》上冊，張雁深譯，北京：商務印書館 2002 年版，第 154 頁。

〔註 48〕劉澤華、張分田主編：《政治學說簡明讀本》導言，第 14 頁。相關研究亦可參見張分田《中國帝王觀念——社會普遍意識中的「尊君—罪君」文化範式》，北京：中國人民大學出版社 2004 年版；《論中國古代政治調節理論——民本思想在中國古代政治學說中的核心地位》，《天津社會科學》2007 年第 3 期。

官七要」，即「正以處心、廉以律己、忠以事君、恭以事長、信以接物、寬以待下、敬以處事」〔註49〕，「公家之利，知無不爲，忠也」〔註50〕，「臨患不忘國，忠也」〔註51〕；另一方面還要調整好臣民關係，做到廉政愛民，「節用而愛人，使民以時」〔註52〕，「克寬克仁，彰信兆民」〔註53〕、「德以治民」，「德以施惠」，等等。君、臣、民三者之間協調、配合還是衝突、對立，直接影響到王朝的盛衰存亡，傳統政治道德爲其各自的政治行爲劃清了邊界，提供了規範依據，成爲化解三者之間衝突、對立矛盾的潤滑劑。需要注意的是，這些政治道德調節理論的前提無一不是對君權的肯定，是從屬於、服務於君權絕對性理論的。

第三，傳統政治倫理與政治道德對於政治風氣的形成有不容忽視的意義，對於維護專制主義統治具有「爲益之大」及「收功之遠行」的特殊作用。政治道德有導向、示範、教化功能，道德感化力遠遠勝過刑罰，而其達到的政治效果亦遠非刑罰所能比：「道之以政，齊之以刑，民免而無恥；道之以德，齊之以禮，有恥且格」〔註54〕。傳統政治文化十分重視統治者的道德修行所起的表率、規範和教化作用：「君子之德風，小人之德草，草上之風必偃」〔註55〕。「聖人形德乎己，而四荒咸飭乎仁」〔註56〕。司馬光曾說：「教化，國家之急務也，而俗吏慢之；風俗，天下之大事也，而庸君忽之。夫惟明智君子，深識長慮，然後知其爲益之大而收功之遠也。」〔註57〕《資治通鑒》作爲史書，之所以由始至終充滿政治倫理與政治道德的說教，原因正在這裡。

第四，對於任何一個政治體系而言，穩定無疑是其最重要的選擇。政治秩序穩定除了制度安排合理、經濟生活富足之外，社會成員的自覺認同與支持是其中一個重要因素。「沒有共同的價值，權力競爭就可能很激烈，大量的社會緊張狀態就會存在」〔註58〕。傳統政治道德爲社會品評、監督、抨擊

〔註49〕《三事忠告 薛文清公從政錄》，叢書集成初編本，北京：商務印書館1936年版。
〔註50〕《春秋左傳正義》卷十三《僖公九年》。
〔註51〕《春秋左傳正義》卷四十一《昭公元年》。
〔註52〕《論語注疏》卷一《學而》。
〔註53〕《尚書正義》卷八《商書・仲虺之誥》。
〔註54〕《論語注疏》卷二《爲政》。
〔註55〕《論語注疏》卷十二《顏淵》。
〔註56〕《呂氏春秋》卷九《季秋紀・精通》。
〔註57〕《資治通鑒》卷六十八《漢紀》。
〔註58〕喬納森・H・特納：《社會學理論的結構》，吳曲輝等譯，杭州：浙江人民出版社1987年版，第324頁。

與制約君主、官僚的從政行爲提供了明確的依據，培育和形成了一種社會成員理性的、認同的、共有的價值觀和道德觀，在君臣、君民、臣民之間形成一種對這些價值觀念認可、內化和協調一致的關係，爲政治秩序的穩定提供思想、意識上的支持。忠孝仁義、誠信友智、勤學修身、敬德禮讓、尊賢尚能、齊家治國等社會道德倫理規範，在統治者與思想家的大力宣揚和提倡下，通過自上而下的道德教化，不僅具有政治意識形態的權威性，而且擁有天然的合理性，成爲人們遵循的普遍準則，爲維護政治秩序的穩定起到了重要作用。

第五，政治道德是關於政治價值、政治意識與政治行爲、政治制度是否符合大多數人利益，是否爲社會所公認，是否推進政治進步的標準和尺度。從實踐的角度，傳統政治道德具有價值導向功能，引導著政治主體從善去惡，使政治本身符合倫理道德的要求，進而推動政治體系與社會整體和諧有序地發展。歷史上的治世時期，基本上都具有國家統一、吏治清明、經濟富足、社會穩定、文化繁榮等特點。在統治思想上，處於該時期的統治者基本比較理性，能夠嚴格遵守與執行政治道德理念，以堯舜之世、唐虞之道爲自己時代的政治理想和治國指導思想，並將抽象的帝道、王道落實爲具體的治國方略和施政措施，執政理念能得到百姓的認同與支持，百姓對國家政權充滿信心。如在唐朝治世貞觀前期，「商旅野次，無復盜賊，囹圄常空，馬牛布野，外戶不閉。又頻致豐稔，米斗三四錢，行旅自京師至於嶺表，自山東至於滄海，皆不齎糧，取給於路」〔註 59〕。這一切都是在認眞切實實行德治思想的情況下取得的。「貞觀之治」在一定程度上證明了政治道德思想的獨特價值和魅力，在一定的條件下的確是一種有效的治國之道，在一定歷史階段能夠促進政治體系發展。而在貞觀後期，以唐太宗爲代表的統治集團不能善始善終，其所作所爲與傳統政治道德背道而馳，德治、仁政、愛民、進諫、納諫等執政理念逐漸喪失，代之以剛愎自用、貪圖享受、拒絕勸諫、好事征伐。政治道德素質與執政能力的整體下滑直接導致貞觀之治在一定程度上已經徒有虛名、名不符實，這從反面說明了堅守政治道德對政治文明、政治統治體系發展的重要性。

客觀認識傳統政治道德的功能，並不表示我們認同將傳統政治倫理、傳統政治道德原則移用於當代政治道德建設，只是期望客觀把握歷史上政治倫

〔註 59〕《貞觀政要》卷一《政體》。

理、政治道德同政治形態的關係，以便爲促進當代政治道德建設提供具有借鑒意義的發現。一方面，道德總是階級的道德，「人們自覺地或不自覺地，歸根到底總是從他們階級地位所依據的實際關係中——從他們進行生產和交換的經濟關係中，吸取自己的道德觀念」。同時，「一切已往的道德論歸根到底都是當時的社會經濟狀況的產物」〔註 60〕。傳統政治倫理和傳統政治道德作爲社會意識，從根本上來說是對中國古代社會經濟結構和發展水平的反映，不可能保持永久的歷史影響。「我們駁斥一切想把任何道德教條當做永恆的、終極的、從此不變的道德規律強加給我們的企圖，這種企圖的藉口是，道德的世界也有凌駕於歷史和民族差別之上的不變的原則」〔註 61〕；另一方面，傳統政治倫理與傳統政治道德歷經數千年而形成的強大的歷史慣性也不容忽視。此外，還應當指出，對於傳統政治道德的基本原則，也不宜作簡單化、公式化、教條化的抽象理解，應將政治倫理置於人類歷史進程中，從人類社會生活的整體關係變遷來審視政治倫理的歷史內涵、特徵、功用，結合當時社會歷史條件、政治環境具體問題具體分析，爲深入剖析不同歷史階段的政治倫理、政治道德提供堅實的前提與可靠的背景。

三、學術概況

就目前資料所見，關於孔穎達研究的專著不多見。申屠爐明《孔穎達 顏師古評傳》雖對孔穎達的家世生平專章討論，但整體內容還是多側重對孔穎達《五經正義》的研究探討〔註 62〕；張鴻《孔穎達》在圍繞孔穎達的家世、生平、《五經正義》探討的基礎上增加對其教育思想的探討，基本屬於普及型讀物〔註 63〕。其他相關論文多圍繞其家世生平展開探討〔註 64〕。

有關《五經正義》的一般研究，由於其是經學義疏的結集，所以有關《五經正義》的文獻學研究可以用「汗牛充棟」來形容，可謂仁者見仁，智者見

〔註 60〕《馬克思恩格斯選集》第三卷，北京：人民出版社 1972 年版，第 133～134 頁。
〔註 61〕《馬克思恩格斯選集》第三卷，第 133 頁。
〔註 62〕申屠爐明：《孔穎達 顏師古評傳》，南京：南京大學出版社 2006 年版。
〔註 63〕張鴻：《孔穎達》，昆明：雲南教育出版社 2009 年版。
〔註 64〕如陳冠明《孔穎達世系及入唐前行實考》，《陰山學刊》2003 年第 5 期、《孔穎達年譜略稿》，中華傳統文化與新世紀國際學術研討會論文集，2001 年；劉敏《通經明史的孔穎達》，《歷史教學》2000 年第 10 期；安敏《孔穎達主編〈五經正義〉的個人準備》，《陰山學刊》2009 年第 2 期、安敏《〈新唐書〉〈舊唐書〉中的〈孔穎達傳〉辨異》，《淮北煤炭師範學院學報》2009 年第 4 期；等等。

智，其研討範圍多集中於《五經正義》的版本、修撰依據、徵引文獻、校勘、注疏、字義訓詁、修辭等方面〔註 65〕。

具體涉及孔穎達及《五經正義》專題思想研究的論著也非常多，其主題非常廣泛，主要集中在哲學思想〔註 66〕、經學思想〔註 67〕、文學思想〔註 68〕、教育思想〔註 69〕、美學思想〔註 70〕等方面。

〔註 65〕如張寶三《五經正義研究》，臺灣大學中國文學研究所博士論文，1992 年；野間文史《五經正義の研究：その成立と展開》，東京：研文出版社 1998 年版；中厝爐明《孔穎達 顏師古評傳》一書的第三、四章；孫良明《古籍譯注樹立語境觀的重要性——談孔穎達的「文勢」說》，《古籍整理研究學刊》1992 年第 5 期；龔鵬程《〈周易正義〉之編撰》，《周易研究》2006 年第 4 期；倪淑娟《〈周易正義〉的注疏特色》，《周易研究》2010 年第 5 期；王曉平《京都市藏唐抄本〈毛詩正義秦風殘卷〉研究》，《天津師範大學學報》2005 年第 5 期；等等。

〔註 66〕哲學思想集中於易學理論的探討，如郭繼汾《孔穎達思想略論》，《河北學刊》1989 年第 3 期；趙榮波《〈周易正義〉的宇宙觀》，《文史哲》2008 年第 4 期；潘忠偉《從〈周易正義〉看貴無、崇有、獨化三說之融合——試論孔穎達學派與玄學的關係問題》，《哲學研究》2007 年第 3 期；張克賓《論孔穎達「備包有無」的易道觀》，《周易研究》2006 年第 2 期；劉玉建《論唐代易學名家孔穎達的易象觀》，《社會科學戰線》2004 年第 3 期、《漢魏易學的紹承、超越與開新——孔穎達新型易學理論體系的建構》，《周易研究》2007 年第 6 期；宋開素《孔穎達易學思想研究》，《周易研究》1995 年第 4 期；張善文《略論孔穎達對〈周易〉義理學的拓展》，《福建師範大學學報》1994 年第 1 期；等等。

〔註 67〕經學思想方面，如本田成之《中國經學史》，孫俍工譯，北京：中華書局 1935 年版；潘忠偉《〈五經正義〉與北朝經學傳統》，《哲學研究》2008 年第 5 期；喬東義《孔穎達儒學思想的異質性考論》，《學術月刊》2007 年第 6 期；秦學頎《從〈五經正義〉到〈五經大全〉——關於唐、明二代經學統一的比較》，《孔子研究》2002 年第 1 期；趙榮波《從「糾偏」看〈周易正義〉的經學和哲學價值》，《周易研究》2008 年第 3 期；等等。

〔註 68〕關於文學思想探討，如楊乃喬等《唐代經學闡釋學與兩種文學觀念的悖立——兼論《五經正義》的闡釋學方法與原則》，《學術月刊》2009 年第 4 期；王海英《孔穎達〈五經正義〉與唐代文論》，《中國文學研究》2001 年第 2 期；謝建忠《論孔穎達與唐詩》，《文學評論》2007 年第 3 期、《論〈毛詩正義〉對李益詩歌的影響》，《文學遺產》2006 年第 1 期；霍松林《「詩述民志」——孔穎達詩歌理論初探》，《文藝理論研究》1981 年第 1 期；等等。

〔註 69〕關涉教育思想研究的，如張鴻《孔穎達》一書闢設專章論述孔穎達的教育思想；張鴻、張分田《孔穎達以「道」爲核心的政治教育思想》，《天津師範大學學報》2010 年第 5 期；楊雅文《孔穎達的教育思想》，《煙台師範學院學報》1994 年第 1 期；等等。

〔註 70〕涉及美學思想的，如喬東義《孔穎達美學思想發微》，《哲學動態》2010 年第 3 期、《由經學詮釋到美學詮釋——對孔穎達詮釋學思想的一種考察》，《哲學動態》2009 年第 4 期；等等。

通過對孔穎達及《五經正義》相關成果的分疏整理，我們可以發現，與其他專題思想研究相比，關涉孔穎達及《五經正義》政治思想的研究則顯得十分薄弱，對其學術思想的歷史地位的評價非常低調，研究內容及深度亟須深入拓展。由於《五經正義》是一部官修欽定著作，有關孔穎達及《五經正義》的政治思想研究在各類思想通史、哲學史、政治思想史論著中，幾乎處於「缺席」、「空白」狀態〔註 71〕，即使有所涉及，也是一帶而過，不作深入探討。只有劉澤華主編的《中國政治思想史・隋唐宋元明清卷》專闢一節介紹孔穎達及《五經正義》的道論及治道，對其歷史地位給予了很高的評價。作者指出，孔穎達自然本體與倫理本位相結合的道論、以禮仁爲中心的治國之道和君德論，相互貫通，相互論證，相互補充，形成了完整的政治理論體系。這種理論以道爲核心範疇，融哲學、政治、倫理爲一體，把理論、原則和操作有機地結合在一起，深層次、多角度地論證了君主政治的一般原則，使儒家的政治學說達到了一個新的高度〔註 72〕。此外，申屠爐明《孔穎達 顏師古評傳》一書專設章節從歷史意識、君民關係、君德三方面論及疏文的政治思想，並分析了其在中國學術思想史上的地位〔註 73〕。郭繼汾亦指出，孔穎達的政治思想主要是進一步闡明和發展了儒家的禮治思想和王道思想，提出了順時應勢的思想，爲維護和發展大一統的政治局面，提供了理論根據和政治策略，對唐代初期的政治產生了重大影響〔註 74〕。張鴻則側重從人性論與政治論的關係分析了《五經正義》政治思想的哲理性依據，指出在主流儒

〔註 71〕如蕭公權《中國政治思想史》上冊，臺北：聯經出版事業公司 1996 年版；薩孟武《中國政治思想史》，臺北：三民書局 1980 年版；李澤厚《中國古代思想史論》，北京：人民出版社 1985 年版；葛兆光《中國思想史》第二卷，上海：復旦大學出版社 2001 年版；韋政通《中國思想史》下卷，上海：上海書店出版社 2003 年版；侯外廬《中國思想通史》第四卷，北京：人民出版社 1959 年版；馮友蘭：《中國哲學史》下冊，北京：中華書局 1984 年版；鍾泰《中國哲學史》，臺北：臺灣商務印書館股份有限公司 1979 年版；謝无量《中國哲學史》，北京：中華書局 1940 年版；任繼愈主編《中國哲學史》，北京：人民出版社 1966 年版；勞思光《新編中國哲學史》卷三上，桂林：廣西師範大學出版社 2005 年版；蕭萐父、李錦全主編《中國哲學史綱要》，北京：外文出版社 2000 年版；崔瑞德編《劍橋中國隋唐史》，北京：中國社會科學出版社 1990 年版；等等。

〔註 72〕劉澤華主編：《中國政治思想史・隋唐宋元明清卷》，杭州：浙江人民出版社 1996 年版，第 149 頁。

〔註 73〕申屠爐明：《孔穎達 顏師古評傳》，第 137～164 頁。

〔註 74〕郭繼汾：《孔穎達思想略論》，《河北學刊》1989 年第 3 期。

學人性論的演化過程中，孔穎達及《五經正義》佔據重要的歷史地位〔註 75〕。可以說，這些爲數不多的探索性研究成果爲孔穎達及《五經正義》政治思想的深化研究奠定了學術基礎。

關於傳統社會道德理想、道德哲學、道德規範、道德修養、道德教化的論著可謂是浩如煙海，不勝枚舉。自「五四」運動以來以李大釗、陳獨秀爲代表的眾多著名思想家對中國傳統道德的批判和建國以來以侯外廬、馮友蘭爲代表的一批著名思想史學者的研究成果，爲相關課題的深入拓展奠定了重要的學術基礎。進入二十世紀八十年代以來，有關傳統道德的各類研究課題一直備受關注，不斷豐富、深化，涉及哲學、歷史學、倫理學、政治學、社會學等諸多學科領域，產生了一批重要成果〔註 76〕，這些研究成果爲整體把握政治道德專題研究提供了重要的學術資源。

從現代政治學、哲學、倫理學角度研究政治道德的論著可以說非常繁複〔註 77〕，但研究中國傳統政治道德的專論則不多見，思想通史類著作多有涉及〔註 78〕，但有時說法不同，甚至一帶而過。肖群忠《君德論——〈貞觀政

〔註 75〕張鴻：《孔穎達論人性、王制與君道》，《史學月刊》2011 年第 10 期。

〔註 76〕如任繼愈主編的多卷本《中國哲學發展史》，北京：人民出版社 1983～1994 年版；張豈之主編《中國思想史》，西安：西北大學出版社 1989 年版；張錫勤主編《中國倫理思想通史》，哈爾濱：黑龍江教育出版社 1992 年版；劉澤華主編《中國政治思想史》三卷本；王處輝主編《中國社會思想史》，天津：南開大學出版社 2000 年版；羅國傑主編《中國傳統道德》五卷本，北京：中國人民大學出版社 1995 年版；張錫勤《中國傳統道德舉要》，哈爾濱：黑龍江大學出版社 1996 年版；等等。

〔註 77〕如萬俊人《「德治」的政治倫理視角》，《學術研究》2001 年第 4 期、《政治倫理及其兩個基本向度》，《倫理學研究》2005 年第 1 期、《公共性的政治倫理理解》，《讀書》2009 年第 12 期；任劍濤《道德與中國傳統政治的合法性》，《華中師範大學學報（人文社會科學版）》2005 年第 1 期、《倫理政治研究——從早期儒學視角的理論透視》，長春：吉林出版集團有限責任公司 2007 年版；彭定光《論政治道德的定位》，《倫理學研究》2007 年第 3 期；施向峰《政治道德之學理透析》，《道德與文明》2008 年第 1 期；馬嘯原《論政治的道德化和道德的政治化》，《思想戰線》1994 年第 3 期；董敏志《政治道德：本質、功能與選擇》，《社會科學》1998 年第 2 期；等等。

〔註 78〕如薩孟武《儒家政論衍義——先秦儒家政治思想的體系及其演變》（臺北：東大圖書有限公司 1982 年版）對政治道德中具體的爲政之道、君道、臣道、君臣關係等雖有所涉及，作者將之統統歸爲政治思想；薩孟武《中國政治思想史》中論析唐初君臣儒家政論時對君道、爲政之道有所論及；劉澤華主編的《中國政治思想史·隋唐宋元明清卷》第一章專門論述了隋唐諸帝的君道論，包括帝王的自我政治意識、民本論、君臣一體論、孝治論、法制論、納諫論；等等。

要〉研究》是將《貞觀政要》中的君德思想單獨拿出來，獨立成書，正如作者自己所言「擱置了『政治道德』之一般，而投身於『君德』之特殊研究中去了」〔註 79〕。葛荃的《政德志》是值得一提的爲數不多的一本傳統政治道德研究專論。作者從通論的角度對傳統政治道德作了專題研究，並就傳統政治道德的內涵及外延提出了自己的見解〔註 80〕。儘管不乏創新、創見之處，但由於對概念的界定不夠寬泛，容納力不夠，所以相關理論論述仍然難免不夠深入、系統、全面，其研究深度和廣度有待進一步拓展。其行文中零星對孔穎達義疏有所涉及，但限於全書的主旨主題，並未專門系統探究《五經正義》的政治道德思想。

如前所述，專門研究孔穎達及《五經正義》政治思想的論著已相當薄弱，從政治道德視角研究《五經正義》的論著則更是少之又少。劉澤華主編的《中國政治思想史・隋唐宋元明清卷》對孔穎達及《五經正義》的政治思想專設一節加以論析，對其治道、君德進行了專論，指出孔穎達從道與德、德與政、君與德等角度反覆論證了君德在政治中的地位和作用。喪失了德，道不得行，政不得舉，位不能保，於是孔穎達從不放過每一個可以發揮君德論的機會，把《五經正義》幾乎變成了君德大全。但作者亦指出，君德規範名目繁多，且相互貫通，交織成網，很難梳理和枚舉。所以限於篇幅，僅撮其要：體包仁道，泛愛施生、誠信公平、禮敬賢能、尚謙恭，制奢縱、防微杜漸，居安思危、虛懷納諫〔註 81〕。申屠爐明《孔穎達 顏師古評傳》專門有一小節簡要論析了君德有四要：愼戒正身、求賢於野、簡祀輕戎、興禮作樂〔註 82〕。這些研究成果具有以下共同點：首先均強調君德，強調爲君之道，而對臣道、民規均未涉及；其次對君德都僅撮其要，列舉了一些政治道德名目，沒有對之作系統、全面的論析。但他們均提出了具有眞知灼見的學術觀點和具有啓發性的研究思路，是本課題的重要學術先導，給了筆者極大的啓發。從政治道德視角系統、完整地梳理、論析、建構孔穎達《五經正義》不僅非常重要、必要，而且極具可行性。

〔註 79〕肖群忠：《君德論——〈貞觀政要〉研究》，蘭州：甘肅人民出版社 1995 年版。

〔註 80〕葛荃：《中華文化通志》第 5 典《教化與禮儀・政德志》。

〔註 81〕參見劉澤華主編《中國政治思想史・隋唐宋元明清卷》第三章第一節。

〔註 82〕申屠爐明：《孔穎達 顏師古評傳》，第 149～164 頁。

四、研究思路

傳統政治道德是圍繞國家政治權力的道德價值要求而發生的一系列社會現象的總和。關於政治道德的文章可謂數量眾多，這爲進一步深化研究提供了學術資源。但從研究現狀看，還有改進之處。

《顏氏家訓·勉學》載：「觀天下書未遍，不得妄下雌黃。」涉及傳統政治道德的典籍浩如煙海，論及政治道德的學術論著汗牛充棟，內容極爲寬泛，限於學力水平有限，無法面面俱到，這裡僅選擇幾種主要操作路徑和指導思想進行論析，在具體分析《五經正義》文本時力爭在立足史料、尊重史實的基礎上對其有所觀照。

（一）加強對民的政治道德規範研究

在傳統政治道德內涵的把握上，應加強對民的政治道德規範的研究。對傳統政治道德的概念界定，學界所見不多。一般最基本的也是比較狹隘的界定就是認爲傳統政治道德即爲政之德、政德、官德，所以關於當代政治道德建設對傳統文化的借鑒文章也一般止於古代的官德理論，即爲君之道、爲官之德。

亞里士多德《政治學》的一個重要命題就是人是天生的政治動物〔註83〕，這意味著每個人都是政治人。列奧·斯特勞斯也曾說過，人是最優秀的政治動物，因爲他是理性與道德的動物〔註84〕。政治行爲主體應包括君、臣、民一切社會成員在內，但大多研究對於民參與政治、作爲政治行爲主體的道德規範沒有給予觀照，這一方面可能與相關史料比較缺乏以及臣民之道相互雜糅有很大關係。因爲傳統政治文化的核心價值就是君權至上，思想家關注的是精英思想，普通民眾沒有自己的代言人，所以體現在歷史文獻記載、保存、流傳上基本看不到民的影子，尤其是正史，有關民參與政治的史料更是少之又少。但少並不代表沒有，而且退一步說，關於民參與政治的史料缺乏，但對民的政治道德規範的史料、實例很多。首先爲臣之道包括大量民的政治道德規範，除了明確特指忠君恤民、清廉守禮、以道事君等極具個性的官德內容之外，其餘的政治道德規範均可視爲一般意義上的臣民的政治道德，即對民的政治道德約束；其次，使民眾認同儒家的倫理道德秩序，接受「合法化

〔註83〕亞里士多德：《政治學》，吳壽彭譯，北京：商務印書館1965年版。

〔註84〕列奧·斯特勞斯等：《政治哲學史》上冊，李天然等譯，石家莊：河北人民出版社1993年版，第141～142頁。

知識中的倫理規則」，是爲政的首要責任〔註 85〕。歷朝歷代的封建統治者往往借助於家書、勸善書、家訓、族規等通俗化的形式使一般民眾認同儒家的政治道德規範，維護君主政治體系的穩定。所以，律法、家訓、家書、族訓、族規、鄉約等社會史史料與資源特別值得我們在研究民的政治道德規範時給予充分的關注，大力推動統治思想與民間社會意識互動研究。

同時另一方面，這種偏重爲政之德的現象在一定意義上論證了中國傳統政治文化的核心主旨是王權主義，形成精英與大眾、上層與下層二分的思維定勢，導致思想家的聚焦點和研究視閾始終在上層統治精英身上徘徊，對於統治思想與民眾的道德教化互動研究、社會普遍意識重視不足，這一類研究及史料基本劃歸社會史範疇。

（二）關注制度載體的政治道德屬性研究

在傳統政治道德內涵的把握和具體研究實踐中，還應關注制度政治道德屬性研究。從目前的研究狀況看，把制度作爲政治道德、政治倫理載體的研究很少，且缺乏對制度內含的道德價值維度和道德正當性研究。

制度的設計、確立總是以相應的道德要求爲基礎的，一定的制度承載著一定歷史時期特定民族和階級的政治理念與政治道德，它首先應該是一個道德意義體系。中國古代社會傳統理想政治模式理論的共性可概括爲「天下有道」、「天下爲公」、「平均天下」、「天下和平」、「革故鼎新」、「內聖外王」六大與道德範疇密切相關的命題。而道德關懷也貫穿六大命題，形成以「道」、「德」爲最高範疇的核心價值體系，以「公」、「正」爲基本特徵的政治制度準則，以「均」、「平」爲主要取向的社會正義尺度，以「中」、「和」爲重要手段和主要景觀的社會建設目標，以「變」、「革」爲重要載體的創新精神和時代精神，以「聖」、「賢」爲決定性因素的政治主體論〔註 86〕。

這裡尤其需要特別強調的是，關注制度的道德正當性研究，並非僅僅侷限於政治制度，還廣泛涉及經濟制度、社會制度、文化制度、法律制度、軍事制度、外交制度，等等。如經濟建設的「平均天下」理想、道德建設的「人人君子」理想、法制建設的「無訟」理想等。這是由政治學科的特點決定的。政治在上層建築中處於主導地位，具有強大的彌散性和輻射力，幾乎滲透到

〔註 85〕劉建軍：《中國現代政治的成長》，天津：天津人民出版社 2003 年版，第 118 頁。

〔註 86〕張分田：《從理想政治模式的視野研究傳統社會道德建設理論》，《天津社會科學》2008 年第 6 期。

社會生活的一切領域，各種社會關係與政治息息相關，在一定條件下可以轉化爲政治現象。

（三）強化政治道德實踐路徑研究

「道德仁義非禮不成，教訓正俗非禮不備」，有必要強化傳統政治道德的制度建設和實踐路徑即政德之制的研究，也即政治道德的制度化、法律化研究。其實在一定意義上這也是制度建設層面的問題。學界一般觀點大多都認爲，中國傳統政治文化有豐富的政治道德思想和政治道德理論，但政治道德制度建設匱乏，當代政治道德建設應加強道德制度、道德機制建設。其實這種認識是不客觀、不全面的。實際上，中國傳統政治道德建設並不缺乏制度建構，這裡需要注意以下兩方面問題。

首先，政治道德的制度化和法律化。儒家提出了完善的關於「禮」的思想。法家更是把一些經過長期實踐爲人們所接受和認同的社會道德規範納入法律，並制定相應獎懲措施，加強政治道德的權威性和實效性，其中最突出的是「孝」的法律化，對不孝罪的處罰。《孝經・五刑章》載：「五刑之屬三千，而罪莫大於不孝。」《唐律》中有關於十惡的立法，其中第七條即規定對不孝的界定及懲處〔註87〕。瞿同祖指出：「除了法典的內容已爲禮所滲入，已爲儒家的倫理思想所支配外，審判決獄受儒家思想的影響，也是可注意的事實。儒者爲官既有司法的責任，於是他常於法律條文之外，更取決於儒家的思想。中國法律原無律無正文不得爲罪的規定，取自由裁定主義，伸縮性極大。這樣，儒家思想在法律上一躍而爲最高的原則，與法律無異。」〔註88〕據《漢書・藝文志》記載，董仲舒曾有《公羊董仲舒治獄十六篇》。應劭說：「故膠東相董仲舒老病致仕，朝廷每有政議，數遣張漢親至陋巷，問其得失，於是作《春秋決獄》二百三十事，動以經對，言之詳矣。」〔註89〕在一定意義上講，「董（仲舒）氏以儒家經典，六經之一的《春秋》作判案的依據，更是他爲調和儒法兩種思想實際作出的努力……儒家以其價值重塑法律，系統地完成了儒家倫理的制度化和法律化……這一過程亦即後人所謂的『以禮入法』，我們名之爲道德的法律化」〔註90〕。

〔註87〕《唐律疏議》卷一《十惡》。

〔註88〕《瞿同祖法學論著集》，北京：中國政法大學出版社1998年版，第355頁。

〔註89〕《後漢書》卷四十八《應劭傳》。

〔註90〕梁治平：《尋求自然秩序中的和諧》，北京：中國政法大學出版社1997年版，第251～252頁。

其次，翻看中國政治制度史，存在大量關於制約臣、民政治行爲和政治規範的制度，如系統的選官制度、倫理綱常的法律化等。缺乏的恰恰是對君主政治道德制度的建設，尤其是君權的道德監督與規約制度的建構，「天人感應」、「君權神授」、「天譴說」、「民心說」等政治道德規範，雖然受到統治者的重視，在一定程度上對王權起到制約作用，但並沒上升到明確的硬性制度監督層面或依據該理論建構相應的有效的具有可操作性的監督制度。

之所以會出現這種誤讀，原因之一在於對傳統政治道德內涵的理解存在偏差，即偏重於爲君之道的理解。造成這種認識的另外一個因素，是受現代學科劃分體系的認知影響，探討問題時研究思想的只關注思想理論，研究制度的只分析制度，忽視思想與制度、思想與社會相結合的分析路徑。思想研究有待借鑒社會學、政治學、社會史、制度史、法制史等其他社會科學及分支學科的研究方法及成果，擴展自身的研究路徑和視閾。

（四）注重傳統政治道德的多元性特徵

目前大量相關研究成果多集中於儒家政治道德文明的探討，當然，這也是可以理解的，儒家文化是中國古代政治文化的核心構成，是官方學說，占主導地位，而且儒家的社會政治道德理論尤爲系統。但中國古代政治道德文明不僅僅只有儒家政治道德文明，「德」貫穿哲學、政治、倫理、法律，成爲通用性最強的概念之一。《莊子・天地》載：「通於天地者，德也；形於萬物者，道也。」道家、法家等先秦主要思想流派都以「道」與「德」概括自己的學說體系。以道家爲例，如關於修身與治國聯繫，《老子》第十三章載：「貴以身爲天下，若可寄天下；愛以身爲天下，若可託天下。」《莊子・天地》載：「身之不治，而何暇治天下乎？」此外，道家思想中還包括大量的廉政、勤政、愛民、無私的政治道德思想。中國古代思想家普遍認爲，「德」達天道，及萬物，通人心，符合宇宙的根本法則，涵蓋所有社會規範及相關的道德準則，對全社會有廣泛的約束力。在推進傳統政治道德研究時必須充分認識到它的多元性特徵，全面發掘古代政治文化中的政治道德建設理論資源。

（五）研究路徑、史料視野的拓展與更新

爲什麼在中國傳統政治道德建設研究中會出現上述種種誤讀與偏差？如何使分析與判斷更加符合歷史事實？這就需要在研究路徑、研究視閾、研究方法上找原因、尋思路。思想與社會本來就是一個有機的整體，深化傳統政

治道德建設研究不能侷限於從思想到思想，從概念到概念，應注重思想與社會、思想與制度相結合的研究路徑。重視整體性研究思想與社會的關係，不僅不是一個新的話題，而且還是一個老生常談的問題。顧頡剛、侯外廬等先賢都有過篳路藍縷之功。當代一些國內外學者也都一直在強調這個問題，推進這一方面取得新的突破〔註 91〕。傳統政治道德理論，既不是無所憑依的主觀想像，也不是虛無縹緲的烏托邦，其面對現實問題大多具有可操作性。目前大多數研究只注重政治道德思想本身的研究，缺乏理論與實踐、思想與社會、思想與制度相結合研究路徑的大膽探索，以致造成了上述對傳統政治道德內涵認識的誤區、研究視閾的狹隘。

研究路徑的變化與更替必然帶動史料視野的擴展與更新。首先借用一些學者曾提出過大歷史與小歷史的區分和概念，其實傳統政治道德也有大傳統與小傳統之分，推進性研究應充分挖掘各種歷史文獻資料，不僅僅只是各個思想流派的經史、諸子思想、經典思想、上層文化、精英思想，還要發掘各種各樣的承載民間社會意識的史料與資源，如禮俗、家訓、族訓、族規、鄉規、民約、弟子規、戲曲、小說史料、神話傳說、人物傳記等，研究其中鄉俗化了的政治道德觀念。其次，運用歷代的官方學說代表作、帝王將相著述、朝廷政治文告、君臣朝堂議政、科舉考試試卷等歷史資料，如以若干「王朝盛世」爲典型個案，推進政治道德對制度建設、政策選擇、政治運作和社會建設的影響與實際效力的研究。再次，還要關注大眾社會文化符號化和社會景觀的建制。中國古代統治者和思想家非常善於演繹經典思想，發揮各種與等級、名分、禮儀相關的文化符號的意義，爲綱常名教提供理論依據，爲禮樂教化提供通俗化手段〔註 92〕。表彰楷模既是傳統德治社會中一項十分重要的政治權術，是統治者向社會大眾灌輸統治思想的手段之一，同時也是一種政治道德現象。其楷模典型是經過精

〔註 91〕如劉澤華《開展思想與社會互動的整體研究》，《歷史教學》2001 年第 8 期；劉澤華、張分田《開展統治思想與民間社會意識互動研究》，《天津社會科學》2004 年第 3 期；美國學者艾爾曼（Benjamin A. Elman）《從理學到樸學——中華帝國晚期思想與社會變化面面觀》，趙剛譯，南京：江蘇人民出版社 1997 年版；《經學、政治和宗族——中華帝國晚期常州今文學派研究》，趙剛譯，南京：江蘇人民出版社 1998 年版；《美國中國思想史研究的新展望》，載《慶祝楊向奎先生教研六十年論文集》，石家莊：河北教育出版社 1998 年版，第 593～601 頁；等等。

〔註 92〕劉澤華、張分田：《開展統治思想與民間社會意識互動研究》，《天津社會科學》2004 年第 3 期。

心的篩選、誇張的力量和渲染的文辭「樹」起來的，旨在通過展示來將政治倫理日常化，如「聖王偶像」、「孔子偶像」、「清官現象」、「關公現象」、明君、慈父、忠臣、孝子、節婦、義僕以及物化標誌，如旌表牌坊、碑刻等。

許多學者主張淡化學科意識，強化問題意識，是頗有見地的。分割研究只是一種研究手段和方法，整體認識才是最終目的。學科的分類只是爲了研究方便，劃定研究對象的區別，但並不是研究方法的畛域，一切有利於解剖研究對象的成果與方法都可以採用。尤其是傳統政治道德是一種極其複雜的社會歷史現象，涉及各個社會領域和社會層面，應「從上往下看」和「從下往上看」有機結合，推進傳統政治道德的整體性研究，進而深化對其基本屬性和歷史價值的認識。這就要求必須借助其他社會科學的研究成果及其理論方法，同時也是由中國古代學術思想，相互滲透的特點決定的。

（六）批判與繼承：避免簡單化的評價和盲目性的弘揚

許多前輩學者提出，思想史研究必須堅持歷史與邏輯的統一、思想與社會的統一、具體與抽象的統一。評說歷史上的政治道德問題同樣適合這些基本原則，不能脫離當時的社會背景和具體的歷史內容，更不能任意演繹。直面歷史事實，恰當評估傳統政治道德建設理論的現代價值，以避免簡單化的評價和盲目性的弘揚。從研究課題和內容上看，傳統政治道德對當代社會政治道德建設的現代意義是人們熱衷探討的議題，但大量研究成果側重點在於吸收借鑒傳統文化中的爲官之德，大量的題目也是關於官德建設，把傳統政治道德單純理解爲政治教化。這一現象明顯體現出對傳統政治道德內涵理解上的重大偏差，同時也存在文化傳承的簡單化傾向。傳統政治道德是圍繞政治權力的道德價值要求而發生的一系列社會現象的總和。除了關涉政治權力合法性的道德論證、政治行爲主體道德品質、政治關係的道德規範以外，還有政治制度作爲政治倫理載體的道德正當性問題、政治價值觀的總體設定、政治運作層面的道德準則以及其他社會關係、社會領域中包含的政治道德內容等等大量豐富的思想和理論。如與時俱進、移風易俗、革新道德、推動社會進步的指導原則、將解決最直接、最現實的民生問題作爲提升全社會道德水準的首要條件和有效手段的指導原則、從家庭倫理教育和基層道德建設抓起的指導原則〔註93〕，等等。

〔註93〕張分田：《從理想政治模式的視野研究傳統社會道德建設理論》，《天津社會科學》2008年第6期。

傳統社會政治道德建設研究是具有重大學術價值和重要歷史借鑒意義的課題。當然，這並不表示我們認同把傳統政治倫理、傳統政治道德原則拿來照搬，將其移用於當代政治道德建設。我們應當清醒地看到，道德總是階級的道德，傳統政治倫理和傳統政治道德作爲社會意識，是在特定的歷史時期形成的，其根本目的是維護傳統農耕文明的宗法制度、等級制度和君主制度，不可能保持永久的歷史影響，許多思路和內容不適用於現代社會。

五、分析框架

弄清事實、實事求是，是歷史研究的起點、基礎、歸宿和最基本的任務。本課題的論證方法和闡釋方式主要是羅列事實，以歷史學研究方法爲主，並借鑒政治學、哲學、倫理學的方法和範疇，在實證的基礎上，運用結構編排凸顯《五經正義》政治道德思想體系，在史料陳列中平鋪自己的觀點。理論的突破需要具備較高的學術素養和知識累積，而整理事實則相對容易一些。這也可以說是自己退而求其次、揚長避短的一個選擇。

（一）《五經正義》政治道德思想體系的整體建構

有學者已指出，《五經正義》幾乎就是一部君德大全，君德規範名目繁多，且相互貫通，交織成網。那麼，《五經正義》到底存不存在君德理論體系？其思想理論來源是什麼？它們之間的邏輯關係又如何相互貫通、交織成網的呢？這一體系除了君德之外，有沒有臣道、民規？它們又是如何被表達的呢？君、臣、民之間的政治關係又是如何協調規範的呢？隨著對這些疑問的探尋，筆者逐漸理清了行文思路、問題意識和分析框架。

1.探求政治道德之源。任何思想觀念都不是憑空而來的，政治道德亦不例外，所以有必要追問政治道德思想的來源。這主要涉及《五經正義》中的國家論內容。政治的核心是國家政權，國家是政治現象的基本形式。《五經正義》中有大量內容涉及中國古代君主起源及家國一體論的國家論，其涉及的天立君、道義立君、自然法則立君以及君、家、國三位一體的國家觀，對各個階層政治道德觀念的形成起著基礎性主導作用（如君主敬天法祖的根源所在，臣爲何要事君以忠，君主帝王教化臣民的依據所在，臣民爲何要事君如父，等等），可以說是《五經正義》中各種政治道德論說之源。

2.審視政治道德之本。在形形色色、名目繁多的政治道德思想體系中，這些政治道德規範名目是無所偏重、平起平坐的，還是有主次、本用或本體之別呢？這主要關涉到政治學中的政體問題。政體即政權的構成形式，《五經正義》圍繞中國古代政體的核心概念君權作了大量分析論述。概言之，君權至上法則是整個政治制度最基本的建構法則。君爲政本，君主在政治生活中處於主宰和中樞地位，這就決定了君權至上是政治道德之本，是最大的政治道德，在整個政治道德體系中處於第一位，起著決定性制導作用。各種政治調節理論是君權至上論的派生物，其理論前提無一不是對君權的肯定和維護，以及對君主專制政體的鞏固。所以，《五經正義》的相關立論也以君道君德爲核心，由其在這方面所費筆墨也可窺其一斑。

3.追問政治道德之用。既然君爲政本、君權至上是政治道德之本，那君臣、君民、官民之間的政治關係規範又是如何建構的呢？其地位在整個政治道德體系中又如何而置呢？《五經正義》非常注重對政治關係的討論，在討論政權構成及統治手段和管理方法的時候，總是從君臣、君民和官民等政治關係的角度探究君主馭臣治民的藝術和方法，提出極具適用性和實用性的維持政治體系並使之正常運轉的政治道德規範。而這一範疇的政治道德則是第二位的、從屬的、相對次要，即從屬於君權至上這一最根本的政治道德規範。

4.俯瞰政治道德之道。在君主專制制度下，一人操持國家大權，爲君之道亦即治國之道，故君道又稱「治道」。在《五經正義》中，德與道是相互對應，相輔相成的政治範疇，道偏重論證了君主政治的一般原則，體現了最一般的政治道德價值，見諸政治就是治國之道，其主旨有君權至上、君臣相須、以民爲本、敬奉天道、禮洽天時、大中之道、禮樂相成、仁義相輔、克庸敬德、重愼刑罰、一張一弛、居安思危等。《五經正義》中論及的君道包含著基本政治原則、政治價值及帝王術，其基本功能在於完善、調整、規範和強化帝王至上權力，其最終目的是維護帝王政治秩序。

5.分疏政治道德之德。德之本義，《說文解字》釋曰：「悳，外得於人，內得於己也。」君主如何達致治道「外王」的理想狀態，這就需要修煉內功，即內聖。不僅君主要內聖，臣民也要有道德修爲。《五經正義》對政治道德的主體君、臣、民相對獨具特色的「內得於己」的政治行爲規範均有所論及。需要指出的是，《五經正義》把許多道德命題歸之於君主，突出以君德立論，君德的名目非常繁複，諸如誠、信、謙、愼、勤、敬，等等，故所費筆墨也較臣道、民規多得多。

《五經正義》的政治道德理論體系涉及政治哲學、政治原則、政治關係、爲政之道、君德、臣道、民規等方方面面，概言之，具有以下兩方面突出特色。其一，自然本體與倫理本位相結合，將宇宙本體、自然法則、最高道德規範和基本政治原則有機地融爲一體。其二，道德相須，比翼雙飛。在《五經正義》中，德與道是一對相輔相成的範疇，猶如一個硬幣的兩面，共同維繫政治體系和政治秩序的正常、穩定、有序運轉。大體而言，道側重論證君權至上和一般政治原則性的爲政之道，而德亦從君德立論，強調調整王權、規範王權的必要性，並點滴筆墨兼及臣道和民規，二者相須並濟。《五經正義》以道、德涵蓋政治哲學、制度原理、政治關係、治國之道及各種政治規範和道德規範，從而以道、德爲核心，構成了系統而又完整的政治道德理論體系。

（二）思想與社會、理論與實踐互動研究的努力和嘗試

綜觀《五經正義》的政治道德理論體系，明顯具有實踐性、可操作性特徵。唐代正是中國古代社會政治由分裂走向統一，並進入鼎盛的時期，這是《五經正義》編撰的政治根源和主要動力之一。唐太宗親眼目睹了隋朝的速亡，他深知：「成遲敗速者，國之基也；失易得難者，天之位也。可不惜哉！可不慎哉！」所以唐太宗在政治上勵精圖治，思想上兼綜孔、老，並撰有《帝範》、《金鏡》、《民可畏論》等政治論著，從而在思想上奠定了唐代君主政治的規模和取向。他下令編撰的《五經正義》既是儒學發展史上的里程碑，又是唐代統治思想的代表作。可以說，《五經正義》的政治道德思想理論來源於政治實踐，又面向政治現實，具有實用性和實效性。筆者結合唐太宗及其貞觀之治的政治實踐，對《五經正義》的政治道德思想作了思想與實踐、思想與政治、思想與社會互動研究的問題延伸和努力嘗試。

六、簡要說明

（一）孔穎達及《五經正義》使用說明

參與《五經正義》編撰的人很多，絕非一人一時之功，知道姓名的就達二三十人，多爲唐代名儒，如顏師古、司馬才章、王恭、馬嘉運，等等，行文時但稱「孔穎達疏」、「孔穎達認爲」、「孔穎達指出」，等等，主要是因爲孔穎達負責主持撰修的，費時更多，用力亦更勤，「標題孔穎達一人之名者，以年輩在先、名位獨重耳」。《五經正義》所蘊涵的思想並非僅代表主持者孔穎達一人，而且還代表唐代的官方意識形態，以孔穎達引爲《五經正義》思想的代表也是爲了行文的方便，學術界也基本認可這種用法。

（二）君、臣、民三個等級政治道德規範說明

需要指出的是，對政治道德規範大致按君、臣、民政治主體三個層次劃分，並不是絕對意義上的劃分使用，而是常常相互雜糅，相互交織，需要靈活把握。除了極特殊有針對性、個體性極強的政治道德規範，能明顯歸之於君、臣、民之外，有些政治道德規範是共通的，君、臣、民三者都必須遵守，如敬天、法祖、孝行、奉時等等，只是更突出、強調君在遵守這些道德規範時的首要性、重要性而已。再有臣的身份特殊性，由於臣具有主奴雙重身份，相對於民來講，臣又是君，所以爲君之道及君德也部分適用於爲臣之道，對臣也具有規範性和約束力，這一點也宜作靈活理解和把握。同樣，由於人主之下皆臣民，所以涉及臣的政治道德規約，某種程度上也適用於民，比如忠君、敬業、進諫匡正等；而民的政治道德規範也適用於臣；同時由於君、臣是政治生活的主體，所以涉及內容比民要多得多，尤其是君德。

第一章　國家論：政治道德之源

政治的核心是國家政權，國家是政治現象的基本形式。可以說，各種關於國家的論說是一切政治思想的基礎和源泉。在《五經正義》中，相當一部分內容涉及國家論說，其中天立君、道義立君、自然法則立君等君主起源說及家國一體論的國家觀，對古代各個階層政治道德觀念的形成，如君權至上、敬天法古、尊祖敬宗、敬授民時、忠孝一體、事君以忠等起著基礎性主導作用，可以說是政治道德之源。

第一節　君主起源諸說

關於君主起源問題，先秦諸子早已提出了天立君說、道立君說、自然立君說、爲止爭立君說、爲公義立君說、爲養民立君說、宗法立君說、聖人立君說等。先秦諸子在中國思想史中佔據特殊地位，他們的思想學說長期影響著後人的思維視閾。這裡僅就《五經正義》中重點涉及的與政治道德相關的天立君、道義立君、自然法則立君諸說進行闡述。

一、天立君

天至高無上，創造萬物，主宰宇宙，支配自然與社會。天不僅是人類社會的締造者，而且是政治與道德的立法者。天生化萬民，爲了教養民眾，於是設立君主制度，由君主「代天牧民」。國家及君主制度是根據天命或天道設立的，君主的權力也是天賦予的〔註1〕。在春秋及先秦時期，天立君說即已獲

〔註1〕張分田：《中國帝王觀念——社會普遍意識中的「尊君—罪君」文化範式》，第300頁。

得人們的普遍認同，諸子百家無不以天立君說論證設君之道和爲君之道。在諸多的君主制度起源說中，天立君說一直是統治思想和主流文化的重要構成之一。

孔穎達首先對君主制度的歷史起點作了討論，認爲天、道、自然本身就內蘊人世間的一切倫理、等級法則，天地未分之前，宇宙就孕育了君臣之理。他指出，禮，經天地，理人倫，爲天地人的總則，在天地未分之前就已經有了禮。禮，即理，禮之理存在於宇宙本體的「太一」之中。天地人相分之時，尊卑自然而有，天地初分之後，即應有君臣治國。孔穎達在《五經正義》中多次強調天立君的政治立論，並爲之義疏。

對於《泰誓》「天祐下民，作之君，作之師」一語，孔安國傳曰：「天祐助下民，爲立君以政之，爲立師以教之。」孔穎達作了進一步的闡釋，認爲眾民不能自治，所以立君以治之，立君治民乃是天意。「上天祐助下民，不欲使之遭害，故命我爲之君上，使臨政之；爲之師保，使教誨之。爲人君爲人師者，天意如此，不可違天」〔註2〕。也就是說，無論是君主還是民眾，都是上帝創造的，天賦予帝王以權力，使其身兼君與師，以政治管理臣庶，以道德教化民眾。正所謂「天生民而立之君，使司牧之，勿使失性」〔註3〕。孔穎達在《左傳》宣公四年借杜預的《春秋釋例》進一步闡述道，天生民而樹之君，使司牧之，群物所以繫命。故戴之如天，親之如父母，仰之如日月，事之如神明。其或受雪霜之嚴，雷電之威，則奉身歸命，有死無貳。君，天也，天可逃乎？〔註4〕人君「敕天之命」也〔註5〕，即謂人君奉正天命以臨下民。

《大禹謨》載帝堯之德，廣大運行，聖而無所不通，神而微妙無方，武能克定禍亂，文能經緯天地，故「皇天眷命，奄有四海，爲天下君」。孔穎達疏，正因爲帝堯有如此德行，才「爲大天顧視而命之，使同有四海之內，爲天下之君」〔註6〕。也是就說，僅有德行聖賢，是不能享有君權君位的，必須有天命才行。只有天，才能立君，天命是論證君主安身立命、政權合法性的必要條件。「天之歷數在汝躬，汝終陟元后」，這裡所謂的「歷數」即天歷運之數，帝王易姓而興，故言「歷數謂天道」。當以大功既立，眾望歸之，即天

〔註2〕《尚書正義》卷十一《周書·泰誓上》。
〔註3〕《春秋左傳正義》卷三十二《襄公十四年》。
〔註4〕《春秋左傳正義》卷二十一《宣公四年》。
〔註5〕《尚書正義》卷五《虞書·益稷》。
〔註6〕《尚書正義》卷四《虞書·大禹謨》。

道在身。孔穎達疏：「天之歷運之數帝位當在汝身，汝終當升此大君之位，宜代我爲天子。」〔註 7〕《召誥》載：「王來紹上帝……其自時配皇天。」孔穎達疏，王者爲天所子，代天治民，天有其意，天子繼天使成，謂之「紹上帝」也〔註8〕。王者或存或亡，其大運掌握在天。只有王者有德於民，布其德教以祐助四方之民，才能「受命天庭」，即受天命以爲天子〔註9〕。「天子者，與天地參，故德配天地，兼利萬物，與日月並明，明照四海而不遺微小。」孔穎達疏曰，天覆地載，生養萬物，王者既爲天子，亦能覆載生養之功，與天地相參齊等〔註10〕。

綜上可見，天、天命、天道是論證君權合法性的必要條件，只有受天命，才能爲人們所接受認同，即取天下以正，從而得正統。作爲天命在人間的代表，君主合權力與權威於一身，他既是王朝的權力核心，又是帝國與天下秩序的正當性象徵。天道是權威的終極的、超越的源頭。君主秉承天命，其統治不再僅僅借助暴力，而具有了超越性的神秘色彩，成爲政治秩序的人格化象徵〔註11〕。

二、道義立君

「道」最初的本意是「道路」。《說文解字》曰：「道，所行道也。」《爾雅・釋宮》曰：「一達謂之道。」道路的特點就是具有一定的指向，是通向某一目的地的必由之途，後引申爲法則、規律、原則、道理、規範、道義等等。在《尚書》、《春秋》中既有比較抽象的天道、人道，又有比較具體的君臣、父子、夫婦之道。春秋時期，人們對道基本持兩種認識：(1) 道是天地萬物之本原；(2) 人們在社會關係中共同遵守的原則和規範，具體到政治思想領域，道一般指政治法則、理想政治原則等，這種政治理性原則具有一定的理想性，成爲檢驗君主政德的一個重要標準，循道、有道實乃君之爲君的必備條件。

在《五經正義》中，道既抽象又具體。大凡宇宙萬物和人類社會的本原、規律、過程、原則，以及具體的事理、人的才藝，都可歸結爲道。

〔註 7〕《尚書正義》卷四《虞書・大禹謨》。
〔註 8〕《尚書正義》卷十五《周書・召誥》。
〔註 9〕《尚書正義》卷十三《周書・金縢》。
〔註10〕《禮記正義》卷五十《經解》。
〔註11〕許紀霖：《爲何權力代替了權威——辛亥革命百年反思》，《天津社會科學》2011年第5期。

孔穎達認爲，道爲天地萬物之母，道生一者，一則混元之氣，與太初、泰始、太素同，又與《易》之太極，《禮》之太一，其義不殊，皆爲氣形之始也。一生二者，謂混元之氣分爲二，二則天地也。二生三者，謂參之以人爲三才也。三生萬物者，謂天地人既定，萬物備生其間〔註 12〕。道之功用，能鼓動萬物使之化育。易道既在天地之中，能成其萬物之性，使物生不失其性，存其萬物之存，使物得其存成也〔註 13〕。

道是虛無之稱，人間萬物運動變化，皆由道使然。《周易・繫辭上》載：「一陰一陽之謂道。」王弼注曰：「道者何？無之稱也，無不通也，無不由也，況之曰道。寂然天體，不可爲象。必有之用極，而無之功顯，故至乎『神無方，而易無體』，而道可見矣。故窮變以盡神，因神以明道，陰陽雖殊，無一以待之。在陰爲無陰，陰以之生；在陽爲無陽，陽以之成，故曰『一陰一陽』也。」孔穎達進一步解疏，道是虛無之稱，以虛無能開通於物，故稱之曰道。至如天覆地載，日照月臨，冬寒夏暑，春生秋殺，萬物運動，皆由道而然，豈見其所營，知其所爲？也就是說，道主宰萬物，萬物以道爲本，道是萬物賴以存在和演化的依據。所以，孔穎達把陰陽互動看作自然、社會、人事的共同規律。人世間君臣列位，制禮作樂，施賞行刑的法象和依據，就是天陽地陰，左陽右陰，天尊地卑，天清地濁。但孔穎達認爲，道高於陰陽，「無陰無陽乃謂之道」。「道雖無於陰陽，然亦不離於陰陽，陰陽雖由道成，即陰陽亦非道，故曰一陰一陽也」〔註 14〕。「道之爲義，取開通履蹈而行，兼包大小精麄。若大而言之，則天地造化自然之理謂之爲道，則老子云：道可道，非常道，則自然造化虛無之謂也；若小而言之，凡人才藝亦謂爲道。是道無定分，隨大小異言，皆是開通於物，其身履蹈而行也」〔註 15〕，即道涵蓋了一切自然人事之理，「萬物無不由道而通」〔註 16〕。道被賦予本體的意義，成爲萬物之本，萬有之宗，無疑具有了普遍性和宗主性。《五經正義》以官方學說的面目把道推向至高無上的地位。這在儒學發展史上具有劃時代的意義〔註 17〕。

〔註 12〕《禮記正義》卷十四《月令》。

〔註 13〕《周易正義》卷七《繫辭上》。

〔註 14〕《周易正義》卷七《繫辭上》。

〔註 15〕《禮記正義》卷五十四《表記》。

〔註 16〕《禮記正義》卷六十三《聘義》。

〔註 17〕劉澤華、張分田：《孔穎達的道論與治道》，《孔子研究》1991 年第 3 期。

同時，「道」是一個內涵豐富、層次眾多的政治哲學範疇，天之道與人之道相互對應、相互聯繫、相互溝通，構成了以「道」爲最高主宰的政治思維邏輯結構。孔穎達賦予道以實實在在的社會政治內容和意義：天垂日月之象，各有其數，故聖人則之，郊天象日月，所以光明天之道，以示於人〔註18〕。《禮記・學記》載：「大道不器」，孔穎達疏，大道亦謂聖人之道也，器爲物堪用者，夫器各施有用，而聖人之道弘大無所不施。王弼注《周易》曾謂：「夫物之所以通，事之所以理，莫不由乎道也。聖人功用之母，體同乎道，盛德大業，所以能至。」孔穎達爲之作疏：「聖人爲功用之母，體同於道，萬物由之而通，眾事以之而理，是聖人極盛之德，廣大之業，至極矣哉！」〔註19〕

那人君如何才能稱得上是有道之君呢？孔穎達疏，道猶道路，行不失正，名之曰道。施於人君，則治民、事神，使之得所，乃可稱爲道矣〔註20〕，即上以承天之道，下以治民之情〔註21〕。天下有道之時，則公侯能爲扞城禦難〔註22〕；反之，「凡君不道於其民，諸侯討而執之」，孔穎達借杜預《春秋釋例》疏：「天生民而樹之君，使司牧之，勿使失性；若乃肆於民上，人懷怨仇，諸侯致討。」〔註23〕即循道、有道實乃論證其政權合法性的必備條件。

概言之，道立君說認爲，道是宇宙本體、萬物宗主和普遍法則，它決定並支配著自然界和人類社會。世界一切事物都是道的派生物，都依據道、遵循道而存在。人類社會的一切制度、規範和準則都以道爲本原和依據。君主因道而設，依道而行〔註24〕。正所謂「天子者，有道則人推而爲主，無道則人棄而不用，誠可畏也」〔註25〕。可以說，認同「大道爲本」的思想家都認同君主本於道、體現道的說法。需要指出的是，天即道，道即天，義理、主宰之天與道可以互相詮釋，所以在一定意義上，「天作君師」的命題也屬於君主因道而設的命題。《五經正義》即屬於這一類。

〔註18〕《禮記正義》卷二十六《郊特牲》。
〔註19〕《周易正義》卷七《繫辭上》。
〔註20〕《春秋左傳正義》卷六《桓公六年》。
〔註21〕《禮記正義》卷二十一《禮運》。
〔註22〕《春秋左傳正義》卷二十七《成公十二年》。
〔註23〕《春秋左傳正義》卷二十七《成公十五年》。
〔註24〕張分田：《中國帝王觀念——社會普遍意識中的「尊君－罪君」文化範式》，第302頁。
〔註25〕《貞觀政要》卷一《政體》。

三、自然法則立君

自然立君說主張君主依據自然法則而設，強調自然秩序與社會秩序之間存在著內在的統一性，認爲自然法則注定了人類社會必然實行君臣有別、父子有序、上下有等的制度。君主是自然生成的或依據自然法則而建立的〔註26〕。

禮乃「天經地義」的觀念，是自然法則立君說的先導。「夫禮，天之經也，地之義也，民之行也。天地之經，而民實則之。」杜預注曰：「經者，道之常。義者，利之宜。」孔穎達疏：「覆而無外，高而在上，運行不息，日月星辰，溫涼寒暑，皆是天之道也。訓經爲常，故言道之常也。載而無棄，物無不殖，山川原隰，剛柔高下，皆是地之利也。訓義爲宜，故云利之宜也。杜以今文《孝經》云：『用天之道，分地之利。』故天以道言之，地以利言之。天無形，言其有道理也。地有質，言其有利益也。民之所行，法象天地，象天而爲之者，皆是天之常也；象地而爲之者，皆是地之宜也，故禮爲天之經，地之義也。」〔註27〕禮體天地，法四時，則陰陽，故又稱爲天地之序，而天高地卑是自然最重要的法象，所以君臣、上下、尊卑之別又稱爲天地之別。也就是說，君主法天地自然而設。

「有天地然後有萬物。有萬物然後有男女。有男女然後有夫婦。有夫婦然後有父子。有父子然後有君臣。有君臣然後有上下。有上下然後禮義有所措」〔註28〕。這就是說，君臣關係、禮儀制度是自然演進中的一環。「天尊地卑，乾坤定矣。卑高以陳，貴賤位矣。」孔穎達疏：「天以剛陽而尊，地以柔陰而卑，則乾坤之體安定矣。乾健與天陽同，坤順與地陰同，故得乾坤定矣。若天不剛陽，地不柔陰，是乾坤之體不得定也。此《經》明天地之德也。卑高既以陳列，則物之貴賤，得其位矣。若卑不處卑，謂地在上，高不處高，謂天在下。上下既亂，則萬物貴賤則不得其位矣。此《經》明天地之體，此雖明天地之體，亦涉乎萬物之形。」〔註29〕天地至大，尚有尊卑貴賤，此貴賤總兼萬物，不唯天地而已。也就是說，尊卑貴賤有序是自然和社會的共同法則。自然法則與社會法則是一致的，社會政治結構必須效法天地乃至自然萬物。天尊地卑是自然映像人類社會的法象，人類必然實行尊卑有序、貴賤

〔註26〕張分田：《中國帝王觀念——社會普遍意識中的「尊君—罪君」文化範式》，第303頁。

〔註27〕《春秋左傳正義》卷五十一《昭公二十五年》。

〔註28〕《周易正義》卷九《序卦》。

〔註29〕《周易正義》卷七《繫辭上》。

分明的君主制度和等級制度。孔穎達疏《左傳》「范氏、中行氏反易天明，不事君也」時說：「天有尊卑，人有上下。下事上，臣事君，法則天之明道；臣不事君，是反易天之明道也。」〔註30〕

孔穎達在《禮記正義》開篇論曰：「夫禮者，經天地，理人倫，本其所起，在天地未分之前。……物生則自然而有尊卑，若羊羔跪乳，鴻雁飛有行列，豈由教之者哉！是三才既判，尊卑自然而有。但天地初分之後，即應有君臣治國。」天高地卑、大雁成行、羊羔跪乳等自然現象表明尊卑、主從關係具有普遍意義。一般說來，中國古代的「天人合一」論是一種關於君主制度、等級制度的政治哲學，其宗旨和歸宿，與其說是論證了人與自然的和諧，不如說是用「自然」爲君主制度提供了哲學依據〔註31〕。

天立君、道義立君、自然法則立君三種君主起源論既有所區別，又有內在聯繫。其共同的主旨意圖是從形而上的角度探討君主的終極依據，把君主說成是一種宇宙普遍法則在人類社會的體現，爲君主制度的必然性、合理性提供了哲學依據。天立君說最初由上帝鬼神立君說演化而來。天立君說之「天」最初指天神、上帝或天庭。天的意義很複雜，天即道、理、天理、天道，天理即自然之理，其理論具有綜合性。因此，道義立君說、自然立君說可以說是天立君說的變異型，或是補充。

第二節　家國一體的國家論

梁啓超指出：「凡國家皆起源于氏族，此在各國皆然。而我國古代，于氏族方面之組織尤爲完密，且能活用其精神。故家與國之聯絡關係甚圓滑，形成一種倫理的政治。」他強調說，這種「家族本位的政治」是「此後儒家政治思想之主要成分」〔註32〕。在中國古代，以家、國、邦作爲稱謂的獨立或相對獨立的政治實體，都是早期國家，三者在政治共同體意義上具有相通性，其稱謂本身就是家國一體觀念的文化符號。君、家、國三位一體的國家觀把國家組織、政權機構、最高統治者融爲一體，國家本位和君權至上觀念往往混爲一談，對上至君主，下至臣民的政治道德觀念的形成有著深刻影響。

〔註30〕《春秋左傳正義》卷五十七《哀公二年》。
〔註31〕張分田：《中國帝王觀念——社會普遍意識中的「尊君—罪君」文化範式》，第303頁。
〔註32〕梁啓超：《先秦政治思想史》，第36～40頁。

一、邦家合一 君父一體

家國一體是早期王權的顯著特徵，國家政權幾乎是宗法制度的複製、翻版，所謂「天子建國，諸侯立家，卿置側室，大夫有貳宗，士有隸子弟，庶人、工、商各有分親，皆有等衰」〔註33〕。邦家合一，故君父一體。「國家」、「邦家」、「家」稱謂各類政治實體，「宗子」、「君宗」、「君父」稱謂各級君主。孔穎達疏，「百人無主，不散則亂，有父則有君也。君不獨治，必須輔佐，有君則有臣也。《易・序卦》云：『有父子然後有君臣。』則君臣之興，次父子之後，人民之始，則當有之」〔註34〕。孔穎達在《禮記》中進一步疏曰，幼時事父，成人事君，故先父子，後君臣。「有父之親，有君之尊，然後兼天下而有之」〔註35〕。明父子之義、長幼之序，則能「正君臣之位，貴賤之等也」〔註36〕。

《大學》載：「古之欲明明德於天下者，先治其國。欲治其國者，先齊其家。欲齊其家者，先修其身。欲修其身者，先正其心。欲正其心者，先誠其意。欲誠其意者，先致其知。致知在格物。物格而後知至，知至而後意誠，意誠而後心正，心正而後身修，身修而後家齊，家齊而後國治，國治而後天下平。」〔註37〕即謂正家而天下定、君子居家不忘修言行，其中始終貫穿著一條具有濃厚政治色彩的身—家—國—天下逐級遞進的線索。《大學》載：「所謂治國必先齊其家者，其家不可教，而能教人者無之，故君子不出家而成教於國。」「治國在齊其家。《詩》云：『桃之夭夭，其葉蓁蓁。之子于歸，宜其家人。』『宜其家人』，而後可以教國人。《詩》云：『宜兄宜弟。』『宜兄宜弟』，而後可以教國人。《詩》云：『其儀不忒，正是四國。』其爲父子、兄弟足法，而後民法之也。此謂治國在齊其家。」孔穎達疏，「宜其家人」、「宜兄宜弟」等皆是先齊其家，而後能治其國〔註38〕。孔穎達解疏《家人卦》九五爻時稱，九五履正而應，處尊體巽，是能以尊貴巽接於物，王至此道，以有其家。居於尊位而明於家道，則在下莫不化之〔註39〕。正家而天下定，王既明於家道，天下化之，「六親和睦，交相愛樂」也〔註40〕。

〔註33〕《春秋左傳正義》卷五《桓公二年》。
〔註34〕《尚書正義》卷十八《周書・周官》。
〔註35〕《禮記正義》卷二十《文王世子》。
〔註36〕《禮記正義》卷二十《文王世子》。
〔註37〕《禮記正義》卷六十《大學》。
〔註38〕《禮記正義》卷六十《大學》。
〔註39〕《周易正義》卷四《家人卦》。
〔註40〕《周易周易》卷四《家人卦》。

二、教先從家始 家正而天下定

正因爲家邦一體，所以禮儀教化自近及遠，先從家開始，家道明正，則天下莫不化。正所謂「刑于寡妻，至于兄弟，以御于家邦」〔註 41〕，聖人教化先從家始，家正而天下化之，修己以安百姓。

天地合，而後萬物興；夫昏禮，萬世之始也。《昏義》載：「男女有別，而後夫婦有義；夫婦有義，而後父子有親；父子有親，而後君臣有正。故曰『昏禮者，禮之本也』。」孔穎達疏，夫婦昏姻之禮，是諸禮之本。昏禮之所以爲禮之本，在於昏姻得其所適，則受氣純和，生子必孝，事君必忠；孝則父子親，忠則朝廷正〔註 42〕。《周易・家人卦》曰：「男女正，天地之大義也。家人有嚴君焉，父母之謂也。父父、子子、兄兄、弟弟、夫夫、婦婦而家道正，正家而天下定矣。」孔穎達疏，父母一家之主，家人尊事同於國有嚴君。正家之功，可以定於天下，申成道齊邦國。家有嚴君，則父不失父道，婦不失婦道，尊卑有序，上下不失，而後爲家道之正。各正其家，無家不正，即天下之治定〔註 43〕。

《尚書》載：「立愛惟親，立敬惟長，始於家邦，終於四海。」孔安國傳曰：「言立愛敬之道，始於親長，則家國並化，終治四海。」孔穎達疏曰，推親以及物，始則行於家國，終乃治於四海，即《孝經》所云「德教加於百姓，刑於四海」是也〔註 44〕。《禮記》載：「自仁率親，等而上之至於祖，自義率祖，順而下之至於禰。是故人道親親也。親親故尊祖，尊祖故敬宗，敬宗故收族，收族故宗廟嚴，宗廟嚴故重社稷，重社稷故愛百姓，愛百姓故刑罰中，刑罰中故庶民安，庶民安故財用足，財用足故百志成，百志成故禮俗刑，禮俗刑然後樂。」孔穎達疏，人道親親，從親己以至尊祖，由尊祖，故敬宗，以收族人，故宗廟嚴，社稷重，乃至禮俗成，天下顯樂而無厭倦〔註 45〕。

治國猶同治家，家國一體是倫理政治的起點和依據，它爲由家及國的政治範式提供了歷史範本、文化淵源和現實依據，成爲君臣之義、忠孝一體、事君忠君、法古敬祖、以孝治國等政治道德規範的來源理據。

〔註 41〕《春秋左傳正義》卷十四《僖公十九年》。
〔註 42〕《禮記正義》卷六十一《昏義》。
〔註 43〕《周易正義》卷四《家人卦》。
〔註 44〕《尚書正義》卷八《商書・伊訓》。
〔註 45〕《禮記正義》卷三十四《大傳》。

第二章　政體論：政治道德之本

政體即政權的構成形式。就中國古代而言，君主專制政體具有以下幾個特徵：君主權位世襲，實行終身制；君主獨攬一切最高權力，「君者，出令者也」，君主的意志就是法律；君主獨斷乾綱，不接受任何監督程序的限制。中國古代政體的核心概念之一就是君權，君權至上法則是整個政治制度最基本的建構原理和運行機制。君爲政本，君主在政治生活中處於主宰和中樞地位，是政治道德之本，在整個政治道德體系中處於第一位，起著決定性制導作用。無論是君道的天下爲公、敬天法祖、尊師重道、任賢納諫、以民爲本、勤政愛民、不竭民力，臣道的忠君恤民、清廉守禮、以道事君，還是君臣合道、君臣同志、君臣師友、君臣一體、民惟邦本、民貴君輕、立君爲民等思想命題，都是以維護王權權威爲前提的。各種政治調節理論均是君權至上論的派生物，其理論前提無一不是對君權的肯定和維護，對君主專制政體的鞏固。

第一節　君權

中國古代君主的權力特徵可以用「貴獨」、「尊一」來概括。具體言之，有五獨：天下獨佔、地位獨尊、勢位獨一、權力獨操、決事獨斷〔註1〕。天下獨佔即「王有天下」，「溥天之下，莫非王土；率土之濱，莫非王臣」〔註2〕。在社會等級關係中，唯有君主的地位至高無上，在權力體系中，帝王勢位是獨一無二的，「天無二日，民無二王」〔註3〕，一切權力屬於帝王，「權者，君

〔註1〕參見劉澤華《中國政治思想史集》總序，北京：人民出版社2008年版，第5頁。
〔註2〕《毛詩正義》卷十三《小雅・谷風之什・北山》。
〔註3〕《孟子注疏》卷九《萬章上》。

之所以獨制也」〔註4〕；在政治決策中，君主是最高、最後的裁斷者。

一、尊一無二

《說文解字》釋：「一，惟初太極，道立於一，造分天地，化成萬物。凡一之屬皆從一。」關於一的哲理爲一元化的政治提供了世界觀、方法論的依據，政治權力一元化、帝王獨一無二，無不滲透著「惟一」的意識：天子是天下一元之首，爲天下立極定一，使天下歸爲一統，他是絕對的「一」。

孔穎達多次指出，國不堪貳。「天無二日，土無二王，家無二主，尊無二上，示民有君臣之別也」〔註5〕，他在此並未疏解，但在《喪服四制》中就「資於事父以事母，而愛同。天無二日，土無二王，國無二君，家無二尊，以一治之也。故父在爲母齊衰期者，見無二尊也」作了解疏，操持事父之道以事於母，而恩愛同。恩愛雖同，而服乃有異，以不敢二尊故也。故以天無二日、土無二王、國無二君、家無二尊之等，明示其皆歸於尊一，以治理之〔註6〕。也就是說，從家至國至天下至上天，都以一爲尊，君主專制政體是天經地義、理所當然、不言而喻的，天子獨尊、君權至上、貴賤有等是民眾的普遍意識，並得到整個社會的廣泛認同。在《曾子問》中亦載孔子曰「天無二日，土無二王。嘗、禘、郊、社，尊無二上，未知其爲禮也」，孔穎達進一步疏曰，天有二日，則草木枯萎；土有二王，則征伐不息，《老子》云「天得一以清，地得一以寧」是也。尊謂天無二日，土無二王，嘗、禘、郊、社，尊無二上。卑謂喪有二孤，廟有二主。嘗、禘、郊、社皆尊無二上。以嘗禘之時，雖眾神並在，猶先尊後卑，一一祭之，不一時總祭，「尊無二上」使然〔註7〕。《左傳》中亦載有類似說法，如「並后，匹嫡，兩政，耦國，亂之本也」〔註8〕，「內寵並后，外寵二政，嬖子配適，大都耦國，亂之本也」〔註9〕，「君命無二，古之制也」〔註10〕，「君異於器，不可以二。器二不匱，君二多難」〔註11〕。這些傳文孔穎達雖未作疏解，但以他在其他經所作的疏解，我們或許可

〔註4〕《商君書・修權》。
〔註5〕《禮記正義》卷五十一《坊記》。
〔註6〕《禮記正義》卷六十三《喪服四制》。
〔註7〕《禮記正義》卷十八《曾子問》。
〔註8〕《春秋左傳正義》卷七《桓公十八年》。
〔註9〕《春秋左傳正義》卷十一《閔公二年》。
〔註10〕《春秋左傳正義》卷十五《僖公二十四年》。
〔註11〕《春秋左傳正義》卷五十八《哀公六年》。

以作這樣的解釋，即孔穎達覺得相關命題的注疏已甚明朗，故不再贅言，這反而從另一個角度印證了孔穎達對王道明盛，「政出一人」、「國不堪貳」的強烈認同意識。

不僅如此，王權尊上無二的觀念亦表現在君主的稱謂上。稱謂是一種制度化、道德化、文化化的規定。政治稱謂規範、塑造著人們的政治心理和政治行為，又通過人們的觀念、取向和行為，承繼、維繫、完善和延續既成的社會政治制度和政治文化體系〔註 12〕。

關於「一人」、「予一人」的稱謂，一般來講，「一人」是臣尊稱君，君自稱時是謙辭；「予一人」是君子自稱。

《尚書》載「一人元良，萬邦以貞」，孔穎達疏，謂天子為「一人」者，其義有二。一則天子自稱「一人」，是為謙辭，言己是人中之一耳。一則臣下謂天子為「一人」，是為尊稱，言天下惟一人而已〔註 13〕。「一人有事於四方，若卜筮，罔不是孚。」孔安國注曰：「一人，天子也。」孔穎達進一步解釋道，《禮》天子自稱曰予一人，故為天子也〔註 14〕。孔穎達所說的《禮》是《曲禮下》，即言其天下之貴，唯一人而已，謂天子為一人〔註 15〕。「一人有慶，兆民賴之」〔註 16〕，慶謂善也；一人，謂天子也，意思是說天子有善行，則億兆之民蒙賴之。「一家仁，一國興仁；一家讓，一國興讓；一人貪戾，一國作亂。其機如此。此謂一言僨事，一人定國」〔註 17〕。此處「一家」、「一人」，皆謂人君也。

「予一人」、「余一人」是君主的自稱。《曲禮下》云：「君天下曰天子。朝諸侯、分職、授政、任功，曰予一人。」孔穎達疏，予，即我也。自朝諸侯以下，皆是內事，故不假以威稱，但自謂「予一人」者，言我是人中之一人，與物不殊，故自謙損；並引《白虎通》云：「王自謂一人者，謙也，欲言己才能當一人耳，故《論語》云：『百姓有過，在予一人。』臣下謂之『一人』者，所以尊王者也。以天下之大，四海之內，所共尊者一人耳。」〔註 18〕在

〔註 12〕張分田：《中國帝王觀念——社會普遍意識中的「尊君—罪君」文化範式》，第 169 頁。
〔註 13〕《尚書正義》卷八《商書・太甲下》。
〔註 14〕《尚書正義》卷十六《周書・君奭》。
〔註 15〕《毛詩正義》卷十六《大雅・文王之什・下武》。
〔註 16〕《尚書正義》卷十九《周書・呂刑》。
〔註 17〕《禮記正義》卷六十《大學》。
〔註 18〕《禮記正義》卷四《曲禮下》。

《玉藻》「凡自稱，天子曰予一人」疏中，孔穎達首先解釋了予、余的用法，蓋古稱予，今稱余，其義同。之後他強調道，此云「自稱」，《曲禮》注云「擯者辭」，則天子與臣下言，及遣擯者接諸侯，皆稱「予一人」，即言我於天下之內，但只是一人而已，自謙退，言與餘人無異。若臣下稱一人，則謂率土之內，唯有此一人，尊之也〔註19〕。

《尚書》載：「惟予一人釗報誥」，孔穎達疏，《禮》天子自稱予一人，不言名，此王自稱名者，新即王位，謙也〔註20〕。《尚書》「予一人」的材料十分豐富，「爾萬方有眾，明聽予一人誥」，「俾予一人，輯寧爾邦家」，「其爾萬方有罪，在予一人。予一人有罪，無以爾萬方」〔註21〕，「勉出乃力，聽予一人之作猷」，「邦之不臧，惟予一人有佚罰」〔註22〕，「暨予一人猷同心」〔註23〕，「惟予一人無良，實賴左右前後有位之士，匡其不及」〔註24〕，「百姓有過，在予一人」〔註25〕，等等，其大意基本是說君主是天的化身，即天子也，承天繼祖，其使命就是畜養所有的民眾，所有的人都要由君主來支配，一切都要聽君主一人的，不可違反君主的旨意。功德成就皆歸「予一人」，若不教百姓，使有罪過，實在予一人之身，由君主一人承當。

「予一人」稱謂的政治意謂表示天下之大，四海之內，「予一人」爲最高，處於承天繼祖烝民的地位，帝王居於獨一無二的專制地位，「夙夜匪懈，以事一人」〔註26〕。人們把君主捧上一統、獨尊的百揆之位，必然把一切功過委於一人，即「一心興邦」，「一言喪邦」。「予一人」稱謂反映了帝王自負、自謙、自責的心態，一方面教訓臣民「勉出力，聽予一人之作猷」，另一方面聲稱「邦之不臧，唯予一人有佚罰」。

君是發號施令、支配他人的至尊。《說文解字》釋「君」字，說：「君，尊也，從尹、口，口以發號。」《爾雅》將尹、正、長互訓。「尹」之本義爲治理，故治天下稱爲「尹天下」〔註27〕，亦可用爲管理者的稱謂。爲了區別

〔註19〕《禮記正義》卷三十《玉藻》。
〔註20〕《尚書正義》卷十九《周書·康王之誥》。
〔註21〕《尚書正義》卷八《商書·湯誥》。
〔註22〕《尚書正義》卷九《商書·盤庚上》。
〔註23〕《尚書正義》卷九《商書·盤庚中》
〔註24〕《尚書正義》卷十九《周書·冏命》。
〔註25〕《尚書正義》卷十一《周書·泰誓中》。
〔註26〕《毛詩正義》卷十八《大雅·蕩之什·烝民》。
〔註27〕《春秋左傳正義》卷五十四《定公四年》。

君與君之君，人們創造了「大君」稱謂。「大君有命，開國承家」，孔穎達疏：「『大君』謂天子也。」〔註28〕大君顯然爲君之君。「大君若不棄書之力……」杜預注：「大君謂天王。」孔穎達疏，進言於王而稱大君，知大君謂天王也。大君，君之大者，故以爲天子。故《易》云「大君有命」，亦謂天子也〔註29〕。大君稱謂直接把大與君聯繫在一起，從而爲君注入大的義訓。「皇王維辟。」毛亨傳：「皇，大也。」孔穎達疏：「皇，君，君亦大之義，故爲大。」〔註30〕君與皇、王一起標示著君主爲天下之大的文化意義〔註31〕。

「正」是先秦文獻中較常見的一種君主稱謂。《詩經・商頌・玄鳥》載：「古帝命武湯，正域彼四方，方命厥后，奄有九有。」毛亨傳：「正，長。」孔穎達疏：「古之天帝命有威武之德者成湯，令長有彼四方之國，謂爲之君長，有其土地。」正即爲四方政長，九州民主，君臨四海。正與政互訓，《說文解字》釋：「政，正也。」作爲一種君主稱謂，其政治文化意義是政事之主宰。

經常使用的君主稱謂「主」，《說文解字》釋：「主，燈中火主也。」段玉裁注：「其形甚微而明照一室，引申假借爲臣主賓主之主。」「民主」即人民之主，多見於《尚書》。所謂「天惟時求民主」，孔穎達疏，天惟是桀惡，故更求民主以代之，大下明美之命於成湯，使王天下。「乃惟成湯，克以爾多方，簡代夏作民主」，孔穎達疏，桀殘虐於民，乃惟成湯，能用汝眾方之賢人，大代夏桀，作天下民主〔註 32〕。「民主罔與成厥功」，孔穎達疏，人主無與成其功也〔註33〕，亦把民主疏爲人民之主。

辟，本義爲刑罰、法度。《說文解字》釋：「辟，法也……從口，用法者也。」荀子曾謂：「君子者，法之原也」〔註34〕，意思就是說王是法的制定者，法是王之本，故君主可以稱爲辟。「惟天惠民，惟辟奉天」〔註35〕，辟即君，言君天下者當奉天以愛民。「亂爲四方新辟，作周恭先」，這裡新辟即新君。孔穎達疏，雖舊有美政，王亦更復新之，治理天下，當新其政化，方可爲四

〔註28〕《周易正義》卷二《師卦》。
〔註29〕《春秋左傳正義》卷三十四《襄公二十一年》。
〔註30〕《毛詩正義》卷十六《大雅・文王之什・文王有聲》。
〔註31〕張分田：《中國帝王觀念——社會普遍意識中的「尊君—罪君」文化範式》，第 201～202 頁。
〔註32〕《尚書正義》卷十七《周書・多方》。
〔註33〕《尚書正義》卷八《商書・咸有一德》。
〔註34〕《荀子・君道》。
〔註35〕《尚書正義》卷十一《周書・泰誓中》。

方之新君〔註36〕。「惟辟作福，惟辟作威，惟辟玉食。臣無有作福作威玉食。」孔穎達特意引王肅云「辟，君也」加以疏證，並闡述道：德則隨時而用，位則不可假人，故言尊卑之分，君臣之紀，不可使臣專威福，奪君權也〔註37〕。帝王專威福的主要手段是賞罰，故《左傳》有「賞慶刑威曰君」，杜預注曰：「作威作福，君之職也。」孔穎達疏：「人君執賞罰之柄，以賞慶人，以刑威物，是爲君之道。」〔註38〕

最高統治者也被稱爲「后」，如「元后作民父母」〔註39〕，「我后不恤我眾」〔註40〕，《盤庚》、《伊訓》稱先王爲「先后」。后，初義是生育〔註41〕。「后」的本字爲「毓」。「毓」的本義是生育，「育」的本義是養育。隨著社會的發展，人類治理自身的形式由以氏族、胞族、部族爲基礎的社會組織，轉變爲以地域和財產爲基礎的政治組織，「后」蛻去了原始本義，成爲專制君主的徽號。

以「宗」作爲政治稱謂，是宗法觀念與政治觀念合而爲一的產物。中國古代政治制度和政治觀念中始終具有濃厚的宗法色彩，在一定意義上，宗法制度就是政治制度，宗法觀念就是政治觀念。宗子形同一國之君，故又稱之爲「宗后」。爲了對最高統治者和其他君主加以區別，后、王、天子又稱爲「天下宗主」、「天下宗」、「君宗」。《毛詩正義・大雅・公劉》載：「食之飲之，君之宗之。」毛亨傳：「爲之君，爲之大宗也。」孔穎達疏：「王者天下之大宗。」

「后」、「宗主」、「君父」是君主的宗法稱謂，具有濃厚的宗法色彩，著重標識君權的宗法屬性。所謂君父，即以父爲君定位，以君爲父定位，父即君，君即父。君父生存之時，臣子不得指斥其名也。所謂「父前子名，君前臣名」〔註42〕。爲人臣子，盡心盡力以事君父〔註43〕。《左傳》宣公四年載：「畜老，猶憚殺之，而況君乎？」畜，養也，臣之於君，固有孝養之義〔註44〕。同樣，君主亦有權像父親教化、支配子女一樣管理臣民。君爲天下萬民之父

〔註36〕《尚書正義》卷十五《周書・洛誥》。
〔註37〕《尚書正義》卷十二《周書・洪範》。
〔註38〕《春秋左傳正義》卷五十二《昭公二十八年》。
〔註39〕《尚書正義》卷十一《周書・泰誓上》。
〔註40〕《尚書正義》卷八《商書・湯誓》。
〔註41〕郭沫若：《中國古代社會研究》，北京：人民出版社1964年版，第204頁。
〔註42〕《春秋左傳正義》卷四《桓公六年》。
〔註43〕《春秋左傳正義》卷四十八《昭公十九年》。
〔註44〕呂思勉：《呂思勉讀史箚記》，上海：上海古籍出版社1982年版，第189～190頁。

母，這是對古代最高統治者最常見的一種詮釋，其蘊涵的政治文化意謂是，「家天下」的君主是天下一家的大家長，他猶如天下所有臣民的父母。君父型帝王稱謂的最大特點是，宗法制度和宗法觀念是政治觀念的基石，把宗法家庭的治家之道移植到政治關係準則和政治觀念中，將君權至上和帝王崇拜作爲最重要的價値尺度：一是從宗子惟一原則推導、引申出君主惟一原則。二是由以個人專斷爲特徵的宗法家長權威推導出君主絕對權威原則。父家長擁有絕對權力，這是尊無二上、君父專制的眞實寫照。

二、君權至上

《五經正義》中保存了大量的頌揚王有天下，肯定王權至尊，維護君主獨一、權勢獨操等鼓吹君權至上的思想材料，主要體現在以下幾方面：

（一）非天子不議禮

君主在古代政治生活中處於主宰和中心地位，君權至上是中國古代政治思想中最基本的統治思想。對元首、至尊在等級制度中至上地位最重要的一條論證是：惟有天子是禮法的主人。「非天子不議禮」的命題實質上是把制定一切制度和規範的權力交給帝王。孔子主張「禮樂征伐自天子出」，即天子集權，立法布令，獨斷大事，臨御天下。在他看來，最高權力集中於天子則爲「天下有道」，否則爲「天下無道」〔註 45〕。確立制度、制定規範、發布號令、征戰討伐、設官分職、威福賞罰等國家最高權力，一律集中在最高統治者手中，他人不得染指。

《中庸》載：「非天子不議禮，不制度，不考文。今天下車同軌，書同文，行同倫。雖有其位，苟無其德，不敢作禮樂焉。雖有其德，苟無其位，亦不敢作禮樂焉。」鄭玄注：「此天下所共行，天子乃能一之也。禮，謂人所服行也。度，國家宮室及車輿也。文，書名也……言作禮樂者，必聖人在天子之位。」孔穎達解釋道，禮由天子所行，既非天子，不得論議禮之是非，不敢製造法度，及國家宮室大小高下及車輿，亦不得考成文章書籍之名〔註 46〕。《大傳》亦載：「禮，不王不禘」。孔穎達疏：「『禘』謂郊祭天也，然郊天之祭，唯王者得行。」〔註 47〕《王制》亦曰：「析言破律，亂名改作，執左道以亂政，

〔註 45〕《論語注疏》卷十六《季氏》。
〔註 46〕《禮記正義》卷五十三《中庸》。
〔註 47〕《禮記正義》卷三十四《大傳》。

殺」。孔穎達疏，左道謂邪道，地道尊右，右爲貴，右賢左愚，右貴左賤，故正道爲右，不正道爲左〔註 48〕。也就是說，惟有聖王有權定制、立法，違背這條規定者，殺無赦。作謚之法亦然，諸侯及大夫其上猶有尊者爲之作謚，其天子則更無尊於天子者，故唯爲天子作謚之時，於南郊告天，示若有天命然，不敢自專〔註 49〕。

《樂記》載：「知音而不知樂者，眾庶是也。唯君子爲能知樂。」孔穎達疏，音樂之異，音易識而樂難知，知樂則近於禮。明禮樂隆極之旨，先王所以禮樂教人之意。君子謂大德聖人，能知極樂之理。作者之謂聖，述者之謂明，惟有「通達物理」的聖王，才能「制作禮樂」，故「王者功成作樂，治定制禮」。孔穎達還強調，唯聖人識合天地者，則制作禮樂不誤。若非聖識，則必誤，誤制禮，則尊卑淫亂也，猶地體誤，則亂於高下也。「論倫無患，樂之情也。欣喜歡愛，樂之官也。中正無邪，禮之質也。莊敬恭順，禮之制也。若夫禮樂之施於金石，越於聲音，用於宗廟社稷，事乎山川鬼神，則此所與民同也。」孔穎達疏，禮樂文質不同，事爲有異。樂主和同，論說等倫，無相毀害，是樂之情也。言樂之本情，欲使倫等和同，無相損害也。內心中正，無有邪僻，是禮之本質。外貌莊敬，謙恭謹慎，是禮之節制。樂之情，樂之官，禮之質，禮之制，是先王所專有，言先王獨能專此四事〔註 50〕。

人們普遍認爲，唯有君主有權「斷天下之獄」，而且可以「權斷制敕，量情處分」〔註 51〕。所以不僅禮樂皆天子作，法亦君主獨操。法又稱爲罰、賞罰。《尚書・洪範》載：「惟辟作福，惟辟作威，惟辟玉食。臣無有作福作威玉食。」孔穎達特意引王肅云「辟，君也」加以疏證闡述：德則隨時而用，位則不可假人，故言尊卑之分，君臣之紀，不可使臣專威福，奪君權也〔註 52〕。帝王專威福的主要手段是賞罰，《左傳》亦載：「賞慶刑威曰君」，杜預注：「作威作福，君之職也。」孔穎達疏：「人君執賞罰之柄，以慶賞人，以刑威物，是爲君之道。」法自君出，獄由君斷，賞罰君執，君主不僅掌握了立法權，還控制了最高司法權，法成爲君主壟斷一切政治權力的工具。

〔註 48〕《禮記正義》卷十三《王制》。
〔註 49〕《禮記正義》卷十九《曾子問》。
〔註 50〕《禮記正義》卷三十七《樂記》。
〔註 51〕《唐律疏議》卷三十《斷獄》。
〔註 52〕《尚書正義》卷十二《周書・洪範》。

（二）臣有功，歸諸天子

有善有功，皆歸於君，是臣民之本義。「天子有善，讓德於天。諸侯有善，歸諸天子。卿、大夫有善，薦於諸侯。士、庶人有善，本諸父母，存諸長老。祿爵慶賞，成諸宗廟，所以示順也。」孔穎達疏，意在說明有善讓於尊上，示以敬順之道，不敢專也〔註 53〕。

《周易・坤卦》六三爻辭曰：「含章可貞，或從王事，無成有終。」孔穎達疏，章，美也。六三處下卦之極，而能不被疑於陽。既居陰極，能自降退，不為事始，唯內含章美之道，待命乃行，可以得正。六三為臣，或順從於王事，故不敢為事之首，主成於物，故云「無成」。唯上唱下和，奉行其終，故云「有終」。《周易・坤卦・象》曰：「『含章可貞』，以時發也，『或從王事』，知光大也。」孔穎達進一步注疏，夫子釋「含章」之義，以身居陰極，不敢為物之首，但內含章美之道，待時而發。既隨從王事，不敢主成物始，但奉終而行，是知慮光大，不自擅其美，唯奉於上。《周易・坤・文言》亦載：「後得主而有常。」孔穎達疏：陰主卑退，若在事之後，不為物先，即「得主」也。此陰之恒理，故云「有常」〔註 54〕。《周易・无妄卦》亦有類似觀念，其六二爻辭曰：「不耕獲，不菑畬，則利有攸往。」孔穎達疏，六二處中得位，盡於臣道，不敢創首，唯守其終，猶若田農不敢發首而耕，唯在後獲刈而已。不敢菑發新田，唯治其菑熟之地，皆是不為其始而成其末，猶若為臣之道，不為事始而代君有終也。為臣如此，則利有攸往，若不如此，則往而無利也。

《尚書》、《禮記》中也可以找到類似的觀點。如《太甲下》云「臣罔以寵利居成功」，孔穎達疏，四時之序，成功者退。臣既成功，不知退謝，其志貪欲無限，其君不堪所求，或有怨恨之心，君懼其謀，必生誅殺之計，自古以來，人臣有功不退者皆喪家滅族者眾矣〔註 55〕。《坊記》載：「善則稱君，過則稱己，則民作忠。《君陳》曰：『爾有嘉謀嘉猷，入告爾君於內，女乃順之於外。』曰：『此謀此猷，惟我君之德，於乎是惟良顯哉！』」孔穎達疏，臣有善謀善道，則入告君於內。先告君於內，乃順行之於外。善謀善道，君之德也，推德於君，歎美君德良善顯明〔註 56〕。

〔註 53〕《禮記正義》卷四十八《祭義》。
〔註 54〕《周易正義》卷一《坤卦》。
〔註 55〕《尚書正義》卷八《商書・太甲下》。
〔註 56〕《禮記正義》卷五十一《坊記》。

（三）君居於社會政治等級之巔

王是「天下共主」，不僅有封邦、命官之權，諸侯皆由天子封爵、命氏、胙土、賜民，諸侯國的重要官員亦由天子任命，即「大國三卿，皆命於天子……次國三卿，二卿命於天子，一卿命於其君」〔註 57〕，而且明確了天子與諸侯的君臣名分，通過確立嚴格的等級秩序維護天子的權勢與尊嚴。

《左傳》昭公七年載：「天子經略，諸侯正封，古之制也。封略之內，何非君土？食土之毛，誰非君臣？故《詩》曰：『普天之下，莫非王土。率土之濱，莫非王臣。』天有十日，人有十等，下所以事上，上所以共神也。故王臣公，公臣大夫，大夫臣士，士臣皂，皂臣輿，輿臣隸，隸臣僚，僚臣僕，僕臣臺。馬有圉，牛有牧，以待百事。」孔穎達引鄭《箋》疏曰：「此言王之土地廣矣，王之臣又眾矣，何求而不得，何使而不行」〔註 58〕，即王有天下，天下一切皆爲王有，日月所照，人跡所至，沒有什麼不屬於王所有。在社會政治等級秩序中，王擁有最高支配權，是最高領主，掌握最高的行政權力，諸侯均要受令於天子，只有經過天子的冊封，諸侯的權力和地位才具有合法性。

爲了維護這種政治體制和政治等級關係的穩固，在國家政治建制時，要遵循「國家之立也，本大而末小，是以能固」的原則，「天子建國，諸侯立家，卿置側室，大夫有貳宗，士有隸子弟，庶人、工、商，各有分親，皆有等衰。是以民服事其上，而下無覬覦」〔註 59〕。

不僅如此，在服飾、器物、宮室及其華素、大小、高下、多寡、裝飾等政治禮儀制度的方方面面都要顯示尊卑貴賤、威儀等差，王者之尊始終居於一切禮儀制度之首。「日有食之，天子不舉，伐鼓於社，諸侯用幣於社，伐鼓於朝，以昭事神、訓民、事君，示有等威，古之道也。」等威，即威儀之等級差別。天子不舉，諸侯用幣，所以事神；尊卑異制，所以訓民〔註 60〕。祭祀制度實行天子祭天地、社稷和天下名山大川，諸侯祭本國社稷和名山大川，大夫祭五祀，且上可以兼下，下不可以兼上。「天子七月而葬，同軌畢至；諸侯五月，同盟至；大夫三月，同位至；士逾月，外姻至。」孔穎達疏，天子、諸侯、大夫、士，位既不同，禮亦異數，赴弔遠近，各有等差。且位高則禮大，爵卑則事小。大禮逾時乃備，小事累月即成。聖王制爲常規，示民軌法，欲使各修其典，無

〔註 57〕《禮記正義》卷十一《王制》。
〔註 58〕《春秋左傳正義》卷二十二《昭公七年》。
〔註 59〕《春秋左傳正義》卷四《桓公二年》。
〔註 60〕《春秋左傳正義》卷十九《文公十五年》。

敢忒差。資父事君，生民之所極；哀死送終，臣子之所盡〔註 61〕。

三、君尊民卑

孔子主張正名，主張「君君、臣臣、父父、子子」〔註 62〕，其實質就是明確君臣民的政治地位，規範君臣民的角色要求，強調君尊民卑的社會政治意識。儒家重禮治，禮治重等級，等級重尊卑，因而在儒家設計的政治制度中始終遵循等級分明、尊卑有序的原則，集中體現爲君、臣、民的政治地位與政治權力的明顯差異。

孔穎達亦繼承了這一思想。《禮記・禮運》云：「君者所明也，非明人者也。君者所養也，非養人者也。君者所事也，非事人者也。故君明人則有過，養人則不足，事人則失位。故百姓則君以自治也，養君以自安也，事君以自顯也。故禮達而分定，故人皆愛其死而患其生。」孔穎達疏，政之大體，皆下之事上，非上之事下。上下分定，人皆以死事上。在下百姓所尊奉君，使之光顯尊明人君，非謂遣君尊明在下之人。君位既尊，乃自下嚮尊人，於理不順，故云「則有過」；君唯一身，若養百姓，力不能周贍，故云「養人則不足」；君尊在上，而屈事於在下之人，是失位也。達，謂曉達；分，謂尊卑之分。以下之事上，於禮當然，人皆知之，是禮之曉達。尊者居上，卑者處下，是上下分定也〔註 63〕。杜預注《左傳》文公十七年載「諸侯會於扈」曰：「昭公雖以無道見弒，而文公猶宜以弒君受討，故林父伐宋以失所稱人，晉侯平宋以無功不序，明君雖不君，臣不可不臣，所以督大教。」孔穎達疏：「大教，謂尊君卑臣之教也。」〔註 64〕

不僅如此，孔穎達進一步發展了這一理念，一再強調，下順奉上，是天經地義的事，具有絕對性、不可變易性。「天有尊卑，人有上下。下事上，臣事君，法則天之明道；臣不事君，是反易天之明道也」〔註 65〕。《周易・損卦》亦有記載。「損下益上，其道上行」，孔穎達疏，陽止於上，陰說而順之，是下自減損以奉於上，「上行」之謂也〔註 66〕。《尚書・盤庚》載，下之事上，

〔註 61〕《春秋左傳正義》卷二《隱公元年》。
〔註 62〕《論語注疏》卷十二《顏淵》。
〔註 63〕《禮記正義》卷二十二《禮運》。
〔註 64〕《春秋左傳正義》卷二十《文公十七年》。
〔註 65〕《春秋左傳正義》卷五十七《哀公二年》。
〔註 66〕《周易正義》卷四《損卦》。

臣民承君，「若網在綱，有條而不紊。若農服田力穡，乃亦有秋」。孔安國注曰：「紊，亂也。穡，耕稼也。下之順上，當如網在綱，各有條理而不亂也。農勤穡則有秋，下承上則有福。」孔穎達進一步解疏，「紊」是絲亂，「稼」、「穡」相對，則種之曰「稼」，斂之曰「穡」。「穡」是秋收之名，得為耕獲總稱，故云「穡，耕稼也」，「下承上則有福」，「福」謂祿賞〔註 67〕。同時，上尊下卑不僅天經地義，而且恒常不變。「恒，久也。剛上而柔下」，孔穎達疏，震剛而巽柔，震則剛尊在上，巽則柔卑在下，得其順序，所以為恒也〔註 68〕。反之，如果尊卑顛倒，下不奉上，民不尊君，則所行皆凶。「顛頤，拂經於丘。頤，征凶。」孔穎達疏：顛，倒也。拂，違也。經，義也。丘，所履之常處也。六二處下體之中，無應於上，反倒下養初，故曰「顛頤」。下當奉上，是義之常處也。今不奉於上，而反養於下，是違此經義於常之處，故云「拂經於丘」也。征，行也。若以此而養，所行皆凶，故曰「頤征凶」也〔註 69〕。再如，《尚書》載：「惟天聰明，惟聖時憲，惟臣欽若，惟民從乂。」孔安國傳曰：「聖王法天以立教，臣敬順而奉之，民以從上為治。」孔穎達疏，聖人法天以立教，於下無不聞見，除其所惡，納之於善。雖復運有推移，道有升降，其所施為未嘗不法天也。臣奉承君命而布之於民，「民以從上為治」，不從上命則亂〔註 70〕。

君尊臣卑、上貴下賤、陽剛陰柔、下順於上的觀念在《周易》中多有體現。臣不可先君，卑不可先尊故也。「『坤』是陰道，當以柔順為貞正，借柔順之象，以明柔順之德也。」「君子有攸往，先迷後得，主利。」孔穎達疏，以其柔順利貞，故君子利有所往。以其至柔，當待唱而後和。凡有所為，若在物之先即迷惑，若在物之後即得主利，以陰不可先唱，猶臣不可先君，卑不可先尊故也。故莊氏云：「『先迷後得主利』者，唯據臣事君也。」〔註 71〕再如，「陰雖有美，含之以從王事，弗敢成也。地道也，妻道也，臣道也。地道無成，而代有終也。」孔穎達疏，地道卑柔，無敢先唱成物，必待陽始先唱，而後代陽有終。臣子雖有美道包含之德，苟或從王事，不敢為主先成之也。「地道也，妻道也，臣道也」者，欲明「坤」道處卑，待唱乃和，故歷言

〔註 67〕《尚書正義》卷九《商書・盤庚上》。
〔註 68〕《周易正義》卷四《恒卦》。
〔註 69〕《周易正義》卷三《頤卦》。
〔註 70〕《尚書正義》卷十《商書・說命中》。
〔註 71〕《周易正義》卷一《坤卦》。

此三事，皆意在強調卑應於尊，下順於上〔註72〕。

君尊臣民卑的政治理念貫穿於一切政治禮儀制度中。如在殯喪制度中，亦奉行君尊原則。「君未殯，而臣有父母之喪，則如之何？孔子曰：『歸殯，反於君所。有殷事則歸，朝夕否。大夫室老行事，士則子孫行事。大夫內子，有殷事，亦之君所，朝夕否。』」孔穎達疏，臣有父母之喪，未殯，而有君喪，去君殯日雖遠，只得待殯君訖而還殯父母，以其君尊故也。以君未殯，則君哀重，而父母又喪，是親哀亦重。君與親哀既半相雜，君爲尊，故主意於君故尋常恒在君所〔註73〕。

四、名器不假人

君權的獨佔性還表現爲名器的獨佔性，一切相關的名與器都是不可以予人的。名，即名分；器，即象徵權勢的器物，二者都是權力的象徵。擁有了名與器，便可以發號施令。「唯器與名，不可以假人」，孔穎達疏，唯車服之器與爵號之名，不可以借人也。此名號車服，是君之所主也。名位不愆，則爲下民所信，此名所以出信也。動不失信，然後車服可保，此信所以守車服之器也。禮明尊卑之別，車服以表尊卑，車服之器，其中所以藏禮。義者，宜也。尊卑各有其禮，上下乃得其宜，此禮所以行其物宜也。物皆得宜，然則是利生焉，此義所以生利益也。利益所以成民，此乃政教之大節也。若以名器借人，則是與人政也。政教既亡，則國家從之而亡，不復可救止也。名器俱是可重，故並言名〔註74〕。

孔子曰：「名不正，則言不順；言不順，則事不成；事不成，則禮樂不興；禮樂不興，則刑罰不中；刑罰不中，則民無所措手足。」〔註75〕即強調爲政之道須先正名，君君，臣臣，父父，子子，依名守分。那麼如何才能循名責實，各安己分呢？《禮記·曲禮上》云：「君臣、上下、父子、兄弟，非禮不定」，孔穎達疏，君父南面，臣子北面，公卿大夫則列位於上，士則列位於下，兄前弟後，唯禮能定也〔註76〕。「定」即依據君臣之名，行君臣之實，定君臣之分。分既定，則上不侵下，下不僭上，政則治也。《禮記·大傳》載：「名

〔註72〕《周易正義》卷一《坤卦》。
〔註73〕《禮記正義》卷十九《曾子問》。
〔註74〕《春秋左傳正義》卷二十五《成公二年》。
〔註75〕《論語注疏》卷十三《子路》。
〔註76〕《禮記正義》卷一《曲禮上》。

者，人治之大者也，可無愼乎！」人治所以正人。孔穎達疏，名失之則上下亂，是人治之大者也，可得不愼之乎？《左傳》載魯君之所以失民，是借季氏以權柄，故令昭公至此出外也，因此以之戒人君曰：「是以爲君愼器與名，不可以假人。」孔穎達疏，器，謂車服也；名，謂爵號也。借人名器，則君失位矣，故不可以假人也〔註 77〕。

君主獨佔名與器的思想強調了君權的獨佔性和一元化，爲維護君主的絕對權威提供了制度上的保證。「君者所明也，非明人者也。君者所養也，非養人者也。君者所事也，非事人者也。」孔穎達疏：「政之大體，皆下之事上，非上之事下也。上下分定，人皆以死事上。」〔註 78〕

第二節　君位

最理想的君權由三大要素構成，即天命、聖明、德政，而君位的合法性取決於四個關鍵詞，即天命、民意、宗祧、聖明。其中，天命是合法性的終極依據，民意是獲得天命的現實依據，宗祧是天命的宗法繼承，聖明是獲得天命的緣由或表徵（合法性的個體特徵），德政是贏得民意的途徑（獲得合法性的主要手段）。在特定情況下，可以用禪讓方式取代宗祧繼承。因而，君主的合法性來源歸根結底是「天命」，所謂「天予人歸」〔註 79〕。

一、天賦君權

天擇民主，天子受命於天。天是至上權威，「命哲，命吉凶，命歷年」，孔穎達疏：「今天觀人所爲以授之命，其命者智與愚也，其命吉與凶也，其命歷年與不長也。」〔註 80〕天把大命賜予聖哲，統治者的吉凶禍福、歷年長短均由天命決定。當以大功既立，眾望歸之，即是天道在身，當升此大君之位，宜爲天子〔註 81〕。王者代天牧民，佔有天下土地，治理天下百姓。最高統治者的合法正統資格由上帝、天命決定，這就賦予了王權以神聖性、

〔註 77〕《春秋左傳正義》卷五十三《昭公三十二年》。
〔註 78〕《禮記正義》卷二十二《禮運》。
〔註 79〕張分田：《民本思想與中國古代統治思想》（下），天津：南開大學出版社 2009 年版，第 421 頁。
〔註 80〕《尚書正義》卷十五《周書・召誥》。
〔註 81〕《尚書正義》卷四《虞書・大禹謨》。

至上性。

天命不是固定不變的，惟有敬畏天命，順天命，才能永遠保有統治權。類似觀點在《尚書正義》中多有闡釋。「天命靡常」〔註82〕、「惟命不於常」〔註83〕，天命之所以不於常，在於行善則得之，行惡則失之。「惟上帝不常，作善降之百祥，作不善降之百殃」，天之禍福，惟善惡所在，不常在一家，戒王修德而爲善〔註84〕。「天難諶，命靡常。常厥德，保厥位」。其注疏曰，天以其無常，故難信，人能常其德，則安其位〔註85〕。「皇天無親，惟德是輔」〔註86〕，天之於人，公正無私，沒有親疏，從不偏袒任何君主，惟有德者才能被選爲民之主，並輔祐之，改換天命：有德則「永孚於休」，無德則「天降喪」〔註87〕。佔據君主權位最基本的條件：有德且獲得天的眷顧。帝王惟有「聿修厥德，永言配命」，才能「自求多福」〔註88〕。

民情是天命最重要的晴雨表，受天命、保天命的關鍵在於，統治者必須盡心竭智，孜孜求治，即「以小民受天永命」〔註89〕。「天矜於民，民之所欲，天必從之」〔註90〕。即謂天除惡樹善與民同，而且主要通過民情來考察天子的政績，所謂「天聰明，自我民聰明。天明畏，自我民明威」。孔穎達疏，以天之聰明視聽，觀人有德。用我民以爲耳目之聰明，察人言善者，天意歸賞之。同時，天之明德可畏，所謂天威者，即用我民言惡而叛之，因討而伐之，成其明威〔註91〕。

天立君是爲了保民，君不能保民就違逆了天意。「天畏棐忱，民情大可見，小人難保」〔註92〕，「天視自我民視，天聽自我民聽」〔註93〕。即謂天傾聽民意，又通過民意表達天意，二者內在相通，天因民以視聽，民所惡者天誅之。

政善天福之，淫過天禍之，王者不僅福祿是「自求」於天，而且災禍也

〔註82〕《毛詩正義》卷十六《大雅・文王之什・文王》。
〔註83〕《尚書正義》卷十四《周書・康誥》。
〔註84〕《尚書正義》卷八《商書・伊訓》。
〔註85〕《尚書正義》卷八《商書・咸有一德》。
〔註86〕《尚書正義》卷十七《周書・蔡仲之命》。
〔註87〕《尚書正義》卷十六《周書・君奭》。
〔註88〕《毛詩正義》卷十六《大雅・文王之什・文王》。
〔註89〕《尚書正義》卷十五《周書・召誥》。
〔註90〕《尚書正義》卷十一《周書・泰誓上》。
〔註91〕《尚書正義》卷四《虞書・皋陶謨》。
〔註92〕《尚書正義》卷十四《周書・康誥》。
〔註93〕《尚書正義》卷十一《周書・泰誓中》。

是「自求」於天，即「天道福善禍淫」〔註 94〕。「天既孚命正厥德」，孔穎達疏，天已信命正其德，言天自信行賞罰之命，賞有義，罰無義，欲使有義者長，不義者短。天自正其德，福善禍淫，其德必不差也。民有永有不永，天隨其善惡而報之〔註 95〕。自然災害及其他異常現象是上帝對人間統治者發出的警告和譴責：君主無德，民生困苦，若不改弦更張，將招致革命。

天賦君權論，其政治文化意蘊繁複，首先論證了最高權位的獲得非人力所定，天命才是惟一具有決定意義的條件。其次賦予君權以神聖性、絕對性，君命即天命。再次，論證革命的合理性。革命是受天命，行天罰，以有德罰無德。最後，把治民列爲政治的首要問題，重民意就是畏天命，民意與天意的互證，爲制約君主提供了現實的力量。天賦君權論以天爲終極依據，形成了天、德、王、民循環論證體系〔註 96〕。

二、君位變易

在理論上，惟有符合道義的改朝換代方可稱之爲革命。「王者之興，受命於天，故易世謂之革命」〔註 97〕。《周易・革卦》以「天地革而四時成」稱頌革命，從自然法則的角度肯定了革命的必然性、合理性。革命是天道運行的自然規律，王朝更替是天道之必然。「天與人歸」不僅是天命的表徵，而且也是君位合法性的前提。不僅建立政權需要天、天道觀念的合法性論證，當一個王朝要推翻另一個王朝時同樣需要證明自己是天、上帝所命，順天而行。「天地革而四時成，湯武革命，順乎天而應乎人，革之時大矣哉！」孔穎達疏，天地之道，陰陽升降，溫暑涼寒，迭相變革，然後四時之序皆有成也。夏桀、殷紂，兇狂無度，天既震怒，人亦叛亡。殷湯、周武，聰明睿智，上順天命，下應人心，放桀鳴條，誅紂牧野，革其王命，改其惡俗，故曰「湯武革命，順乎天而應乎」〔註 98〕。

革命是奉天伐暴，是天命的一種發布形式。革即變革，命即天命，革命即天命變革，從一個人向另一個人轉移。其中，天命是革命的終極依據和必

〔註 94〕《尚書正義》卷八《商書・湯誥》。
〔註 95〕《尚書正義》卷十《商書・高宗肜日》。
〔註 96〕張分田：《中國帝王觀念——社會普遍意識中的「尊君—罪君」文化範式》，第 365 頁。
〔註 97〕程頤：《周易程氏傳・革》，王孝魚點校，北京：中華書局 2011 年版。
〔註 98〕《周易正義》卷五《革卦》。

備條件。「天將興之，誰能廢之」〔註99〕，「奉將天罰」。孔穎達疏，天欲加罪，王者順天之罰，則王誅也〔註100〕。天子用兵，稱「恭行天罰」，諸侯討有罪，稱「肅將王誅」，皆示有所稟承，不敢專也。如「有扈氏威侮五行，怠棄三正，天用剿絕其命，今予惟恭行天之罰」，孔穎達疏，今有扈氏威虐侮慢五行之盛德，怠惰棄廢三才之正道，上天用失道之故，今欲截絕其命。天既如此，故今惟奉行天之威罰，不敢違天也〔註101〕。再如，「天惟時求民主，乃大降顯休命於成湯，刑殄有夏，惟天不畀純」，孔穎達疏，天惟桀惡之故，更求民主以代。天乃大下明美之命於成湯，使之代桀王天下。乃命湯施刑罰絕有夏，惟天不與夏桀，亦已大矣〔註102〕。

三、君位繼承

關於君位傳承的原則，在《禮運》中有提到，因時而視，分為兩種情況。一種是「大道之行也，天下為公，選賢與能，講信修睦。故人不獨親其親，不獨子其子。使老有所終，壯有所用，幼有所長，矜寡孤獨廢疾者，皆有所養。男有分，女有歸，貨惡其棄於地也，不必藏於己，力惡其不出於身也，不必為己。是故謀閉而不興，盜竊亂賊而不作。故外戶而不閉，是謂大同。」這講的是五帝時期的大同景觀，那麼其「天下為公」的主旨是什麼？孔穎達解疏曰，天下為公謂天子位也。為公謂揖讓而授聖德，不私傳子孫，即廢朱、均而用舜、禹是也。選賢與能者，嚮明不私傳天位，此明不世諸侯也。國不傳世，唯選賢與能也〔註103〕。也就是說，在中國古代五帝時期，人們普遍認為，天下非為一朝一代所有，君權不可一家一姓獨佔，最高權位理應實行選賢與能制度。「天下為公，選賢與能」是一種最合理的擇君替君之道。

另一種情況是後來歷朝歷代通行的君位繼承原則，「今大道既隱，天下為家。各親其親，各子其子，貨力為己。大人世及以為禮，城郭溝池以為固。禮義以為紀，以正君臣，以篤父子，以睦兄弟，以和夫婦，以設制度，以立田里，以賢勇知，以功為己。故謀用是作，而兵由此起。禹、湯、文、武、成王、周公，由此其選也。此六君子者，未有不謹於禮者也。以著其義，以

〔註99〕《春秋左傳正義》卷十五《僖公二十三年》。
〔註100〕《尚書正義》卷七《夏書・胤征》。
〔註101〕《尚書正義》卷七《夏書・甘誓》。
〔註102〕《尚書正義》卷十七《周書・多方》。
〔註103〕《禮記正義》卷二十一《禮運》。

考其信，著有過，刑仁講讓，示民有常。如有不由此者，在執者去，眾以爲殃。是謂小康。」五帝既竟，「小康」講的是三代俊英之事。孔穎達疏曰，父傳天位與子，是用天下爲家也，禹爲其始也。君以天位爲家，故四海各親親而子子也。大人，謂諸侯也。世及，諸侯傳位自與家也。父子曰世，兄弟曰及，謂父傳與子，無子則兄傳與弟，以此爲禮也。然五帝猶行德不以爲禮，三王行爲禮之禮〔註 104〕。這表明，隨著家天下時代的到來，王位君權由一家私有的觀念得到宗法制度和宗法觀念的支持，君位繼承發生質變，祖宗功德蓋世，創業垂統，因功德而獲得的「天命」可以傳之子孫，天子的兒子繼承天下是理所當然、天經地義的，君位宗祧繼承論證了君位的來源性與合法性。「天與賢，則與賢；天與子，則與子」〔註 105〕，君位傳賢還是傳子，歸根結底取決於「天命」，「天命」是居於正統地位所必備的條件。繼位之君不必是聖哲，不必有大德，只要不像桀紂那樣殘暴，天是不會剝奪他的天命的。君位「在德不在鼎。昔夏之方有德也，遠方圖物，貢金九牧，鑄鼎象物，百物而爲之備，使民知神奸。故民入川澤山林，不逢不若。螭魅罔兩，莫能逢之，用能協於上下，以承天休。桀有昏德，鼎遷於商，載祀六百。商紂暴虐，鼎遷於周。德之休明，雖小，重也。其奸回昏亂，雖大，輕也。天祚明德，有所厎止。成王定鼎於郟鄏，卜世三十，卜年七百，天所命也。周德雖衰，天命未改。鼎之輕重，未可問也」〔註 106〕。這就是說，宗祧繼承模式對繼位者的要求相當寬鬆，只要天命仍屬本朝，繼位者符合宗祧繼承法則，又不昏暴至極，就是合法的。

在通常情況下，君位繼承沿用宗祧繼承制度。在實踐中，立嫡立長制度常被破壞。究竟立嫡、立長、立賢何者爲先也有爭議。「堯舜禪讓」是一種廣爲流傳的政治傳說。人們普遍認爲「堯舜禪讓」符合選賢與能的天下爲公原則。實際上，其實質還是屬於一種「天命」輪轉，必須有天命曆數在身才行。「天亦哀於四方民，其眷命用懋」，孔穎達解疏，天亦哀矜於四方之民，其眷顧天下，選擇賢聖，命用勉力行敬者以爲民主〔註 107〕。「皇天眷命，奄有四海，爲天下君」，孔穎達疏帝堯之德，廣大運行，聖而無所不通，神而微妙無方，

〔註 104〕《禮記正義》卷二十一《禮運》。
〔註 105〕《孟子注疏》卷九《萬章上》。
〔註 106〕《春秋左傳正義》卷二十一《宣公三年》。
〔註 107〕《尚書正義》卷十五《周書・召誥》。

武能克定禍亂，文能經緯天地，以此爲大天顧視而命之，使同有四海之內，爲天下之君〔註 108〕。禹亦是賢德大顯於天，天之帝王歷數運道才加諸其身。孔穎達在《大禹謨》中疏，帝舜不許禹讓，歷數禹之賢德：下流之水儆戒於我，我恐不能治之。汝能成聲教之信，能成治水之功，惟汝之賢。汝能勤勞於國，盡力於溝洫。能節儉於家，薄飲食，卑宮室。常執謙沖，不自滿溢誇大，惟汝之賢也。汝惟不自矜誇，故天下莫敢與汝爭能。汝惟不自稱伐，故天下莫敢與汝爭功。正因爲堯具備不怕辛苦，勤敬職責，力行節儉，虛懷若谷的美德，所以帝舜總結道：「我今勉汝之德，善汝大功，天之歷運之數帝位當在汝身，汝終當升此大君之位，宜代我爲天子」。〔註 109〕

《周易・革卦》從革故鼎新的角度，明確提出了湯武革命的命題：「天地革而四時成，湯武革命，順乎天而應乎人。革之時，大矣哉！」王弼也稱頌「應天順民，大亨以正」。孔穎達疏，天地之道，陰陽升降，溫暑涼寒，迭相變革，然後四時之序皆有成也。夏桀、殷紂，兇狂無度，天既震怒，人亦叛亡。殷湯、周武，聰明睿智，上順天命，下應人心，放桀鳴條，誅紂牧野，革其王命，改其惡俗。「湯武革命，順乎天而應乎人」者，以明人革也〔註 110〕。「湯武革命」一直被人們認爲是聖王革命模式的範本，被說成是「有道伐無道」。「有道」即聖王，「無道」即暴君。「立君爲民」的宗旨是養育民眾，爲天下眾生謀福利。君主違背了，天命就會轉移，就會改朝換代。「有道伐無道」即由一位受天命的聖王誅伐一位失去天命的暴君，完成改朝換代、萬象更新的使命。它以天理、道義的名義提升了革命的正義性。革命的依據是奉天伐暴，必須符合天予人歸。所謂「天與之，人與之」，歸根結底是天命的一種表徵，受命新王以武力取代廢命舊君是「恭行天之罰」。湯武革命論規定革命的主體必須受天命，無道者不可居大位、入正統，「有道伐無道」符合天理。革命論既維護「天下爲公」、「有德者可居之」的道德信條，又認同「天下王有」、「大人世及以爲禮」的政治原則。

無論是宗祧繼承、「堯舜禪讓」還是「湯武革命」，單憑道德、功德是不能確定正統的，而無道無德之君又未必不能居於正統地位，其關鍵就在於天命的歸屬。若聖人有龍德居在天位，則大人道路得亨通。猶若文王拘在羑里，

〔註 108〕《尚書正義》卷四《虞書・大禹謨》。
〔註 109〕《尚書正義》卷四《虞書・大禹謨》。
〔註 110〕《周易正義》卷五《革卦》。

是大人道路未亨也。「夫位以德興」者，位謂王位，以聖德之人能興王位也。「德以位敘」者，謂有聖德之人，得居王位，乃能敘其聖德。若孔子雖有聖德，而無其位，是德不能以位敘也〔註111〕。聖賢未必爲王論最能體現「天命」是「革命」的必備條件，一切君主權位的獲得與傳承，「皆天命也」，「桀之昏亂，亦於成湯之道得升，大賜受上天之光命，王天下」〔註112〕。

〔註111〕《周易正義》卷一《乾卦》。
〔註112〕《尚書正義》卷十七《周書・立政》。

第三章　政治關係論：政治道德之用

中國古代政治思想家非常注重對政治關係的討論，在討論政權構成及統治手段和管理方法的時候，總是從君臣、君民和官民等政治關係的角度探究君主馭臣治民的藝術和方法，提出極具適用性和實用性的維持政治體系並使之正常運轉的政治道德規範。而這一範疇的政治道德則是第二位的、從屬的，是副命題，即從屬於、服務於君權至上這一最根本政治道德規範。

第一節　君、臣、民政治等級關係

作爲政治範疇，君特指一個政權的最高統治者；臣介於君民之間，特指貴族、官僚及政治地位大體相當於這個階層的政治角色；民特指處於政權體系之外的普通民眾。一般說來，作爲政治範疇的君、臣、民分別對應君主、官僚、庶民三種最基本的政治角色，同時代表中國古代社會三種最基本的政治等級。三者之間又大體構成君與臣、君與民、官與民三種最基本的政治關係。

一、君、臣、民政治等級關係的基本定位

君、臣、民稱謂的意涵本身就體現了三種政治角色及其基本政治關係的規範和界定：君是主宰天下的最高統治者；臣由君主冊封或任命，佔有較高的社會等級和一定的政治職位，是政治權力的實際執行人；民處在社會政治體系的底層，他們向國家繳納貢賦，沒有任何政治權利。正所謂「君者，出令者也。臣者，行君之令而致之民者也。民者，出粟米麻絲，作器皿、通財

貨，以事其上者也」〔註1〕。也就是說，天子主宰天下，設官分職，制定律令；諸侯、大夫、士等授命於上，執法守法，蒞官臨民；庶民百姓從事物質生產勞動以供奉其上。

最高統治者、中層官僚階層和下層庶民分屬不同的政治等級，因而遵循不同的政治規範，享有不同的政治權利，君、臣、民三者的政治等級差別充斥日常生活的方方面面。如發生日食時，「天子不舉，伐鼓於社，諸侯用幣於社，伐鼓於朝，以昭事神、訓民、事君，示有等威，古之道也」〔註2〕。等威即威儀之等差，天子不舉，諸侯用幣，所以事神；尊卑異制，所以訓民。在政治體制構建中，「天子建國，諸侯立家，卿置側室，大夫有貳宗，士有隸子弟，庶人、工、商，各有分親，皆有等衰。是以民服事其上，而下無覬覦」〔註3〕，即天子有天下，諸侯有國家，士大夫有田邑，官人百吏有祿秩，庶民只能辛勤勞動，奉養君主。再如關於孝道，君、臣、民的政治等級差別亦十分鮮明。「孝」爲「百行之宗」、「至德要道」，天子與庶民「尊卑貴賤有殊，而奉親之道無二」〔註4〕。在這個意義上，孝的規範具有普適性，天子與臣民都應恪守孝道。但是人有等差，孝亦有等差。《孝經》規定了「五等之孝」:「天子之孝」以德政爲本，核心是「愛敬盡於事親，而德教加於百姓，刑於四海」〔註5〕；「諸侯之孝」要「在上不驕，高而不危，制節謹度……能保其社稷，而和其民人」〔註6〕；「卿大夫之孝」要「非法不言，非道不行，口無擇言，身無擇行」，言行遵法守道，「然後能守其宗廟」〔註7〕；「士之孝」要忠君順長，「忠順不失，以事其上，然後能保其祿位，而守其祭祀」〔註8〕；「庶人之孝」則是「用天之道，分地之利，謹身節用，以養父母」〔註9〕。復如，「天子七月而葬，同軌畢至；諸侯五月，同盟至；大夫三月，同位至；士逾月，外姻至」。孔穎達疏，天子、諸侯、大夫、士，位既不同，禮亦異數，赴弔遠近，各有等差，因其弔答以爲葬節。且位高則禮大，爵卑則事小。大禮逾時

〔註1〕韓愈:《韓昌黎文集校注》卷一《原道》，上海：上海古籍出版社1998年版。
〔註2〕《春秋左傳正義》卷十九《文公十五年》。
〔註3〕《春秋左傳正義》卷五《桓公二年》。
〔註4〕《孝經注疏》卷一《天子章》。
〔註5〕《孝經注疏》卷一《天子章》。
〔註6〕《孝經注疏》卷二《諸侯章》。
〔註7〕《孝經注疏》卷二《卿大夫章》。
〔註8〕《孝經注疏》卷二《士章》。
〔註9〕《孝經注疏》卷三《庶人章》。

乃備，小事累月即成。聖王制爲常規，示民軌法，欲使各修其典，無敢忒差。資父事君，生民之所極；哀死送終，臣子之所盡〔註10〕。

二、君臣、君民、官民關係論

關於君民關係。廣義上講，帝王君臨天下，其餘都是臣民。所以君與臣、君與民的關係在這一意義上講，均是君民關係。在等級體系中，臣民是卑、是下；在政治體系中，他們是臣、是民；在宗法體系中，他們是子、是女；君是法制政令的制定者，臣是法的執行者，民則僅有守法從命的義務。君主以號令、賞罰統治臣民，掌握使臣民生與死、貴與賤、富與貧的權力。帝王爲聖人，臣民則爲愚氓；帝王爲大人，臣民則爲小人；帝王爲主子，臣民則爲僕役；帝王爲至貴，臣民則爲至賤。君主尊而臣民卑、君作主而臣民從。從狹義上講，君民關係特指君主和庶民之間的政治關係，其基本理論定位是：君爲民之主、民爲君之本，大體包括立君爲民、君爲民主、民爲君本、君養民、民養君、利民、富民、重民、順民、敬民等思想命題。

關於君臣關係。君與臣相對而言，在上爲君，在下爲臣。在甲骨文、金文中，「君」爲發號施令者的象形；「臣」爲屈服順從者的象形。這兩個象形字本身就形象地揭示者君與臣在地位和功能上的巨大反差。官僚（臣）是主與奴、貴與賤的統一體。相對於君，他們是下，是奴，是臣子；相對於民，他們是上，是主，是父母。君臣關係的基本思想命題大體包括君臣相須、君不獨治、任賢擇善、廣開言路、納諫如流、禮敬臣下、知人善任、賞罰分明、忠君敬上、守法盡職、諫諍請命，等等。

關於官民關係。在政治上，官僚的地位具有亦官亦奴、亦主亦僕的雙重身份。一方面相對於君，官是臣下，在整個統治結構中，官吏如網之綱，庶民如網之目，治吏比治民更重要。因此「明主治吏不治民」〔註11〕。同時，相對於民，官又相當於君，「爲民做主」、「爲民父母」，官與民是統治與被統治的關係。因此，君民、君臣關係的許多命題適用於官民關係。其基本思想命題包括：清正廉潔、執政公允、仁政愛民、惠民利民、遵行四時五行之政，等等。

〔註10〕《春秋左傳正義》卷二《隱公元年》。
〔註11〕《韓非子・外儲說右下》。

三、君、臣、民關係之喻

在《五經正義》中保存了大量關於君臣民關係的比喻，藉此以一種形象化的方式定位君臣民之間的關係，即君尊民卑。由於這些譬喻形象生動、簡易明瞭，所以其思想更容易獲得人們的廣泛認同，成爲全體臣民普遍的社會意識。

（一）上為君，下為臣民

上下之喻是一種常見的君臣之喻，「上下，君臣也」。「天有十日，人有十等，下所以事上，上所以共神也。故王臣公，公臣大夫，大夫臣士，士臣皀，皀臣輿，輿臣隸，隸臣僚，僚臣僕，僕臣臺。馬有圉，牛有牧，以待百事。」孔穎達疏：「此云『王臣公』者，謂上以下爲臣。」〔註 12〕就國家政治結構而言，上爲君主，下爲臣民。上下相維，內外咸治。「上下勤恤。」孔穎達疏，「上下」謂君臣，故言當君臣共勤憂敬德，不獨使王勤也〔註 13〕。

《湯誓》載「有眾率怠弗協」，孔安國注：「眾下相率爲怠惰，不與上和合。」孔穎達進一步疏曰，上既馭之非道，下亦不供其命，不肯每事順從〔註 14〕。「樹后王君公，承以大夫師長」實質是立君臣上下也〔註 15〕。人臣之致身事主，百姓之服役奉公，皆損下益上之事。《周易・損卦》初九爻辭載：「已事遄往」，孔穎達疏：「損之爲道，『損下益上』，如人臣欲自損己奉上。」《周易・艮卦》九三爻辭曰：「艮其限，列其夤，厲薰心」，孔穎達疏：限，身之中，人帶之處，言三當兩象之中，故謂之限。施止於限，故曰「艮其限」也。夤，當中脊之肉也；薰，燒灼也。既止加其身之中，則上下不通之義也，是分列其夤。夤既分列，身將喪亡，故憂危之切，薰灼其心矣。然則君臣共治，大體若身，大體不通，則君臣不接，君臣不接，則上下離心，列夤則身亡，離心則國喪。《周易・巽卦》載：「巽：小亨。」孔穎達疏，施之於人事，能自卑巽者，亦無所不容。然而巽之爲義，以卑順爲體，以容入爲用。上下皆巽，不爲違逆，君唱臣和，教令乃行，故於重巽之卦，以明申命之理。雖上下皆巽，命令可行，然而全用卑巽，則所通非大，所以說是「小亨」。

《五經正義》主張命有貴賤之倫，位有上下之異。孔穎達認爲，「治民之事，

〔註 12〕《春秋左傳正義》卷四十四《昭公七年》。
〔註 13〕《尚書正義》卷十五《周書・召誥》。
〔註 14〕《尚書正義》卷八《商書・湯誓》。
〔註 15〕《尚書正義》卷十《商書・説命中》。

皆法天之道。天有尊卑之序，人有上下之節，三正五常，皆在於天，有其明道，此天之明道」〔註 16〕。「宗伯掌邦禮，治神人，和上下」〔註 17〕，即和上下尊卑等列。《周易・鼎卦・象》曰：「君子以正位凝命。」孔穎達疏，凝者，嚴整之貌。鼎既成新，即須制法。制法之美，莫若上下有序，正尊卑之位，輕而難犯，布嚴凝之命，故君子象此以「正位凝命」也〔註 18〕。《繫辭上》載：「卑高以陳，貴賤位矣。」孔穎達疏：「卑，謂地體卑下；高，謂天體高上。卑高既以陳列，則物之貴賤，得其位矣。若卑不處卑，謂地在上，高不處高，謂天在下。上下既亂，則萬物貴賤則不得其位矣。」〔註 19〕「黃帝、堯、舜垂衣裳而天下治，蓋取諸乾、坤。」孔穎達疏：「『取諸乾坤』者，衣裳辨貴賤，乾坤則上下殊體。」〔註 20〕也就是說，乾尊坤卑亦是上下有分，是尊君臣卑之喻也。垂衣裳而天下治，即謂衣裳上下之分效法乾坤尊卑貴賤，君臣上下之分各得其位，則天下大定。「有君臣然後有上下，有上下然後禮義有所錯」〔註 21〕。

（二）君如天，臣民如地

「君臣相與，高下之處也，如天之與地也」〔註 22〕。天是君主的喻體，地是臣民的喻體，以天地的高低喻示二者的上下尊卑關係。「天，君也」的觀念具有普遍性，天地有上下、尊卑、君臣之別，故天爲君之象，地爲臣之象，即謂君有君道，臣有臣道；君道法天，臣道效地。乾與君、坤與臣可以互訓，天、乾、君或地、坤、臣可以互應，天道、乾道、君道或地道、坤道、臣道互爲同義。天道高明，地道博厚；天道無爲，地道有爲；天道乾健，地道坤順；乾爲君父，坤爲臣子。

孔穎達主張，天以健爲用者，運行不息，應化無窮，此天之自然之理，故聖人當法此自然之象而施於人事，亦當應物成務，云爲不已，「終日乾乾」，無時懈倦，所以因天象以教人事。於物象言之，則純陽也，天也；於人事言之，則君也，父也。以其居尊，故在諸卦之首〔註 23〕。天道純陽，剛而能健，

〔註 16〕《尚書正義》卷十一《周書・泰誓下》。
〔註 17〕《尚書正義》卷十八《周書・周官》。
〔註 18〕《周易正義》卷五《鼎卦》。
〔註 19〕《周易正義》卷七《繫辭上》。
〔註 20〕《周易正義》卷七《繫辭上》。
〔註 21〕《周易正義》卷九《序卦》。
〔註 22〕《管子校正》卷二十一《明法解》。
〔註 23〕《周易正義》卷一《乾卦》。

與乾德相似。《坤卦》載：「地道也，妻道也，臣道也。」孔穎達疏，欲在明示「坤」道處卑，待唱乃和，故歷言此三事，皆卑應於尊，下順於上〔註 24〕。

《繫辭上》亦載：「天尊地卑，乾坤定矣。卑高以陳，貴賤位矣」。孔穎達疏，天以剛陽而尊，地以柔陰而卑，則乾坤之體安定矣。乾健與天陽同，坤順與地陰同，故得乾坤定矣。若天不剛陽，地不柔陰，是乾坤之體不得定也〔註 25〕。在《樂記》中亦有「天尊地卑，君臣定矣。卑高已陳，貴賤位矣」的說法。這裡「乾坤」換成了「君臣」，使天地君臣之喻更加明晰。孔穎達進一步解疏，「卑高已陳，貴賤位矣」者，卑謂澤也，高謂山也。山澤列在天地之中，故云「已陳」也。貴賤，即公卿以下，象山川而有貴賤之位也，所以鄭云「位矣」。尊卑之位，象山澤，故鄭注《周易》云「君臣尊卑之貴賤，如山澤之有高卑也」〔註 26〕。

《禮記》中亦有類似說法：「男先於女，剛柔之義也。天先乎地，君先乎臣，其義一也」〔註 27〕，同樣將天與君、男、剛，地與臣、女、柔相對應，並主其尊卑上下貴賤陰陽義相通。

（三）君為父母，臣民為子女

人有三名，父、母、子；治有三名，君、臣、民。《五經正義》中亦有大量材料依據宗法性的「君父」與「臣子」觀念，以父母與子女比喻君主與臣民的關係。這就意味著君主要像父母一樣養民如子，教化臣民，並像對子女一樣擁有對臣民的絕對性支配權；臣民則要像敬奉父母一樣孝順君主，一切聽從、順從君主，惟君上是從。

「惟天地萬物父母，惟人萬物之靈。亶聰明，作元后。元后作民父母。」其注疏曰人誠聰明，則爲大君，而爲眾民父母〔註 28〕。《尚書・洪範》載：「天子作民父母，以爲天下王。」孔安國注曰：「天子布德惠之教，爲兆民之父母，是爲天下所歸往。」孔穎達疏，人君於天所子，布德惠之教，爲民之父母，以是之故，爲天下所歸往。正如《左傳》襄公十四年所載：「良君將賞善而刑淫，養民如子，蓋之如天，容之如地。民奉其君，愛之如父母，仰之如日月，

〔註 24〕《周易正義》卷一《坤卦》。
〔註 25〕《周易正義》卷七《繫辭上》。
〔註 26〕《禮記正義》卷三十七《樂記》。
〔註 27〕《禮記正義》卷二十六《郊特牲》。
〔註 28〕《尚書正義》卷十一《泰誓上》。

敬之如神明，畏之如雷霆。其可出乎？夫君，神之主而民之望也。」

《禮記‧喪服》載：「資於事父以事君，而敬同，貴貴尊尊，義之大者也。」孔穎達疏，操持事父之道以事於君，則敬君之禮與父同〔註29〕。《左傳》昭公十九年載：「夏，許悼公瘧。五月，戊辰，飲大子止血之藥，卒。大子奔晉。書曰：弒其君。君子曰：盡心力以事君，捨藥物可也。」杜預注曰，藥物有毒，當由醫，非凡人所知。譏太子止不捨藥物，所以加弒君之名。孔穎達疏，爲人臣子，盡心盡力以事君父，如《禮記》文王世子之爲，即自足矣。如此則捨去藥物，己不干知，於禮可也。此許世子不捨藥物，致令君死，是違人子之道。

《周易‧蒙卦》九二爻辭曰：「包蒙吉，納婦吉，子克家。」「子克家」，何也？臣之事君，如子之事父。責難納誨，陳善閉邪，正使致君以堯，格君於天；如伊尹、周公，亦臣子分內事耳，亦如子之干蠱克家耳〔註30〕。孔穎達多次主張君臣之交如父子，並強調這種關係所喻示的政治意義：「《晉語》云：趙宣子曰『大者天地，其次君臣』，則君臣之交，猶父子也……《釋例》曰：「天生民而樹之君，使司牧之，群物所以繫命。故戴之如天，親之如父母，仰之如日月，事之如神明。其或受雪霜之嚴，雷電之威，則奉身歸命，有死無貳。故傳曰：『君，天也，天可逃乎？』此人臣所執之常也。然本無父子自然之恩，末無家人習玩之愛，高下之隔縣殊，壅塞之否萬端，是以居上者，降心以察下，表誠以感之，然後能相親也。若亢高自肆，群下絕望，情義圮隔，是謂路人，非君臣也。人心苟離，則位號雖有，無以自固。」〔註31〕

君父爲君主定位，臣子、子民爲臣民定位，即天下一家，家國一體；君父一體，忠孝一體，臣民要盡忠盡孝，惟命是從，惟上是從。父子之喻從宗法觀念層面確認了臣民的卑賤地位。

（四）網綱之喻

以綱紀、綱目比喻政治源遠流長，其政治文化意蘊即君如綱，臣民如網目。《尚書‧盤庚上》載：「若網在綱，有條而不紊。」即謂下之順上，當如網在綱，各有條理而不亂也。

《詩經》云「勉勉我王，綱紀四方」，鄭玄箋云：「以網罟喻爲政。張之爲綱，理之爲紀。」孔穎達進一步解疏，《說文》云：「綱，網紘也。紀，別

〔註29〕《禮記正義》卷六十三《喪服四制》。
〔註30〕楊萬里：《誠齋易傳》，文淵閣四庫全書本。
〔註31〕《春秋左傳正義》卷二十一《宣公四年》。

絲也」。然則綱者，網之大繩，故《盤庚》云「若網在綱，有條而不紊」，是其事也。以舉綱能張網之目，故「張之爲綱」；紀者，別理絲縷，故「理之爲紀」，藉此以喻爲政有舉大綱，赦小過者；有理微細，窮根源者〔註32〕。

《詩經》曰:「之綱之紀，燕及朋友。」鄭玄箋云:「成王能爲天下之綱紀，謂立法度以理治之也。」孔穎達疏，綱紀者，以結網喻爲政，故知謂立法度以理治之〔註33〕。「豈弟君子，四方爲綱。」鄭玄箋云:「綱者能張眾目。」孔穎達疏:「此樂易之君子，能與天下四方爲綱紀」〔註34〕。綱紀文章，謂治國法度，聖人有作，莫不皆是〔註35〕。

《尚書・泰誓》載，天下蕩蕩，無有綱紀，則「朋家作仇，脅權相滅」，孔穎達疏:「紂既昏迷，朝無綱紀，奸宄之臣，脅於在下，假用在上之權命，脅之更相誅滅也。」〔註36〕

（五）君為元首 臣為股肱

「元」、「首」都是君主稱謂。《廣雅・釋詁》曰:「元、首，君也。」「元、良，長也。」元、首、良皆可訓爲君長。首本義爲頭顱，用之喻君，亦稱元首；股肱本義大腿、胳膊等肢體，用之喻臣，亦稱手足、爪牙等。其君臣之喻的文化意涵旨在闡釋君主與臣民之間主從、支配與被支配的關係。在政治關係中，元首處於絕對支配地位。「首出庶物，萬國咸寧」，孔穎達疏，聖人上法乾德，生養萬物，故言聖人爲君在眾物之上，最尊高於物，以頭首出於眾物之上。人君位實尊高，各置君長以領萬國，言萬國皆得寧也〔註37〕。《周書・君牙》載:「今命爾予翼，作股肱心膂。」孔安國注曰:「今命汝爲我輔翼股肱心體之臣。」孔穎達疏:「股，足也。肱，臂也。膂，背也。臣民爲王者輔翼，當如王者之身，故舉四支以喻爲股肱心體之臣，言委任如身也。傳以膂爲體，以見四者皆體，非獨膂爲體也。《禮記・緇衣》云:『民以君爲心，君以民爲體。』此舉四體，今以臣爲心者，君臣合體，則亦同心。《詩》云:『赳赳武夫，公侯腹心』，是臣亦爲君心也。」

〔註32〕《毛詩正義》卷十六《大雅・文王之什・棫樸》。
〔註33〕《毛詩正義》卷十七《大雅・生民之什・假樂》。
〔註34〕《毛詩正義》卷十七《大雅・生民之什・卷阿》。
〔註35〕《毛詩正義》卷十八《大雅・蕩之什・蕩》。
〔註36〕《尚書正義》卷十一《周書・泰誓中》。
〔註37〕《周易正義》卷一《乾卦》。

《尚書・益稷》載：「股肱喜哉！元首起哉！百工熙哉！」孔安國注曰：「元首，君也。股肱之臣喜樂盡忠，君之治功乃起，百官之業乃廣。」孔穎達疏，股肱之臣喜樂其事，元首之君政化乃起，百官事業乃得廣大哉！言君之善政由臣也。「臣作朕股肱耳目。」孔安國注曰：「言大體若身。」孔穎達疏，君爲元首，臣爲股肱耳目，大體如一身也。足行手取，耳聽目視，身雖百體，四者爲大，故舉以爲言。鄭玄云：「動作視聽皆由臣也。」王者欲助所有之人，使之家給人足，臣當翼贊王者也。君主欲布陳智力於天下四方，爲立治之功，臣等當與君主爲之。君王欲觀示君臣上下以古人衣服之法象，其日、月、星辰、山、龍、華蟲作會，合五采而畫之。又畫山、龍、華蟲於宗廟彝樽。其藻、火、粉、米、黼、黻於絺葛而刺繡，以五種之彩明施於五色，製作衣服，臣下當爲君王明其差等而制度之。王欲聞知六律，和五聲，播之於八音，以此音樂察其政治與忽怠者，其樂音又以出納五德之言，臣當爲王聽審之。人君有違道，臣當以義輔成人君。臣無得知人君違非而對面從人君，退而後更有言，云君不可輔也〔註 38〕。即謂元首離不開股肱的支持配合，二者須相互配合，亦即君臣相須。但另一方面，元首之君能明，則股肱之臣乃善，事皆得安寧。既言其美，又戒其惡，如果元首之君叢脞細碎，則股肱之臣懈怠緩慢，眾事悉皆墮廢。也就是說，君爲元首，猶如大腦處於中樞之位，股肱手足等皆聽元首指揮，即君主臣輔。

總之，元首與股肱之喻重點強調君臣一體、互補相須的關係。元首、股肱的設喻以兩個不可分割的意義對君臣關係作了界定：一是君居支配地位，二是臣不可或缺。正如《申鑒・政體》所說：「天下國家一體也。君爲元首，臣爲股肱，民爲手足。《書》曰：『元首明哉！股肱良哉！』元首、股肱、手足爲一體。」元首股肱的譬喻影響很大，君爲元首，臣作股肱，君倡臣行。「股肱惟人，良臣惟聖」〔註 39〕，即謂手足具，乃成人；有良臣，乃成聖。人們普遍以「股肱」爲「君之卿佐」〔註 40〕的喻體，稱國家重臣爲「王之四體」〔註 41〕，主張君主廣泛收納「腹心、股肱、爪牙」〔註 42〕。

〔註 38〕《尚書正義》卷五《虞書・益稷》。
〔註 39〕《尚書正義》卷十《商書・說命下》。
〔註 40〕《春秋左傳正義》卷四十五《昭公九年》。
〔註 41〕《春秋左傳正義》卷四十《襄公三十年》。
〔註 42〕《春秋左傳正義》卷二十七《成公十二年》。

（六）以心喻君，以體喻臣民

「心之在體，君之位也。九竅之有職，官之分也。心處其道，九竅循理」〔註 43〕。君主與臣民猶如心臟與肢體；心臟、肢體相須一體，君臣也相須一體。「君者，民之心也；民者，君之體也。心之所好，體必安之；君之所好，民必從之」〔註 44〕，即以心體相喻君臣。《禮記・緇衣》載：「子曰：民以君爲心，君以民爲體。心莊則體舒，心肅則容敬。心好之，身必安之。君好之，民必欲之。心以體全，亦以體傷。君以民存，亦以民亡。」孔穎達疏，此論君人相須，言養人之道，不可不慎。

此外，在《樂記》孔穎達疏《樂緯・動聲儀》云：「宮爲君，君者當寬大容眾，故聲弘以舒，其和情以柔，動脾也。商爲臣，臣者當以發明君之號令，其聲散以明，其和溫以斷，動肺也。角爲民，民者當約儉，不奢僭差，故其聲防以約，其和清以靜，動肝也。」亦以身體不同的部分比喻君臣民相須之義。

（七）歲如君，日月似臣，星象民

在《五經正義》中多處提到聖王法天道，因自然之秩而設人間之制，把人間社會政治等級制度與天堂日月星辰相對應。「明王奉若天道，建邦設都」，孔安國注曰：「天有日月北斗五星二十八宿，皆有尊卑相正之法，言明王奉順此道，以立國設都。」孔穎達作了進一步的解釋，《晉語》云「大者天地，其次君臣」；《易・繫辭》云「天垂象，見吉凶，聖人象之」，皆言人君法天以設官，順天以致治。天有日月照臨晝夜，猶王官之伯率領諸侯；北斗環繞北極，猶卿士之周衛天子；五星行於列宿，猶州牧之省察諸侯；二十八宿布於四方，猶諸侯爲天子守土。天象有尊卑相正之法，明王皆奉順天道以立國設都〔註 45〕。

《周書・洪範》載：「王省惟歲，卿士惟月，師尹惟日。歲月日時無易，百穀用成，乂用明，俊民用章，家用平康。日月歲時既易，百穀用不成，乂用昏不明，俊民用微，家用不寧。」孔穎達疏：「王之省職，兼揔群吏，惟如歲也。卿士分居列位，惟如月也。眾正官之長各治其職，惟如日也。此王也，卿士也，師尹也，掌事猶歲月日者，言皆無改易，君秉君道，臣行臣事。則

〔註 43〕《管子校正》卷十三《心術上》。
〔註 44〕《春秋繁露》卷十一《爲人者天》。
〔註 45〕《尚書正義》卷十《商書・說命中》。

百穀用此而成，歲豐稔也。其治用是而明，世安泰也。俊民用此而章，在官位也。國家用此而平安，風俗和也。若王也，卿士也，師尹也，掌事猶如日月歲者，是已變易，君失其柄權，臣各專恣。百穀用此而不成，歲飢饉也。其治用此昏暗而不明，政事亂也。俊民用此而卑微，皆隱遁也。國家用此而不安泰，時世亂也。此是皇極所致，得中則致善，不中則致惡。歲月日無易，是得中也。既易，是不中也。所致善惡乃大於庶徵，故於此敘之也。」緊接著又對「庶民惟星，星有好風，星有好雨。日月之行，則有冬有夏。月之從星，則以風雨」作疏，庶民之性惟若星然。「星有好風，星有好雨」，以喻民有好善，亦有好惡。「日月之行，則有冬有夏」，言日月之行，冬夏各有常道，比喻君臣爲政小大，各有常法。若日月失其常道，則天氣從而改焉。月之行度失道，從星所好，以致風雨，喻人君政教失常，從民所欲，則致國亂。故常立用大中，以齊正之，不得從民欲也〔註 46〕。星之在天，猶民之在地，星爲民象，以其象民，故因以星喻。

日、月、星之喻暗示君、臣、民三大政治等級在功能上的差別，如天道日月星辰的秩序，是天經地義、不可改變的。

四、倫理與道義：維繫君臣民關係的紐帶

《五經正義》承繼儒家思想，強調倫理和道義在維繫君臣民關係中的地位和作用，認爲德是維繫全民上下的重要中介，君與臣因道義而合。

仁義禮智信忠孝等倫理觀念是維繫君臣民關係的關鍵樞紐。君仁民順，君愛民，民擁君；君禮臣忠，君明臣賢，君臣和若鹽梅；官廉民良，上憂其君，下憂其民。「安民則惠，黎民懷之。」孔穎達疏：「能安下民，則爲惠政，眾民皆歸之矣。」〔註 47〕堯之爲君，「克明俊德，以親九族。九族既睦，平章百姓。百姓昭明，協和萬邦。黎民於變時雍。」孔穎達疏，堯之爲君也，能尊明俊德之士，使之助己施化。以此賢臣之化，先令親其九族之親。九族蒙化已親睦，又使之和協顯明於百官之族姓。百姓蒙化皆有禮儀，昭然而明顯矣，又使之合會調和天下之萬國。其萬國之眾人於是變化從上，是以風俗大和，能使九族敦睦，百姓顯明，萬邦和睦，「安天下之當安」〔註 48〕。

〔註 46〕《尚書正義》卷十二《周書・洪範》。
〔註 47〕《尚書正義》卷四《虞書・皋陶謨》。
〔註 48〕《尚書正義》卷二《虞書・堯典》。

「可愛非君？可畏非民？眾非元后何戴？后非眾罔與守邦？」孔安國注曰：「民以君爲命，故可愛。君失道，民叛之，故可畏。言眾戴君以自存，君恃眾以守國，相須而立。」孔穎達疏：「民所愛者，豈非人君乎？民以君爲命，故愛君也。君可畏者，豈非民乎？君失道則民叛之，故畏民也。眾非大君而何所奉戴？無君則民亂，故愛君也。君非眾人無以守國，無人則國亡，故畏民也。君民相須如此，當宜敬之哉！」〔註 49〕孔穎達認爲，天子之在天位，職當牧養兆民。帝王主以尊位，用爲逸豫，滅其人君之德，則眾人皆有二心〔註 50〕。「凡君不道於其民，諸侯討而執之，則曰『某人執某侯』，不然則否。」孔穎達借杜預《春秋釋例》疏曰：「天生民而樹之君，使司牧之，勿使失性；若乃肆於民上，人懷怨讎，諸侯致討，則稱某人執某侯，眾討之文也。」〔註 51〕楚滅六、蓼，魯臧文仲認爲這些國家的亡國之因在於「德之不建，民之無援」〔註 52〕。梁伯勞民，爲秦所滅。多年後，楚尹戌汲取這個歷史教訓，以「民棄其上，不亡待何」〔註 53〕爲戒。正所謂「我之不德，民將棄我」〔註 54〕。

五、天秩定位：君主臣從的哲學依據

《五經正義》中多處以天道和地道、陰與陽、乾與坤等定位君臣關係，從哲學易理的角度論證君主尊而臣民卑、君爲主而民爲從、君無爲而臣有爲的合理性、必然性。

《禮記·郊特牲》載：「男先於女，剛柔之義也。天先乎地，君先乎臣，其義一也」。「陽卦多陰，陰卦多陽，其故何也？陽卦奇，陰卦耦，其德行何也？陽一君而二民，君子之道也。陰二君而一民，小人之道也。」韓康伯注曰：「陽，君道也；陰，臣道也。君以無爲統眾，無爲則一也；臣以有事代終，有事則二也。故陽爻畫奇，以明君道必一；陰爻畫兩，以明臣體必二。斯則陰陽之數，君臣之辨也。以一爲君，君之德也。二居君位，非其道也。故陽卦曰君子之道，陰卦曰小人之道也。」孔穎達疏，「陽一君而二民，君

〔註 49〕《尚書正義》卷四《虞書·大禹謨》。
〔註 50〕《尚書正義》卷七《夏書·五子之歌》。
〔註 51〕《春秋左傳正義》卷二十七《成公十五年》。
〔註 52〕《春秋左傳正義》卷十九《文公五年》。
〔註 53〕《春秋左傳正義》卷五十《昭公二十三年》。
〔註 54〕《春秋左傳正義》卷三十《襄公九年》。

子之道者」，意思是說君主以無爲統眾，所謂無爲者，即每事因循，委任臣下，不司其事，故稱一。臣則有事代終，各司其職，有職則有對，故稱二。今陽爻以一爲君，以二爲民，得其尊卑相正之道，故爲君子之道。「陰二君而一民，小人之道者」，陰卦則以二爲君，是失其正，以一爲臣，乖反於理，上下失序，故稱小人之道〔註 55〕。「君一民二」是一個哲理性很強的君民關係命題，孔穎達明確以陰與陽、一與二、尊與卑、無爲與有爲、君子與小人，爲君、臣、民做出結構安排與功能定位，論證君與民的屬性及其統治與被統治的關係。

維繫君、臣、民綱紀的典禮德刑皆從天道出。「天敘有典，敕我五典五惇哉！天秩有禮，自我五禮有庸哉！同寅協恭，和衷哉！天命有德，五服五章哉！天討有罪，五刑五用哉！政事懋哉！懋哉！」孔穎達疏，天次敘人倫，使有常性，故人君爲政，當敕正我父、母、兄、弟、子五常之教教之，使五者皆惇厚；天又次敘爵命，使有禮法，故人君爲政，當奉用我公、侯、伯、子、男五等之禮接之，使五者皆有常；接以常禮，當使同敬合恭而和善；天又命用有九德，使之居官，當承天意爲五等之服，使五者尊卑彰明；天又討治有罪，使之絕惡，當承天意爲五等之刑，使五者輕重用法。典禮德刑，無非天意，人君居天官，聽治政事，當須勉之。隨後孔穎達又分別對天敘典禮德刑作了深入的解疏，天敘有五典，即父義、母慈、兄友、弟恭、子孝。五者人之常性，自然而有，但人性有多少耳。天次敘人之常性，使之各有分義，即義、慈、友、恭、孝各有定分，合於事宜。此皆出天然，是爲天次敘之。天意既然，人君當順天之意，敕正我五常之教，使合於五者皆厚，以教化天下之民。天次敘有禮，謂使賤事貴，卑承尊，是天道使之然。天意既然，人君當順天意，用我公、侯、伯、子、男五等之禮以接之，使之貴賤有常。孔穎達還指出，此文主於天子，天子至於諸侯，車旗衣服、國家禮儀、饗食燕好、饔餼飱牢，禮各有次秩以接之。「敘」謂定其倫次，「秩」謂制其差等，義亦相通。五等以教下民，須敕戒之；五禮以接諸侯，當用我意。五典施於近親，欲其恩厚；五禮施於臣下，欲其有常。天命有德，使之居位，命有貴賤之倫，位有上下之異，不得不立名，以此等之，象物以彰之。先王制爲五服，所以表貴賤；服有等差，所以別尊卑〔註 56〕。

〔註 55〕《周易正義》卷八《繫辭下》。

〔註 56〕《尚書正義》卷四《虞書・皋陶謨》。

不僅典禮德刑皆天出，而且人間的一切制度安排皆法天秩而定。孔穎達認爲，王如歲，臣如日月，庶民若星，他們在人間的秩序，如同日月星在天國中位置安排，日爲天帝，月爲天官，小星爲庶民，距日越遠的星辰其社會政治地位越低。君、臣、民不但等級分明，而且位置不可變易，「君秉君道，臣行臣事。則百穀用此而成，歲豐稔也。其治用是而明，世安泰也。俊民用此而章，在官位也。國家用此而平安，風俗和也」。一旦變易，就會遭天譴。「君失其柄權，臣各專恣。百穀用此而不成，歲飢饉也。其治用此昏暗而不明，政事亂也。俊民用此而卑微，皆隱遁也。國家用此而不安泰，時世亂也」。日月之行，冬夏各有常道，君臣爲政小大亦各有常法〔註57〕。

《五經正義》中還一再借舉天地之德，以喻君臣之交。如《洪範》載：「沉潛剛克，高明柔克。惟辟作福，惟辟作威，惟辟玉食。臣無有作福作威玉食。臣之有作福作威玉食，其害於而家，凶於而國。」孔穎達疏，地之德沉深而柔弱，而有剛，能出金石之物。天之德高明剛強，而有柔，能順陰陽之氣。以喻臣道雖柔，當執剛以正君；君道雖剛，當執柔以納臣。既言君臣之交，剛柔遞用，更言君臣之分，貴賤有恆。惟君作福，得專賞人也。惟君作威，得專罰人也；惟君玉食，得備珍食也。爲臣不得有作福作威玉食，即政當一統，權不可分。臣之有作福作威玉食者，其必害於汝臣之家，凶於汝君之國，也就是說，不僅得罪喪家，而且亂邦〔註58〕。德則隨時而用，位則不可假人，尊卑之分，君臣之紀，不可使臣專威福，奪君權也。

綜上可知，天秩定位君、臣、民關係，首先強調陽尊陰卑，對應的是君臣之分。尊者爲陽，卑者爲陰，君尊臣卑，貴賤有恆。其次主張遵循陽剛陰柔，陽動陰靜之道，喻示君剛臣柔，君主臣從，天經地義。「坤道其順」、「地道無成」，孔穎達疏：「臣不可先君，卑不可先尊」，臣下「不爲事始」，「待命乃行」〔註59〕。最後借陽純一陰駁雜之說，力倡君道無爲，臣道有爲。孔穎達疏認爲，君道爲陽，純一不二，故君以無爲統眾，委任臣下，不司其事；臣道爲陰，不能純一，所以各司其職，效力於君主〔註60〕。

〔註57〕《尚書正義》卷十二《周書・洪範》。
〔註58〕《尚書正義》卷十二《周書・洪範》。
〔註59〕《周易正義》卷一《坤卦》。
〔註60〕《周易正義》卷八《繫辭下》。

第二節　君臣際遇 相須一體

君主不能獨自治理國家，必須依靠臣的協助。君臣猶如元首股肱、心體，彼此相須一體。所謂君臣相須一體，即君、臣彼此相互依存、利害相關，是對君臣關係的一般認識。君臣或協調配合，或衝突對立，直接關係到王朝的盛衰存亡，影響君主的地位和利益。君臣一體觀念在形形色色的君臣之喻中已有所體現，如君如元首，臣若股肱；君爲心，臣爲體；君臣和若鹽梅，等等。「臣哉鄰哉！鄰哉臣哉！」孔安國傳曰：「言君臣道近，相須而成。」孔穎達疏，所謂臣哉近哉，即臣當親近君；近哉臣哉，即君當親近臣。也就是說，君臣當相親近，共與成政道也〔註61〕。

一、君不可獨治

君不可獨治，主要包含兩層意蘊：首先從其設官分職的依據來講，王者立官，皆法天道而行；其次，就政治實踐運行來看，君主治理天下，客觀需要任賢輔佐，從而實現天下大治。

首先，王者立官，皆法天道而行。孔穎達認爲，自顓頊以來，初立之時，既無遠瑞，不能紀於遠，而乃紀於近。天瑞遠，民事近。爲民之師長，而命其官，以民事則爲不能致遠瑞故〔註62〕。「恤民爲德，正直爲正，正曲爲直，參和爲仁。如是，則神聽之，介福降之」。孔穎達疏：「天生烝民，立君以牧之。君不獨治，爲臣以佐之。君之與臣，皆爲恤民而設之也。」〔註63〕人君爲政，當無教逸欲有邦，兢兢業業，招納任用賢俊之人，與共立於朝，尊事上天。「一日二日萬幾。無曠庶官，天工人其代之。」孔穎達疏，一日二日之間而有萬種幾微之事，皆須親自知之，不得自爲逸豫。萬幾事多，不可獨治，當立官以佐己，無得空廢眾官，使才非其任。此官乃是天官，人其代天治之，不可以天之官而用非其人。位非其人，所職不治，是爲空官。天不自治，立君乃治之。君不獨治，爲臣以佐之。典、禮、德、刑，無不是天意者。天意既然，人君當順天，代天治官〔註64〕。

王者立官，應法天道而行。「唐虞稽古，建官惟百。內有百揆四嶽，外有州牧侯伯。」孔穎達對此作了詳盡的解疏，百人無主，不散則亂，有父則

〔註61〕《尚書正義》卷五《虞書·益稷》。
〔註62〕《春秋左傳正義》卷四十八《昭公十七年》。
〔註63〕《春秋左傳正義》卷三十《襄公七年》。
〔註64〕《尚書正義》卷四《虞書·皋陶謨》。

有君。君不獨治，必須輔佐，有君則有臣。《易・序卦》云：「有父子然後有君臣。」則君臣之興，次父子之後，人民之始，則當有之，未知其所由來也。《說命》曰：「明王奉若天道，建邦設都。」王者立官，皆象天爲之，故「內置百揆四嶽，象天之有五行」。五行佐天，群臣佐主，以此爲象天爾〔註 65〕。天地萬物皆有「陪貳」，故君主亦有輔佐者，「物生有兩、有三、有五、有陪貳。故天有三辰，地有五行，體有左右，各有妃耦，王有公，諸侯有卿，皆有貳也」。

其次，求賢自輔，其政自治。爲君治理天下之難，不僅要兢兢業業，勤於政務，大明其德，更要「旁求俊彥之人，置之於位，令以開導後人」〔註 66〕。「后克艱厥後，臣克艱厥臣，政乃乂」孔穎達疏：「能知爲君難，爲臣不易，則當謹愼恪勤，求賢自輔，故其政自然治矣。」〔註 67〕「舜格於文祖，詢於四岳，闢四門，明四目，達四聰。」孔穎達疏，「闢」訓開，門者行之所由，故以門言仕路。開四方之門，即謂開仕路，引賢人。以堯舜之聖，求賢久矣，今更言開門，是開「其未開」者，謂多設取士之科，以此廣致眾賢〔註 68〕。

王之大事在於任賢使能，君主再聖明，也需要賢臣輔佐。孔穎達認爲，王者爲政，任賢使能，有能有用之士，宜先任之〔註 69〕。「惟純祐，秉德迪知天威，乃惟時昭文王。迪見冒聞於上帝，惟時受有殷命哉！」孔穎達疏，德政既善，爲天所祐。文王亦如殷家，惟爲天所大祐。文王亦秉德，蹈知天威。文王德如此者，乃惟是五人明文王之德使然。五人能明文王德，使蹈行顯見，覆冒下民，聞於上天，惟是之故得受有殷王之命〔註 70〕。意思就是說，文王之聖，猶須良佐，何況其他君王。「惟先正，克左右昭事厥辟，越小大謀猷，罔不率從，肆先祖懷在位。」孔穎達疏：「上天成其大命於文王，使之身爲天子，澤流後世。文武聖明如此，亦惟先世長官之臣，能左右明事其君，君聖臣賢之故。於小大所謀道德，天下無有不循從其化，故我之先祖文武之後諸王，皆得歸在王位。言先世聖王得賢臣之力。」〔註 71〕

〔註 65〕《尚書正義》卷十八《周書・周官》。
〔註 66〕《尚書正義》卷八《商書・太甲上》。
〔註 67〕《尚書正義》卷四《虞書・大禹謨》。
〔註 68〕《尚書正義》卷三《虞書・舜典》。
〔註 69〕《尚書正義》卷十五《周書・召誥》。
〔註 70〕《尚書正義》卷十六《周書・君奭》。
〔註 71〕《尚書正義》卷二十《周書・文侯之命》。

遠惡舉善，用賢養民，是維繫政權持續運轉的保障，也是君主任賢使能的重要內容。「文王惟克厥宅心，乃克立茲常事司牧人，以克俊有德。文王罔攸兼於庶言，庶獄庶慎，惟有司之牧夫。是訓用違，庶獄庶慎，文王罔敢知於茲。」孔穎達疏：「文王惟能其居心遠惡舉善，乃能立此常事其主養人之官，用能俊有德者。既任用俊人，每事委之，文王無所兼知於眾人之言，或毀或譽，文王皆不知也。眾獄斷罪得失，文王亦不得知也。眾所當慎之事，文王亦不得知也。惟慎擇在朝有司，在外牧養民之夫。是時萬民或順於法，或用違法，眾刑獄，眾所慎之事，文王一皆無敢自知於此，惟委任賢能而已。」〔註 72〕

二、君臣合道

君臣合道，即君與臣依據道義結爲統一體〔註 73〕，強調君與臣對道義、天下、社稷和人民的責任。君有君道，臣有臣道，二者又統一於道，道義是兼制君臣的最高權威。君與臣必須以道來規範各自的思想和行爲，共同實現「天下有道」的理想政治。

孔穎達一方面強調君尊臣卑，君主臣從，君剛臣柔，另一方面又非常重視道義在君臣關係中的紐帶作用，認爲「天象皆有尊卑相正之法」〔註 74〕。臣下不能只是無條件地順從君上，順上是以剛正爲前提的，即應依據道義之剛事君、正君。正所謂「臣潛剛克，高明柔克」。孔穎達疏：「舉天地之德，以喻君臣之交。地之德沉深而柔弱矣，而有剛，能出金石之物也。天之德高明剛強矣，而有柔，能順陰陽之氣也。以喻臣道雖柔，當執剛以正君；君道雖剛，當執柔以納臣也。」即「君臣之交，剛柔遞用」〔註 75〕。這種思想肯定了臣子規諫於君，「正君以禮使入德」〔註 76〕的必要性和合理性。以道事君論強調君臣相正的重要性，強調臣對君的道德義務，這就從臣必須納君入禮、

〔註 72〕《尚書正義》卷十七《周書・立政》。

〔註 73〕張分田指出，漢唐以來，君臣合道說的基本思路被納入統治思想。參見張分田《中國帝王觀念——社會普遍意識中的「尊君—罪君」文化範式》，第 462～463 頁。胡寶華指出，君臣觀念、君臣關係有一個從「君臣之義」到「君臣道合」的不斷豐富、深化的發展過程，並表現出兩方面的政治思想意義：（1）君臣對「道」的認識日趨一致；（2）君主家天下的專制意識有所限制收斂。參見胡寶華《從「君臣之義」到「君臣道合」——論唐宋時期君臣觀念的發展》，《南開學報》2008 年第 3 期。

〔註 74〕《尚書正義》卷十《商書・說命中》。

〔註 75〕《尚書正義》卷十二《周書・洪範》。

〔註 76〕《毛詩正義》卷三《國風・衛風・淇奧》。

君必須遵循道義的角度提出一個重要的君臣規範。

君臣以道相互匡正，才能引領整個社會風氣。「古之人，猶胥訓告，胥保惠，胥教誨，民無或胥譸張爲幻。此厥不聽，人乃訓之，乃變亂先王之正刑，至於小大。民否則厥心違怨，否則厥口詛祝。」孔穎達疏，古人之雖君明臣良，猶尚相訓告以善道，相安順以美政，相教誨以義方。君臣相正如此，故於時之民順從上教，無有相誑欺爲幻惑者。反之，不聽中正之君，人乃教訓之以非法之事，乃從其言，變亂先王之正法，至於小大之事，無不皆變亂之。君既變亂如此，其時之民疾苦，其心違上怨上，其口詛祝之。民之從上，若影之隨形，君臣以道相正，故下民無有相欺誑幻惑者〔註77〕。

君臣以忠信道德相交，君要敬臣，臣要忠君，「爲人君止於仁，爲人臣止於敬」〔註78〕。君主要愛敬臣下，「國卿，君之貳也，民之主也，不可以苟」〔註79〕。「《周書》所謂『庸庸祗祗』者，謂此物也夫！……《詩》曰：『陳錫哉周』，能施也。率是道也，其何不濟！」〔註80〕其中，庸，用也；祗，敬也；物，事也，即謂文王能用可用，敬可敬。「私惠不歸德，君子不自留焉。《詩》云：『人之好我，示我周行。』」孔穎達疏，人以私小恩惠相問遺，不歸依道德，君子之人不用留意於此等之人，即不受其惠。周，忠信；行，道也。文王燕飲群臣，愛好於我，示我以忠信之道。惟以忠信正道以示我，不以褻瀆、邪辟之物而相遺〔註81〕。臣下應該以道義輔佐君主，即以道事君。「予違，汝弼。汝無面從，退有後言。……工以納言，時而颺之。」孔穎達疏，君有違道之舉，臣當以義輔成。臣下不得明知君主違道卻不當面指正，反而在背後說君主不可輔佐。工樂之官以納諫言於上，當是正其義而顯揚之，使君自知得失〔註82〕。「臣之祿，君實有之。義則進，否則奉身而退，專祿以周旋，戮也。」孔穎達疏，人君賜臣以邑以爲祿食，臣之祿謂所食邑也。君臣有義而合，義則進以事君，受此祿食，否則奉身而退，當身奔他國，而以祿歸君。專君之祿，以周旋從己，於法爲罪戮之人，並引《釋例》進一步闡釋：「古之大夫，或錫之田邑，或分之都城，故有千室之邑，百乘之家。君之祿，義則

〔註77〕《尚書正義》卷十六《周書・無逸》。
〔註78〕《禮記正義》卷六十《大學》。
〔註79〕《春秋左傳正義》卷三十五《襄公二十二年》。
〔註80〕《春秋左傳正義》卷二十四《宣公十五年》。
〔註81〕《禮記正義》卷五十五《緇衣》。
〔註82〕《尚書正義》卷五《虞書・益稷》。

進，否則奉身而退。若專祿以周旋，雖無危國害主之實，皆書曰叛」〔註83〕。

君行天道，臣守地道，則爲明君賢臣、聖君良臣。君須賢治，賢須君明。「旁招俊乂，列於庶位」，「股肱惟人，良臣惟聖」，「惟后非賢不乂，惟賢非后不食」〔註84〕。「先王克謹天戒，臣人克有常憲，百官修輔，厥后惟明明。」孔穎達疏：「先王能謹慎敬畏天戒，臣人者能奉先王常法，百官修常職輔其君，君臣相與如是，則君臣俱明，惟爲明君明臣。」〔註85〕君臣須「同德度義」〔註86〕，意思就是說君臣唯有同心同德，才能謀義。紂王雖然有眾億兆，兼有四夷，但上下不能同德，最終還是敗亡。武王儘管只有治臣十人，雖少，但同心。孔穎達疏一再強調君臣以義相合，「爲君臣上下，以則地義」是也〔註87〕。君臣有義則合，無義則離。「三諫而不聽，則逃之」。孔穎達疏：「聽猶從也。逃猶去也。君臣有離合之義，有義則合，無義則離。若三諫不聽，則待放而去也。」〔註88〕君臣義合，曰「正」〔註89〕。反之，「下義其罪，上賞其奸，上下相蒙，難與處矣！」孔穎達疏：「在下者以貪天之功爲立君之義，是下義其罪也。在上者以立君之勳賞盜天之罪，是上賞其奸也。居下者義其罪，是下欺上也。居上者賞其奸，是上欺下也。如此上下相欺蒙，難可與並居處矣！」〔註90〕「君能制命爲義，臣能承命爲信，信載義而行之爲利。謀不失利，以衛社稷，民之主也。義無二信，信無二命。君之賂臣，不知命也。受命以出，有死無霣，又可賂乎？臣之許君，以成命也。死而成命，臣之祿也。寡君有信臣，下臣獲考，死，又何求？」〔註91〕

無論理論上還是政治實踐中，君臣合道並沒有置君臣於眞正平等的地位。孔穎達認爲，陽剛陰柔，乾健坤順，道體器用，賦予君臣各自不同的政治責任和政治行爲規範，道義規定著臣的從屬地位。君爲元首、爲心臟、爲陽、爲北極星、爲天，爲乾，臣爲股肱、爲肢體、爲陰、爲月星、爲地、爲坤，這一系列的喻示本身就體現了君臣在政治關係中的定位，即在君臣統一

〔註83〕《春秋左傳正義》卷三十五《襄公二十三年》。
〔註84〕《尚書正義》卷十《商書・説命下》。
〔註85〕《尚書正義》卷七《夏書・胤征》。
〔註86〕《春秋左傳正義》卷五十一《昭公二十四年》。
〔註87〕《春秋左傳正義》卷五十一《昭公二十五年》。
〔註88〕《禮記正義》卷五《曲禮下》。
〔註89〕《禮記正義》卷二十一《禮運》。
〔註90〕《春秋左傳正義》卷十五《僖公二十四年》。
〔註91〕《春秋左傳正義》卷二十四《宣公十五年》。

體中，君主居於主導地位，臣居於從屬地位。可以說，君主臣輔是中國古代君臣關係論的一般結論。作威作福是君主的特權，臣只有聽命於君、各盡其職的義務。臣下擅權則國家混亂。君臣共治，而君的作用更關鍵，所謂「君聖臣賢」、「主明臣直」。

第三節　馭臣之術

君臣相須一體是馭臣之術的理論基礎。《五經正義》對具體的馭臣之術有詳盡的論述，並將之納入君道。駕馭群臣的方法與規範是君道的核心內容之一。

一、無爲而治

孔子曰：「無爲而治者，其舜也與？夫何爲哉？恭己正南面而已矣。」〔註 92〕這是君主無爲的經典依據之一。「無爲之術」並不是說君主就眞的無所作爲，而是做君主該做的，不做君主不該做的，意味著君主要把精力放在選任賢能，督導臣下、駕馭群臣方面，而不是代替臣下事事親力有爲。

（一）君逸臣勞，自然法則

君逸臣勞是由自然法則決定的。「陽卦多陰，陰卦多陽，其故何也？陽卦奇，陰卦耦，其德行何也？」韓康伯注曰：「陽，君道也；陰，臣道也。君以無爲統眾，無爲則一也；臣以有事代終，有事則二也。」即謂君逸臣勞、君尊臣卑是由自然法則決定的。孔穎達進一步解釋道，陽一君而二民，君子之道者，夫君以無爲統眾。所謂無爲者，即每事因循，委任臣下，不司其事，故稱一；臣則有事代終，各司其職，有職則有對，故稱二〔註 93〕。

「王中心無爲也，以守至正。」孔穎達疏：「既祭祀尊神及委任得人，故中心無爲，以守至正之道也。」〔註 94〕能用善人，民之主也〔註 95〕。孔穎達認爲，所謂官是天之官，居天之官，代天爲治，苟非其人，不堪此任，人不可以天之官而私非其才。因爲「天不自下治之，故人代天居之，不可不得其人也」〔註 96〕。「古之人迪惟有夏，乃有室大競，籲俊尊上帝。」孔穎達疏：「古之人能用此求

〔註 92〕《論語注疏》卷十五《衛靈公》。
〔註 93〕《周易正義》卷八《繫辭下》。
〔註 94〕《禮記正義》卷二十二《禮運》。
〔註 95〕《春秋左傳正義》卷四十三《昭公五年》。
〔註 96〕《尚書正義》卷四《虞書·皋陶謨》。

賢之道者，惟有夏禹之時。乃有群臣卿大夫皆是賢人，室家大強，猶尚招呼賢俊之人，與共立於朝，尊事上天。」〔註97〕「昔先王尚有德，尊有道，任有能，舉賢而置之……是故聖人南面而立，而天下大治。」孔穎達疏，貴尚有德之人，尊崇有道之士，任用有能之眾。正是由於尚德尊賢，奉天事地，陰陽既合，嘉瑞並來，聖人才能南面而立，朝夕視朝，而天下大治〔註98〕。

（二）任賢則國強天下治

賢人是國家之棟樑，君主能否任賢使能，關乎整個政治統治秩序的穩定及正常運轉。任官不必求數量之多，職能之完備，惟在得其人，只有所任得其人，君主則垂拱而天下治。

「善人，國之主也」〔註99〕，「善人，天地之紀也」〔註100〕。「邦之杌隉，曰由一人。邦之榮懷，亦尚一人之慶。」孔穎達疏：「邦之杌隉，危而不安，曰由所任一人之不賢也；邦之光榮，為民所歸，亦庶幾所任一人之有慶也。言國家用賢則榮，背賢則危。」〔註101〕「建官惟賢，位事惟能。重民五教。惟食喪祭。惇信明義，崇德報功，垂拱而天下治。」孔穎達引《說文》疏，拱，即斂手。由於所任得人，人皆稱職，手無所營，下垂其拱，故美其垂拱而天下治也〔註102〕。如禹能謀所面見之事，無所疑惑，用大明順之德，則乃能居賢人於官。賢人在官，職事修理，乃能三處居無義之民。善人在朝，惡人黜遠，其國乃為治矣。但是，至其末年，桀乃為天子。桀之為德，惟乃不遵循其先王之法，往所委任，皆是暴德之人。職此之故，絕世無後。得賢人則興，任小人則滅，所以須官賢人以立政〔註103〕。

人君行修身親親之道，在於知人善惡，擇善而信任之。知人善惡，則為大智；能用官，得其人矣，眾民皆歸之〔註104〕。立政、立事、牧夫、準人此等諸官，皆用賢人之法，則能居之於心，能用陳之於位，明識賢人，用之為官，此乃使天下大治〔註105〕。《左傳》載：「《詩》曰：『無競惟人，四方其順

〔註97〕《尚書正義》卷十七《周書・立政》。
〔註98〕《禮記正義》卷二十四《禮器》。
〔註99〕《春秋左傳正義》卷四十《襄公三十年》。
〔註100〕《春秋左傳正義》卷二十七《成公十五年》。
〔註101〕《尚書正義》卷二十《周書・秦誓》。
〔註102〕《尚書正義》卷十一《周書・武成》。
〔註103〕《尚書正義》卷十七《周書・立政》。
〔註104〕《尚書正義》卷四《虞書・皋陶謨》。
〔註105〕《尚書正義》卷十七《周書・立政》。

之。』若得其人，四方以為主。」孔穎達疏：「競，強也。無強乎唯得賢人也。若得賢人，四方諸國皆順從之矣。」〔註 106〕《左傳》昭公元年載：「使能，國之利也。」「莒展之不立，棄人也夫！人可棄乎？《詩》曰：『無競維人。』善矣。」孔穎達解疏道：「無強乎維得賢人也，得賢人則國家強矣，故天下諸侯順其所為也。」〔註 107〕「嘉言罔攸伏，野無遺賢，萬邦咸寧」，即謂用善言，任賢才在位，則天下安。孔穎達疏：「君臣皆能自難，並願善以輔己，則下之善言無所隱伏，在野無遺逸之賢，賢人盡用，則萬國皆安寧也。」〔註 108〕如堯之為君也，能尊明俊德之士，使之助己施化。以此賢臣之化，先令親其九族之親。九族蒙化已親睦矣，又使之和協顯明於百官之族姓。百姓蒙化皆有禮儀，昭然而明顯矣，又使之合會調和天下之萬國〔註 109〕。昔在文王、武王，聰無所不聞，明無所不見。每事得中，其身明聖如此，又小大之臣無不皆思忠良，其左右侍御僕從無不是中正之人。以旦夕承輔其君，故其君出入起居無有不敬，文武發號施令無有不善。下民敬順其命，萬邦皆美其化，原因即在於臣善〔註 110〕。

王能任賢，上行下效，共求忠良之臣，可致良性循環，賢臣佐君，從而天下咸服。《尚書・君奭》載：「王人罔不秉德，明恤小臣，屏侯甸。矧咸奔走，惟茲惟德稱，用又厥辟。故一人有事於四方，若卜筮，罔不是孚。」人君之德在官賢人，官得其人，則事業立。孔穎達疏，君王無不持德立業，明憂小臣。雖則小臣，亦憂使得其賢人，以蕃屏侯甸之服。王恐臣之不賢，尚以為憂，何況臣下呢？君臣共求其有德，即君求臣舉，惟王此求賢之事，惟有德者必舉之，置於官位用治其君事，則天子一人有事於四方，天下咸化而服〔註 111〕。

君之所重，莫重於求賢；官之所急，莫急於得人。君憂得人，臣能舉賢。賢臣助君，致使大治。也就是說，為人臣子，要善於發現賢德之人，愛惜人才，向君主推薦賢德之人。這樣的臣下可以興盛邦國大業。「人之有技，若己有之。人之彥聖，其心好之，不啻若自其口出，是能容之。以保我子孫黎民，

〔註 106〕《春秋左傳正義》卷六十《哀公二十六年》。
〔註 107〕《春秋左傳正義》卷四十一《昭公元年》。
〔註 108〕《尚書正義》卷四《虞書・大禹謨》。
〔註 109〕《尚書正義》卷二《虞書・堯典》。
〔註 110〕《尚書正義》卷十九《周書・冏命》。
〔註 111〕《尚書正義》卷十六《周書・君奭》。

亦職有利哉！」孔穎達疏，大賢之人，見人之有技，如似己自有之。見人之有美善通聖者，其心愛好之，不啻如自其口出。愛彼美聖，口必稱揚而薦達之。是人於民必能含容之。用此愛好技聖之人，安我子孫眾民，則我子孫眾民亦主有利益哉，其能興邦也〔註112〕。

（三）任賢則永天命

任賢不僅關係到整個王朝的政治秩序運轉，更是直接牽涉到君主個人自身君權、君位的安危。孔穎達主張，統治者若欲敬慎君之位，保安其身，輔弼之臣必用正直之人〔註113〕。人主能安靖共敬，以居爾之職位，愛好正直之人，與之共處於朝，則神明聽順之，當助人主以大福〔註114〕。

安危治亂在於用臣。「與治同道，罔不興。與亂同事，罔不亡。」孔安國傳曰安危在所任。孔穎達則疏曰，任賢則興，任佞則亡，所任於善則治，於惡則亂。當與賢不與佞，治亂在於用臣，故言安危在所任〔註115〕。「任官惟賢材，左右惟其人。」孔穎達疏，任人爲官，惟用其賢材。輔弼左右，惟當用其忠良之人，乃可爲左右耳。此「任官」、「左右」即王之臣也。臣之爲用，所施多矣。何者？臣之助爲在上，當施爲道德；身爲臣下，當須助爲於民也。臣之既當爲君，又須爲民，故不可任非其才，用非其人。孔安國傳曰：「官賢才而任之，非賢材不可任。選左右，必忠良。不忠良，非其人。」孔穎達疏，「任官」謂任人以官，官用賢才而委任之。《詩序》云「任賢使能」，非賢才不可任也。《冏命》云「小大之臣，咸懷忠良」，故言「選左右，必忠良」，不忠良，即是非其人〔註116〕。

不得賢人，不成爲君也。「宅乃事，宅乃牧，宅乃準，茲惟后矣。」孔穎達疏，居汝掌事之六卿，居汝牧民之州伯，居汝平法之獄官，使此三者皆得其人，則此惟爲君矣〔註117〕。「惟有司之牧夫。其克詰爾戎兵，以陟禹之跡，方行天下，至於海表，罔有不服，以覲文王之耿光，以揚武王之大烈。嗚呼！繼自今，後王立政，其惟克用常人。」孔穎達疏，惟有司之牧夫，有司主養民者，宜得賢也。治獄之吏，養民之官，若任得其人，使其能治汝戎服兵器，

〔註112〕《尚書正義》卷二十《周書・秦誓》。
〔註113〕《尚書正義》卷五《虞書・益稷》。
〔註114〕《春秋左傳正義》卷三十《襄公七年》。
〔註115〕《尚書正義》卷八《商書・太甲下》。
〔註116〕《尚書正義》卷八《商書・咸有一德》。
〔註117〕《尚書正義》卷十七《周書・立政》。

以此升行禹之舊跡，四方而行，至於天下，至於四海之表，無有不服王之化者，以顯見文王之光明，以播揚武王之大業。任得賢臣，則光揚父祖。所以周公才感歎曰：嗚呼！從今以往，後世之王，立行善政，其惟能用常人，必使常得賢人，不可任非其才〔註118〕。「王左右常伯、常任、準人、綴衣、虎賁。周公曰：『嗚呼！休茲，知恤鮮哉！』」孔穎達疏，王之親近左右，常所長事，謂三公也；常所委任，謂六卿也；平法之人，謂獄官也；綴衣之人，謂掌衣服者也；虎賁，以武力事王者；此等皆近王左右，最須得人。此五等之官，乃立政之本〔註119〕。

二、知人善任

如何才能在芸芸眾生中鑒別賢德可任之人呢？《五經正義》中亦多次論及知人、用人之法，爲君主提供任賢使能的具體方略。

首先要考察其德行，不能僅僅納其言而已。「行有九德。亦言其人有德，乃言曰，載采采」，孔穎達疏，知人爲難，行之有術。人性雖則難知，亦當考察其所行有九種之德。「載」者，運行之義，故爲行也。此謂薦舉人者稱其人有德，欲使在上用之，不直言可用而已，亦當言其人有德。問其德之狀，乃言曰其德之所行某事某事。由此以所行之事以爲九德之驗。《論語》云「如有所譽者，其有所試矣」，即言試之於事，乃可知其德〔註120〕。那麼，九德之驗又是指什麼？有德之驗的標準又有哪些呢？即「寬而栗，柔而立，願而恭，亂而敬，擾而毅，直而溫，簡而廉，剛而塞，強而義。彰厥有常，吉哉！」孔穎達疏，人性有寬弘而能莊栗，和柔而能立事，愨願而能恭恪，治理而能謹敬，和順而能果毅，正直而能溫和，簡大而有廉隅，剛斷而能實塞，強勁而合道義。人性不同，有此九德。人君明其九德所有之常，以此擇人而官之，則爲政之善，並進一步指出，此句說的是用人之義。所言九德，謂彼人常能然者，若暫能爲之，未成爲德。故人君取士，必明其九德之常，知其人常能行之，然後以此九者之法擇人而官之，則爲政之善。王肅云：「明其有常則善也，言有德當有恆也。」其意亦言彼能有常，人君能明之也〔註121〕。

〔註118〕《尚書正義》卷十七《周書・立政》。
〔註119〕《尚書正義》卷十七《周書・立政》。
〔註120〕《尚書正義》卷四《虞書・皋陶謨》。
〔註121〕《尚書正義》卷四《虞書・皋陶謨》。

「好善而不能擇人。吾聞君子務在擇人。吾子爲魯宗卿，而任其大政，不愼舉，何以堪之？」孔穎達疏，昔有當塗貴，邳國公蘇威嘗問曰：「知人是善，然後好之，何以言其不能擇人？」有曰：「好善，仁；擇人，鑒。雖有仁心，鑒不周物，故好而不能擇也」〔註 122〕。即告誡君主馭臣之法要知人善任，盡臣所能，任善而去惡，用其所長，避其所短。

「人之有能有爲，使羞其行，而邦其昌。凡厥正人，既富方穀，汝弗能使有好於而家，時人斯其辜。於其無好德，汝雖錫之福，其作汝用咎。」孔穎達疏：「言用臣之法。人之在位者，有才能，有所爲，當褒賞之，委任使進其行，汝國其將昌盛也。凡其正直之人，既以爵祿富之，又復以善道接之，使之荷恩盡力。汝若不能使正直之人有好善於汝國家，是人於此其將詐取罪而去矣。於其無好德之人，即性行惡者，汝雖與之福，賜之爵祿，但本性既惡，必爲惡行，其爲汝臣，必用惡道以敗汝善。言當任善而去惡。」〔註 123〕「用人之知，去其詐；用人之勇，去其怒；用人之仁，去其貪。」鄭玄注曰：「用知者之謀，勇者之斷，仁者之施，足以成治矣。詐者害民信，怒者害民命，貪者害民財，三者亂之原。」孔穎達疏：「用人之知，去其詐」者，知，謂謀計曉達前事，詐者不敢爲之，故云「去其詐」。「用人之勇，去其怒」者，勇，謂果敢決斷，能除惡人兇暴，怒者不敢爲之，故云「去其怒」也。「用人之仁，去其貪」者，仁者好施，不苟求其財，貪者見之，心慚止息也，故云「去其貪」也。言用此三者，足以成治。得知者、勇者、仁者，則足以成治矣，何須用詐、怒、貪者乎？選用人知者退去其奸詐者，不須用之，爲其害民信也；用人之勇者，去其忿怒，不須用之，爲其害民命也；用人之仁者，去其貪殘，不須用之，爲其害民財也〔註 124〕。

三、官之所宜

既得賢德之才，就要明確職分，使群臣各司其職，才盡其用。其主旨是以法制、律令的形式設官分職，使得群臣各守其職位，各遵其權限，各守其規範，令其恪守職責，依法辦事，防其玩忽職守、越權行事。「若昔大猷，制治於未亂，保邦於未危」。孔穎達疏，張官設府，使分職明察，任賢委能，令

〔註 122〕《春秋左傳正義》卷三十九《襄公二十九年》。
〔註 123〕《尚書正義》卷十二《周書・洪範》。
〔註 124〕《禮記正義》卷二十二《禮運》。

事務順理，如是則政治而國安。標此二句於前，以示立官之意，即必於未亂未危之前爲之者，思患而預防之〔註125〕。

《左傳》昭公元年載：「底祿以德，德鈞以年，年同以尊。」孔穎達疏，德大則官高，官高則祿厚，故致祿以德之小大爲等差。「官人，國之急也。能官人，則民無覦心。《詩》云：『嗟我懷人，寘彼周行。』能官人也。王及公、侯、伯、子、男、甸、采、衛、大夫，各居其列，所謂『周行』也。」孔穎達疏，后妃之志，在輔王求賢，置之於公卿以下之位，非欲更別求賢，置之於王位。雖不欲他賢代王，而欲所王行益賢也。以周訓爲徧，言徧在列位，故自王以下，及六服之內，大夫以上，皆言之，各以賢能居其列位，是詩人所謂周行，故「自王以下，各任其職」〔註126〕。「唐虞稽古，建官惟百。內有百揆四岳，外有州牧侯伯。庶政惟和，萬國咸寧。」孔穎達疏，唐堯虞舜考行古道，立官僅一百。但外內置官，各有所掌，眾政惟以協和，萬邦所以皆安也〔註127〕。

位不虛受，非賢臣不可。根據其不同的才能，任命不同的職事，即做到人皆得用事，事各盡其能。「臣爲上爲德，爲下爲民。其難其愼，惟和惟一。」臣奉上布德，順下訓民，不可官所私，任非其人。其難無以爲易，其愼無以輕之，群臣當和一心以事君，政乃善。臣之爲用，所施多矣。何者？臣之助爲在上，當施爲道德；身爲臣下，當須助爲於民也。臣之既當爲君，又須爲民，故不可任非其才，用非其人〔註128〕。如臯陶既陳人有九德，宜擇而官之，又強調官之所宜：「日宣三德，夙夜濬明有家。日嚴祗敬六德，亮采有邦。翕受敷施，九德咸事，俊乂在官。百僚師師，百工惟時，撫於五辰，庶績其凝。」孔穎達疏，「若人能日日宣布三德，早夜思念而須明行之，此人可以爲卿大夫，使有家也。若日日嚴敬其身，又能敬行六德，信能治理其事，此人可以爲諸侯，使有國也。然後撫以天子之任，合受有家有國三六之德而用之，布施政教，使九德之人皆得用事，事各盡其能，無所遺棄，則天下俊德治能之士並在官矣。皆隨賢才任職，百官各師其師，轉相教誨，則百官惟皆是矣，無有非者。以此撫順五行之時，以化隘天下之民，則眾功其皆成矣。」〔註129〕「惟

〔註125〕《尚書正義》卷十八《周書・周官》。
〔註126〕《春秋左傳正義》卷三十二《襄公十五年》。
〔註127〕《尚書正義》卷十八《周書・周官》。
〔註128〕《尚書正義》卷八《商書・咸有一德》。
〔註129〕《尚書正義》卷四《虞書・臯陶謨》。

衣裳在笥，惟干戈省厥躬。」孔穎達疏，惟衣裳在篋笥，不可加非其人，觀其能足稱職，然後賜之。惟干戈在府庫，不可任非其才，省其身堪將帥，然後授之。此言不可妄委人〔註 130〕。「凡厥庶民，有猷有爲有守，汝則念之。不協於極，不罹於咎，皇則受之。而康而色，曰：『予攸好德。』汝則錫之福，時人斯其惟皇之極。無虐煢獨而畏高明。」孔穎達疏，用人爲官，使之大中。凡其眾民，有道德，有所爲，有所執守，臣屬官員當爲人君則當念錄敘之，用之爲官。若未能如此，雖不合於中，亦不罹於咎惡，此人可勉進，宜以取人大法則受取之。其受人之大法如何乎？臣僚當和安汝之顏色，以謙下人。彼欲仕者告訴你說「我所好者德也」，則與之以福祿，隨其所能，用之爲官。是人庶幾必自勉進，此其惟爲大中之道。再有，爲君者無侵虐單獨而畏忌貴寵之人，勿枉法畏之。如是即爲大中矣〔註 131〕。「舉不失職，官不易方，爵不逾德，師不陵正，旅不逼師，民無謗言，所以復霸也。」孔穎達疏，所舉用者皆堪其官，不有失職者也。文任文官，武任武官，其用爲官，各守其業，不逾易其方。若文人爲武，武人爲文，則違方易務，不能守其業〔註 132〕。所官得人則治，失人則亂。惟能是官，非賢不爵。「惟治亂在庶官。官不及私昵，惟其能。爵罔及惡德，惟其賢。」孔穎達疏，《王制》云：「論定然後官之，任官然後爵之。」鄭云：「官之，使之試守也。爵之，命之也。」然則治其事謂之「官」，受其位謂之「爵」，「賢」謂德行，「能」謂才用；治事必用能，故「官」云「惟其能」；受位宜得賢，故「爵」云「惟其賢」〔註 133〕。

四、循名責實

任命官員，還要對其政績進行考核。所以要立法定分，審核形名，循名責實，依職課功。孔穎達亦多次鑒戒君主要賦納以言，明試以功。

《春秋》文公六年載文公怠慢政事，既不舉行告朔儀式，即使祭祀於廟，則如勿朝，故書「閏月不告月，猶朝於廟」。告月即告朔，閏用來校正四季時辰，不舉行閏月告朔儀式，是丟棄了施政的時令，是不合乎禮制的。孔穎達借杜預《春秋釋例》對告朔之制作了詳細的解釋：「人君者，設官分職以爲民極，遠細事以全委任之責，縱諸下以盡知力之用，總成敗以儆能否，執八柄

〔註 130〕《尚書正義》卷十《商書・說命中》。
〔註 131〕《尚書正義》卷十二《周書・洪範》。
〔註 132〕《春秋左傳正義》卷二十八《成公十八年》。
〔註 133〕《尚書正義》卷十《商書・說命中》。

以明誅賞，故自非機事，皆委心焉。誠信足以相感，事實盡而不擁，故受位居職者，思效忠善，日夜自進，而無所顧忌也。天下之細事無數，一日二日萬端，人君之明，有所不照，人君之力，有所不堪，則不得不借問近習，有時而用之。如此，則六鄉六遂之長，雖躬履此事，躬造此官，當皆移聽於內官，迴心於左右，政之秕亂，恒必由此。聖人知其不可，故簡其節，敬其事，因月朔朝廟，遷坐正位，會群吏而聽大政，考其所行而決其煩疑，非徒議將然也。乃所以考已然，又惡其密聽之亂公也，故顯眾以斷之。是以上下交泰，官人以理，萬民以察，天下以治也。」〔註134〕孔穎達在《尚書》中引《周禮．鄉大夫》云：「三年則大比，考其德行道藝，而興賢者」〔註135〕。「賦納以言，明試以功，車服以庸。」孔穎達疏，賦，即取也。取人納用以其言，察其言觀其志；分明試用以其功，考其功觀其能。而賜之車服，以報其庸，因其有功乃賜之〔註136〕。也就是說，帝王要任人唯賢，於眾賢之內，舉而用之。其舉用之法，各使陳布其言，納受之，以其言之所能，從其所能而驗試之〔註137〕。「敷納以言，明庶以功，車服以庸。誰敢不讓？敢不敬應。帝不時，敷同日奏罔功。」孔穎達疏，帝以此法用人，即在下之人，知官不妄授，必用度才能而使之。如此，誰敢不讓有德？敢不敬應帝命而推先善人也？若帝用臣不是，不宜試驗，不知臧否，則群臣遠近，遍布同心，而日進無功之人。始用任賢，立政以禮，治成以樂，所以得致太平。帝用臣不是，不以言考功，在下知帝不分別善惡，則無遠近遍布同心，日日進於無功之人，由其賢愚並位，優劣共流故也〔註138〕。

五、賞罰分明

考核政績之後，要論功行賞、依法治罪。也就是說，為政要賞罰分明。賞，政之大德也；罰，政之大威也。人主不可輕用賞罰，賞罰要公平得當。只有做到賞罰分明，群臣才有積極性恪守職責，以保證政治體系正常運轉。

孔穎達特引《周禮．大宰》疏「賞罰為君主治民之權柄」：「以八柄詔王馭群臣：一曰爵，二曰祿，三曰予，四曰置，五曰生，六曰奪，七曰廢，八

〔註134〕《春秋左傳正義》卷十九《文公六年》。
〔註135〕《尚書正義》卷八《商書．仲虺之誥》。
〔註136〕《春秋左傳正義》卷十六《僖公二十七年》。
〔註137〕《尚書正義》卷五《虞書．益稷》。
〔註138〕《尚書正義》卷五《虞書．益稷》。

曰誅。』此八者爵、祿、予、置、生是賞也；奪、廢、誅是罰也。賞罰二事，分為八名」〔註 139〕。《禮記・表記》載：「子曰：以德報怨，則民有所勸。以怨報怨，則民有所懲。」「子曰：以德報怨，則寬身之仁也。以怨報德，則刑獄之民也。」鄭玄和孔穎達注疏皆不明晰。有學者主張，以德報怨，近於姑息放縱，以怨報德，失之殘暴，均非為政之道〔註 140〕。「慶賜遂行，毋有不當。」孔穎達疏，遂是申遂，故《尚書》云「顯忠遂良」。《商頌》云「莫遂莫達」，是遂為達，言慶賜之事，通達施行，使之周遍。當慶賜之人，皆是有功可慶賜，無此不合得慶之人〔註 141〕。「文公其能刑矣，三罪而民服。詩云：『惠此中國，以綏四方。』」〔註 142〕即不失賞刑之謂也。

孔穎達多次詳細申明賞罰分明的優劣利弊以鑒戒君主。「善為國者，賞不僭而刑不濫。」孔穎達疏，僭謂僭差，濫謂濫佚。賞不僭，所賞必有功，不僭差也。刑不濫，所刑必得罪，不濫佚也〔註 143〕。「人不易物，惟德其物。德盛不狎侮。」即謂物貴由人，有德則物貴，無德則物賤，所貴在於德。孔穎達疏，有德不濫賞，賞必加於賢人，得者則以為榮，故「有德則物貴」也。無德則濫賞，賞或加於小人，賢者得之反以為恥，故「無德則物賤」也。所貴不在於物，乃在於德。有德無德之王，俱是以物賜人，所賜之物一也，不改易其物。惟有德者賜人，其此賜者是物。若無德者賜人，則此物不是物矣。恐人主恃己賜人，不自修德，言此者，戒人主使修德也。又說修德之事，德盛者常自敬身，不為輕狎侮慢之事〔註 144〕。為政者不賞私勞，不罰私怨〔註 145〕。「賞罰無章，何以沮勸？君失其信，而國無刑，不亦難乎？」孔穎達疏，章，明也。沮，止也。罰有罪所以止人為惡，賞有功所以勸人為善。今賞罰既無章明，何以得為止勸乎刑法也？君失其信，違信而殺甯喜，而國無法，賞罰無所章明，以此為國，不亦難乎？〔註 146〕

君主要尊賢賜賞，進而激勵、調動臣僚的積極性，使其主動相與共治。《尚

〔註 139〕《春秋左傳正義》卷三十四《襄公二十一年》。
〔註 140〕薩孟武：《儒家政論衍義——先秦儒家政治思想的體系及其演變》，臺北：東大圖書有限公司 1982 年版，第 93 頁。
〔註 141〕《禮記正義》卷十四《月令》。
〔註 142〕《春秋左傳正義》卷十六《僖公二十八年》。
〔註 143〕《春秋左傳正義》卷三十七《襄公二十六年》。
〔註 144〕《尚書正義》卷十三《周書・旅獒》。
〔註 145〕《春秋左傳正義》卷四十三《昭公五年》。
〔註 146〕《春秋左傳正義》卷三十七《襄公二十六年》。

書·洛誥》載:「記功，宗以功，作元祀。」孔穎達疏，記臣功者是人主之事，正位爲王，臨察臣下，知其有功以否。尊人必當用功大小爲次序，令功大者居上位，功小者處下位也。正所謂「德懋懋官，功懋懋賞」。孔穎達疏:「於德能勉力行之者，王則勸勉之以官。於功能勉力爲之者，王則勸勉之以賞。」〔註 147〕「錫土姓，祗臺德先，不距朕行。」孔穎達疏，九州風俗既同，可以施其教化，天子惟當擇任其賢者，相與共治之。選有德之人，賜與所生之土爲姓，既能尊賢如是，又天子立意，常自以敬我德爲先，則天下之民無有距違我天子所行者〔註 148〕。臣蒙賜姓，其人少矣，此事是用賢大者，故舉以爲言。王者既能用賢，又能謹敬，其立意也常自以敬我德爲先，則天下無有距違我天子之行者〔註 149〕。「昔高陽氏有才子八人，蒼舒、隤豈攵、檮戭、大臨、尨降、庭堅、仲容、叔達，齊、聖、廣、淵、明、允、篤、誠，天下之民謂之八愷。高辛氏有才子八人，伯奮、仲堪、叔獻、季仲、伯虎、仲熊、叔豹、季貍，忠、肅、共、懿、宣、慈、惠、和，天下之民謂之八元。此十六族也，世濟其美，不隕其名。以至於堯，堯不能舉。舜臣堯，舉八愷，使主后土，以揆百事，莫不時序，地平天成。舉八元，使布五教於四方，父義、母慈、兄友、弟共、子孝，內平外成。」孔穎達疏，此十六人耳，之所以稱其爲族者，以其各有親屬，故稱族也。世濟其美，後世承前世之美；不隕其名，不墜前世之美名。其世有賢人，積善而至其身也〔註 150〕。

第四節　以民爲本

許多學者已從治民政策和政治道德層面闡述民本思想。如田廣清認爲，民本思想的主要內容有六，即尚德治，倡仁政；得民心，順民意；愛民；利民；取信於民〔註 151〕；金耀基認爲儒家民本思想有六大要義，即以人民爲政治之主體；天立君爲民，故君之居位必須得到人民的同意，君與民之間存在雙邊的契約關係；得民養民爲君之最大職務；重義利之辨；離不開王霸之爭；

〔註 147〕《尚書正義》卷八《商書·仲虺之誥》。

〔註 148〕《尚書正義》卷六《夏書·禹貢》。

〔註 149〕《尚書正義》卷六《夏書·禹貢》。

〔註 150〕《春秋左傳正義》卷二十《文公十八年》。

〔註 151〕田廣清:《和諧論——儒家文明與當代社會》，北京：中國華僑出版社 1998 年版，第 257～265 頁。

涉及君臣之間互約關係的認定〔註 152〕。馮天瑜認爲民本思想包括四方面的內容，即民眾是國家的根本；民意即天意，民心即聖心；自民眾中選舉賢能以用之；安民重民〔註 153〕。韋政通認爲中國古代的民本思想有六種涵義，即民惟邦本；民意即天意；安民愛民；重視民意；民貴君輕；革命思想〔註 154〕。朱義祿等認爲，民本思想可以歸結爲四個基本觀念，即民眾爲國家的根本；立君爲民；民貴君輕；愛民富民〔註 155〕。張分田主張，民本思想可以概括爲一個核心理念與三個基本思路。核心理念是「以民爲本」，基本思路是「立君爲民」、「民爲國本」、「政在養民」。「立君爲民」、「民爲國本」、「政在養民」從政治本體、政治關係和施政原則三個層面全面論證了「以民爲本」的終極依據、政治理據和操作原則〔註 156〕。

既然天爲民而作君師，天子爲民父母，那麼養育民眾就是君主的主要職責。由此愛民、利民、教民、富民、安民、使民成爲重要的治民原則和君主規範。《五經正義》全面闡述了「民惟邦本」的理據，闡發了「爲政以德」與「養民之本」各種治民政策和原則。就主要功能而言，民本思想屬於調整性、規範性思想，從政治關係的角度，爲君權的獲得、持有和行使設定了條件，對君權具有很強的規範、約束、限制作用。

一、民：神之主也

重民的表現之一，即弱化神的地位和作用，強調民爲神主。如「國將興，聽於民；將亡，聽於神」〔註 157〕；「祭祀，以爲人也。民，神之主也。用人，其誰饗之？」〔註 158〕

最詳細的記載當屬《左傳》桓公六年的一段經傳：「夫民，神之主也，是以聖王先成民而後致力於神。故奉牲以告曰『博碩肥腯』，謂民力之普存也，謂其畜之碩大蕃滋也，謂其不疾瘯蠡也，謂其備腯咸有也；奉盛以告曰『絜

〔註 152〕金耀基：《中國民本思想史》，臺北：臺灣商務印書館 1993 年版，第 5～12 頁。

〔註 153〕馮天瑜：《人文論衡》，武漢：武漢出版社 1997 年版，第 277～278 頁。

〔註 154〕韋政通：《中國的智慧》，北京：中國和平出版社 1988 年版，第 31～32 頁。

〔註 155〕朱義祿、張勁：《中國近現代政治思潮研究》，上海：上海社會科學院出版社 1998 年版，第 14 頁。

〔註 156〕參見張分田《民本思想與中國古代統治思想》（上、下），天津：南開大學出版社 2009 年版。

〔註 157〕《春秋左傳正義》卷十《莊公三十二年》。

〔註 158〕《春秋左傳正義》卷十四《僖公十九年》。

粢豐盛』，謂其三時不害而民和年豐也；奉酒醴以告曰『嘉栗旨酒』，謂其上下皆有嘉德而無違心也。所謂馨香，無讒慝也。故務其三時，修其五教，親其九族，以致其禋祀，於是乎民和而神降之福，故動則有成。今民各有心，而鬼神乏主；君雖獨豐，其何福之有？君姑修政，而親兄弟之國，庶免於難。」孔穎達作了翔實的注疏，所謂鬼神之情，依人而行，故云「夫民，神之主也」，聖王先成其民而後致力於神。養民使成就，然後致孝享，由此告神之辭，各有成百姓之意。祭之所用，有牲，有食，有酒耳，聖人文飾辭義，爲立嘉名以告神。季梁舉其告辭，解其告意，故奉牲以告神，曰「博碩肥腯」者，非謂所祭之牲廣大肥充而已，乃言民之畜產盡肥充。皆所以得博碩肥腯者，由四種之謂故又申說四種之事。第一謂民力普遍安存，故致第二畜之碩大滋息。民力普存所以致之者，由民無勞役，養畜以時，故六畜碩大，蕃多滋息。民力普存又致第三不有疾病疥癬。所以然者，由民力普存，身無疲苦，故所養六畜飲食以理，埽刷依法，故皮毛身體無疥癬疾病。民力普存又致第四備腯咸有。所以然者，由民力普存，人皆逸樂，種種養畜，群牲備有也。奉盛以告神，曰「潔粢豐盛」者，非謂所祭之食潔淨豐多而已，乃言民之糧食盡豐多也。言豐潔者，謂其春、夏、秋三時農之要節，爲政不害於民，得使盡力耕耘，自事生產，故百姓和而年歲豐也。奉酒醴以告神，曰「嘉栗旨酒」者，非謂所祭之酒栗善味美而已，乃言百姓之情，上下皆善美也。言嘉旨者，謂其國內上下，群臣及民皆有善德而無違上之心。若民心不和，則酒食腥穢。由上下皆善，故酒食馨香。非言酒食馨香，無腥膻臭穢，乃謂民德馨香，無讒諛邪惡也。由是王者將說神心，先和民志，故務其三時，使農無廢業；修其五教，使家道協和；親其九族，使內外無怨。然後致其潔敬之祀於神明矣，於是民俗大和而神降之福。故動則有成，戰無不克。今民各有心，或欲從主，或欲叛君，不得爲無違上之心。而鬼神乏主，百姓饑餒，民力彫竭，不得爲年歲豐也。民既不和，則神心不說，君雖獨豐，其何福之有？神所不福，民所不與，以此敵大，必喪其師。君且修政，撫其民人而親兄弟之國以爲外援，如是則庶幾可以免於禍難〔註159〕。

二、君以民爲本

君爲政本，民爲國本，君以民爲本。《五子之歌》的輿馬之喻堪稱典型。

〔註159〕《春秋左傳正義》卷六《桓公六年》。

據說，夏啓之子太康因虐民而失國，他的五個兄弟流落於洛水之濱，感慨萬千，行吟澤畔，「述大禹之戒以作歌」，史稱「五子之歌」。「民可近，不可下，民惟邦本，本固邦寧。予視天下，愚夫愚婦，一能勝予。予臨兆民，懍乎若朽索之馭六馬。爲人上者，奈何不敬。」孔穎達疏，民可親近，不可卑賤輕下。令其失分，則人懷怨，則事上之心不固矣。民惟邦國之本，本固則邦寧，在上不可使人怨也。「近」謂親近之也，「下」謂卑下輕忽之，失本分也。奪其農時，勞以橫役，是失分也〔註 160〕。統治者一旦惹惱民眾，就會落到「萬姓仇予，予將疇依」的地步。君臨天下，治理民眾，猶如以腐朽的韁索駕馭六駕的馬車，隨時會索絕馬逸，車毀人亡。

「可愛非君？可畏非民？非元后何戴？后非眾罔與守邦？」孔安國注曰：「民以君爲命，故可愛。君失道，民叛之，故可畏。言眾戴君以自存，君恃眾以守國，相須而立。」孔穎達疏，民所愛者，豈非人君乎？民以君爲命，故愛君也；君可畏者，豈非民乎？君失道則民叛之，故畏民也。眾非大君而何所奉戴？無君則民亂，故愛君也；君非眾人無以守國，無人則國亡，故畏民也。君民相須如此，當宜敬之哉！〔註 161〕

「民非后，罔克胥匡以生。后非民，罔以辟四方。」意思是說，民沒有能力相互匡正，故須君以生；君須民以君四方〔註 162〕。「後非民罔使，民非後罔事。」即謂君以使民自尊，民以事君自生〔註 163〕。「無民而能逞其志者，未之有也，國君是以鎮撫其民。《詩》曰：『人之云亡，心之憂矣。』」即言無人則憂患至〔註 164〕。古人有言曰：「人無於水監，當於民監。」孔穎達疏：「以水監但見己形，以民監知成敗故也。」〔註 165〕

三、天立君爲民

天爲民立君，被人廣爲引述的當屬《泰誓上》「天祐下民，作之君，作之師。惟其克相上帝，寵綏四方」。孔穎達疏：「上天祐助下民，不欲使之遭害，故命我爲之君上，使臨政之；爲之師保，使教誨之。爲人君爲人師者，

〔註 160〕《尚書正義》卷七《夏書・五子之歌》。
〔註 161〕《尚書正義》卷四《虞書・大禹謨》。
〔註 162〕《尚書正義》卷八《商書・太甲中》。
〔註 163〕《尚書正義》卷八《商書・咸有一德》。
〔註 164〕《春秋左傳正義》卷五十一《昭公二十五年》。
〔註 165〕《尚書正義》卷十四《周書・酒誥》。

天意如此，不可違天。我今惟其當能祐助上，天寵安四方之民，使民免於患難。天愛下民，為立君立師者，當能祐助天意，寵安天下，不奪民之財力，不妄非理刑殺，是助天寵愛民也。」〔註 166〕「惟天惠民，惟辟奉天」，即言君天下者當奉天以愛民〔註 167〕。「古之為政，愛人為大。」孔穎達疏：「人為國本，是以為政之道，愛養民人為大。」〔註 168〕「王司敬民，罔非天胤。」孔穎達疏，王者主民，當謹敬民事。民事無非天所繼嗣以為常道者也。天以其事為常，王當繼天行之。烝民不能自治，自立君以主之，是「王者主民」也〔註 169〕。《尚書・夏書・五子之歌》曰：「予視天下，愚夫愚婦，一能勝予。」孔穎達疏，我視天下之民，愚夫愚婦，一能過勝我，安得不敬畏之也？我視愚夫愚婦，當能勝我身，是畏敬小民也。由能畏敬小民，故以小民從命，是「得眾心」也。

為君執政應當美政恭民，善政和民。「徽柔懿恭，懷保小民，惠鮮鰥寡。自朝至於日中昃，不遑暇食，用咸和萬民。」孔穎達疏：「以美道柔和其民，以美政恭待其民，以此民歸之。以美政恭民之故，故小民安之，又加恩惠於鮮乏鰥寡之人。其行之也，自朝旦至於日中及昃，尚不遑暇食，用善政以諧和萬民故也。」〔註 170〕《左傳》襄公二十五年載，晉程鄭卒，子產始知然明，問為政焉。對曰：「視民如子。見不仁者誅之，如鷹鸇之逐鳥雀也。」「《詩》曰：『德音孔昭，視民不佻。』」意思就是說，明德的君子必定也愛民。人君親親之道「在安民。……安民則惠，黎民懷之。」惠，愛也，愛則民歸之。孔穎達疏，人君行親親之道者，在於能安下民，為政以安定之也。能安下民，則為惠政，眾民皆歸之矣〔註 171〕。「國之興也以福，其亡也以禍」，「國之興也，視民如傷，是其福也；如傷，恐驚動。其亡也，以民為土芥，是其禍也」〔註 172〕。屯難之世，民思其主之時，如能「以貴下賤」，必大得民心〔註 173〕。也就是說，值此之際，君主施仁政、惠政於民，就是有德，有德之君必定深得民心，得民心者則得天下。

〔註 166〕《尚書正義》卷十一《周書・泰誓上》。
〔註 167〕《尚書正義》卷十一《周書・泰誓中》。
〔註 168〕《禮記正義》卷五十《哀公問》。
〔註 169〕《尚書正義》卷十《商書・高宗肜日》。
〔註 170〕《尚書正義》卷十六《周書・無逸》。
〔註 171〕《尚書正義》卷四《虞書・臯陶謨》。
〔註 172〕《春秋左傳正義》卷五十七《哀公元年》。
〔註 173〕《春秋左傳正義》卷四十五《昭公十年》。

四、君養民畜衆

立君以畜民、養民、保民的思想很早就已產生，並廣爲流傳，其依據是眾民不能自治，有必要設立君主、國家及各種政治制度爲天下民眾提供生活物質保障，保障他們享受各種物質文明。君主的主要職能之一就是養民、利民，使其休養生息，安居樂業。

孔穎達多次指出，人君之命在於養民，以百姓之命爲主也〔註 174〕。「予欲左右有民。」孔穎達疏，我欲助我所有之人，使之家給人足。《釋詁》云「左、右、助，慮也」，同訓爲慮，是「左右」得爲助也。立君目的在於牧人，百姓之自營生產，人君當助救之。《論語》稱孔子適衛，欲先富民而後教之，故云「助我所有之民，欲富而教之」也。君子施教，本爲養人，故先云助人，舉其重者〔註 175〕。

「德惟善政，政在養民。水火金木土穀惟修，正德、利用、厚生惟和。」孔安國注曰：「正德以率下，利用以阜財，厚生以養民，三者和，所謂善政。」孔穎達疏，所謂德者，惟是善於政也。政之所爲，在於養民。養民者，使水火金木土穀此六事惟當修治之。「利用」者，謂在上節儉，不爲縻費，以利而用，使財物殷阜，利民之用，爲民興利除害，使不匱乏，故能致財富豐大。「厚生」謂薄征傜，輕賦稅，不奪農時，令民生計溫厚，衣食豐足，故養民。正身之德，利民之用，厚民之生，此三事惟當諧和之〔註 176〕。《周易・師卦》載：「地中有水，師。君子以容民畜眾」，孔穎達疏，君子法此師卦，容納其民，畜養其眾。若爲人除害，使眾得寧，此則「容民畜眾」也。又爲師之，主雖尚威嚴，當赦其小過，不可純用威猛於軍師之中，亦是容民畜眾之義。所以《象》稱「地中有水」，欲見地能包水，水又眾大，是容民畜眾之象〔註 177〕。《井卦》載：「木上有水，井，君子以勞民勸相。」孔穎達疏：「『勞謂勞賚，相猶助也。井之爲義，汲養而不窮，君子以勞來之恩，勤恤民隱，勸助百姓，使有成功，則此養而不窮也。」〔註 178〕《禮運》載：「命降於社之謂殽地。」鄭玄注：「教令由社下者也。社，土地之主也。《周禮》土會之法，有五地之物生。」五地總生萬物，人君應當法之，施政令，總養萬民。孔穎達疏，命

〔註 174〕《春秋左傳正義》卷十九《文公十三年》。
〔註 175〕《尚書正義》卷五《虞書・益稷》。
〔註 176〕《尚書正義》卷四《虞書・大禹謨》。
〔註 177〕《周易正義》卷二《師卦》。
〔註 178〕《周易正義》卷五《井卦》。

者，政令之命，降下於社，謂從社而來以降民也。社即地也，指其神謂之社，指其形謂之地。法社以下教令，故謂之「殽地」。地有五土，生物不同，人君法地，亦養物不一也〔註 179〕。天子「愼乃有位，敬修其可願，四海困窮，天祿永終」。孔穎達疏，謹愼汝所有之位，守天子之位，勿使失也。敬修其可願之事，謂道德之美，人所願也。養彼四海困窮之民，使皆得存立，則天之祿籍長終汝身矣〔註 180〕。

五、重民生 利民

「苟利於民，孤之利也。天生民而樹之君，以利之也。民既利矣，孤必與焉。」〔註 181〕即言民利高於君利，利民即利君，故君不可於民爭利，人君之命在於養民，以百姓之命爲主，不專民之利。《五經正義》中多次申明重民、利民的思想，並提出各種利民之舉措。

「包犧氏沒，神農氏作，斫木爲耜，揉木爲耒，耒耨之利，以教天下，蓋取諸益。」孔穎達疏，神農取卦造器之義。一者製耒耜，取於益卦，以利益民也〔註 182〕。「神農氏沒，黃帝、堯、舜氏作，通其變，使民不倦；神而化之，使民宜之。」孔穎達疏，事久不變，則民倦而變。今皇帝、堯、舜之等，以其事久或窮，故開通其變，量時製器，使民用之日新，不有懈倦也。「神而化之，使民宜之」者，言所以「通其變」者，欲使神理微妙而變化之，使民各得其宜〔註 183〕。《坊記》載：「君子不盡利，以遺民。《詩》云：『彼有遺秉，此有不斂穧，伊寡婦之利。』故君子仕則不稼，田則不漁，食時不力珍。大夫不坐羊，士不坐犬。《詩》云：『采葑采菲，無以下體。德音莫違，及爾同死。』以此坊民，民猶忘義而爭利，以亡其身。」孔穎達對此作了詳盡的解釋，君子不盡竭其利，當以餘利遺與民也。幽王無道，矜寡不能自存，故陳明王之時，陰陽和調，年歲豐稔，田稼既多，獲刈促遽，彼處有遺秉把，此處有不斂之穧束，與寡婦捃拾以爲利。引之者，以證利遺民者也。人君食四時之膳，不更用力務求珍羞。大夫無故不得殺羊坐其皮，士無故不得殺犬坐其皮，皆謂不貪其利以厚己。採其葑菲之菜，無以下體根莖之惡並棄其葉，

〔註 179〕《禮記正義》卷二十一《禮運》。
〔註 180〕《尚書正義》卷四《虞書・大禹謨》。
〔註 181〕《春秋左傳正義》卷十九《文公十三年》。
〔註 182〕《周易正義》卷八《繫辭下》。
〔註 183〕《周易正義》卷八《繫辭下》。

以喻取妻之時，無以花落色衰並棄其夫婦之禮。如此則道德音聲無相乖違，則可與汝同至於死。今此《記》者引《詩》斷章爲義，凡有二意：一則云採此葑菲之菜，但採其葉，無得並採其下體之根莖，言根莖雖美，不可並取，則是不盡取其利，當遺與於下；二則云採其葑菲之菜，無以下體之惡並棄其葉，據下體有苦惡之時，言交友之道，無以一處之惡並棄其遺事之善。如此則德音莫違，與汝同至於死。作《記》者據其根善，則不得並取其根，不盡利也；據其根惡，則不得並棄其葉，不求完備、十全十美〔註 184〕。

利民即利君，損上則益下，益下則固其本；損上足以益下，下者受惠亦可轉益於上。《周易・益卦》九五爻辭曰：「有孚惠心，勿問元吉。有孚，惠我德。」孔穎達疏，九五得位處尊，爲益之主，兼張德義，以益物者也。「爲益之大，莫大於信，爲惠之大，莫大於心。因民所利而利之焉，惠而不費，惠心者也」。有惠有信，盡物之願，必獲元吉。我既以信，惠被於物，物亦以信，故惠歸於我〔註 185〕。孔穎達認爲，柔損在上，剛動在下，上巽不違於下，「損上益下」之義。既居上者能自損以益下，則下民歡說，無復疆限〔註 186〕。《周易・兌卦》載：「兌：亨，利貞。」孔穎達疏，澤以潤生萬物，所以萬物皆說：施於人事，猶人君以恩惠養民，民無不說也。惠；施民說，所以爲亨。「說以先民，民忘其勞；說以犯難，民忘其死。說之大，民勸矣哉！」孔穎達疏：以說豫撫民，然後使之從事，則民皆竭力忘其從事之勞，以說豫勞民，然後使之犯難，則民皆授命，忘其犯難之死。施說於人，所致如此，豈非說義之大，能使民勸勉矣哉！〔註 187〕「古我前後，罔不惟民之承。保后胥戚，鮮以不浮於天時。」孔穎達疏，因爲人君承安民而憂之，故民亦安君之政，相與憂行君令，使君令必行〔註 188〕。

「《周書》所謂『庸庸祗祗』者，謂此物也夫！……《詩》曰：『陳錫哉周』，能施也。率是道也，其何不濟！」〔註 189〕即謂文王布陳大利，以賜天下，故能載行周道，福流子孫。「民生厚而德正」，意思就是說，財足則思無邪。孔穎達疏，人之生計，若財物足，皆豐厚而多大，並引《管子》曰：「倉廩實

〔註 184〕《禮記正義》卷五十一《坊記》。
〔註 185〕《周易正義》卷四《益卦》。
〔註 186〕《周易正義》卷四《益卦》。
〔註 187〕《周易正義》卷六《兌卦》。
〔註 188〕《尚書正義》卷八《商書・盤庚中》。
〔註 189〕《春秋左傳正義》卷二十四《宣公十五年》。

而知禮節，衣食足而知榮辱。讓生於有餘，爭生於不足」。是其人生厚大，則心和而聽上命也〔註 190〕。「天子樹瓜華，不斂藏之種也。」孔穎達疏：瓜，今之瓜；華，果蓏也。意思是說，天子所以唯樹植此瓜華，是供一時之食，不是收斂久藏之種。若其可久藏之物，則不樹之，不務畜藏，與民爭利〔註 191〕。「宜爲君，有恤民之心」〔註 192〕，意思就是說，爲君者無德而至遠方，莫如惠恤其民而善用之，這樣民眾才能順服。

孔穎達認爲，利民之事，非止一途。《晉語》說到文公爲政舉措時云「棄責薄斂，施捨分災，救乏振滯，匡困資無。輕關易道，通賈寬農。務穡勸分，省用足財。利器明德，以厚民性」，這些皆是利民之事。民懷生者，謂有懷義之心，不復苟且。故劉炫云「生既厚民，皆懷戀居處」〔註 193〕。《左傳》昭公十四年載：「夏，楚子使然丹簡上國之兵於宗丘，且撫其民。分貧振窮，長孤幼，養老疾，收介特，救災患，宥孤寡。赦罪戾，詰奸慝，舉淹滯。禮新敘舊，祿勳合親，任良物官。」孔穎達疏，「簡上國之兵」謂料簡人丁之強弱於宗丘之地，集而簡之，即慰撫其民也。大體貧、窮相類，細言窮困於貧。貧者家少貨財，窮謂全無生業。分財貨以與貧者，授生業以救窮者，孤弱幼少無父母，有賜與以長成之。老疾乏於藥膳，有饋餼以養育之。孤介特獨者收斂之，不使流散。有水火災、寇盜之患者，救助之。孤子寡妻，寬其賦稅。雖有罪戾，原情可恕者，赦放之。姦邪慝惡，爲民害者，詰治之。賢才淹滯，未蒙任用者，舉用之。外人新來者，禮待之。舊人未用者，進敘之。施祿於功勳，使有功必得祿也。和合其親戚，使宗族皆相親也。任賢良以職事，使野無遺賢。準事能以任官，皆令才職相當，不使違方易務〔註 194〕。此皆撫、利民之事也。「務材訓農，通商惠工，敬教勸學，授方任能。」孔穎達疏，務材，務在植材用也；訓農，訓民勸農業也；通商通商販之路，令貨利往來也；惠工，加恩惠於百工，賞其利器用也；敬教，敬民五教也；勸學，勸民學問也；授方，授民以事，皆有方法也；任能，其所委任，信能用人也〔註 195〕。此皆利民、惠民之舉措。

〔註 190〕《春秋左傳正義》卷二十八《成公十六年》。
〔註 191〕《禮記正義》卷二十六《郊特牲》。
〔註 192〕《春秋左傳正義》卷九《莊公十一年》。
〔註 193〕《春秋左傳正義》卷十六《僖公二十七年》。
〔註 194〕《春秋左傳正義》卷四十七《昭公十四年》。
〔註 195〕《春秋左傳正義》卷十一《閔公二年》。

第五節　治民之道

治民之道以民本思想爲理論基礎，是中國古代統治術的主要構成內容。這些思想一旦爲帝王所認同，便會轉化爲國家的治民政策。治民之道的內容極其繁複，這裡僅圍繞突出的幾方面加以論述。

一、敬授民時

人君最所重者，在於民之食哉，故當敬授民之天時，無失其農要〔註 196〕。天地以氣序爲節，使寒暑往來，各以其序，則四時功成之也。王者以制度爲節，使用之有道，役之有時，則不傷財，不害民也〔註 197〕。種殖收斂，及時乃獲，故「惟當敬授民時」〔註 198〕。

日中星鳥，敬授民時，無失早晚，故民事有次第〔註 199〕。「義以建利，禮以順時……時順而物成。」孔穎達疏，義者，宜也，物皆得宜，利乃生焉，故義所以生立利益也。禮者，履也，其所踐履，當識時要，故禮所以順時事也。政不擾民，時節皆順，春種夏耨，而物得成矣〔註 200〕。故「舉而錯之天下之民，謂之事業」。孔穎達疏，凡民得以營爲事業，故云「謂之事業」也。此乃自然以變化錯置於民也，聖人亦當效法自然時令之錯置變化於萬民，使其成就事業〔註 201〕。

《舜典》載：「帝曰：『疇若予上下草木鳥獸？』僉曰：『益哉！』」孔穎達疏：「順其草木鳥獸之宜，明是『施其政教，取之有時，用之有節』也。」〔註 202〕《益稷》亦載：「敕天之命，惟時惟幾。」孔安國傳：「奉正天命以臨民，惟在順時，惟在愼微。」孔穎達疏：「言人君奉正天命，以臨下民，惟在順時，不妨農務也，惟在愼微，不忽細事也。」〔註 203〕再如，《盤庚》載：「古我前后，罔不惟民之承。保后胥戚，鮮以不浮於天時。」孔安國傳，先世賢君少以不行於天時者，言皆行天時。孔穎達疏，以君承安民而憂之，故民亦安君之政，相與憂行君令，使君令必行。舟舡浮水而行，故以浮爲行也。行

〔註 196〕《尚書正義》卷三《虞書・舜典》。
〔註 197〕《周易正義》卷六《節卦》。
〔註 198〕《尚書正義》卷三《虞書・舜典》。
〔註 199〕《禮記正義》卷二十二《禮運》。
〔註 200〕《春秋左傳正義》卷二十八《成公十六年》。
〔註 201〕《周易正義》卷七《繫辭上》。
〔註 202〕《尚書正義》卷三《虞書・舜典》。
〔註 203〕《尚書正義》卷五《虞書・益稷》。

天時也，順時布政，若《月令》之爲也〔註 204〕。

天有四時，王有四政，即統治者在什麼時節什麼場合應該做什麼，不許做什麼，都有一定的規範可循。孔穎達一再強調君主要遵循農之要節，尤其是春、夏、秋三時，只有爲政不害於民，才能使其盡力耕耘，自事生產，百姓和而年歲豐。王者將說神心，必先和民志，故務其三時，使農無廢業〔註 205〕。《禮記・月令》中對敬授民時多有記載，對春夏秋冬四個季節，十二個月，從順逆、時與不時正反兩種後果論證王者施令敬授民時的重要性，鑒戒君主施化要重時、順時、不失時。孔穎達疏，名曰《月令》者，以其記十二月政之所行也。

「孟春之月，日在營室，昏參中，旦尾中。」孔穎達疏，按《書緯考靈耀》云：「主春者鳥星，昏中可以種稷。主夏者心星，昏中可以種黍。主秋者虛星，昏中可以種麥。主冬者昴星，昏中則入山可以斬伐、具器械。」王者南面而坐，視四星之中者，而知民之緩急，急則不賦力役，故敬授民時，是觀時候授民事也〔註 206〕。孟春之月，天氣下降，地氣上騰，天地和同，君主因時所宜之事：「王命布農事，命田舍東郊，皆修封疆，審端經術。善相丘陵、阪險、原隰、土地所宜，五穀所殖，以教道民，必躬親之。田事既飭，先定準直，農乃不惑」。孔穎達疏，論少陽之月，務其始生，故既耕之後，當勸農事。「是月也，……命祀山林川澤，犧牲毋用牝。禁止伐木。毋覆巢，毋殺孩蟲、胎、夭、飛鳥，毋麛毋卵」〔註 207〕。孟春之月，是少陽之時，如果當月施令不時，則災害滋生。「孟春行夏令，則雨水不時，草木蚤落，國時有恐。行秋令，則其民大疫，猋風暴雨總至，藜莠蓬蒿並興。行冬令，則水潦爲敗，雪霜大摯，首種不入。」孔穎達疏，論當月施令之事。若施之順時，則氣序調釋；若施令失所，則災害滋興。若施之不失，則三才相應，以人與天地共相感動故也。施令有失，三才俱應者，則此孟春行夏令，雨水不時，天也。草木早落，地也。國時有恐，人也〔註 208〕。仲春之月，「耕者少舍，乃修闔扇，寢廟畢備。毋作大事，以妨農之事」，大事即兵役之屬。「是月也，毋竭川澤，毋漉陂池，毋焚山林」，應順時順陽養物也。如逆時而施令，「仲春行秋令，

〔註 204〕《尚書正義》卷九《商書・盤庚中》。
〔註 205〕《春秋左傳正義》卷六《桓公六年》。
〔註 206〕《禮記正義》卷十四《月令》。
〔註 207〕《禮記正義》卷十四《月令》。
〔註 208〕《禮記正義》卷十四《月令》。

則其國大水，寒氣揔至，寇戎來征。行冬令，則陽氣不勝，麥乃不熟，民多相掠。行夏令，則國乃大旱，暖氣早來，蟲螟爲害。」孔穎達疏，其國大水，則地災也。寒氣揔至，則天災也。寇戎來征，則人災也〔註209〕。季春之月，時雨將降，下水上騰，君主宜「循行國邑，周視原野，修利隄防，道達溝瀆，開通道路，毋有障塞。田獵罝罘、羅罔、畢翳，餧獸之藥，毋出九門」。孔穎達疏，季春行冬令，寒氣時發，天災也。草木皆肅，地災也。國有大恐，人災也；行夏令，民多疾疫，人災也。時雨不降，天災也。山陵不收，地災也；行秋令，天多沉陰，淫雨早降，並天災也。兵革並起，人災也〔註210〕。

孟夏之月，繼長增高。王者宜施令助養萬物，「毋有壞墮，毋起土功，毋發大眾，毋伐大樹。……命野虞出行田原，爲天子勞農勸民，毋或失時。命司徒巡行縣鄙，命農勉作，毋休於都。是月也，驅獸毋害五穀，毋大田獵」。孔穎達疏，是月草木蕃廡，王者施化，當繼續長養之道，謂勸民長養。增益高大之物，謂勸其種殖。順時生養，不違逆時氣，天子初服暑服，爲勞農之時。孟夏之月，行秋令，則苦雨數來，天災。五穀不滋，地災。四鄙入保，人災也；行冬令，則草木蚤枯，地災。後乃大水，敗其城郭，天災；行春令，則蝗蟲爲災，及秀草不實，地災。暴風來格，天災也〔註211〕。仲夏之月，王者施化，宜「命有司爲民祈祀山川百源。大雩帝，用盛樂。乃命百縣雩祀百辟卿士有益於民者，以祈穀實」。孔穎達疏，正以將欲雩祭，故先命有司爲祈祀山川百源，爲將雩之漸，重民之義也。故先爲民。仲夏行冬令，則雹凍傷穀，天災。道路不通，暴兵來至，人災也；行春令，則五穀晚熟，天災。百螣時起，地災。其國乃饑，人災也；行秋令，則草木零落，果實早成，地災。民殃於疫，人災也〔註212〕。季夏之月，君主宜「命澤人納材葦。是月也，命四監大合百縣之秩芻，以養犧牲，令民無不咸出其力。以共皇天上帝，名山大川，四方之神。以祠宗廟社稷之靈，以爲民祈福」。孔穎達疏，爲民求福者，雖是尋常事神，因事神之時，爲民祈福。若不爲祈福，浪使民艾芻，是在上虛取民力。今還祈福與民，民皆蒙福，是不虛取民力役使之也。「是月也，樹木方盛，乃命虞人入山行木，毋有斬伐。……毋舉大事，以搖養氣。毋發令而待，以妨神農之事也」。

〔註209〕《禮記正義》卷十五《月令》。
〔註210〕《禮記正義》卷十五《月令》。
〔註211〕《禮記正義》卷十五《月令》。
〔註212〕《禮記正義》卷十六《月令》。

孔穎達疏，「發令」者，發動徵召之令也。「而待」者，謂時未順而豫動召，以待後時乃使也。「以妨神農之事」者，解所以不豫發令也。神農者，土神也。爾時土神用事，若逆令召民，民驚心動，是妨土神之氣事也。季夏之時，「水潦盛昌，神農將持功，舉大事則有天殃。」鄭玄注曰，土以受天雨澤、安靜養物爲功，動之則致害也。《孝經說》載：「地順受澤，謙虛開張，含泉任萌，滋物歸中。」孔穎達疏，土地本受天雨澤水潦，以爲生養之功，此月多水，故土神方得將持功也。若人君有舉大事，於養氣者，非唯神農罪之，則天亦殃罰之也。犯土而天罰之者，地受天澤，得以含養。今若干地，則是干天也。云「動之則致災害」者，若動地則致天災害，是地功由天也，並引《孝經說》證地受天澤，爲成己功也。地體卑順，故受天之雨澤，而體得謙虛開張也。既謙虛開張，故能含於水泉，任萌一切之物，並滋繁而歸地中也。孔穎達疏，季夏之月，行春令，穀實鮮落，謂鮮少墮落，由風多故也。或云以夏召春氣，初鮮絜，而逢秋氣肅殺，故穀鮮絜而墮落也，此地災也。國多風欬，此是天災也。民乃遷徙，是人災也；行秋令，則丘隰水潦及禾稼不熟，此地災也，以其水氣多故也。乃多女災，人災也，亦爲水傷含任也；行冬令，以丑未屬巽，十二月建丑，得巽之氣，故爲風。又建丑之月大寒中，故多風寒，此天災也。鷹隼蚤鷙，季夏地氣殺害之象，地災也〔註213〕。

孔穎達疏，孟秋之月，行冬令，陰氣大勝，天災。介蟲敗穀，地災。戎兵乃來，人災也；行春令，其國乃旱，陽氣復還，天災也。五穀無實，地災也；行夏令，國多火災，寒熱不節，天災也。民多瘧疾，人災也〔註214〕。仲秋之月，「乃勸種麥，毋或失時，其有失時，行罪無疑。」孔穎達疏，前年秋穀，至夏絕盡，後年秋穀，夏時未登，是其絕也。夏時人民糧食缺短，是其乏也。麥乃夏時而熟，是接其絕，續其乏也。「尤重之」者，以黍稷百穀，不云勸種，於麥獨勸之，是尤重故也。蔡氏云：「陽氣初胎於酉，故八月種麥，應時而生也。」孔穎達進一步疏曰，仲秋之時行春令，則秋雨不降，天災。草木生榮，地災。國乃有恐，人災；行夏令，其國乃旱，天災也。蟄蟲不藏，五穀復生，地災也；行冬令，則風災數起，收雷先行，天災。草木蚤死，地災也〔註215〕。季秋之月，「乃命有司曰：『寒氣總至，民力不堪，其皆入室』」。

〔註213〕《禮記正義》卷十六《月令》。
〔註214〕《禮記正義》卷十六《月令》。
〔註215〕《禮記正義》卷十六《月令》。

孔穎達疏，行夏令，其國大水，天災。冬藏殃敗，地災。民多鼽嚏，人災；行冬令，國多盜賊，邊竟不寧，人災。土地分裂，地災；行春令，暖風來至，天災。民氣解惰，師興不居，人災〔註216〕。

孔穎達疏，孟冬之月行春令，凍閉不密，地氣上泄，地災也。民多流亡，人災也；行秋令，國多暴風，方冬不寒，天災也。蟄蟲復出，地災也；行春令，雪霜不時，天災也。小兵時起，土地侵削，人災也〔註217〕。仲冬行夏令，則其國乃旱，氛霧冥冥，雷乃發聲，皆天災也；行秋令，則天時雨汁，天災也。瓜瓠不成，地災也。國有大兵，人災也；行春令，則蟲蝗為敗，水泉咸竭，地災也。民多疥癘，人災也〔註218〕。季冬之月，冰以入，王者宜「令告民，出五種。命農計耦耕事，修耒耜，具田器」。冰既入，而令田官告民，出五種，明大寒氣過，農事將起也。孔穎達疏，冰以藏入之後，大寒以過，暖氣方來，故令此典農之官，出五種之物，以擬種之。「歲且更始，專而農民，毋有所使」。鄭玄注曰，令之豫有志於耕稼之事，不可傜役。傜役之，則志散失業也。孔穎達疏，此月既終，歲且更始。而，女也。言在上專一女農之事，無得興起造作，有所使役也。進而解疏季冬不宜之令，季冬行秋令，則白露早降，天災。介蟲為妖，地災。四鄙入保，人災；行春令，則胎夭多傷，國多固疾，命之曰逆，皆人災也；行夏令，則水潦敗國，時雪不降，天災也。冰凍消釋，地災也〔註219〕。

孔穎達不厭其煩地對《月令》四季十二個月君主應該施行的不同的時政內容作了翔實的解疏，由此我們可以看出，敬授民時之政治舉措對民眾乃至國家經濟發展的至關重要性，君主執政不可不慎之、敬之。

二、問政於民

得民者昌，失民者亡；親民者必勝，驕民者必敗。民眾是一個政權及其統治者的民意基礎，王朝的興與亡、君位的得與失、政治的盛與衰、治者的榮與辱，歸根結底取決於民心向背。如「眾怒難犯，專欲難成」〔註220〕、「專欲難成，犯眾興禍」〔註221〕、「眾心成城，眾口鑠金」〔註222〕、「上失其民，

〔註216〕《禮記正義》卷十七《月令》。
〔註217〕《禮記正義》卷十七《月令》。
〔註218〕《禮記正義》卷十七《月令》。
〔註219〕《禮記正義》卷十七《月令》。
〔註220〕《春秋左傳正義》卷三十一《襄公十年》。
〔註221〕《尚書正義》卷四《虞書・大禹謨》。

作則不濟」〔註223〕、「國之興也，視民如傷，是其福也；其亡也，以民爲土芥，是其禍也」〔註224〕。民意，是重民思想最具實踐意義的部分，是判定天命所歸的重要依據。中國古代政治權威和政權合法性的來源是雙重的：天道和民意。天道是權威的終極的、超越的源頭，但在現實世界中，又只能通過民意來體現，民意與天道內在相通。「思其艱以圖其易，民乃寧。」孔穎達疏，天不可怨，民尚怨之，治民欲使無怨，其惟難哉！思慮其難，以謀其易，爲治不違道，不逆民，民乃安矣〔註225〕。「民之所欲，天必從之」，爲政者必須遵從天命，察民意、化民意爲政令，「以小民受天永命」，否則將招致革命。

《詩經・大雅・民勞》載：「先民有言，詢於芻蕘。」毛亨傳：「芻蕘，薪采者。」鄭玄箋：「古之賢者有言：有疑事當與薪采者謀之。匹夫匹婦或知及之，況於我乎！」孔穎達疏，以樵采之賤者猶當與之謀，古之賢者，親取薪采，則是賤者。「上酌民言，則下天上施。上不酌民言則犯也，下不天上施則亂也。故君子信讓以蒞百姓，則民之報禮重。《詩》云：『先民有言，詢於芻蕘。』」鄭玄注：「酌猶取也。取眾民之言，以爲政教，則得民心。得民心，則恩澤所加民受之如天矣。言其尊。……蒞，臨也。報禮重者，猶言能死其難。……詢，謀也。芻蕘，下民之事也。言古之人君將有政教，必謀之於庶民乃施之。」孔穎達疏，在上人君取下民之言以爲政教，既得民心，民皆喜悅，則在下之民仰君之德如天，敬此在上所施之恩澤。若在上不取民言，違戾於下，則民人怨怒以犯於上。君子在上用信讓以臨百姓，則民之報上之禮心意厚重，能死其難。「《詩》云：先民有言，詢於芻蕘」者，此《詩・大雅・板》之篇，諷刺厲王之詩也。言厲王不用賢人之言，故詩人諷刺之。即先民謂先世之君王將有政教之言，必先詢謀采於芻蕘之賤者〔註226〕。《洪範》載：「汝則有大疑，謀及乃心，謀及卿士，謀及庶人，謀及卜筮。汝則從，龜從，筮從，卿士從，庶民從，是之謂大同。身其康強，子孫其逢吉」。孔安國傳曰：「將舉事而汝則有大疑，先盡汝心以謀慮之，次及卿士、眾民，然後卜筮以決之。人心和順，龜筮從之，是謂大同於吉。動不違眾，故後世遇吉。」孔穎達引據《周禮》小司寇掌外朝之政，有大疑「以致萬民而詢焉」，

〔註222〕《國語・周語下》。
〔註223〕《國語・周語下》。
〔註224〕《春秋左傳正義》卷五十七《哀公元年》。
〔註225〕《尚書正義》卷十九《周書・君牙》。
〔註226〕《禮記正義》卷五十一《坊記》。

疏曰謀及庶人，必是大事〔註 227〕。「王命眾悉至於庭。」孔穎達疏，《周禮》云「小司寇掌外朝之政，以致萬民而詢焉，一曰詢國危，二曰詢國遷，三曰詢立君」，是國將大遷，必詢及於萬民。故知眾悉至王庭是「群臣以下」，謂及下民也〔註 228〕。「朕及篤敬，恭承民命，用永地於新邑。」孔穎達疏，君主當與厚敬之臣，奉承民命〔註 229〕。

「天聰明，自我民聰明。天明畏，自我民明威。」孔穎達疏，以天之聰明視聽，觀人有德。用我民以為耳目之聰明，察人言善者，天意歸賞之。又天之明德可畏，天威者，用我民言惡而叛之，因討而伐之，成其明威。皇天無心，以百姓之心為心。此經大意就是說民之所欲，天必從之。「聰明」謂聞見也，天之所聞見，用民之所聞見也。然則「聰明」只是見聞之義，其言未有善惡；以下言「明威」，是天降之禍，知此「聰明」是天降之福。此即《泰誓》所云「天聽自我民聽，天視自我民視」。故「民所歸者，天命之」。大而言之，民所歸就，天命之為天子也。小而言之，雖公卿大夫之任，亦為民所歸向，乃得居之。此文主於天子，故言「天視聽人君之行，用民為聰明」，戒天子使順民心，受天之福也〔註 230〕。「天視自我民視，天聽自我民聽」，孔安國注，天因民以視聽，民所惡者天誅之。孔穎達疏，民之所惡，天必誅之，己今有善，不為民之所惡，天必祐我〔註 231〕。孔穎達認為，謀為政之事，譬若以弩射也，可準度之機已張之，又當以意往省視矢括，當於所度，則釋而放之。如是而射，則無不中矣。猶若人君所修政教，欲發命也，當以意夙夜思之，使當於民心，明旦行之，則無不當矣〔註 232〕。「柔遠能邇，惠康小民，無荒寧」，孔穎達疏，「惠」即順也；「康」謂安也；所謂「順「者，即順小民之心為其政。《論語》云「因民之所利而利之」，即是順安也。安小民之道，必以順道安之，故言順安也〔註 233〕。「樂只君子，民之父母。」民之所好好之，民之所惡惡之，此之謂「民之父母」，意思就是說，治民之道無他，取於己而已。孔穎達疏，若能以己化民，從民所欲，則可謂民之父母。善政恩惠，是

〔註 227〕《尚書正義》卷十二《周書・洪範》。
〔註 228〕《尚書正義》卷九《商書・盤庚上》。
〔註 229〕《尚書正義》卷九《商書・盤庚下》。
〔註 230〕《尚書正義》卷四《虞書・皋陶謨》。
〔註 231〕《尚書正義》卷十一《周書・泰誓中》。
〔註 232〕《尚書正義》卷八《商書・太甲上》。
〔註 233〕《尚書正義》卷二十《周書・文侯之命》。

民之原好，己亦好之，以施於民，若發倉廩、賜貧窮、賑乏絕是也。謂苛政重賦，是人之所惡，己亦惡之而不行也〔註 234〕。如禹、湯、文、武四王之王天下也，立德於民而成其同欲。民有所欲，上即同之〔註 235〕。

《尚書・大禹謨》明確提出不要違背民意：「罔違道以干百姓之譽，罔咈百姓以從己之欲」，專欲難成，犯眾興禍，故孔穎達疏，無違越正道以求百姓之譽，無反戾百姓以從己心之欲。「予大降爾四國民命。」孔安國注：「民命謂君也。」孔穎達疏：「民以君爲命，故『民命謂君也』。王肅云：『君爲民命，爲君不能順民意，故誅之也。』」〔註 236〕夏、商二國，其政不得民心，致使國家喪滅〔註 237〕。《左傳》成公二年載：「先王疆理天下物土之宜，而布其利，故《詩》曰：『我疆我理，南東其畝。』今吾子疆理諸侯，而曰『盡東其畝』而已，唯吾子戎車是利，無顧土宜，其無乃非先王之命也乎？反先王則不義，何以爲盟主？其晉實有闕。四王之王也，樹德而濟同欲焉。五伯之霸也，勤而撫之，以役王命。今吾子求合諸侯，以逞無疆之欲。《詩》曰：『布政優優，百祿是遒。』子實不優，而棄百祿，諸侯何害焉？」孔穎達疏，禹、湯、文、武四王之王天下也，立德於民而成其同欲。民有所欲，上即同之。東畝南畝，皆順民意。五伯之霸諸侯也，唯勤勞其功而撫順之，以奉事王命而已，不改王之制度也。吾子求合諸侯，以快其無疆畔之欲，止求自快己欲，不與民同，是違王霸之政也〔註 238〕。「聖人與眾同欲，是以濟事，子盍眾？子爲大政，將酌於民者也。其不欲戰者，三人而已。欲戰者可謂眾矣。《商書》曰：『三人占，從二人。』眾故也」〔註 239〕，即謂酌取民心以爲政。

《易》曰先王以省方觀民設教，故有巡狩之禮。《周易・觀卦・象辭》曰：「風行地上，觀。先王以省方觀民設教。」所謂「省方觀民」，即最高統治者巡視天下，考察民俗，設教施政。孔穎達疏，風主號令，行於地上，猶如先王設教，在於民上。以省視萬方，觀看民之風俗，以設於教。非諸侯以下之所爲，故云先王也。《禮記・王制》載古代天子巡狩的主要活動之一就是派員巡察，「命大師陳詩，以觀民風。命市納賈，以觀民之所好惡，志淫好辟」。

〔註 234〕《禮記正義》卷六十《大學》。
〔註 235〕《春秋左傳正義》卷二十五《成公二年》。
〔註 236〕《尚書正義》卷十六《周書・多士》。
〔註 237〕《春秋左傳正義》卷十八《文公四年》。
〔註 238〕《春秋左傳正義》卷二十五《成公二年》。
〔註 239〕《春秋左傳正義》卷二十六《成公六年》。

鄭玄注：「陳詩謂采其詩而視之。市，典市者。賈謂物貴賤厚薄也。質則用物貴，淫則侈物貴。民之志淫邪，則其所好者不正。」孔穎達疏，各陳其國風之詩，以觀其政令之善惡。若政善，詩辭亦善。政惡，則詩辭亦惡。觀其詩，則知君政善惡。進納物賈之書，以觀民之所有愛好，所有嫌惡。若民志淫邪，則愛好邪辟之物。民志所以淫邪，由在上教之不正。此陳詩納賈所以觀民風俗，是欲知君上善惡也。巡察采詩之政治功能就是以觀風俗，審善惡，察民情，瞭解民眾的好惡，知得失，自考正也。

三、農爲政本

重農既是國家主要的經濟政策，又是君主重要的治民化民方略。食乃民天，農業的豐歉直接影響民生，進而影響政治的盛衰安危；同時，農業也是國家財政收入的重要來源，關係到國家經濟基礎的穩固。所以歷代統治者都強調農爲政本。

孔穎達認爲，人非穀不生，政由穀而就，言天下由此穀爲治政之本也〔註 240〕，即以農爲本。立君所以牧民，民生在於粒食，是君之所重。《論語》云「所重民食」，謂年穀也。《尚書．洪範》提出「農用八政」。孔安國傳：「農，厚也。厚用之政乃成。」孔穎達疏：「鄭玄云：農讀爲醲。則農是醲意，故爲厚也。政施於民，善不厭深，故厚用之政乃成也。張晏、王肅皆言：農，食之本也。食爲八政之首，故以農言之。」〔註 241〕

在古代文獻中，「農爲國本」〔註 242〕之類的說法很常見，且大多與民本思想息息相關。人們普遍認爲，「食者民之本，民者國之本，國者君之本。」〔註 243〕「天子親載耒耜，措之於參保介之御間，帥三公、九卿、諸侯、大夫躬耕帝藉。」孔穎達疏，天子所乘車上，親載耕田之耒耜，帥三公九卿而往南郊躬耕藉田也。「帝藉，爲天神借民力所治之田」者，耕藉所以爲帝藉者，舉尊言之，故《祭義》云「天子爲藉千畝，以共齊盛」。又引《國語》云：「宣王即位，不藉千畝。虢文公諫曰：『夫民之大事在農，上帝之粢盛於是乎出。』」是藉田共上帝，故云「爲天神借民力所治之田也」〔註 244〕。《月令》載仲夏之

〔註 240〕《尚書正義》卷五《虞書．益稷》。
〔註 241〕《尚書正義》卷十二《周書．洪範》。
〔註 242〕《農政全書》卷三《農本．國朝重農考》。
〔註 243〕《齊民要術》卷一《種穀》。
〔註 244〕《禮記正義》卷十四《月令》。

月，王者施化，宜「命有司爲民祈祀山川百源。大雩帝，用盛樂。乃命百縣雩祀百辟卿士有益於民者，以祈穀實」。孔穎達疏，正以將欲雩祭，故先命有司爲祈祀山川百源，爲將雩之漸，重民之義也，故先爲民〔註 245〕。

務農還是一種化民之術，民眾一心務農則性格淳樸，遵守禮儀，否則就會貪婪、驕逸而難治。所以要奉行重農抑末的政策。「夫山、澤、林、鹽，國之寶也。國饒則民驕佚。近寶，公室乃貧，不可謂樂。」孔穎達疏，若遷都近鹽，則民皆商販，則富者彌富，驕侈而難治；貧者益貧，飢寒而犯法。且貧者資富而致貧，富者削貧而爲富，惡民之富，乃是愍民之貧，欲使貧富均而勞逸等也。農業，人之本也；商販，事之末也。若民居近寶，則棄本逐末；廢農爲商，則貧富兼併；若貧富兼併，則貧多富少。貧者無財以共官，富者不可以倍稅，賦稅少，則公室貧也〔註 246〕。

四、不竭民力

「子曰：凡事豫則立，不豫則廢。」孔穎達疏，豫謂豫前謀之〔註 247〕。凡事要先預計其規模，要根據實際情況和需要，尤其是人力財力情況而定。「生財有大道，生之者眾，食之者寡，爲之者疾，用之者舒，則財恒足矣。」是不務祿不肖，而勉民以農也。孔穎達疏，人君當先行仁義，愛省國用，以豐足財物。人君生殖其財，有大道之理。「生之者眾」者，謂爲農桑多也，「食之者寡」者，謂減省無用之費也，「爲之者疾」者，謂百姓急營農桑事業也，「用之者舒」者，謂君上緩於營造費用也〔註 248〕。人君能如此，取之有度，用之有節，量入爲出，則國用恒足。

使用民力要適度，勞逸相參，掌握好分寸和力度。《雜記下》載：「張而不弛，文、武弗能也。弛而不張，文、武弗爲也。一張一弛，文、武之道也。」孔穎達疏，此孔子以弓喻於民也。張謂張弦，弛謂落弦，若弓久張而不落弦，則絕其弓力，喻民久勞而不息，則亦損民之力也。所謂「張而不弛，文武弗能也」，即謂若使民如此，縱令文武之治，不能使人之得所，以言其苦，故稱其不能。所謂「弛而不張，文武弗爲也」，即言弓久落弦而不張設，則失其弓之往來之體，喻民久休息而不勞苦，則民有驕逸之志。民若如此，文、武不

〔註 245〕《禮記正義》卷十六《月令》。
〔註 246〕《春秋左傳正義》卷二十六《成公六年》。
〔註 247〕《禮記正義》卷五十二《中庸》。
〔註 248〕《禮記正義》卷六十《大學》。

能爲治也，而事之逸樂，故稱不爲也。所謂「一張一弛，文武之道也」，乃以弓一時須張，一時須弛，譬喻民一時須勞，一時須逸。勞逸相參，若調之以道，化之以理，張弛以時，勞逸以意，則文、武得其其中道也，使可以治。文、武爲政之道，治民如此，故云文武之道也〔註 249〕。《左傳》載：「其詩曰：『祈招之愔愔，式昭德音。思我王度，式如玉，式如金。形民之力，而無醉飽之心。』」孔穎達疏，國之用民，當隨其力任，量其力之所堪而任用之，不使勞役過其所堪也。如金冶之器，隨器而制形者，鑄冶之家，將作器而制其模，謂之爲形，今代猶名焉。用民之力，依模用之，故言形民之力也。食充其腹謂之飽，酒卒其量謂之醉。醉飽者，是酒食饜足過度之名也。穆王用民之力，不知饜足，故令去其醉飽過盈之心〔註 250〕。《月令》季夏之月載，君主宜「命澤人納材葦。是月也，命四監大合百縣之秩芻，以養犧牲，令民無不咸出其力。以共皇天上帝，名山大川，四方之神。以祠宗廟社稷之靈，以爲民祈福」。孔穎達疏，爲民求福者，雖是尋常事神，因事神之時，爲民祈福。若不爲祈福，浪使民艾芻，是在上虛取民力。今還祈福與民，民皆蒙福，是不虛取民力役使之也〔註 251〕。

「竭澤取魚，非不得魚，明年無魚。焚林而畋，非不獲獸，明年無獸。」民眾如牛馬，只有不竭其力，量民力而行，才能保證源源不斷的賦役，保障農業生產可持續性發展。孔穎達在《左傳》中還提到不竭民力可致民之畜產豐富：奉牲以告神，曰「博碩肥腯」者，非謂所祭之牲廣大肥充而已，乃言民之畜產盡肥充。皆所以得博碩肥腯者，由四種之謂故又申說四種之事。第一謂民力普遍安存，故致第二畜之碩大滋息。民力普存所以致之者，由民無勞役，養畜以時，故六畜碩大，蕃多滋息。民力普存又致第三不有疾病疥癬。所以然者，由民力普存，身無疲苦，故所養六畜飲食以理，埽刷依法，故皮毛身體無疥癬疾病。民力普存又致第四備腯咸有。所以然者，由民力普存，人皆逸樂，種種養畜，群牲備有也〔註 252〕。

因此要愛惜民力，儘量慎用兵戎，避免兵亂，減少賦役。「兵，民之殘也，財用之蠹，小國之大菑也」〔註 253〕。「撫民者，節用於內，而樹德於外，民樂

〔註 249〕《禮記正義》卷四十三《雜記下》。
〔註 250〕《春秋左傳正義》卷四十五《昭公十二年》。
〔註 251〕《禮記正義》卷十六《月令》。
〔註 252〕《春秋左傳正義》卷六《桓公六年》。
〔註 253〕《春秋左傳正義》卷三十八《襄公二十七年》。

其性，而無寇讎」，孔穎達疏：「性，生也。兵革並起，則民不樂生，國家和平則樂生。」〔註 254〕「古者，天子守在四夷；天子卑，守在諸侯。諸侯守在四鄰；諸侯卑，守在四竟。慎其四竟，結其四援，民狎其野，三務成功。民無內憂，而又無外懼，國焉用城？……民棄其上，不亡，何待？夫正其疆埸，修其土田，險其走集，親其民人，明其伍候，信其鄰國，慎其官守，守其交禮，不僭不貪，不懦不耆，完其守備，以待不虞，又何畏矣？《詩》曰：『無念爾祖，聿修厥德。』無亦監乎若敖、蚡冒至於武、文，土不過同，慎其四竟，猶不城郢。」孔穎達疏，不僭，守信也。不貪，廉正也。不懦，不受辱、不使人侵己也。不強，不陵人也。此皆論守竟之事，不僭不貪不貪不耆，謂不往侵鄰國也〔註 255〕。《禮記・月令》載：「耕者少舍，乃修闔扇，寢廟畢備。毋作大事，以妨農之事。」大事即兵役之屬。君主養民命題要求君主切實履行養育民眾的責任，不得橫征暴斂。「無輕民事，惟難」〔註 256〕，謂無輕為力役之事，必重難之乃可。《商書・微子》載：「降監殷民，用乂仇斂，召敵仇不怠。」孔穎達疏：「重賦傷民，民以在上為仇，重賦乃是斂仇也。」〔註 257〕

〔註 254〕《春秋左傳正義》卷四十八《昭公十九年》。
〔註 255〕《春秋左傳正義》卷五十《昭公二十三年》。
〔註 256〕《尚書正義》卷八《商書・太甲下》。
〔註 257〕《尚書正義》卷十《商書・微子》。

第四章　政治方略：政治道德之道

在君主專制制度下，一人操持國家大權，爲君之道亦即治國之道，故君道又稱「治道」。君道是從君主政治的歷史經驗和現實教訓中總結、歸納出來的，同時它又是理想化的君主行爲規範。君道包含著基本政治原則、政治價值及帝王術，在整個政治道德規範體系中相對君權至上、君爲政本而言，其亦屬本用關係之「用」的範疇，其根本目的在於完善和強化帝王權力，最終還是從屬於、服從於君權至上的根本原則。這些治國之道一旦爲君主與臣民所認同，便會發揮規範性和制約性功能。需要指出的是，政治方略只是君道的部分內容，前述政治關係中原則理據、價値觀念、馭臣治民之術亦屬君道；同時，由於臣具有亦主亦奴的雙重身份，所以在現實境遇中，各種治國之道、爲君之道雖屬於君主政治道德規範範疇，但在一定意義上也部分適合爲臣之道。

第一節　敬奉天命

在古代，對君主來說，敬天至關重要。凡事都要尊奉效法天象、天意、天時。天道以卑承尊，人道以小事大。禮者自卑而尊人，朝者謙順以行禮。行禮以順天，是天之道也〔註 1〕。《大學》載：「《太甲》曰『顧諟天之明命』」，孔穎達疏，顧，念也；諟，正也。此處是伊尹告誡太甲，爲君當顧念奉正天之顯明之命，不邪僻也〔註 2〕。此句原話出自《商書・太甲》：「先王顧諟天

〔註 1〕《春秋左傳正義》卷十九《文公十五年》。
〔註 2〕《禮記正義》卷六十《大學》。

之明命，以承上下神祇。」孔穎達疏，先王每有所行，必還回視是天之明命，謂常目在之。終常敬奉天命，以承上天下地之神祇也〔註3〕。「夫大人者，與天地合其德，與日月合其明，與四時合其序，與鬼神合其吉凶。先天而天弗違，後天而奉天時。天且弗違，而況於人乎？況於鬼神乎？」孔穎達疏，「與天地合其德」者，謂覆載也；「與日月合其明」者，謂照臨也；「與四時合其序」者，若賞以春夏，刑以秋冬之類也；「與鬼神合其吉凶」者，若福善禍淫也；「先天而天弗違」者，若在天時之先行事，天乃在後不違，是天合大人也；「後天而奉天時」者，若在天時之後行事，能奉順上天，是大人合天也；「天且弗違，而況於人乎，況於鬼神乎」者，夫子以天且不違，遂明大人之德，言尊而遠者尚不違，況小而近者可有違乎？況於人乎？況於鬼神乎？〔註4〕《左傳》載：「唯則定國。《詩》曰：『不識不知，順帝之則。』文王之謂也。又曰：『不僭不賊，鮮不爲則。』無好無惡，不忌不克之謂也。」孔穎達疏，《詩》美文王之德，常順天之法則而行之，暗行自然，合天地之法也〔註5〕。

一、奉天行道乃可謂天之子也

天命思想由來已久。「天既禍之，而自福也，不亦難乎！」〔註6〕「天之所壞，不可支也」〔註7〕。大凡一個王朝建立，都要構建自身統治的合法性。在古代天、天道一般被人奉爲統治合法性的終極來源。天立君說、道義立君說、自然法則立君說等都從不同側面論證了君權的合法性來源，一方面肯定了君權的絕對性、至上性，另一方面也表明君權的相對性、可規範性和可制約性。只有領有天命，敬天順道，才可能成爲天下之主，才能成爲民之主。天命是君權合法性的必備條件。

「皇天眷命，奄有四海，爲天下君。』」孔穎達疏，帝堯之德，廣大運行。聖而無所不通，神而微妙無方，武能克定禍亂，文能經緯天地。因此被大天顧視而命之，使其同有四海之內，爲天下之君〔註8〕。「天之歷數在汝躬，

〔註3〕《尚書正義》卷八《商書・太甲上》。
〔註4〕《周易正義》卷一《乾卦》。
〔註5〕《春秋左傳正義》卷十三《僖公九年》。
〔註6〕《春秋左傳正義》卷四十八《昭公十七年》。
〔註7〕《春秋左傳正義》卷五十四《定公元年》。
〔註8〕《尚書正義》卷四《虞書・大禹謨》。

汝終陟元后」，「歷數」謂天歷運之數，帝王易姓而興，故言「歷數謂天道」。當以大功既立，眾望歸之，即是天道在身。孔穎達疏：「天之歷運之數帝位當在汝身，汝終當升此大君之位，宜代我爲天子。」〔註 9〕《尚書・益稷》載：「敕天之命。」敕，即正也，所謂人君奉正天命以臨下民。「命於帝庭，敷祐四方」，孔穎達疏，王者存亡，大運在天，有德於民，天之所與，是「受命天庭」也〔註 10〕。王者爲天之子，代天治民，天子繼天使成，謂之「紹上帝」也。天子設法，其理合於天道，則爲「配皇天」也〔註 11〕。

君位變易，革命變革都要有天命的指示，都要遵循天道、天時，不可擅自而爲。《周書・立政》載：「亦越成湯陟，丕釐上帝之耿命。」孔穎達疏：「桀之昏亂，亦於成湯之道得升聞於天，大賜受上天之光命，得王有天下。」〔註 12〕「天祚明德，有所厎止。成王定鼎於郟鄏，卜世三十，卜年七百，天所命也。周德雖衰，天命未改。鼎之輕重，未可問也」〔註 13〕。「《汋》曰『於鑠王師！遵養時晦』，耆昧也。」孔穎達疏，時，是也。晦，昧也。武王之用師也，能遵天之道，養是暗昧之君，待暗昧者惡積而後取之。上天誅紂之期未至，武王靖以待之，是其遵天之道也〔註 14〕。正所謂「天之所廢，誰能興之？」〔註 15〕「天誘其衷，啓敝邑之心」〔註 16〕。「天方授楚，未可與爭。雖晉之強，能違天乎？」〔註 17〕等等，都是要求遵循天命、奉天行道。

二、欽崇天道 修德致遠

正因爲天命君權的規範制約，統治者要想永享天命，就要欽崇天道，修德以致遠，實施德政。因爲天命靡常，惟德是輔。惟是有德，能動上天。苟能修德，無有遠而不至〔註 18〕。

「惟上帝不常，作善降之百祥，作不善降之百殃。」天之禍福，惟善惡

〔註 9〕《尚書正義》卷四《虞書・大禹謨》。
〔註 10〕《尚書正義》卷十三《周書・金縢》。
〔註 11〕《尚書正義》卷十五《周書・召誥》。
〔註 12〕《尚書正義》卷十七《周書・立政》。
〔註 13〕《春秋左傳正義》卷二十一《宣公三年》。
〔註 14〕《春秋左傳正義》卷二十三《宣公十二年》。
〔註 15〕《春秋左傳正義》卷三十五《襄公二十三年》。
〔註 16〕《春秋左傳正義》卷三十六《襄公二十五年》。
〔註 17〕《春秋左傳正義》卷二十四《宣公十五年》。
〔註 18〕《尚書正義》卷四《虞書・大禹謨》。

所在，不常在一家，告誡君王修德而爲善〔註 19〕。「天作孽，猶可違。自作孽，不可逭。」孔穎達疏，天作災者，謂若太戊桑穀生朝，高宗雊雉升鼎耳。可修德以禳之，是「可避」也。「自作災」者，謂若桀放鳴條，紂死宣室，是「不可逃」也。據其將來，修德可去；及其已至，改亦無益〔註 20〕。「爾有善，朕弗敢蔽。罪當朕躬，弗敢自赦，惟簡在上帝之心。」孔穎達疏：「鄭玄注《論語》云：『簡閱在天心，言天簡閱其善惡也。』」〔註 21〕「天難諶，命靡常。常厥德，保厥位。」其注疏曰，天以其無常，故難信。人能常其德，則安其位〔註 22〕。「惟天惠民，惟辟奉天」〔註 23〕，即君天下者當奉天以愛民。

首先，「惟天無親，克敬惟親」。此語出自《商書・太甲下》，孔穎達疏：「天親克敬，民歸有仁，神享克誠，言天民與神皆歸於善也。奉天宜其敬謹，養民宜用仁恩，事神當以誠信。」〔註 24〕意思就是說天於人無有親疏，惟親能敬身順道者。

「安汝止，惟幾惟康，其弼直，惟動丕應徯志。以昭受上帝，天其申命用休。」孔安國傳曰，帝若能安所止，非但人歸之，又乃明受天之報施。天下太平，祚胤長遠，是天之報施也。孔穎達疏曰，若欲慎汝在位，當須先安定汝心好惡所止，念慮事之微細，以保安其身，其輔弼之臣必用正直之人。若能如此，惟帝所動，則天下大應之，以待帝志。以明受天之布施，於天其重命帝用美道也〔註 25〕。自滿者招其損，謙虛者受其益，乃天之常道〔註 26〕。大禹能成聲教之信，能成治水之功，惟其賢；能勤勞於國，盡力於溝洫；能節儉於家，薄飲食，卑宮室；常執謙沖，不自滿溢誇大，惟其賢也；惟不自矜誇，故天下莫敢與其爭能。惟不自稱伐，故天下莫敢與其爭功。所以天之歷運之數帝位當在其身，大禹終當升此大君之位，宜代爲天子〔註 27〕。

「天聰明，自我民聰明。天明畏，自我民明威。達於上下，敬哉有土！」孔穎達疏：「以天之聰明視聽，觀人有德。用我民以爲耳目之聰明，察人言

〔註 19〕《尚書正義》卷八《商書・伊訓》。
〔註 20〕《尚書正義》卷八《商書・太甲中》。
〔註 21〕《尚書正義》卷八《商書・湯誥》。
〔註 22〕《尚書正義》卷八《商書・咸有一德》。
〔註 23〕《尚書正義》卷十一《周書・泰誓中》。
〔註 24〕《尚書正義》卷八《商書・太甲下》。
〔註 25〕《尚書正義》卷五《虞書・益稷》。
〔註 26〕《尚書正義》卷四《虞書・大禹謨》。
〔註 27〕《尚書正義》卷四《虞書・大禹謨》。

善者，天意歸賞之。又天之明德可畏，天威者，用我民言惡而叛之，因討而伐之，成其明威。天所賞罰，達於上下，不避貴賤，故須敬哉，有土之君！」〔註 28〕《召誥》載：「王其疾敬德，相古先民有夏。天迪從子保，面稽天若，今時既墜厥命。今相有殷，天迪格保，面稽天若，今時既墜厥命。」孔穎達疏：「皇天眷顧命用勉敬者為人主，故戒王，言其疾行敬德，視古先民有夏之君，取大禹以為法戒。禹以能敬之故，天道從而子安之，禹能面考天心而順以行敬。今是桀棄禹之道，已墜失其王命矣。更復視有殷之君，取成湯以為法戒，湯以能敬之故，天亦從而子。安之天道所以至於保安湯者，亦以湯面考天心而順以行敬也。今是紂棄湯之道，已墜失其王命矣。夏殷二代，能敬則得之，不敬則失之。」〔註 29〕

其次，皇天無親，惟德是輔。君主只有勉修其德，才能配天而行之，「惟時懋敬厥德，克配上帝」〔註 30〕。天命之不於常，行善則得之，行惡則失之。不絕國祚，短長由德也，「惟命不於常」〔註 31〕。

「安汝止，惟幾惟康，其弼直，惟動丕應徯志。以昭受上帝，天其申命用休。」孔安國傳曰，皇天無親，惟德是輔，人之所欲，天必從之。帝若能安所止，非但人歸之，且受天之報施。天下太平，祚胤長遠，是天之報施也。孔穎達疏，人君若欲慎其位，當須先安定君心好惡所止，念慮事之微細，以保安其身，其輔弼之臣必用正直之人。若能如此，惟帝所動，則天下大應之，以待帝志。意在表明受天之布施，於天其重命帝用美道也〔註 32〕。「天監厥德，用集大命，撫綏萬方」〔註 33〕。監，視也。意思就是說，天視王德，集王命於身，從而撫安天下。

「天其命哲，命吉凶，命歷年。知今我初服，宅新邑，肆惟王其疾敬德。王其德之用，祈天永命。」孔穎達疏：「天觀人所為以授之命，其命有智與愚也，其命吉與凶也，其命歷年與不長也。若能敬德，則有智常吉，歷年長久也。若不敬德，則愚凶不長也。天已知我王今初始服政，居此新邑，觀王善惡，欲授之命，故惟王其當疾行敬德。『王其德之用』，言為行當用德，則

〔註 28〕《尚書正義》卷四《虞書・皋陶謨》。
〔註 29〕《尚書正義》卷十五《周書・召誥》。
〔註 30〕《尚書正義》卷八《商書・太甲下》。
〔註 31〕《周書正義》卷十四《周書・康誥》。
〔註 32〕《尚書正義》卷五《虞書・益稷》。
〔註 33〕《尚書正義》卷八《商書・太甲上》。

能求天長命以歷年也。」〔註 34〕皇天眷顧命用勉敬者爲人主，故戒王疾行敬德〔註 35〕。

「惟克天德，自作元命，配享在下。」孔穎達疏，「惟克天德」，言能效天爲德，當謂天德平均，獄官應效天爲平均。凡能明於刑之中正矣，又能使無可擇之言在身者，此人必是惟能爲天平均之德，斷獄必平矣。「皇天無親，惟德是輔」，若能斷獄平均者，必壽長久大命。大命由己而來，是「自爲大命」。「享」訓當也，是此人能配當天命，在於天之下〔註 36〕。

最後，政善天福之，淫過天禍之。「天道福善禍淫」〔註 37〕。「天既孚命正厥德」，天自信行賞罰之命，賞有義，罰無義，欲使有義者長，不義者短，此事必信也。天自正其德，福善禍淫，其德必不差也。民有永有不永，天隨其善惡而報之〔註 38〕。

《周易・文言》云：「雲從龍，風從虎，水流濕，火就燥。」物各以類相應，故知天氣順人所行以示其驗也。「曰休徵。曰肅，時寒若。曰乂，時暘若。曰哲，時燠若。曰謀，時寒若。曰聖，時風若。」孔穎達疏：「美行致以時之驗，何者是也？曰人君行敬，則雨以時而順之。曰人君政治，則暘以時而順之。曰人君照哲，則燠以時而順之。曰人君謀當，則寒以時而順之。曰人君通聖，則風以時而順之。」〔註 39〕

如果反正道，從邪徑，敗德義，毀正行，上天就會降之殃咎以示警戒。「《詩》所謂『彼日而食，于何不臧』者，何也？……不善政之謂也。國無政，不用善，則自取謫於日月之災。故政不可不愼也。」孔穎達疏，人君爲政不善，可以感動上天，則自取譴責於日月之災。日食之災，由君之行所致。《昏義》云：「天子聽男教，后聽女順。天子治陽道，后治陰德。」「是故男教不修，陽事不得，適見於天，日爲之食。婦順不修，陰教不得，適見於天，月爲之食。」此傳彼記皆是勸誡辭耳。人君者，位貴居尊，志移心溢，或淫恣情慾，壞亂天下。聖人假之神靈，作爲鑒戒。重天變，警人君〔註 40〕。《洪範》載：

〔註 34〕《尚書正義》卷十五《周書・召誥》

〔註 35〕《尚書正義》卷十五《周書・召誥》。

〔註 36〕《尚書正義》卷十九《周書・呂刑》。

〔註 37〕《尚書正義》卷八《商書・湯誥》。

〔註 38〕《尚書正義》卷十《商書・高宗肜日》。

〔註 39〕《尚書正義》卷十二《周書・洪範》。

〔註 40〕《春秋左傳正義》卷四十四《昭公七年》。

「曰咎徵。曰狂，恒雨若。曰僭，恒暘若。曰豫，恒燠若。曰急，恒寒若。曰蒙，恒風若。」孔穎達疏，惡行致備極之驗，何者是也？曰君行狂妄，則常雨順之。曰君行僭差，則常暘順之。曰君行逸豫，則常暖順之。曰君行急躁，則常寒順之。曰君行蒙暗，則常風順之〔註41〕。《左傳》載：「《詩》曰：「不弔昊天，亂靡有定。」〔註42〕言不為昊天所恤，則致罪也。「天之假助不善，非祚之也，厚其兇惡，而降之罰也。且譬之如天，其有五材，而將用之，力盡而敝之，是以無拯，不可沒振」〔註43〕「我食吾言，背天地也。重怒難任，背天不祥」〔註44〕。《左傳》載，秋，宋大水。公使弔焉，曰：「天作淫雨，害於粢盛，若之何不弔？」對曰：「孤實不敬，天降之災。」〔註45〕

孔穎達並未不加分析、盲目地信服天譴之論，而是對天譴現象的認識作了自己的理性分析：「天道深遠，有時而驗，或亦人之禍釁，偶相逢，故聖人得因其變常，假為勸誡。知達之士，識先聖之幽情；中下之主，信妖祥以自懼。但神道可以助教，不可專以為教。神之則惑眾，去之則害宜。故其言若有若無，其事若信若不信，期於大通而已。」〔註46〕

天降之災禍，還只能算是對君主的一個警示而已，更有甚者，則民棄不保，天降之咎，絕其命，永除年命。《尚書》載：「蠢茲有苗，昏迷不恭，侮慢自賢，反道敗德，君子在野，小人在位，民棄不保，天降之咎。」孔穎達疏，今蠢蠢然動而不遜者，是此有苗之君。昏暗迷惑，不恭敬王命。侮慢眾常，自以為賢。反戾正道，敗壞德義。君子在野，小人在位。由此民棄叛之，不保其有眾，上天降之殃咎〔註47〕。啓與有扈大戰於甘之野，將欲交戰，乃召六卿，令與眾士俱集。王乃言曰：「今有扈氏威虐侮慢五行之盛德，怠惰棄廢三才之正道，上天用失道之故，今欲截絕其命。」〔註48〕孔穎達疏，紂王不度知天性命所在，而所行不蹈循常法，自絕於先王，亦自絕於天。天棄紂，宗廟不有安食於天下〔註49〕。商紂久行虐政，民眾欲早殺之，「天曷不降威？

〔註41〕《尚書正義》卷十二《周書・洪範》。
〔註42〕《春秋左傳正義》卷三十二《襄公十三年》。
〔註43〕《春秋左傳正義》卷四十五《昭公十一年》。
〔註44〕《春秋左傳正義》卷十四《僖公十五年》。
〔註45〕《春秋左傳正義》卷九《莊公十一年》。
〔註46〕《春秋左傳正義》卷四十四《昭公七年》。
〔註47〕《尚書正義》卷四《虞書・大禹謨》。
〔註48〕《尚書正義》卷七《夏書・甘誓》。
〔註49〕《尚書正義》卷十《商書・西伯戡黎》。

大命不摯？」聽到民眾的怨言，紂則說：「我生不有命在天？」即我生有壽命在天，無視民之所言。祖伊反曰：「乃罪多參在上，乃能責命於天？」〔註50〕意思就是說紂罪惡眾多，參列於上天，天誅罰紂，能責命於天，拒天誅乎？「殷既錯天命。」「天毒降災荒殷邦，方興沈酗於酒，乃罔畏畏，咈其耇長舊有位人。」孔穎達疏，紂既沉湎，四方化之，皆起而沉湎酗蓄於酒。小人皆自放恣，乃無所。上不畏天災，下不畏賢人，違戾其耇老之長與舊有爵位致仕之賢人。天生烝民，立君以牧之，爲君而無君道，是錯亂天命，爲惡之大。今天酷毒下災，生此昏虐之君，以荒亂殷之邦國〔註51〕。「天既遐終大邦殷之命，茲殷多先哲王在天……厥終智藏瘝在。夫知保抱攜持厥婦子，以哀籲天，徂厥亡出執。嗚呼！天亦哀於四方民，其眷命用懋。」孔穎達疏，天既遠終大國殷之王命矣，此殷多有先智之王，精神在天，不能救紂，以紂不行敬故也。紂之時無良臣賢智者隱藏，瘝病者在位，多行無禮暴虐，於時之民困於虐政，夫知保抱攜持其婦子，以哀號呼天，告冤枉無辜，往其逃亡，出見執殺。天亦哀矜於四方之民，其眷顧天下，選擇賢聖，命用勉力行敬者以爲民之主〔註52〕。

執政者要以此爲鑒，不可不敬德。孔穎達疏，王之所以必須慎敬所爲不可不敬之德者，不可不監視於有夏，亦不可不監視於有殷，皆有歷年，長不與長，由敬與不敬故也，王當法其歷年，戒其不長。有夏之君，服行天命，以敬德之故，惟有多歷年數。有夏桀不其長久，惟不敬其德，乃早墜失其王命。是爲敬者長，不敬者短，所以不可不監夏也。有殷之君受天命，以敬德之故，惟有多歷年數。殷紂不其長久，惟不敬其德，乃早墜失其王命。亦是所敬者長，不敬者短，所以不可不監殷也。夏殷短長既如此矣，今王繼受其命，亦惟當用此二國夏殷長短之命以爲監戒，繼順其功德者而法則之〔註53〕。

三、典禮德刑皆從天出

孔穎達認爲，「聖人作《易》本以教人，欲使人法天之用，不法天之體，故名『乾』，不名天也。天以健爲用者，運行不息，應化無窮，此天之自然之理，故聖人當法此自然之象而施人事，亦當應物成務，云爲不已，『終日乾乾』，

〔註50〕《尚書正義》卷十《商書・西伯戡黎》。
〔註51〕《尚書正義》卷十《商書・微子》。
〔註52〕《尚書正義》卷十五《周書・召誥》。
〔註53〕《尚書正義》卷十五《周書・召誥》。

無時懈倦，所以因天象以教人事〔註 54〕。「天有顯道，厥類惟彰。」孔穎達疏，《孝經》云：「則天之明。」〔註 55〕治民之事，皆法天之道。天有尊卑之序，人有上下之節，三正五常，皆在於天，有其明道，此天之明道，王者所宜法則之〔註 56〕。

政之大理，本於天地及宗廟山川五祀而來。對此，孔穎達作了充分的闡釋。《禮運》載：「政者，君之所以藏身也。是故夫政必本於天，殽以降命。命降於社之謂殽地，降於祖廟之謂仁義，降於山川之謂興作，降於五祀之謂制度。此聖人所以藏身之固也。」孔穎達首先對「政是藏身之固」作了注疏，謂人君身在政中，施政於外，人但見其政，不見其身。若政之美盛，則君身安靜，所以稱「政者，所以藏身也」。正如鄭玄所云「藏謂輝光於外，而形體不見，若日月星辰之神」。職此之故，這裡才強調政是藏身之固。其後孔穎達對政之大理必本於天作了詳盡的闡述。既然政乃藏身之固，其事既重，所施教令，必本於天而來。天有運移，若星辰圍繞北極；氣有陰陽，若冬夏之有寒暑。人君法效天氣，以降下政教之命，效星辰運轉於北極，爲昏媾姻亞；效天之陰陽寒暑，爲刑獄賞罰，是「殽以降命」。命者，政令之命，降下於社，謂從社而來以降民也。社即地也，指其神謂之社，指其形謂之地。法社以下教令，故云「謂之殽地」。地有五土，生物不同，人君法地，亦養物不一也。政教之命降下於民，由祖廟而來，謂法祖廟以下政令。父親，仁也；祖尊，義也。言法此父祖，施仁義於民也。最後總結道：政既法天地，法祖廟山川五祀，所重若此，謹慎行之，所以藏其身而堅固。政之行若能如此法天陰陽，使賞罰得所，法地高下，令尊卑有序，法之祖廟而行仁義，法之山川五祀而爲興作制度，則民懷其德，禍害不來，何所防禦？既然如此，根本不用修築城郭溝池〔註 57〕。也就是說，維繫政治秩序的穩定，維護國家統治的穩固，君主施政要法天效地，施行仁義，善罰分明，用德政感化民心，獲取民心，而不是僅僅修築加固城郭溝池。「故聖人參於天地，並於鬼神，以治政也。處其所存，禮之序也；玩其所樂，民之治也。故天生時而地生財人，其父生而師教之。四者君以正用之，故君者，立於無過之地也。」孔穎達疏，政令之命降於天地宗廟之等，使禮儀有序，民之治理。政是聖人藏身之固，所以聖

〔註 54〕《周易正義》卷一《乾卦》。
〔註 55〕《周易正義》卷十一《周書・泰誓下》。
〔註 56〕《春秋左傳正義》卷五十一《昭二十五年》。
〔註 57〕《禮記正義》卷二十一《禮運》。

人參擬於天地，則法於天地是也。參擬天地，比併鬼神，以修治政教也。天有運移寒暑，地有五土生殖，廟有祖禰仁義，皆是人之所觀察。聖王能處其人所觀察之事以爲政，則禮得次序也。興作器物，宮室制度，皆是人之所樂。聖人能愛玩民之所樂，以教於民，則民所治理，各樂其事業居處也。若天不生時，地不生財，父不生子，師不教訓，直欲令人君教之。不可教誨，則君多有過。今人君順天時以養財，尊師傅以教民，因自然之性，其功易成，故人君得立於無過之地，無過差也〔註58〕。

君主德治教化、四時四政皆法天而行。「惟天聰明，惟聖時憲。」孔穎達疏，人之聞見於耳目，天無形體，假人事以言也。「聰」謂無所不聞，「明」謂無所不見。惟聖人法天以立教，於下無不聞見，除其所惡，納之於善。雖復運有推移，道有升降，其所施爲未嘗不法天也〔註59〕。「元者善之長也，亨者嘉之會也，利者義之和也，貞者事之幹也。君子體仁足以長人，嘉會足以合禮，利物足以和義，貞固足以幹事。君子行此四德者，故曰：乾，元、亨、利、貞。」孔穎達疏，聖人以人事託之，謂此自然之功，爲天之四德，垂教於下，使後代聖人法天之所爲，故立天「四德」以設教也。君子之人，體包仁道，泛愛施生，足以尊長於人也。仁則善也，謂行仁德，法天之「元」德也；君子能使萬物嘉美集會，足以配合於禮，謂法天之「亨」也；君子利益萬物，使物各得其宜，足以和合於義，法天之「利」也；君子能堅固貞正，令物得成，使事皆幹濟，此法天之「貞」也。施於王事言之，元則仁也，亨則禮也，利則義也，貞則信也。行此「四德」，則與天同功，非聖人不可，聖人行此「四德」，能盡其極也〔註60〕。「人者，天地之心也，五行之端也，食味、別聲、被色而生者也。故聖人作則，必以天地爲本，以陰陽爲端，以四時爲柄，以日星爲紀，月以爲量，鬼神以爲徒，五行以爲質，禮義以爲器，人情以爲田，四靈以爲畜。」孔穎達疏，祭帝於郊，祭社於國，是用天地爲本也。用天地爲根本，又自陰陽爲端首也，猶如劍戟以近柄處爲根本，以鋒杪爲端首也。聖人制法，左右法陰陽，及賞以春夏，刑以秋冬，是法陰陽爲端首也；春生夏長，秋斂冬藏，是法四時爲柄也；劍戟須柄而用之，聖人爲教象，須法四時而通也；日行有次度，星有四方，列宿分部昏明，敬授民時，

〔註58〕《禮記正義》卷二十二《禮運》。
〔註59〕《尚書正義》卷八《商書・說命中》。
〔註60〕《周易正義》卷一《乾卦》。

是法日星爲綱紀也；天之運行，每三十日爲一月，而聖人制教，亦隨人之才分，是法月爲教之限量也。鬼神，謂山川鬼神，助地以通氣，是以爲地之徒屬，聖王象之，樹立群臣，助己以施教，爲己徒屬也；五行循回不停，周而復始，聖人爲教，亦循還復始，是法五行爲體也〔註61〕。

孔穎達主張，天生烝民，與之五常之性，使有仁義禮智信，是天降善於下民也。天既與善於民，君當順之。順人有常之性，則是爲君之道〔註62〕。天地高遠在上，臨下四方，人居其中央，動靜應天地，天地有人，如人腹內有心，動靜應人也，所以人爲「天地之心也」。萬物悉由五行而生，而人最得其妙氣，明仁義禮智信爲五行之首也。人既是天地之心，又帶五色、五行、五味，故聖人做法，必用天地爲根本也〔註63〕。《尚書・康誥》載「天惟與我民彝」，即天與我民五常，使父義、母慈、兄友、弟恭、子孝。孔穎達疏：「天惟與我民以五常之性，使有恭孝。」然而「庶民惟星，星有好風，星有好雨。日月之行，則有冬有夏。月之從星，則以風雨。」孔穎達疏，大中治民，不可改易，但民各有心，須齊正之。庶民之性惟若星然。「星有好風，星有好雨」，以喻民有好善，亦有好惡。日月之行，冬夏各有常道，喻君臣爲政小大，各有常法。若日月失其常道，則天氣從而改焉。月之行度失道，從星所好，以致風雨，喻人君政教失常，從民所欲，則致國亂。故常立用大中，以齊正之，不得從民欲也〔註64〕。

典禮德刑，國家建制立法，皆效天而設。《郊特牲》載：「法象莫大乎天地，變通莫大乎四時，縣象著明莫大乎日月。……是故天生神物，聖人則之。天地變化，聖人傚之。天垂象，見吉凶，聖人象之。」孔穎達疏曰，天地最大也，而四時以變得通，是變中最大的；日月中時，遍照天下，無幽不燭，所以「著明莫大乎日月」也。行四時生殺，賞以春夏，刑以秋冬，是聖人效法天地之變化。天垂象，見吉凶，若璇璣玉衡，以齊七政，是聖人象之也〔註65〕。「地載萬物，天垂象，取財於地，取法於天。是以尊天而親地也。」孔穎達疏曰，地之爲德，以載萬物爲用故也。地有其物，天上皆垂其象，所謂在天成象，

〔註61〕《禮記正義》卷二十二《禮運》。
〔註62〕《尚書正義》卷八《商書・湯誥》。
〔註63〕《禮記正義》卷二十二《禮運》。
〔註64〕《尚書正義》卷十二《周書・洪範》。
〔註65〕《周易正義》卷七《繫辭上》。

在地成形也。地須產財，並在地出，爲人所取也。人知四時早晚，皆仿日月星辰，以爲耕作之候，是取法於天。所以法者，故尊而祭之，天子祭天是也。所取財者，故親而祭之，一切親地而共祭社是也〔註66〕。再如，《皋陶謨》載：「天敘有典，敕我五典五惇哉！天秩有禮，自我五禮有庸哉！同寅協恭，和衷哉！天命有德，五服五章哉！天討有罪，五刑五用哉！政事懋哉！懋哉！」孔穎達疏，典禮德刑皆從天出。天次敘人倫，使有常性，故人君爲政，當敕正我父、母、兄、弟、子五常之教教之，使五者皆惇厚哉；天又次敘爵命，使有禮法，故人君爲政，當奉用我公、侯、伯、子、男五等之禮接之，使五者皆有常哉；接以常禮，當使同敬合恭而和善哉；天又命用有九德，使之居官，當承天意爲五等之服，使五者尊卑彰明哉；天又討治有罪，使之絕惡，當承天意爲五等之刑，使五者輕重用法哉；典禮德刑，無不是天意，人君居天官，聽治政事，當須勉之〔註 67〕。隨後孔穎達分別解疏曰，天敘有典，有此五典，即父義、母慈、兄友、弟恭、子孝是也。五者人之常性，自然而有。天次敘人之常性，使之各有定分，合於事宜。此皆出天然，是爲天次敘之。天意如此，人君當順天之意，敕正我五常之教，使合於五者皆厚，以教天下之民也；天次敘有禮，謂使賤事貴，卑承尊，是天道使之然也。人君當順天意，用我公、侯、伯、子、男五等之禮以接之，使之貴賤有常也；天命有德，使之居位，命有貴賤之倫，位有上下之異，不得不立名，以此等之，象物以彰之。先王制爲五服，在於表貴賤。服有等差，所以別尊卑〔註68〕。《周易・豐卦》載：「雷電皆至，豐。君子以折獄致刑。」孔穎達疏：「雷者，天之威動，電者，天之光耀。雷電俱至，則威明備，足以爲豐也。『君子以折獄致刑』者，君子法象天威而用刑罰，亦當文明以動，折獄斷決也。」〔註69〕

不僅五常人倫、德治教化、典禮德政法天而行自天出，國家行政設置亦傚仿天道而建。「明王奉若天道，建邦設都。」孔穎達疏，《晉語》云：「大者天地，其次君臣。」《周易・繫辭》云：「天垂象，見吉凶，聖人象之。」皆言人君法天以設官，順天以致治。天有日月照臨晝夜，猶王官之伯率領諸侯；北斗環繞北極，猶卿士之周衛天子；五星行於列宿，猶州牧之省察諸侯；二

〔註66〕《禮記正義》卷二十五《郊特牲》。
〔註67〕《尚書正義》卷四《虞書・皋陶謨》。
〔註68〕《尚書正義》卷四《虞書・皋陶謨》。
〔註69〕《周易正義》卷六《豐卦》。

十八宿布於四方，猶諸侯爲天子守土。天象皆有尊卑相正之法，所以明王奉順天道以立國設都。「立國」謂立王國及邦國，「設都」謂設帝都及諸侯國都，總言建國立家之事〔註70〕。「唐虞稽古，建官惟百。內有百揆四岳，外有州牧侯伯。」孔穎達疏，《說命》曰「明王奉若天道，建邦設都」，即王者立官，皆象天爲之，故「內置百揆四岳，象天之有五行」。五行佐天，群臣佐主，以此爲象天爾。不必其數有五乃象五行，故以「百揆四岳」爲五行之象〔註71〕。再如《洪範》載：「王省惟歲，卿士惟月，師尹惟日。歲月日時無易，百穀用成，乂用明，俊民用章，家用平康。日月歲時既易，百穀用不成，乂用昏不明，俊民用微，家用不寧。」孔穎達疏：「王之省職，兼總群吏，惟如歲也。卿士分居列位，惟如月也。眾正官之長各治其職，惟如日也。此王也，卿士也，師尹也，掌事猶歲月日者，言皆無改易，君秉君道，臣行臣事。則百穀用此而成，歲豐稔也。其治用是而明，世安泰也。俊民用此而章，在官位也。國家用此而平安，風俗和也。若王也，卿士也，師尹也，掌事猶如日月歲者，是已變易，君失其柄權，臣各專恣。百穀用此而不成，歲飢饉也。其治用此昏暗而不明，政事亂也。俊民用此而卑微，皆隱遁也。國家用此而不安泰，時世亂也。此是皇極所致，得中則致善，不中則致惡。歲月日無易，是得中也。既易，是不中也。」〔註72〕

四、恭行天罰

「恭行天罰」首先是論證革命名正言順的依據。例如，「天奉我也。奉不可失，敵不可縱。縱敵患生，違天不祥」〔註73〕。「天將興之，誰能廢之？違天必有大咎」〔註74〕。不僅建立政權需要天、天道觀念的合法性論證，當一個王朝要推翻另一個王朝時同樣需要證明自己是天、上帝所命，順天而行。所謂「奉將天罰」，孔穎達疏：「天欲加罪，王者順天之罰，則王誅也。」〔註75〕天子用兵，稱「恭行天罰」，諸侯討有罪，稱「肅將王誅」，皆示有所稟承，不敢專也。「天地革而四時成，湯武革命，順乎天而應乎人，革之時

〔註70〕《尚書正義》卷八《商書・說命中》。
〔註71〕《尚書正義》卷十八《周書・周官》。
〔註72〕《尚書正義》卷十二《周書・洪範》。
〔註73〕《春秋左傳正義》卷十七《僖公三十三年》。
〔註74〕《春秋左傳正義》卷十五《僖公二十三年》。
〔註75〕《尚書正義》卷七《夏書・胤征》。

大矣哉！」孔穎達疏，天地之道，陰陽升降，溫暑涼寒，迭相變革，然後四時之序皆有成也。夏桀、殷紂，兇狂無度，天既震怒，人亦叛亡。殷湯、周武，聰明睿智，上順天命，下應人心，放桀鳴條，誅紂牧野，革其王命，改其惡俗，故曰「湯武革命，順乎天而應乎」。人計王者相承，改正易服，皆有變革，而獨舉湯、武者，蓋舜、禹禪讓，猶或因循，湯、武干戈，極其損益，故取相變甚者，以明人革也〔註 76〕。

啓與有扈大戰於甘之野，將欲交戰，乃召六卿，令與眾士俱集。王乃言：「有扈氏威侮五行，怠棄三正，天用勦絕其命，今予惟恭行天之罰。」孔穎達疏，今有扈氏威虐侮慢五行之盛德，怠惰棄廢三才之正道，上天因失道之故，欲截絕其命。天既如此，故王今惟奉行天之威罰，不敢違天。王既奉天，眾士就應當奉王〔註 77〕。夏代傳祚四百餘年，樹立了王室權威，並由權威而生正統觀念。湯要伐桀，不能不借助於天。《詩經・商頌・玄鳥》載：「天命玄鳥，降而生商，宅殷土芒芒。古帝命武湯，正域彼四方。」「《商頌》曰：『殷受命咸宜，百祿是荷。』其是之謂乎！」孔穎達疏，成湯、武丁，此二王者，受天之命，皆得其宜，故天之百種之祿，於是乎荷負之。天祿皆歸，故得而荷負也〔註 78〕。湯在伐桀時，曰：「非臺小子敢行稱亂，有夏多罪，天命殛之。」「夏氏有罪，予畏上帝，不敢不正。」孔穎達疏，商王成湯將與桀戰，呼其將士曰：「我伐夏者，非我小子輒敢行此以臣伐君，舉爲亂事，乃由有夏君桀多有大罪，上天命我誅之。桀既失君道，我非復桀臣，是以順天誅之，由其多罪故也」〔註 79〕。在凱旋時則曰：「敢用玄牡，敢照告於上天神后，請罪有夏。」〔註 80〕伊尹還政於太甲亦要借助皇天抨擊夏王「弗克庸德，慢神虐民，皇天弗保」〔註 81〕，即桀不能常其德，不敬神明，不恤下民。天不安桀所爲，廣視萬方，有天命者開道之。也就是說，湯之伐桀，上應天心，下符人事。「眷求一德，俾作神主。惟尹躬暨湯，咸有一德，克享天心，受天明命」。孔穎達疏：「德當神意，神乃享之。天道遠而人道近，天之命人，非有言辭文誥，正以神明祐之，使之所征無敵，謂之受天命也。」

〔註 76〕《周易正義》卷五《革卦》。
〔註 77〕《尚書正義》卷七《夏書・甘誓》。
〔註 78〕《春秋左傳正義》卷三《隱公三年》。
〔註 79〕《尚書正義》卷八《商書・湯誓》。
〔註 80〕《尚書正義》卷八《商書・湯誓》。
〔註 81〕《尚書正義》卷八《商書・咸有一德》。

〔註 82〕《尚書・周書・泰誓中》亦載：「天乃祐命成湯，降黜夏命。」天助湯命，使其下退桀命。「天惟時求民主，乃大降顯休命於成湯，刑殄有夏，惟天不畀純。」孔穎達疏：「天惟桀惡之故，更求民主以代。天乃大下明美之命於成湯，使之代桀王天下。乃命湯施刑罰絕有夏，惟天不與夏桀，亦已大矣。」〔註 83〕《尙書・商書・仲虺之誥》載：「惟天生民有欲，無主乃亂，惟天生聰明時乂。有夏昏德，民墜塗炭。天乃錫王勇智，表正萬邦，纘禹舊服，茲率厥典，奉若天命。」孔穎達注疏稱，夏桀昏亂，不恤下民，民之危險，若陷泥墜火。天賜予王勇智，應爲民主，儀表天下，法正萬國，繼禹之功，統其故服。天意如此，但當循其典法，奉順天命而已。

《詩經・大雅・生民》載：「時維后稷，誕置之隘巷，牛羊腓字之；誕置之平林，會伐平林；誕置之寒冰，鳥覆翼之。鳥乃去矣，后稷呱矣。」即周的祖先后稷也是神祇之子。武王伐紂，亦謂秉承天命。「天祐下民，作之君，作之師。惟其克相上帝，寵綏四方。」孔穎達疏，上天祐助下民，不欲使之遭害，故命武王爲之君上，使臨政之；爲之師保，使教誨之。爲人君爲人師者，天意如此，不可違天。武王今惟其當能祐助上，天寵安四方之民，使民免於患難。今紂暴虐，無君師之道，故今往而伐之〔註 84〕。「惟受罪浮於桀，天其以予乂民」〔註 85〕，「自絕於天，結怨於民」。「上帝弗順，祝降時喪。」「爾其孜孜，奉予一人，恭行天罰」〔註 86〕。紂之爲惡，如物在繩索之貫，一以貫之，其惡貫已滿矣。物極則反，天下欲畢其命，故上天命武王誅之。今不誅紂，則是逆天之命，無恤民之心，與紂同罪矣〔註 87〕，「今予發惟恭行天之罰」〔註 88〕，「予小子敢祗承上帝，以遏亂略」〔註 89〕。

由上可知，商湯放桀、武王伐紂皆借助天、天命、天道、上帝等神意，其原因在於「力足者取乎人，力不足者取乎神」〔註 90〕。此外，「恪謹天命」

〔註 82〕《尚書正義》卷八《商書・咸有一德》。
〔註 83〕《尚書正義》卷十七《周書・多方》。
〔註 84〕《尚書正義》卷十一《周書・泰誓上》。
〔註 85〕《尚書正義》卷十一《周書・泰誓中》。
〔註 86〕《尚書正義》卷十一《周書・泰誓下》。
〔註 87〕《尚書正義》卷十一《周書・泰誓上》。
〔註 88〕《尚書正義》卷十一《周書・牧誓》。
〔註 89〕《尚書正義》卷十一《周書・武成》。
〔註 90〕柳宗元：《柳河東全集》卷四十四《非國語上神降於莘》，北京：中國書店 1991 年版。

也是改革變革的助力。盤庚遷都在動員民眾時亦打出恪謹天命的旗幟，「先王有服，恪謹天命，茲猶不常寧。今不承於古，罔知天之斷命，矧曰其克從先王之烈？若顛木之有由蘖，天其永我命於茲新邑。」孔穎達疏，今若不承於古，徙以避害，則是無知天將斷絕汝命。天將絕命，尚不能知，況曰其能從先王之基業乎？今盤庚遷都，其意更求昌盛，若顛仆之木，有用生蘖哉。人衰更求盛，猶木死生蘖。盤庚今遷向新都，上天其必長殷之王命於新邑，繼復先王之大業，致行其道，以安四方之人〔註 91〕。「肆上帝將復我高祖之德，亂越我家。」孔穎達疏，盤庚徙以為民立中，但其臣下民眾皆不明其心，乃謂何故震動萬民遷都。盤庚則打著恪謹天命的旗號來鼓動民眾、號召民眾，宣揚遷都之故，是上天將復殷高祖成湯之德，治理於殷〔註 92〕。

第二節　大順之至

《說文解字》解釋「順」為「理也」。段玉裁注曰：「理者，治玉也。玉得其治之方，謂之理。凡物得其治之方，皆謂之理。理之，而後天理見焉，條理形焉，非謂空中有理，非謂性即理也。順者，理也。順之，所以理之，未有不順民情而能理者。」其引申有馴、循之意。孔穎達認為，若能上下和順，物皆備具，是為教之本。聖人設教，惟以順以備，順「其教之本與」〔註 93〕。《禮記・禮運》載：「先王能修禮以達義，體信以達順，故此順之實也。」

一、順古法祖

順古法祖是早期儒家建構倫理政治大廈的基本原則，並且是他們致力於開掘政治道德歷史資源的思想動力。他們崇尚傳統，「崇尚過去的成就和智慧，崇尚蘊涵傳統的制度，並把從過去繼承下來的行為模式視為有效指南」〔註 94〕，注重挖掘歷史上有用的制度、價值、禮法、德訓等等，以證明自己的合理性與合法性，傳統成為最豐厚的合法性理據資源。這一點在《五經正義》中多有表達。

〔註 91〕《尚書正義》卷九《商書・盤庚上》。
〔註 92〕《尚書正義》卷九《商書・盤庚下》。
〔註 93〕《禮記正義》卷四十九《祭統》。
〔註 94〕希爾斯：《論傳統》譯序，傅鏗、呂樂譯，上海：上海人民出版社 1991 年版，第 2 頁。

孔穎達多次提到王者要倣仿先王之法，從先王那兒鑒戒經驗教訓，以輔協自己的政事。「萬物本乎天，人本乎祖，此所以配上帝也。郊之祭也，大報本反始也。」即謂天與先王俱是人君之本，祖配天之義。人本於祖，物本於天，以配本故也。天爲物本，祖爲王本，祭天以祖配，此所以報謝其本〔註95〕。「資富能訓，惟以永年。惟德惟義，時乃大訓。不由古訓，於何其訓？」孔穎達疏，若不用古之訓典，則於何其能順乎？〔註96〕「若昔大猷，制治於未亂，保邦於未危」〔註97〕，即言當順古大道，制治安國，居安思危。

《五經正義》主張，君主執政要信實蹈行古人之賢德古訓，以輔王者政事。「天在山中，大畜。君子以多識前言往行，以畜其德。」孔穎達疏，欲取德積於身中，故云「天在山中」也。君子則此「大畜」，物既「大畜」，德亦「大畜」，故多記識前代之言，往賢之行，使多聞多見，以畜積己德，故云「以畜其德」也〔註98〕。人之蘊畜，由學而大，在多聞前古聖賢之言與行，考跡以觀其用，察言以求其心，識而得之，以畜成其德〔註99〕。「允迪厥德，謨明弼諧。」孔穎達疏，皋陶能順而考案古道而言，其爲帝謀曰：「爲人君者當信實蹈行古人之德，而謀廣其聰明之性，以輔諧己之政事，則善矣」〔註100〕。「王懋乃德，視乃厥祖，無時豫怠。奉先思孝，接下思恭」〔註101〕，即當勉修其德，法視其祖而行之；以念祖德爲孝，以不驕慢爲恭。「欽厥止，率乃祖攸行。」孔穎達疏：「當敬其身所安止，循汝祖之所行。」〔註102〕「先王肇修人紀，從諫弗咈，先民時若。」孔穎達引賈逵注《周語》云「先民，古賢人也」，《魯語》云「古曰在昔，昔曰先民」，然則先民在古昔之前，遠言之也。遠古賢人亦是民內之一人，故以「民」言之。先民之言於是順從，言其動皆法古賢也〔註103〕。《尚書．說命下》載：「人求多聞，時惟建事，學於古訓，乃有獲。事不師古，以克永世，匪說攸聞。」意思就是說，王者求多聞以立事，學於古訓，乃有所得；事不法古訓而以能長世，非說所聞。「今沖子嗣，

〔註95〕《禮記正義》卷二十六《郊特牲》。
〔註96〕《尚書正義》卷十九《周書．畢命》。
〔註97〕《尚書正義》卷十八《周書．周官》。
〔註98〕《周易正義》卷三《大畜卦》。
〔註99〕程頤：《周易程氏傳．大畜》。
〔註100〕《尚書正義》卷四《虞書．皋陶謨》。
〔註101〕《尚書正義》卷八《商書．太甲中》。
〔註102〕《尚書正義》卷八《商書．太甲上》。
〔註103〕《尚書正義》卷八《商書．伊訓》。

則無遺壽者。曰其稽我古人之德，矧曰其有能稽謀自天？」孔穎達疏，今童子爲王嗣位治政，則無遺棄壽考成人，宜用老成人之言，法古人爲治。曰王其考行古人之德，則已善矣，況曰其有能考行所謀以順從天道乎？若能從順天道，則與禹湯同功，言其善不可加也〔註 104〕。

「唐虞稽古，建官惟百。」孔穎達疏，既已說明立官之必要性，那如何立官，應追述前代之法。唐堯虞舜亦考行古道，立官惟數止一百也〔註 105〕。「仰惟前代時若，訓迪厥官」〔註 106〕，言仰惟先代之法是順，訓蹈其所建官而則之。「凡我有官君子……學古入官，議事以制，政乃不迷。其爾典常作之師，無以利口亂厥官。」孔穎達疏，學古之典訓，然後入官治政。論議時事，必以古之制度，如此則政教乃不迷錯矣。人君爲政，當以舊典常故事作師法，無以利口辯佞亂其官，教之以居官爲政之法也〔註 107〕。「欽厥止，率乃祖攸行。」孔穎達疏，敬其身所安止，循汝祖之所行〔註 108〕。「以厥庶民暨厥臣，達大家，以厥臣達王，惟邦君。汝若恒，越曰：『我有師師。』司徒、司馬、司空、尹旅曰：『予罔厲殺人。』」孔穎達疏，君主爲政當以身作則，使上下順常，要常念慮「我有典常之師可師法」，即君之順典常也。這樣才能使臣以之爲榜樣，即司徒、司馬、司空國之三卿，及正官眾大夫亦皆效法君主順典常。如此君臣皆能順常，則爲善矣〔註 109〕。

值得注意的是，《尚書・堯典》中多有「曰若稽古」，即考行古道，強調順古法古，但孔穎達強調順古並非一味盲目地生搬硬套，而是與時俱進，有所考擇，順是不順非，因時而變。孔穎達疏，「順考古道」者，古人之道非無得失，施之當時又有可否，考其事之是非，知其宜於今世，乃順而行之。其行可否，順是不順非也。考「古」者自己之前，無遠近之限，但事有可取，皆考而順之。今古既異時，政必殊古，事雖不得盡行，又不可頓除古法，故《說命》曰「事不師古，以克永世，匪說攸聞」，是謂後世爲治當師古法，雖則聖人，必須順古。若空欲追遠，不知考擇，居今行古，更致禍災〔註 110〕。《左

〔註 104〕《尚書正義》卷十五《周書・召誥》。
〔註 105〕《尚書正義》卷十八《周書・周官》。
〔註 106〕《尚書正義》卷十八《周書・周官》。
〔註 107〕《尚書正義》卷十八《周書・周官》。
〔註 108〕《尚書正義》卷八《商書・太甲上》。
〔註 109〕《尚書正義》卷十四《周書・梓材》。
〔註 110〕《尚書正義》卷二《虞書・堯典》。

傳》也主張先王因時而變制，無固定之法。「《詩》曰：『儀式刑文王之德，日靖四方。』又曰：『儀刑文王，萬邦作孚。』如是，何辟之有？民知爭端矣，將棄禮而徵於書。錐刀之末，將盡爭之。亂獄滋豐，賄賂並行。」孔穎達疏，子產鑄刑書，而叔向責之。趙鞅鑄刑鼎，而仲尼譏之。如此傳文，則刑之輕重，不可使民知也。而李悝做法，蕭何造律，頒於天下，懸示兆民，秦、漢以來，莫之能革。以今觀之，不可一日而無律也，爲當吏不及古，民僞於昔。爲是聖人做法，不能經遠。古今之政，何以異乎？斯有旨矣。古者分地建國，作邑命家，諸侯則弈世相承，大夫亦子孫不絕，皆知國爲我土，眾實我民，自有愛吝之心，不生殘賊之意。故得設法以待刑，臨事而議罪，不須豫以告民，自令常懷怖懼，故仲尼、叔向所以譏其鑄刑書也。秦、漢以來，天下爲一，長吏以時遷代，其民非復己有。懦弱則爲殿負，彊猛則爲稱職。且疆域闊遠，戶口滋多，大郡竟餘千里，上縣數以萬計。豪橫者陵蹈邦邑，桀健者雄張閭里。故漢世酷吏，專任刑誅。或乃肆情好殺，成其不橈之威；違眾用己，以表難測之知。至有積骸滿阱，流血丹野，郅都被「蒼鷹」之號，延年受「屠伯」之名。若復信其殺伐，任其縱舍，必將喜怒變常，愛憎改竟，不得不作法以齊之，宣眾以令之。所犯當條，則斷之以律；疑不能決，則讞之上府。故得萬民以察，天下以治。聖人制法，非不善也，古不可施於今。今人所作，非能聖也，足以周於用，正所謂「觀民設教，遭時制宜」〔註 111〕。昭公二十六年，周景王之庶子子朝爭王位失敗後，指責敬王及其輔臣單旗、劉狄撥亂天下，不承認先王有固定之法，「謂先王何常之有？」間接提到的這種「先王何常之有」思想衝破了對先王的迷信〔註 112〕。吸取古人失敗的教訓，以古爲鑒。「不可不監於有夏，亦不可不監於有殷。……今王嗣受厥命，我亦惟茲二國命，嗣若功。」孔穎達疏，王所以須慎敬所爲不可不敬之德者，以我不可不監視於有夏，亦不可不監視於有殷，皆有歷年，長不與長，由敬與不敬故也，王當法其歷年，戒其不長。今王繼受其命，亦惟當用此二國夏殷長短之命以爲監戒，繼順其功德者而法則之〔註 113〕。《左傳》襄三十一年子產云：「我聞學而後入政，未聞以政學者也。」言將欲入政，先學古之訓典，觀古之成敗，擇善而從之，然後可以入官治政矣。凡欲制斷當今之事，必以

〔註 111〕《春秋左傳正義》卷四十三《昭公六年》。
〔註 112〕參見劉澤華《中國政治思想史集》第一卷，第 60 頁。
〔註 113〕《尚書正義》卷十五《周書・召誥》。

古之義理議論量度其終始，合於古義，然後行之。則其爲之政教，乃不迷錯也〔註 114〕。

二、循道順德

在《五經正義》中，道和德是兩個尤爲突出重要的政治哲學概念，二者相互對應、相輔相成；內涵豐富，層次眾多；既抽象又具體。

道包括宇宙萬物和人類社會的本原、規律、原則，也包括具體的事理，道猶禮也。孔穎達把天地、人倫、禮法、無爲等等均納入道，體道德主體是聖人、先王、君子，即帝王君主，實質是君權至上論的鼓吹者，但他在理論上又宣揚道於君，要求君主必須修道、守道、行道、合道、明道、勤道，總之多次強調順道的重要性。

「志以道寧，言以道接。」孔安國傳曰，在心爲志，發氣爲言，皆以道爲本，故君子勤道。孔穎達疏，玩弄人者，喪其德也；玩弄物者，喪其志也。人物既不可玩，則當以道自處。志當以道而寧身，言當以道而接物，依道而行，則志自得而言自當。「在心爲志」謂心動有所向也；「發氣爲言」言於志所趣也。志是未發，言是已發，相接而成，本末之異耳。志、言並皆用道，但志未發，故「以道寧」，志不依道，則不得寧耳。言是已發，故「以道接」，言不以道，則不可接物。志、言皆以道爲本，故君子須勤道也〔註 115〕。《周書》載：「民訖自若，是多盤。」孔穎達疏，「訖」，盡也；「自」，用；「若」，順；「盤」，樂也。盡用順道則有福，有福則身樂，故云「是多樂」也。古人有言曰「民之行己，盡用順道。是多樂」，即言順善事，則身大樂也〔註 116〕。

孔穎達主張，出言是非，立行得失，衣食之用，動止之宜，無不稟諸上，天乃得諧合。失道則死，合道則生。君失道，民叛之，所以君主居位則治民，治民必須明道，故戒之以「人心惟危，道心惟微」。道者經也，物所從之路也。人心惟萬慮之主，道心爲眾道之本。立君所以安人，人心危則難安。安民必須明道，道心微則難明。將欲明道，必須精心。將欲安民，必須一意，信執其中，然後可得明道以安民〔註 117〕。

最詳細論述順道思想的當屬《禮運》中的「大順」思想：「四體既正，膚

〔註 114〕《尚書正義》卷十八《周書・周官》。
〔註 115〕《尚書正義》卷十三《周書・旅獒》。
〔註 116〕《尚書正義》卷二十《周書・秦誓》。
〔註 117〕《尚書正義》卷四《虞書・大禹謨》。

革充盈，人之肥也。父子篤，兄弟睦，夫婦和，家之肥也。大臣法，小臣廉，官職相序，君臣相正，國之肥也。天子以德爲車，以樂爲御，諸侯以禮相與，大夫以法相序，士以信相考，百姓以睦相守，天下之肥也。是謂大順。大順者，所以養生，送死、事鬼神之常也。故事大積焉而不苑，並行而不繆，細行而不失，深而通，茂而有間，連而不相及也，動而不相害也。此順之至也。故明於順，然後能守危也。」即言人皆明於禮，各得其分，理順其職也。孔穎達疏，論聖人修禮義治人情，以至大順也。設譬以人身之肥，譬家國禮足，聖人爲教，反復相明，正在此矣。順理廣被，無所不在。一切生死鬼神，無不用順爲常也。人皆明禮順政事，無蓄亂滯合，各得其分理，順於其職，所以大小深淺，並合得其宜，此順之至。既明順道，不敢爲非，則能守自危之道，謂以危戒慎而自守保也〔註 118〕。

孔穎達認爲，大德、至德同道，「道者通物之名，德者得理之稱」，「道是通物，德是理物，理物由於開通，是德從道生。故道在德上」〔註 119〕。道是德的依據，德是道的實踐、外顯；道又離不開德，道待德成，「聖人之道高大，苟非至德，其道不成」〔註 120〕。總而言之，「內得於心，出行於道，道德不甚相遠」〔註 121〕，二者相須並行，爲萬事之本。

「民有不若德，不聽罪。天既孚命正厥德。」不順德即無義。孔穎達疏：「人有爲行不順德義，有過不服聽罪，過而不改，乃致天罰，非天欲夭之也。天既信行賞罰之命，正其馭民之德，欲使有義者長，不義者短，王安得不行義事，求長命也？」〔註 122〕

有德之君和無德之君所達到的政治效果是有天壤之別的。《左傳》載：「若有德之君，外內不廢，上下無怨，動無違事，其祝、史薦信，無愧心矣。是以鬼神用饗，國受其福，祝、史與焉。其所以蕃祉老壽者，爲信君使也，其言忠信於鬼神。其適遇淫君，外內頗邪，上下怨疾，動作辟違，從欲厭私，高臺深池，撞鐘舞女。斬刈民力，輸掠其聚，以成其違，不恤後人。暴虐淫從，肆行非度，無所還忌，不思謗讟，不憚鬼神。神怒民痛，無悛於心。其祝、史薦信，是言罪也；其蓋失數美，是矯誣也。進退無辭，則虛以求媚。

〔註 118〕《禮記正義》卷二十二《禮運》。
〔註 119〕《禮記正義》卷二《曲禮上》。
〔註 120〕《禮記正義》卷五十二《中庸》。
〔註 121〕《尚書正義》卷十八《周書・周官》。
〔註 122〕《尚書正義》卷十《商書・高宗肜日》。

是以鬼神不饗其國以禍之，祝、史與焉。所以夭昏孤疾者，爲暴君使也，其言僭嫚於鬼神」〔註 123〕。資財富足，能順道義，則惟可以長年命矣。惟能用德，惟能行義，是乃爲大順德也〔註 124〕。《中庸》載：「德爲聖人，尊爲天子，富有四海之內，宗廟饗之，子孫保之。故大德必得其位，必得其祿，必得其名，必得其壽。故天之生物，必因其材而篤焉。故栽者培之，傾者覆之。《詩》曰：『嘉樂君子，憲憲令德。宜民宜人，受祿于天。保祐命之，自天申之。』故大德者必受命。」所以孔穎達一再告誡君主要愼天位、修道敬德，論證「自正以德」的必要性和重要性。

三、順性而施

政治中的人性，是政治哲學高度關注的問題〔註 125〕。古人討論政治，均由人性出發，而後展開其整個主張〔註 126〕。儒家重視社會教化，其教化思想的重要理論基礎之一就是人性論。在解釋人性異同、善惡根源方面，主流儒學的人性論以孔子的性近習遠、上智下愚之論爲起點和中軸，不斷在理論上有所改進和完善。群儒的人性論差別很大，而推導出的教化論的基本思路卻大體相同，即天道有禮法，聖人立規矩，王者興教化〔註 127〕。孔穎達及《五經正義》就是這方面的典型例證。

孔穎達《禮記正義》序云：「夫禮者，經天緯地，本之則大一之初；原始要終，體之乃人情之欲。夫人上資六氣，下乘四序，賦清濁以醇醨，感陰陽而遷變。故曰：人生而靜，天之性也；感物而動，性之欲也。喜怒哀樂之志，於是乎生；動靜愛惡之心，於是乎在。精粹者雖復凝然不動，浮躁者實亦無所不爲。是以古先聖王鑒其若此，欲保之以正直，納之於德義。猶襄陵之浸，修堤防以制之；覂之馬，設銜策以驅之。故乃上法圓象，下參方載，道之以德，齊之以禮。」〔註 128〕也就是說，禮義之設，均順人性而施。天生烝民，與之五常之性，使有仁義禮智信，是天降善於下民也。天既與善於民，君當

〔註 123〕《春秋左傳正義》卷四十九《昭公二十年》。
〔註 124〕《尚書正義》卷十九《周書・畢命》。
〔註 125〕參見格雷厄姆・沃拉斯《政治中的人性》，朱曾汶譯，杭州：浙江人民出版社 1988 年版。
〔註 126〕參見薩孟武《儒家政論衍義——先秦儒家政治思想的體系及其演變》，第一、二、三章的第一節。
〔註 127〕參見張鴻《孔穎達論人性、王制與君道》，《史學月刊》2011 年第 10 期。
〔註 128〕《禮記正義》序。

順之，故下傳云，順人有常之性，則是爲君之道〔註129〕。

「何謂人情？喜、怒、哀、懼、愛、惡、欲，七者弗學而能。」孔穎達疏，昭二十五年《左傳》云「天有六氣，在人爲六情，謂喜怒哀樂好惡」。此之喜怒及哀惡與彼同也。此云「欲」則彼云「樂」也，此云「愛」則彼「好」也，謂六情之外，增一「懼」而爲七。「懼則怒中之小別，以見怒而怖懼耳。」六氣，謂陰陽風雨晦明也，「喜生於風，怒生於雨，哀生於晦，樂生於明，好生於陽，惡生於陰」〔註130〕。《左傳》昭公二十五年載：「民有好惡、喜怒、哀樂，生於六氣，是故審則宜類，以制六志。哀有哭泣，樂有歌舞，喜有施捨，怒有戰鬥，喜生於好，怒生於惡。是故審行信令，行禍賞罰，以制死生。生，好物也；死，惡物也。好物，樂也；惡物，哀也。哀樂不失，乃能協於天地之性，是以長久。」孔穎達疏，民有六志，其志無限。是故人君爲政，審法時之所宜，事之所類，以至民之六志，使之不過節也〔註131〕。

孔穎達認爲，人初生，未有情慾，是其靜稟於自然，是天性。其心本雖靜，感於外物，而心遂動，是性之所貪欲。自然謂之性，貪欲謂之情，這是情、性之間的區別，即「凡音之起，由人心生也。人心之動，物使之然也」。《樂記》載：「物至知知，然後好惡形焉。好惡無節於內，知誘於外，不能反躬，天理滅矣。夫物之感人無窮，而人之好惡無節，則是物至而人化物也。人化物也者，滅天理而窮人慾者也。於是有悖逆詐僞之心，有淫泆作亂之事。是故強者脅弱，眾者暴寡，知者詐愚，勇者苦怯，疾病不養，老幼孤獨不得其所，此大亂之道也。是故先王之制禮樂，人爲之節。……禮節民心，樂和民聲，政以行之，刑以防之。禮、樂、刑、政，四達而不悖，則王道備矣。」孔穎達疏，禮有尊卑上下，故裁節民心，謂無不敬也。樂有宮、商、角、徵、羽及律呂，所以調和民聲。政謂禁令，用禁令以行禮樂也。若不行禮樂，則以刑罰防止。若此四事通達流行而不悖逆，則王道備具矣〔註132〕。

《禮運》載：「故禮之不同也，不豐也，不殺也，所以持情而合危也。故聖王所以順，山者不使居川，不使渚者居中原，而弗敝也。用水、火、金、木、飲食必時。合男女，頒爵位，必當年德。用民必順，故無水旱昆蟲之災，民無

〔註129〕《尚書正義》卷八《商書．湯誥》。
〔註130〕《禮記正義》卷二十二《禮運》。
〔註131〕《春秋左傳正義》卷五十一《昭公二十五年》。
〔註132〕《禮記正義》卷三十七《樂記》。

凶饑妖孽之疾。故天不愛其道，地不愛其寶，人不愛其情。故天降膏露，地出醴泉，山出器車，河出馬圖，鳳皇麒麟皆在郊棷，龜龍在宮沼，其餘鳥獸之卵胎，皆可俯而闚也。則是無故，先王能修禮以達義，體信以達順，故此順之實也。」孔穎達疏，行順以致大平之事。天子至士，貴賤宜順，故禮不得同也。天下皆肥，皆因至順，此更廣說順之政措。本居山者，所利便於禽獸，本居川者，所利在舟楫，小洲曰渚，渚利魚鹽。廣平曰原，原利五穀。故聖人隨而安之，不奪宿習，不使居山之人居川也，不使渚者居中原〔註 133〕。再如，人性有九德，君主選官任賢要具體鑒別，做到恰得其長，避其所短，擇而官之。「寬而栗，柔而立，願而恭，亂而敬，擾而毅，直而溫，簡而廉，剛而塞，強而義。彰厥有常，吉哉！」孔穎達疏，人性有寬弘而能莊栗也，和柔而能立事也，慤願而能恭恪也，治理而能謹敬也，和順而能果毅也，正直而能溫和也，簡大而有廉隅也，剛斷而能實塞也，強勁而合道義也。人性不同，有此九德。人君明其九德所有之常，以此擇人而官之，則爲政之善哉！〔註 134〕

治權主體不僅要順人性而設王制，施君道，對自然萬物亦皆循性而治。「山川鬼神，亦莫不寧，暨鳥獸魚鱉咸若。」孔穎達疏，山川之鬼神能安人君之政。政善則神安之，神安之則降福人君，無妖孽也。人君順禽魚，君政善而順彼性，取之有時，不夭殺也。鳥獸在陸，魚鱉在水，水陸所生微細之物，人君爲政皆順之，明其餘無不順也〔註 135〕。

此外，《五經正義》非常強調順時、順民。順民在治民之道章節已詳備，不再贅言。

第三節　禮治天時

「時」這個概念，在中國古代歷史觀念是很重要的，是探討人們在歷史活動中所經歷的機遇和形勢，即客觀歷史環境所提供的條件。《易經・賁卦》說：「觀乎天文，以察時變；觀乎人文，以化成天下。」這表明「時」與「天文」有關。這裡說的「時」，當是四季時序之意。《易經・恒卦》稱：「四時變化，而能久成」，意謂「四時」之「時」的變動性、恒久性及其對於天地萬物

〔註 133〕《禮記正義》卷二十二《禮運》。
〔註 134〕《尚書正義》卷四《虞書・皋陶謨》。
〔註 135〕《尚書正義》卷八《商書・伊訓》。

的意義。《易經・革卦》又說：「天地革而四時成，湯武革命，順乎天而應乎人，革之時大矣哉！」這是把「時」與人事聯繫起來，指出「時」對於後者的重要性。《易經・豐卦》又說：「天地盈虛，與時消息，而況於人乎？況於鬼神乎？」這是進一步說明「時」對於人事的重要性〔註 136〕。

從字源來言，「時」字的本義爲「四時」，即春夏秋冬四季。《說文解字》釋：「時，『四時也』」。《左傳・昭公七年》載：「歲時日月星辰。」洪亮吉引服虔曰：「時，四時也。」孔穎達疏：「時，謂四時也。」《周易・大有卦・象傳》載：「應乎天而時行。」顧炎武云：「古無所謂時，凡言時，若《堯典》之四時，《左氏傳》之三時，皆謂春夏秋冬也。」〔註 137〕《尚書》中有「終始惟一，時乃日新」的觀念，《詩經》中有「匪上帝不時，殷不用舊」的觀念，《易經》中有「時中」、「時行」、「時義」、「時用」的觀念。尤其，《易經》提出了「與時消息」、「與時偕行」的觀念。

一、承時 因時 順時

「禮，時爲大，順次之，體次之，宜次之，稱次之。堯授舜，舜授禹，湯放桀，武王伐紂，時也。《詩》云：『匪革其猶，聿追來孝。』」孔穎達疏，諸事皆由禮洽天時。「禮，時爲大」者，揖讓干戈之時，於禮中最大。堯、舜所以相授者，堯、舜知子不賢，自能遜退而授人，此時使之然也。桀、紂凶虐，不能傳立與人，湯、武救民之災，不可不伐，亦時使之然也。革，急也。猶，道也。聿，述也。如文王改作豐邑，非是急行己之道，能述追先祖之業，來行孝道於此豐邑，時使之然，不得不這樣〔註 138〕。「是故昔先王之制禮也，因其財物而致其義焉爾，故作大事必順天時。」孔穎達疏，財物猶云才性也，禮既爲一切萬物之至極，故聖人制禮，因萬物之才性而致其義。但財物大莫過於天，故順天時而行也〔註 139〕。

古有承時、順時的觀念。《尚書正義》中有「百揆時敘」、「惟時敘」、『舊時敘」等。王引之《經義述聞》「百揆時敘、惟時敘、曰時敘、明時朕言」條

〔註 136〕瞿林東：《天人古今與時勢理道——中國古代歷史觀念的幾個重要問題》，《史學史研究》2007 年第 2 期。

〔註 137〕《日知錄集釋》卷二十「古無一日分爲十二時」條，上海：上海古籍出版社 1985 年版。

〔註 138〕《禮記正義》卷二十三《禮器》。

〔註 139〕《禮記正義》卷二十四《禮器》。

謂「時敘者，承敘也；承敘者，承順也」，認爲「時」不同音通假作「是」，而謂「時與承同義」、「敘與順同義」。「因者無敵」〔註140〕，天有其時謂寒來暑往，人要因天時地財之所宜而善用之。

《周易正義》的核心關切是「時」和「變」之道，主於通變，而通變的關鍵惟在審時、順時，稱之爲「時義」。孔穎達區分《周易》所對應的「時運」大體不出四種，「一者治時，頤養之世是也；二者亂時，大過之世是也；三者離散之時，解緩之世是也；四者改易之時，變革之世是也」〔註141〕。

「雲行雨施，品物流形，大明終始，六位時成，時乘六龍，以御天。」孔穎達疏，以乾之爲德，大明曉乎萬物終始之道，始則潛伏，終則飛躍，可潛則潛，可飛則飛，是明達乎始終之道，故六爻之位，依時而成。若其不明終始之道，應潛而飛，應飛而潛，應生而殺，應殺而生，六位不以時而成也。乾之爲德，以依時乘駕六爻之陽氣，以控御於天體〔註142〕。凡損益之道，「與時偕行」，孔穎達疏曰，雖施益無方，不可恒用，當應時行之〔註143〕。施止有時，凡物之動息，自各有時運。用止之法，不可爲常，必須應時行止，然後其道乃得光明〔註144〕。應時行之，非時不可也。人之爲德，須備剛柔，就剛柔之中，剛爲德長。既爲德長，不可恒減，故損之「有時」。虛此以盈彼，但有時宜用，故應時而行〔註145〕。「過以利貞，與時行也。」孔穎達疏曰，由爲過行而得利貞。然矯枉過正，應時所宜，不可常也，故曰「與時行」也〔註146〕。「東鄰殺牛，不如西鄰之時也。」孔穎達疏，神明饗德，能修德致敬，合於祭祀之時雖薄降福，故曰時也。《詩》云：「威儀孔時」，即謂周王廟中，群臣助祭，並皆威儀肅敬，甚得其時。此合時之義，亦當如彼也〔註147〕。

孔穎達認爲，四時更代，寒暑相變，所以能久主成萬物。聖人應變隨時，得其長久之道，所以能「光宅天下」，使萬物從化而成也〔註148〕。「夫大人者，與天地合其德，與日月合其明，與四時合其序，與鬼神合其吉凶。先天而天

〔註140〕《呂氏春秋》卷十五《貴因》。
〔註141〕《周易正義》卷二《豫卦》
〔註142〕《周易正義》卷一《乾卦》。
〔註143〕《周易正義》卷四《益卦》。
〔註144〕《周易正義》卷五《艮卦》。
〔註145〕《周易正義》卷四《損卦》。
〔註146〕《周易正義》卷六《小過卦》。
〔註147〕《周易正義》卷六《既濟卦》。
〔註148〕《周易正義》卷四《恒卦》。

弗違，後天而奉天時。」孔穎達疏，「與四時合其序」者，若賞以春夏，刑以秋冬之類也；「先天而天弗違」者，若在天時之先行事，天乃在後不違，是天合大人也；「後天而奉天時」者，若在天時之後行事，能奉順上天，是大人合天也〔註149〕。人君最所重者，在於民之食。惟當敬授民之天時，無失其農要。立君所以牧民，民生在於粒食，是君之所重。《論語》云「所重民食」，謂年穀也。種殖收斂，及時乃獲，故「惟當敬授民時」〔註150〕。統治者應順其草木鳥獸之宜，「施其政教，取之有時，用之有節」也〔註151〕。天地以氣序爲節，使寒暑往來，各以其序，則四時功成之也。王者以制度爲節，使用之有道，役之有時，則不傷財，不害民也〔註152〕。「敕天之命，惟時惟幾。」孔安國傳：「奉正天命以臨民，惟在順時，惟在愼微。」孔穎達疏：「言人君奉正天命，以臨下民，惟在順時，不妨農務也，惟在愼微，不忽細事也。」〔註153〕「古我前后，罔不惟民之承。保后胥慼，鮮以不浮於天時。」孔安國傳曰：「言我先世賢君……少以不行於天時者，言皆行天時。」孔穎達疏，以君承安民而憂之，故民亦安君之政，相與憂行君令，使君令必行。舟舡浮水而行，故以浮爲行也。行天時也，順時布政，若《月令》之爲也〔註154〕。《尚書・洪範》載：「庶徵：曰雨，曰陽，曰燠，曰寒，曰風，曰時。五者來備，各以其敘，庶草蕃廡。曰休徵。曰肅，時寒若。曰乂，時暘若。曰晢，時燠若。曰謀，時寒若。曰聖，時風若。」孔安國傳曰：「君行敬，則時雨順之。君行政治，則時暘順之。君能照晢，則時燠順之。君能謀，則時寒順之。君能通理，則時風順之。」孔穎達疏，「曰時」言五者各以時來，所以爲眾事之驗也。順時者，五者於是來皆備足，須風則風來，須雨則雨來，其來各以次序，則眾草木蕃滋而豐茂矣。既言五者自然之次序，復述次序之政事，曰美行致以時之驗，何者是也？曰人君行敬，則雨以時而順之；曰人君政治，則暘以時而順之；曰人君照晢，則燠以時而順之；曰人君謀當，則寒以時而順之；曰人通聖，則風以時而順之〔註155〕。

〔註149〕《周易正義》卷一《乾卦》。
〔註150〕《尚書正義》卷三《虞書・舜典》。
〔註151〕《尚書正義》卷三《虞書・舜典》。
〔註152〕《周易正義》卷六《節卦》。
〔註153〕《尚書正義》卷五《虞書・益稷》。
〔註154〕《尚書正義》卷九《商書・盤庚中》。
〔註155〕《尚書正義》卷十二《周書・洪範》。

二、相時 量時 待時

時的重要性不僅表現在要順時應時爲政，還要相機而爲，待機行事。所謂「小不忍，則亂大謀」，爲政之道必須觀察到時勢的情況。「慮善以動，動惟厥時」，即非善非時不可動〔註156〕。「剛柔者，立本者也。變通者，趣時者也。」孔穎達疏，剛柔之氣，所以改變會通，趣向於時也。若乾之初九，趣向勿用之時，乾之上九，趣向亢極之時。是諸爻之變，皆臻趣於時也。卦既總主一時，爻則就一時之中，各趣其所宜之時〔註157〕。也就是說，時勢有利於我，就應抓住機會，施行自己的策略；時勢不利於我，就必須忍耐、量時、等待時機的來臨。

「『含章可貞』，以時發也。」孔穎達疏曰，以身居陰極，不敢爲物之首，但內含章美之道，待時而發，是「以時發也」〔註158〕。「坤」道柔順，承奉於天，以量時而行，即不敢爲物之先，恒相時而動〔註159〕。《周易・遯卦・彖》曰：「剛當位而應，與時行也。……遯之時義大矣哉！」孔穎達疏曰，遯卦九五以剛而當其位，有應於二，非爲否亢。遯不否亢，即是相時而動，所以遯而得亨。歎美遯德。相時度宜，避世而遯，自非大人照幾不能如此，其義甚大。《周易・繫辭下傳》載：「《易》曰：『公用射隼於高墉之上，獲之，无不利。』子曰：『隼者，禽也。弓矢者，器也。射之者，人也。君子藏器於身，待時而動，何不利之有。動而不括，是以出而有獲。語成器而動者也。』」孔穎達疏，藏器於身，待時而動，而有利也。公用射此六三之隼於下體高墉之上，云自上攻下，合於順道，故獲之无不利也。「君子藏器於身，待時而動，何不利」者，猶若射人持弓矢於身，此君子若包藏其器於身，待時而動，何不利之有？「動而不括」者，言射隼之人，既持弓矢，待隼可射之動而射之，則不括結而有礙也。猶若君子藏善道於身，待可動之時而興動，亦不滯礙而括結也。

天地無時不變。「易是變易，陰陽無一日不變，無一時不變」〔註160〕。《周易》革卦澤中有火，「君子以治曆明時」。王弼曰：「曆數時會，存乎變也。」孔穎達疏曰，火在澤中，二性相違，必相改變，故爲革象也。天時變改，故

〔註156〕《尚書正義》卷十《商書・說命中》。
〔註157〕《周易正義》卷八《繫辭下》。
〔註158〕《周易正義》卷一《坤卦》。
〔註159〕《周易正義》卷一《坤卦》。
〔註160〕朱熹：《朱子語類》卷七十四《易十》，北京：中華書局1994年版。

須曆數，所以君子觀茲革象，修治曆數，以明天時也〔註161〕。「日中則昃，月盈則食，天地盈虛，與時消息，而於於人乎？況於鬼神乎？」孔穎達疏：王者以豐大之德，照臨天下，同於日中。然盛必有衰，自然常理。日中至盛，過中則昃；月滿則盈，過盈則食。天之寒暑往來，地之陵谷遷貿，盈則與時而息，虛則與時而消。天地日月，尙不能久，況於人與鬼神，而能長保其盈盛乎？勉令及時修德，仍戒居存慮亡也〔註162〕。時勢、時義相須而伴，勢中包含義的必法則，義又體現出「勢」的必然趨向，「時義」以「時勢」爲主導，「夫時有否泰，故用有行藏」。

三、時政 時和 時事

《爾雅・釋天》云：「春爲發生，夏爲長贏，秋爲收成，冬爲安寧。」《史記・太史公自序》載：「夫春生夏長，秋收冬藏，此天道之大經也，弗順則無以爲天下綱紀。」生、長、收、藏的節律體現在政事層面，稱爲時政。「時政」、「時和」意爲合時、順時的政令。

時政、時事在《月令》中多有疏解。孔穎達引鄭玄《目錄》疏曰：「月令者，以其紀十二月政之所行也。」其目的就在於，勸誡王者要因天時，制人事，發號施令，祀神受職，每月根據天時實施不同的治民政策，也就是說，王者要順陰陽，奉四時，效氣物，行王政。

「孟春之月，日在營室，昏參中，旦尾中。」鄭玄注：「凡記昏明中星者，爲人君南面而聽天下，視時候以授民事。」孔穎達疏，按《書緯考靈耀》云：「主春者鳥星，昏中可以種稷。主夏者心星，昏中可以種黍。主秋者虛星，昏中可以種麥。主冬者昴星，昏中則入山可以斬伐、具器械。」王者南面而坐，視四星之中者，而知民之緩急，急則不賦力役，故敬授民時，是觀時候授民事也。

「其帝大皞，其神句芒。其蟲鱗。其音角。律中大蔟。其數八。其味酸，其臭膻。其祀戶，祭先脾。東風解凍，蟄蟲始振，魚上冰，獺祭魚，鴻雁來。」孔穎達疏，明聖人奉天時，及萬物節候也。故蔡邕云「法象莫大乎天地，變通莫大乎四時，縣象著明莫大乎日月」。故先建春以奉天，奉天然後立帝，立帝然後言佐，言佐然後列昆蟲之列，物有形可見，然後音聲可聞，故陳音。

〔註161〕《周易正義》卷五《革卦》。
〔註162〕《周易正義》卷六《豐卦》。

有音，然後清濁可聽，故言鍾律。音聲可以彰，故陳醆膻之屬也。群品以著五行，爲用於人，然後宗而祀之，故陳五祀。此以上者，聖人記事之次也。「東風」以下者，效初氣之序也。二者既立，然後人君承天時行庶政，故言帝者居處之宜，衣服之制，布政之節，所明欽若昊天，然後奉天時也。

孟春之月，天氣下降，地氣上騰，天地和同，草木萌動。「王命布農事，命田舍東郊，皆修封疆，審端經術。善相丘陵、阪險、原隰、土地所宜，五穀所殖，以教道民，必躬親之。田事既飭，先定準直，農乃不惑。」孔穎達疏曰，少陽之月，務其始生，故既耕之後，當勸農事。「是月也，命樂正人學習舞。乃修祭典。命祀山林川澤，犧牲毋用牝。禁止伐木。毋覆巢，毋殺孩蟲、胎、夭、飛鳥，毋麛毋卵。毋聚大眾，毋置城郭。掩骼埋胔。是月也，不可以稱兵，稱兵必天殃。兵戎不起，不可從我始。毋變天之道。毋絕地之理。毋亂人之紀。」孔穎達疏，天有陰陽之道路，恐人改變，故云「無變天之道」。地有剛柔之理，恐人斷絕，故云「毋絕地之理」。人有禮義綱紀，恐其迷亂，故云「毋亂人之紀」。按《易・說卦》云：「立天之道，曰陰與陽。」故鄭玄此注「以陰政亂陽」。《說卦》云：「立地之道，曰柔與剛。」故注地理云「易剛柔之宜」。《說卦》云：「立人之道，曰仁與義。」春爲仁，故注「仁之時而舉義事」。

「孟春行夏令，則雨水不時，草木蚤落，國時有恐。行秋令，則其民大疫，猋風暴雨總至，藜莠蓬蒿並興。行冬令，則水潦爲敗，雪霜大摯，首種不入。」孔穎達疏，當月施令之事，若施之順時，則氣序調釋；若施令失所，則災害滋興。若施之不失，則三才相應，以人與天地共相感動故也。施令有失，三才俱應者，則此孟春行夏令，雨水不時，天也；草木早落，地也；國時有恐，人也。

孔穎達疏，仲春之月，人主施政應助陽鼓動其物，安萌牙，養幼少，存諸孤，助其生氣；省囹圄，去桎梏，母肆掠，止其獄刑；無爲大事以致妨農；毋竭川澤，毋漉陂池，毋焚山林，順陽養物；以春陽既動，萬物出地，故王者習舞，以應之。如若施之逆時，則其國有地災，或大水，或麥不熟，或蟲螟爲害；或寒氣總至，或陽氣不勝，或大旱，暖氣早來，則天災也；或寇戎來征，或民多相掠，行令失所，人災之應。

季春之月，生氣方盛，陽氣發洩，以物遂散之時，當順天散物，不可積聚納之在內也。王者勉勸此諸侯，令聘問有名之士，禮接德行之賢。是月「時雨將降，下水上騰，循行國邑，周視原野，修利隄防，道達溝瀆，開通道路，毋有障塞」。施政違時，則招致各種天災、地災、人災。孟夏之月，草木蕃廡，王者施化，當繼續長養之道，謂勸民長養，勞農勸民，毋或失時。順時生養，不違逆時氣。熱毒方盛，可以聚蓄百藥。靡草死，麥秋至，斷決小罪，因斷之時，崇尚寬恕。施化違時，亦招致不用的災害。

仲夏之月，先命有司爲祈祀山川百源，爲將雩之漸，重民之義也。關市無索者，關市停物之所，商旅或隱蔽其物以避徵稅。是月從長之時，故不搜索其物。是月也，「日長至，陰陽爭，死生分。君子齊戒，處必掩身，毋躁。止聲色，毋或進。薄滋味，毋致和。節耆欲，定心氣。百官靜事毋刑，以定晏陰之所成。」孔穎達疏曰，皆是清靜止息之事，以正定身中安陰之所成就，謂初感安陰，若不清靜，則微陰與人爲病，故須定之。爲政施令不時，則天災、地災、人災亦不免。

季夏之月，以共皇天上帝，名山大川，四方之神。以祠宗廟社稷之靈，以爲民祈福。孔穎達疏，雖是尋常事神，因事神之時，爲民祈福。若不爲祈福，浪使民艾芻，是在上虛取民力。今還祈福與民，民皆蒙福，是不虛取民力役使之也。「是月也，樹木方盛，乃命虞人入山行木，毋有斬伐。爲其未堅刃也。不可以興土功，不可以合諸侯，不可以起兵動眾。毋舉大事，以搖養氣。毋發令而待，以妨神農之事也。水潦盛昌，神農將持功，舉大事則有天殃。」孔穎達疏曰，神農方持功，若人君有舉大事，於養氣者，非唯神農罪之，則天亦殃罰之也。犯土而天罰之者，地受天澤，得以含養。今若干地，則是干天也。施令違時，則致災害。

孟秋之月，以立秋。「立秋之日，天子親帥三公、九卿、諸侯、大夫以迎秋於西郊，還反，賞軍帥、武人於朝。天子乃命將帥選士厲兵，簡練桀俊，專任有功，以征不義。詰誅暴慢，以明好惡，順彼遠方。是月也，命有司修法制，繕囹圄，具桎梏，禁止奸，慎罪邪，務搏執。命理瞻傷，察創視折。審斷、決獄，訟必端平。戮有罪，嚴斷刑。天地始肅，不可以贏。是月也，農乃登穀。天子嘗新，先薦寢廟。命百官始收斂。完隄坊，謹壅塞，以備水潦。修宮室，壞牆垣，補城郭。是月也，毋以封諸侯，立大官。毋以割地，行大使，出大幣。」亦以天地人三災鑒戒人君施政要順時。

仲秋之月，養衰老，授几杖，行糜粥飲食。乃命司服，具飭衣裳，文繡有恆，制有小大，度有長短。衣服有量，必循其故。冠帶有常。乃命有司申嚴百刑，斬殺必當。毋或枉橈，枉橈不當，反受其殃。」孔穎達疏曰，斷決罪人之時，必須當值所犯之罪。枉謂違法曲斷，橈謂有理不申，應重乃輕，應輕更重，是其不當也。枉橈不當，必受其殃。「是月也，可以築城郭，建都邑，穿竇窖，修囷倉。乃命有司趣民收斂，務畜菜，多積聚。乃勸種麥，毋或失時，其有失時，行罪無疑。是月也，日夜分，雷始收聲，蟄蟲壞戶，殺氣浸盛，陽氣日衰，水始涸。日夜分，則同度量，平權衡，正鈞石，角鬥甬。是月也，易關市，來商旅，納貨賄，以便民事。四方來集，遠鄉皆至，則財不匱，上無乏用，百事乃遂。凡舉大事，毋逆大數，必順其時，愼因其類。」孔穎達疏，論築造城邑，收斂積聚，勸課種麥，爲農爲民。晝夜既等，齊平度量。秋物新成，使民財豐備，無逆於天，有順於時。仲秋之時，戒敕於民曰，此時殺害氣將欲至，民當入室，無在田野，罹被其災。以黍稷百穀，不云勸種，於麥獨勸之，是尤重故也。農既收刈，當運輦，故法地治道，水上爲梁，便利民之轉運，故云以利農也。關市之處，輕其賦稅，不爲節礙，是易關市也。關市既易，則商旅自來，是來商旅也。商旅既來，則貨賄自入，是納貨賄也。以此之故，便利民人之事，四方總來聚集，遠鄉於是皆至。貨賄既多，則庫財不匱，所須皆供，故國無乏用，上下豐足，故百事乃成。百事皆成，於此之時，興舉其事，無逆天之大數，必須順其陰陽之時，謹愼因其事類，不可煩亂妄爲。亦鑒戒人主政令勿逆時而施，否則，天地人三災將至。

季秋之月，人君申嚴號令，命百官貴賤無不務內，以會天地之藏，無有宣出。霜始降，則百工休。寒氣總至，民力不堪，其皆入室。合諸侯制，百縣爲來歲受朔日，與諸侯所稅於民，輕重之法，貢職之數，以遠近土地所宜爲度，以給郊廟之事，無有所私。是月也，草木黃落，乃伐薪爲炭。蟄蟲咸俯在內，皆墐其戶。乃趣獄刑，毋留有罪。孔穎達疏曰，於此月之時，敕命百官貴之與賤無不務內。內謂收斂其物，言貴之與賤，無有一人不勤務收斂內物。「以會天地之藏」者，會猶趣也，言心皆趣鄉天地所藏之事，謂心順天地以深閉藏也。「無有宣出」者，以物皆收斂，時又閉藏，無得有宣露出散其物，以逆時氣。天子有朔日政令，諸侯所稅民輕重之法，貢職之數，皆天子制之。春夏陽氣寬施，許人主從時，雖祿秩不當，亦所權許。今秋陰氣急斂，禁罰必當，是春夏所權置者，今悉收停之也。最後亦告誡君主施令不當所致之災害。

孟冬之月，立冬之日，天氣上騰，地氣下降，天地不通，閉塞而成冬。天子所宜行之事：賞死事，恤孤寡。命司徒循行積聚，無有不斂。杯城郭，戒門閭，修鍵閉，慎管籥，固封疆，備邊竟，完要塞，謹關梁，塞徯徑。飭喪紀，辨衣裳，審棺槨之薄厚，塋丘壟之大小、高卑厚薄之度、貴賤之等級。仲冬之月，命奄尹申宮令，審門閭，謹房室，必重閉。省婦事，毋得淫。雖有貴戚近習，毋有不禁。日短至，陰陽爭，諸生蕩。君子齊戒，處必掩身，身欲寧，去聲色，禁耆欲，安形性，事欲靜，以待陰陽之所定。可以罷官之無事，去器之無用者。塗闕廷門閭，築囹圄，此以助天地之閉藏也。季冬之月，冰以入，令告民，出五種。命農計耦耕事，修耒耜，具田器。歲且更始，專而農民，毋有所使。天子乃與公、卿、大夫共飭國典，論時令，以待來歲之宜。孔穎達疏曰冰以藏入之後，大寒以過，暖氣方來，故令此典農之官，出五種之物，以擬種之。在上專一女農之事，無得興起造作，有所使役也。

循月令行政事，是古代時政思想的重要體現。政令合於時令稱爲「合時」、「順時」。合於時令的法則、舉措稱爲「時則」、「時措」。敬授人時，此帝王之急，民事之爲重可知矣。「棄時政也，何以爲民。」〔註163〕「乃命羲和，欽若昊天，曆象日月星辰，敬授人時。」孔安國注：「重黎之後羲氏、和氏世掌天地四時之官，故堯命之，使敬順昊天。昊天言元氣廣大。星，四方中星。辰，日月所會。曆象其分節。敬記天時以授人也。」孔穎達疏曰堯乃命有俊明之人羲氏、和氏敬順昊天之命，曆此法象。其日之甲乙，月之大小，昏明遞中之星，日月所會之辰，定其所行之數，以爲一歲之曆。乃依此曆，敬授下人以天時之早晚〔註164〕。《管子・四時》載：「惟聖人知四時，不知四時，乃失國之基。」

四、不時 失時 反時

「聖人不能爲時，亦不失時。時非聖人所能爲也，能不失時而已」〔註165〕。在農業生產上適時播種，稱爲得時，否則就是先時、後時。《呂氏春秋・審時》專論得時之禾、得時之黍、得時之稻、得時之麻、得時之菽、得時之麥，而以先時、後時者爲病：「是故得時之稼興，失時之稼約。……得時者多米……

〔註163〕《春秋左傳正義》卷十九《文公六年》。
〔註164〕《尚書正義》卷二《虞書・堯典》。
〔註165〕蘇軾：《東坡志林》卷五「秦廢封建」條，北京：中華書局1981年版。

其臭香，其味甘，其氣章，百日食之，耳目聰明，心意叡智，四衛變強，兇氣不入，身無苛殃。」孔穎達亦多次強調爲政者不失時、不違時的重要性，以失時、不時之政造成的災害警示爲政者、鑒戒統治者。

「天反時爲災，地反物爲妖，民反德爲亂。亂則妖災生。」孔穎達在此作了詳盡的解疏，據其害物謂之災，言其怪異謂之妖。時由天，物在地，故屬災於天，屬妖於地。其實民有亂德，感動天地，天地爲之見變，妖災因民而生，天地共爲之耳，非獨天爲災而地爲妖。感動天地，皆是人君感之，非庶民也。昭七年傳曰「國無政，不用善，則自取謫於日月之災」，即言以政取謫，是其由君不由民。傳言天災，地妖，民亂，曆序以尊卑爲次。《釋例》曰：「物者，雜而言之，則昆蟲草木之類也。大而言之，則歲時日月星辰之謂也。歲者，水旱飢饉也。時者，寒暑風雨雷電雪霜也。日月者，薄食夜明也。星辰者，彗孛霣錯失其次也。山崩地震者，陽伏而不能出，陰迫而不能升也。凡天反其時，地反其物，以害其物性，皆爲妖災。」是言妖災皆通天地共爲之也〔註166〕。

《尚書》各篇中，可看到許多關於時令的文告。「爾尚弼予一人，永清四海。時哉！弗可失。」孔安國云：「言今我伐封，正是天人合同之時，不可違曆失。」〔註167〕後於時令，稱爲「時後」，亦屬失時。職掌制曆而不能精準，稱爲「廢時」。「羲和湎淫，廢時亂日」，孔安國傳曰：「沉湎於酒，廢天時，亂甲乙也」。孔穎達疏曰，羲氏、和氏，世掌天地四時之官，今乃沉湎於酒，過差非度，廢天時，亂甲乙，不以所掌爲意，胤國之侯受王命往征之。史敘其事，作《胤征》〔註168〕。帝舜稱頌帝堯：「食哉，惟時！」孔安國云：「所重在於民食，唯當敬授民時。」孔穎達疏：「人君最所重者，在於民之食哉！惟當敬授民之天時，無失其農要。」〔註169〕王政以食爲首，重農先在授時也，農、事以時爲先，舜言足食之道唯在於不違農時，當使之各得其時也。「百僚師師，百工惟時。」百僚、百工，即百官。孔穎達疏：「百官皆撫順五行之時，則眾功皆成。」〔註170〕

〔註166〕《春秋左傳正義》卷二十四《宣公十五年》。
〔註167〕《尚書正義》卷十一《周書・泰誓上》。
〔註168〕《尚書正義》卷七《夏書・胤征》。
〔註169〕《尚書正義》卷二《虞書・堯典》。
〔註170〕《尚書正義》卷四《虞書・皋陶謨》。

《禮記正義‧月令》篇記載了人主依十二個月令施政之得與失，順時、應時者得福，不時、違時、逆時、失時則失，招致天地人各種不同的災害。相關內容，詳見前文。

第四節　大中之道

《說文解字》釋：「中，正也。」段玉裁注曰：「中者，別於外之辭也，別於偏之辭也。亦合宜之辭也。」在經典釋義中，「中」一般有中正、中和、中庸、時中等幾種涵義。總而言之，「中」指一種不偏不倚、無過不及，恰如其分、恰到好處。中不僅用於個人修身養性，在國家政治的運行和政治秩序的維護上更被廣泛運用。所以爲統治者所重視，「中者，天下之美達理也，聖人之所保守也」〔註 171〕。《五經正義》中亦屢次申明中正之道，力勉王者敬修中正之德，謹行大中之道。

大人有中正之德，能以正道通而化之〔註 172〕。孔穎達疏，君子依行中庸之德，若值時無道隱遯於世，雖有才德，不爲時人所知，而無悔恨之心，如此者非凡人所能，唯聖者能然。若不能依行中庸者，雖隱遯於世，不爲人所知，則有悔恨之心也〔註 173〕。「德爲聖人，尊爲天子，富有四海之內，宗廟饗之，子孫保之。故大德必得其位，必得其祿，必得其名，必得其壽。故天之生物，必因其材而篤焉。故栽者培之，傾者覆之。《詩》曰：『嘉樂君子，憲憲令德。宜民宜人，受祿于天。保祐命之，自天申之。』故大德者必受命。」孔穎達疏，明中庸之德，故能富有天下，受天之命也〔註 174〕。「喜怒哀樂之未發謂之中，發而皆中節謂之和。中也者，天下之大本也。和也者，天下之達道也。致中和，天地位焉，萬物育焉。」孔穎達疏，喜怒哀樂緣事而生，未發之時，澹然虛靜，心無所慮而當於理，故「謂之中」。不能寂靜而有喜怒哀樂之情，雖復動發，皆中節限，猶如鹽梅相得，性行和諧，故云「謂之和」。情慾未發，是人性初本，故曰「天下之大本也」。情慾雖發而能和合，道理可通達流行，故曰「天下之達道也」。「致中和，天地位焉，萬物育焉」，致，至也。位，正也。育，生長也。人君所能至極中和，使陰陽不錯，則天地得其

〔註 171〕《春秋繁露》卷十六《循天之道》。
〔註 172〕《周易正義》卷五《革卦》。
〔註 173〕《禮記正義》卷五十二《中庸》。
〔註 174〕《禮記正義》卷五十二《中庸》。

正位焉。生成得理，故萬物其養育焉〔註175〕。

《周書‧洪範》載：「建用皇極。」孔穎達對大中的涵義及大中之道的施政功能和效果作了翔實的解疏。皇即謂大也，極之爲中，常訓也。凡所立事，王者所行皆是，無得過與不及，常用大中之道也；並舉《詩》云「莫匪爾極」，《周禮》「以爲民極」，《論語》「允執其中」，以證極皆謂用大中也。施政教，治下民，當使大得其中，無有邪僻。故大中者，人君爲民之主，當大自立其有中之道，以施教於民。當先敬用五事，以斂聚五福之道，用此爲教，布與眾民，使眾民慕而行之。在上能教化如此，惟是其眾民皆效上所爲，無不於汝人君取其中道而行。積久漸以成性，乃更與汝人君以安中之道。若能教化如是，凡其眾民無有淫過朋黨之行，人無有惡相阿比之德，惟皆大爲中正之道，即天下眾民盡得中也。此疇以「大中」爲名，故演其大中之義。「大中之道，大立其有中」，欲使人主先自立其大中，乃以大中教民也。凡行不迂僻則謂之「中」，《中庸》所謂「從容中道」，《論語》「允執其中」，皆謂此也。九疇爲德，皆求大中，是爲善之總，故「謂行九疇之義」。九疇之義皆求得中，非獨此疇求大中也。此大中是人君之大行，故特敘以爲一疇耳。凡人皆有善性，善不能自成，必須人君教之，乃得爲善。君上有五福之教，以大中教民，眾民於君取中。既學得中，則其心安之。君以大中教民，民以大中向君，是民與君皆以大中之善。君有大中，民從君化，亦有大中。民有安中之善，非中不與爲交，安中之人則無淫過朋黨之惡，無有比周之德。善多惡少，則惡亦化而爲善，無復有不中之人，惟天下皆大爲中正矣〔註176〕。

既然大中之道可致天下皆爲大爲中正之理想統治效果，王者施政要廣泛用中於民。「好問而好察邇言，隱惡而揚善，執其兩端，用其中於民。」鄭玄注曰，「邇」，近也。近言而善，易以進人，察而行之也。「兩端」，過與不及也。「用其中於民」，賢與不肖皆能行之也。」孔穎達疏，「執其兩端，用其中於民」者，端謂頭緒，謂「知者過之，愚者不及」，言舜能執持愚、知兩端，用其中道於民，使愚、知俱能行之〔註177〕。「王懋昭大德，建中於民，以義制事，以禮制心，垂裕後昆」〔註178〕，孔安國注曰：「欲王自勉，明大德，立大

〔註175〕《禮記正義》卷五十二《中庸》。
〔註176〕《尚書正義》卷十二《周書‧洪範》。
〔註177〕《禮記正義》卷五十二《中庸》。
〔註178〕《尚書正義》卷八《商書‧仲虺之誥》。

中之道於民，率義奉禮，垂憂足之道示後世。」

用人爲官，要使之大中。「凡厥庶民，有猷有爲有守，汝則念之。不協於極，不罹於咎，皇則受之。而康而色，曰：『予攸好德。』汝則錫之福，時人斯其惟皇之極。無虐煢獨而畏高明。」孔穎達疏，凡其眾民，有道德，有所爲，有所執守，人君則當念錄敘之，用之爲官。若未能如此，雖不合於中，亦不罹於咎惡，此人可勉進，宜以取人大法則受取之。其受人之大法如何乎？人君當和安其顏色，以謙下人。彼欲仕者謂人君曰：「我所好者德也。」人君則與之以福祿，隨其所能，用之爲官。是人庶幾必自勉進，此其惟爲大中之道。人君以大中教民，使天下皆爲大中，但那只是一種理想狀態，其實天下之大，兆民之眾，不可使皆合大中；且庶官交曠，即須任人，不可待人盡合大中，然後敘用。王者應該安其顏色，以謙下人，其此不合於中人之，皆人言曰：「我所好者德也。」是有慕善之心，有方將者也，王者則與之爵祿以長進之。「不合於中之人」，初時未合中也，王者與之爵祿，置之朝廷，見人爲善，心必慕之，則是人此其惟大中之道，爲大中之人，言可勸勉使進也。又爲君者無侵虐單獨而畏忌高明，高明謂貴寵之人，勿枉法畏之。如是即爲大中矣〔註 179〕。

人君不可不務大中，王者之將爲行，集會其有中之道而行之，行實得中，則天下皆歸其爲有中矣。「無偏無陂，遵王之義。無有作好，遵王之道。無有作惡，遵王之路。無偏無黨，王道蕩蕩。無黨無偏，王道平平。無反無側，王道正直。會其有極，歸其有極。」孔穎達疏，爲人君者當無偏私，無陂曲，動循先王之正義。無有亂爲私好，謬賞惡人，動循先王之正道。無有亂爲私惡，濫罰善人，動循先王之正路。無偏私，無阿黨，王家所行之道蕩蕩然開闢矣。無阿黨，無偏私，王者所立之道平平然辯治矣。所行無反道，無偏側，王家之道正直矣。所行得無偏私皆正直者，會集其有中之道而行之。若其行必得中，則天下歸其中〔註 180〕。既言有中矣，爲天下所歸，孔穎達進一步強調，以大中之道布陳言教，不使失是常道，則民皆於是順矣。天且其順，而況於人乎？以此之故，大中爲天下所歸也。又大中之道至矣，何但出於天子爲貴？凡其眾民中和之心，所陳之言，謂以善言聞於上者，於是順之，於是

〔註 179〕《尚書正義》卷十二《周書・洪範》。
〔註 180〕《尚書正義》卷十二《周書・洪範》。

行之，悅於民而便於政，則可近益天子之光明。又本人君須大中者，更美大之曰，人君於天所子，布德惠之教，爲民之父母，以是之故，爲天下所歸往，由大中之道教使然〔註181〕。

大中之道不僅可致天下皆爲中正之象，而且還可以爲君主專制等級制度作護身符，賦予其絕對性，使其不可僭越；如有違犯，必須立用大中之道，以齊正之。孔穎達疏，王之省職，兼總群吏，惟如歲也。卿士分居列位，惟如月也。眾正官之長各治其職，惟如日也。此王也，卿士也，師尹也，掌事猶歲月日者，言皆無改易，君秉君道，臣行臣事。則百穀用此而成，歲豐稔也。其治用是而明，世安泰也。俊民用此而章，在官位也。國家用此而平安，風俗和也。若王也，卿士也，師尹也，掌事猶如日月歲者，是已變易，君失其柄權，臣各專恣。百穀用此而不成，歲飢饉也。其治用此昏暗而不明，政事亂也。俊民用此而卑微，皆隱遁也。國家用此而不安泰，時世亂也。此是皇極所致，得中則致善，不中則致惡。歲月日無易，是得中也。既易，是不中也。所致善惡乃大於庶徵，故於此敘之也〔註182〕。「庶民惟星，星有好風，星有好雨。日月之行，則有冬有夏。月之從星，則以風雨。」孔穎達疏，大中治民，不可改易，而民各有心，須齊正之。庶民之性惟若星然，「星有好風，星有好雨」，以喻民有好善，亦有好惡。日月之行，冬夏各有常道，喻君臣爲政小大，各有常法。若日月失其常道，則天氣從而改焉。月之行度失道，從星所好，以致風雨，喻人君政教失常，從民所欲，則致國亂。故常立用大中，以齊正之，不得從民欲也〔註183〕。「時順而物成，上下和睦，周旋不逆，求無不具，各知其極。故《詩》曰：『立我烝民，莫匪爾極。』」孔穎達疏，自上及下，和睦相親，周旋運轉，不有違逆，上之所求，下無不具，下民自知其中，無復二心。故《詩》美先王成立我之眾民，無不於女先王得其中正，言先王善養下民，使得中也。先王后稷立其眾人，無不得其中正也。當堯之末，洪水滔天，人不粒食皆失其正性，后稷教人耕稼以養之，各復本性，故無不得中正也〔註184〕。

所謂「禮所以制中」，即一切社會禮儀、個人修養皆以制中爲宜。「敬而不中禮謂之野，恭而不中禮謂之給，勇而不中禮謂之逆。」孔穎達疏，若不中禮，

〔註181〕《尚書正義》卷十二《周書・洪範》。
〔註182〕《尚書正義》卷十二《周書・洪範》。
〔註183〕《尚書正義》卷十二《周書・洪範》。
〔註184〕《春秋左傳正義》卷二十八《成公十六年》。

則於事爲失。野，謂鄙野。雖有恭敬，而不合禮，是謂鄙野之人，無所知也。給，謂捷給、便僻。足恭而不合禮，是謂捷給足恭之貌。逆，謂逆亂，雖有壯勇而不合禮，則爲逆亂。此即謂「禮乎禮！夫禮所以制中也」〔註185〕。

上者謙下，即王者要禮敬臣下，尤須中正，君主中正則天下眾民皆歸順之。「益，損上益下，民說無疆。自上下下，其道大光。『利有攸往』，中正有慶。」孔穎達疏，五處中正，能「自上下下」，則其道光大，爲天下之所慶順也。「以中正有慶之德」，故所往无不利焉。益之所以「利有攸往」者，正謂中正有慶故也〔註186〕。臣者君子處於昏暗之世，更須處中以待明君。孔穎達疏，體剛居陰，處中無應。體剛則健，能濟險也。居陰則謙，物所歸也。處中則不失其宜，無應則心無私黨。處困以斯，物莫不至，不勝豐衍，故曰「困於酒食」也。處困用謙，能招異方者也〔註187〕。以中德被物，物之所賴，「有慶」也〔註188〕。

人性亦是如此，要和於中正之道，才能各成其德。「道不遠人，人之爲道而遠人，不可以爲道。」孔穎達疏，中庸之道不遠離於人身，但人能行之於己，則中庸也。人爲中庸之道，當附近於人，謂人所能行，則己所行可以爲道。若違理離遠，則不可施於己，又不可行於人，則非道也〔註189〕。「忠信之事則可，不然必敗。外強內溫，忠也。和以率貞，信也。故曰『黃裳元吉』。黃，中之色也。裳，下之飾也。元，善之長也。中不忠，不得其色。下不共，不得其飾。事不善，不得其極。外內倡和爲忠，率事以信爲共，供養三德爲善，非此三者弗當。」孔穎達疏，《洪範》「三德：一曰正直，二曰剛克，三曰柔克」。孔安國云：正直者，「能正人之曲直」。剛克者，「剛能立事」。柔克者，「和柔能治」。三者皆人之性也。剛則失之於強，柔則失之於弱，故貴其能剛能柔，謂剛不苛酷，柔不滯溺也。「供養三德爲善」者，剛則抑之，柔則進之，以志意供給長養之，使合於中道，各成其德，乃爲善也〔註190〕。

刑罰訴訟之制亦行中正之道，力求公平公正。《困卦》九五爻辭曰：「劓刖，困於赤紱，乃徐有說，利用祭祀。」孔穎達疏，九五以陽居陽，用其剛壯，物不歸己。見物不歸，而用威刑，行其「劓刖」之事。既行其威刑，則

〔註185〕《禮記正義》卷五十《仲尼燕居》。
〔註186〕《周易正義》卷四《益卦》。
〔註187〕《周易正義》卷五《困卦》。
〔註188〕《周易正義》卷五《困卦》。
〔註189〕《禮記正義》卷五十二《中庸》。
〔註190〕《春秋左傳正義》卷四十五《昭公十二年》。

「異方愈乖，遐邇愈叛」。此言九五剛猛，不能感異方之物也。若但用其中正之德，招致於物，不在速暴而徐徐，則物歸之而有說矣。居得尊位，困而能反，不執其迷，用其祭祀，則受福也。物不附己，己德未得，故曰「志未得」也。居中得直，不貪不暴，終得其應，乃寬緩修其道德，則得喜說，故云「乃徐有說，以中直也」。若能不遂迷志，用其中正，則異方所歸，祭則受福，故曰「利用祭祀，受福」也〔註 191〕。因此，「愛百姓故刑罰中，刑罰中故庶民安」。孔穎達疏，百官當職，更相匡輔，則無淫刑濫罰，刑罰所以皆得中也。上無淫刑濫罰，故庶民安也〔註 192〕。《訟卦》載：「訟：有孚，窒惕，中吉。」孔穎達疏，窒，塞也。惕，懼也。凡訟者，物有不和，情相乖爭而致其訟。凡訟之體，不可妄興，必有信實，被物止塞，而能惕懼，中道而止，乃得吉也〔註 193〕。處得尊位，以九五處中而得正位，中則不有過差，正則不有邪曲，中正爲德，中而且正，以斷獄訟，故得「元吉」也〔註 194〕。

適當的節制，節得中正，往往是事物順利發展的一項重要因素，「禮不踰節」〔註 195〕，合乎規律的節制有利於事物的正常發展。孔穎達疏《節卦》，節者制度之名。節，止之義，制事有節，其道乃亨。節須得中，爲節過苦，傷於刻薄，物所不堪，不可復正。若以苦節爲正，則其道困窮。居於尊位，得正履中，能以中正爲節之主，則當《彖》曰：「節以制度，不傷財，不害民」之謂也。爲節而無傷害，則是不苦而甘，所以得吉。「行險以說」則爲節得中；「當位以節」則可以爲正。良由中而能正，所以得通，此其所以爲亨也。過節之中，節不能甘，以至於苦。爲節過苦，物所不堪，不可復正，正之凶也。若以苦節施人，則是正道之凶。若以苦節修身，則儉約无妄，可得無悔〔註 196〕。

可見，「中」的內涵非常繁複，大意主要指中立而不倚，和而不流，不偏不倚，強調節度，在探尋對立面的相互依存、相互聯結方面無不閃爍著辯證思想的光芒。大中之道不只適用於個人修身，其立意更在於政治，主要是針對國家政治的運行、政治秩序的維繫、政治行爲的調節、政治決策的制定而形成的政治道德規範，貫穿於爲君治國之道。

〔註 191〕《周易正義》卷五《困卦》。
〔註 192〕《禮記正義》卷三十四《大傳》。
〔註 193〕《周易正義》卷二《訟卦》。
〔註 194〕《周易正義》卷二《訟卦》。
〔註 195〕《禮記正義》卷二《曲禮上》。
〔註 196〕《周易正義》卷六《節卦》。

第五節　禮樂相成

禮樂是一對相反相成的範疇，禮是剛，樂是柔，二者本質上是一種剛柔並濟的關係。禮的嚴格規範和樂的潛移默化相輔相成，陰陽互動，動靜相協，從而達致「和故百物皆化，序故群物皆別」的理想政治境界。

一、立政以禮

中國古代哲人所講的禮，是維繫古代政治秩序之禮，與現代人類學意義上的風俗或禮儀有著本質的巨大差異。在古代，禮即王朝的政教法度、朝章國典，是統治者治理國家、維繫家天下王朝等級式政治社會秩序的規則、制度、規程〔註 197〕。

孔穎達在《禮記正義．序》中強調了論立政以禮的必要性及重要性：「禮者，體也，履也，郁郁乎文哉！三百三千，於斯爲盛。綱紀萬事，彫琢六情。非彼日月照大明於寰宇，類此松筠負貞心於霜雪。順之則宗祏固，社稷寧，君臣序，朝廷正；逆之則紀綱廢，政教煩，陰陽錯於上，人神怨於下。故曰，人之所生，禮爲大也。非禮無以事天地之神，辯君臣長幼之位，是禮之時義大矣哉！」孔穎達對「禮，國之幹也」的本質涵義進行了把握。他指出，欲爲國家之政，先行於禮。禮，謂夫婦之道內則治宗廟、配天地，外則施政教、立上下，故爲政教之本〔註 198〕。《左傳》隱公十一年載：「禮，經國家，定社稷，序民人，利後嗣者也。」孔穎達疏：「經謂紀理之，若《詩》之經營、經始也。國家非禮不治，社稷得禮乃安，故禮所以經理國家，安定社稷。以禮教民則親戚和睦，以禮守位則澤及子孫，故禮所以次序民人，利益後嗣。」〔註 199〕「禮，政之輿也；政，身之守也。怠禮失政，失政不立，是以亂也。」孔穎達疏，政待禮而行，猶人須車以載，禮是政之車輿也；並引《禮運》「政者，君之所以藏身也」以證之：政行於外，身藏其中，政是身之所守也。怠慢於禮，則政無車，無車則政不行，是失政也。君既失政，則身無所守，失政則身不立，是其所以亂也〔註 200〕。

〔註 197〕陳剩勇：《中國第一王朝的崛起——中華文明和國家起源之謎破譯》，第 411 頁。

〔註 198〕《禮記正義》卷五十《哀公問》。

〔註 199〕《春秋左傳正義》卷四《隱公十一年》。

〔註 200〕《春秋左傳正義》卷三十四《襄公二十一年》。

孔穎達指出，禮爲人之本，治人之道，於禮最急〔註201〕，這是因爲禮具有治國理家、維繫政治秩序的政治功用。《禮記》載：「天下之禮，致反始也，致鬼神也，致和用也，致義也，致讓也。致反始，以厚其本也。致鬼神，以尊上也。致物用，以立民紀也。致義，則上下不悖逆矣。致讓，以去爭也。合此五者以治天下之禮也。雖有奇邪，而不治者則微矣。」孔穎達疏，禮之大用，凡有五事，若能行之得理，則天下治矣。禮之至極於天，反報初始，人始於天，反而報之。禮之致極至於鬼神，謂祭宗廟之等。和，謂百姓和諧；用，謂財用豐足，禮之至極，治理於民，使百姓和諧，財用富足也。義，謂斷割得宜，治惡討暴，禮之至極於義也；讓謂遞相推讓，禮之至極於讓也。天爲人本，今能反始以報於天，是厚重其本也。上能厚本，教下，下亦能厚本也。至於祭祀鬼神，是尊嚴其上也。以此教民，民亦尊上也。民豐物用，則知榮辱禮節。故至於物用，可以立人紀。義能除凶去暴，故上下不有悖逆也。以讓，故無爭。能和合此五者以治理天下之禮。用此五事爲治，假令有異行、不從治者，亦當少也，故云「則微矣」〔註202〕。

「今大道既隱，天下爲家。各親其親，各子其子，貨力爲己。大人世及以爲禮，城郭溝池以爲固。禮義以爲紀，以正君臣，以篤父子，以睦兄弟，以和夫婦，以設制度，以立田里，以賢勇知，以功爲己。」孔穎達疏，紀，綱紀也。五帝以大道爲紀，而茸荃則用禮義爲紀也。「以正君臣，以篤父子，以睦兄弟，以和夫婦」者，緣此諸事有失，故並用禮義。君臣義合，故曰「正」。父子天然，故云「篤」。兄弟同氣，故言「睦」。夫婦異姓，故言和，謂親迎合巹之事。又用禮義設爲宮室、衣服、車旗、飲食、上下、貴賤，各有多少之制度也。「以立田里」者，田，種穀稼之所。里，居宅之地，貴賤異品。其時謀作兵起，遞相爭戰，禹湯等能以禮義成治。此聖賢六人，皆謹慎於禮〔註203〕。

人君治國若無禮，猶農夫耕而無耜也。國君爲政，「若稽田，既勤敷菑，惟其陳修，爲厥疆畎。若作室家，既勤垣墉，惟其塗塈茨。若作梓材，既勤樸斫，惟其塗丹雘」。孔穎達疏，爲政之道若農人之考田也，已勞力遍布菑而耕發其田，又須爲其陳列修治，爲疆畔畎壟，以至收穫然後功成。又若人爲室家，已勤力立其垣墉，又當惟其塗而塈飾茨蓋之，功乃成也。又若梓人治

〔註201〕《禮記正義》卷四十九《祭統》。
〔註202〕《禮記正義》卷四十七《祭義》。
〔註203〕《禮記正義》卷二十一《禮運》。

材爲器，已勞力樸治斫削其材，惟其當塗而丹漆以朱雘乃後成。以喻人君爲政之道，亦勞心施政，除民之疾，又當惟其飾以禮義，使之行善然後治〔註 204〕。

既然禮可以維護政治體系運轉，使家、國、天下皆正，具有重要的政治功用，所以規定制禮的權力，非天子不議禮。禮，君之大柄也。「夫禮，先王以承天之道，以治人之情，故失之者死，得之者生。《詩》曰：『相鼠有體，人而無禮。人而無禮，胡不遄死？』是故夫禮必本於天，殽於地，列於鬼神。達於喪、祭、射、御、冠、昏、朝、聘。故聖人以禮示之，故天下國家可得而正也。」孔穎達疏，得禮則興，失禮則亡。聖人制禮，必則於天。非但本於天，又殽於地，更布列效法於鬼神，謂法於鬼神以制禮。聖人既法天地鬼神以制禮，本謂制禮以教民，故祀天禋地，享宗廟，祭山川，一則報其禮之所來之功，二則教民報上之義。民既知嚴上之義，曉達喪禮，喪有君親，知嚴上則哀其君親，是曉達喪禮也。祭是享祀君親，既知嚴上則達於祭也。射、御是防禦供御尊者，人知嚴上，則達於射御。冠有著代之義，昏有代親之感，人知嚴上，則達冠昏矣。朝是君之敬上，聘是臣之事君，民知嚴上則達於朝聘，在下既曉於此八者之禮，無教不從。下既從教，不復爲邪，故聖人以禮示之，天下國家可得而正也〔註 205〕。故「禮者，君之大柄也，所以別嫌明微、儐鬼神、考制度、別仁義，所以治政安君也。故政不正，則君位危；君位危則大臣倍，小臣竊。刑肅而俗敝，則法無常；法無常而禮無列；禮無列，則士不事也。刑肅而俗敝，則民弗歸也。是謂疵國。」禮之大義，政之不正，則國亂君危。孔穎達疏，人君治國須禮，如巧匠治物，執斤斧之柄。用禮爲柄，如前諸事，故治國得政，君獲安存，故《孝經》云：「安上治民，莫善於禮。」〔註 206〕禮之重，所以「非天子不議禮，不制度，不考文。今天下車同軌，書同文，行同倫。雖有其位，苟無其德，不敢作禮樂焉。雖有其德，苟無其位，亦不敢作禮樂焉」。鄭玄注：「此天下所共行，天子乃能一之也。禮，謂人所服行也。度，國家宮室及車輿也。文，書名也……言作禮樂者，必聖人在天子之位。」孔穎達進一步解疏，禮由天子所行，既非天子，不得論議禮之是非，不敢制定創造法度，及國家宮室大小高下及車輿，亦不得考成文章書籍之名也〔註 207〕。

〔註 204〕《尚書正義》卷十四《周書・梓材》。
〔註 205〕《禮記正義》卷二十一《禮運》。
〔註 206〕《禮記正義》卷二十一《禮運》。
〔註 207〕《禮記正義》卷五十三《中庸》。

古人常常把禮稱爲法，「分爭辨訟非禮不決」。孔穎達疏，《周禮・司寇》「以兩造禁民訟」，又云「以兩劑禁民獄」，故鄭玄云「爭罪曰獄，爭財曰訟」。也就是說，民要是有聽訟爭罪，就依據禮來決斷之。民有失所，則用禮義決斷之，使得其宜也；民有相欺，則用禮成之使信也；民有罪，則用禮以照明之也。民有仁者，用禮賞之，以爲則也；民有爭奪者，用禮與民講說之，使推讓也〔註 208〕。可見古代的禮實質上就是法，所以「禮者政之本也」〔註 209〕，「安上治民莫善於禮」〔註 210〕。故《經解》曰：「禮之於正國也，猶衡之於輕重也，繩墨之於曲直也，規矩之於方圜也，故衡誠縣，不可欺以輕重。繩墨誠陳，不可欺以曲直。規矩誠設，不可欺以方圜。君子審禮，不可誣以奸詐。是故隆禮由禮，謂之有方之士。不隆禮，不由禮，謂之無方之民。敬讓之道也。故以奉宗廟則敬；以入朝廷則貴賤有位；以處室家則父子親，兄弟和；以處鄉里則長幼有序。孔子曰：『安上治民，莫善於禮。』此之謂也。」〔註 211〕孔穎達疏，禮事之重，治國之急，「重禮所以爲國本也」〔註 212〕，即謂國以禮爲本。

禮不僅有法的功能，更多地是具有教化作用，所以王者要順人情而施禮。「禮之於人也，猶酒之有糵也，君子以厚，小人以薄」。孔穎達疏，禮之在人有厚薄之事。禮不可以已之，故在人，譬如釀酒，須用麴糵則成酒，無麴糵則酒不成，人無禮則敗壞也〔註 213〕。孔穎達認爲，禮能使人成器，則於外物無不備。人經夷險，不變其德，由禮使然，譬如松柏陵寒而鬱茂，由其內心貞和故也。於外疏遠之處，與人諧和，於內親近之處，無相怨恨，以其有禮接人，故內外協服〔註 214〕。「聖人之所以治人七情，修十義，講信修睦，尚辭讓，去爭奪，舍禮何以治之？飲食男女，人之大欲存焉。死亡貧苦，人之大惡存焉。故欲惡者，心之大端也。人藏其心，不可測度也。美惡皆在其心，不見其色也。欲一以窮之，舍禮何以哉！」孔穎達疏，情義利患必須禮以治之，又明人之欲惡在心難知，若其舍禮，無由可化。人君欲誠愨專一，窮盡人美惡之情，若舍去其禮，更將何事以知之哉！禮所以知人心者，有事於中

〔註 208〕《禮記正義》卷二十一《禮運》。
〔註 209〕《孔子家語》卷一七《哀公問政》。
〔註 210〕《孝經注疏》卷六《廣要道》。
〔註 211〕《禮記正義》卷五十《經解》。
〔註 212〕《尚書正義》卷十四《周書・梓材》。
〔註 213〕《禮記正義》卷二十二《禮運》。
〔註 214〕《禮記正義》卷二十三《禮器》。

心，貌必見於外。若七情美善，十義流行，則舉動無不合禮。若七情違辟，十義虧損，則動作皆失其法〔註215〕。「故聖王修義之柄、禮之序，以治人情」，孔穎達疏，聖人修禮義治人情，以至大順也。執持而用者，謂修理義之要柄，修理禮之次序，以治正人情，使去其瑕穢之惡，養其菁華之善也〔註216〕。

孔穎達多次強調，禮強調節制，尤須以誠信仁義爲基礎，相須而行。「聖王修義之柄、禮之序，以治人情。故人情者，聖王之田也，修禮以耕之陳義以種之，講學以耨之，本仁以聚之，播樂以安之。故禮也者，義之實也。協諸義而協。則禮雖先王未之有，可以義起也」。孔穎達疏，禮耕義種仁聚三者相須。禮是造物，爲實，義以修飾，爲禮之華，故云「禮也」者，義之實也。今將此禮合會於義，謂以禮比方於義而協，謂禮與義相協會也。禮所以與義合者，禮者，體也。統之於心，行之合道，謂之禮也；義者，宜也，行之於事，各得其宜，謂之義也。是禮據其心，義據其事，但表裏之異，意不相違，故禮與義合也。雖當無禮，臨事制宜而行禮，是可以義起作也。「爲禮不本於義，猶耕而弗種也」，即謂治國雖用禮，不本其所宜，如農夫徒耕而不下種子也〔註217〕。君子欲觀其人行仁義之道，必須用禮爲其本。若行合於禮則有仁義，若不合於禮則無仁義，故云「禮其本也」〔註218〕。《禮器》載：「先王之立禮也，有本有文。忠信，禮之本也。義理，禮之文也。無本不立，無文不行。」禮須信義。孔穎達疏，禮之爲本，即忠信是也。忠者內盡於心，信者外不欺於物。內盡於心，故與物無怨；外不欺物，故與物相諧。義理，禮之文也。禮雖用忠信爲本，而又須義理爲文飾。得理合宜，是其文也。無本不立，解須本也。無忠信，則禮不立也。無文不行，解須文也。行禮若不合宜得理，則禮不行也。學禮之人，唯須有忠信。心致忠誠，言又信實，質素爲本，不有雜行，故可以學禮。但人若誠無忠信爲本，則禮亦不虛空而從人，雖學禮而不得。學禮得忠信之人，則是禮道爲貴也〔註219〕。「禮也者，猶體也。體不備，君子謂之不成人。設之不當，猶不備也。禮有大有小，有顯有微。大者不可損，小者不可益，顯者不可揜，微者不可大也。故《經禮》三百，《曲禮》三千，其致一也。未有入室而不由戶者。」孔穎達疏，三代之禮皆由誠

〔註215〕《禮記正義》卷二十二《禮運》。
〔註216〕《禮記正義》卷二十二《禮運》。
〔註217〕《禮記正義》卷二十二《禮運》。
〔註218〕《禮記正義》卷二十三《禮器》。
〔註219〕《禮記正義》卷二十三《禮器》。

信乃合。致，至也；一，誠也。雖三千三百之多，而行之者皆須至誠，故云一也。若損大益小，揜顯大微，皆失至誠也。室猶禮也。戶猶誠也，入室必由戶，行禮必由誠，未有入室而不由戶，行禮不由誠者〔註220〕。《禮器》載：「甘受和，白受采，忠信之人可以學禮。苟無忠信之人，則禮不虛道。是以得其人之爲貴也。」「君子欲觀仁義之道，禮其本也。」〔註221〕

禮既然具有治國平天下的重要政治功用，所以孔穎達指出，禮不可不慎，尤須有稱得當，不豐不寡，不大不小，不高不下，不繁不簡，不多不少，總之要恰到好處。「『禮不可不省也。禮不同、不豐、不殺。』此之謂也。蓋言稱也。」孔穎達疏，禮所趣不同，不可不察，不察則禮道無由可知也。不同謂或高下、大小、文素之異也。應少不可多，是不豐也。應多不可少也，是不殺也。以上諸事各異，故各言其有稱。「古之聖人，內之爲尊，外之爲樂，少之爲貴，多之爲美。是故先王之制禮也，不可多也，不可寡也，唯其稱也。」孔穎達疏，聖人制禮，或內或外，或少或多，然後爲稱也。天不可外報，所以內極敬慎，而其理爲尊也。外心接物須廣大，故外極繁富，而其事可樂也。《隱義》云「樂多其外見者，謂衣服萬物，悉外見物也。己有功德，故得使有此物，以光輝祀先人爲樂也」，意思就是說，極心於內，故外以少爲貴也。極禮跡於表，故以外多爲美也。先王之制禮，不可多亦不可寡，即謂合結多少乃異，而以有稱爲禮也〔註222〕。因此《禮器》強調，君子之行禮，不可不慎，眾之紀也，紀散而眾亂。

孔穎達認爲，禮本於天，存在於宇宙本體的大一之中，具有絕對性、合理性。君主應法天地陰陽之象而制定禮。禮既藏於郊社天地之中，是故制禮必本於天以爲教也。天地未分，混沌之元氣也。極大曰天，未分曰一，其氣既極大而未分，故曰大一也。禮理既與大一而齊，故制禮者用至善之大理以爲教本，是本於大一也。混沌元氣既分，輕清爲天在上，重濁爲地在下，而制禮者法之，以立尊卑之位。天地二形既分，而天之氣運轉爲陽，地之氣運轉爲陰。而制禮者，貴左以象陽，貴右以法陰；陽時而行賞，陰時而行罰。陽氣則變爲春夏，陰氣則變爲秋冬，而制禮者，吉禮則有四面之坐，凶時有恩理節權，是法四時也。四時變化，生成萬物，皆是鬼神之功。聖人制禮，

〔註220〕《禮記正義》卷二十三《禮器》。
〔註221〕《禮記正義》卷二十四《禮器》。
〔註222〕《禮記正義》卷二十三《禮器》。

則陳列鬼神之功以爲教。聖人制禮，皆仰法「大一」以下之事，而下之以爲教命也。聖人所以下爲教命者，皆是取法於天也〔註223〕。「禮也者，合於天時，設於地財，順於鬼神，合於人心，理萬物者也」。孔穎達疏，禮者合於天地，協於鬼神，合於人心，而若不得天時，不得地財，而行其禮，則不知禮也。夫君子行禮，必須使仰合天時，俯會地理，中趣人事，則其禮乃行。仰合天時，即依於四時，豐儉隨時〔註224〕。

同時，禮在日常生活及各種禮儀制度中是不可闕廢的，若其闕廢，則易興禍亂。「凡人之所以爲人者，禮義也。禮義之始，在於正容體，齊顏色，順辭令。容體正，顏色齊，辭令順，而後禮義備。以正君臣，親父子，和長幼。君臣正，父子親，長幼和，而後禮義立。」孔穎達疏，人之所以得異於禽獸者，以其行禮義也。禮義之事，終身行之。欲一世行禮之始，先須正容體，齊顏色，順辭令爲先，然後可以正君臣，親父子，和長幼〔註225〕。《禮記・哀公問》載：「民之所由生，禮爲大，非禮無以節事天地之神也，非禮無以辨君臣、上下、長幼之位也，非禮無以別男女、父子、兄弟之親，昏姻疏數之交也。君子以此之爲尊敬然。然後以其所能教百姓，不廢其會節。」孔穎達疏，人君既知所生由禮，故尊而學之，學之既能，回持此能以教百姓也。會，由期也；期節，謂天地、君臣、男女之期節。既教百姓，故使百姓不廢此三事之期節。例如，「古者諸侯之射也，必先行燕禮。卿、大夫、士之射也，必先行鄉飲酒之禮。故燕禮者，所以明君臣之義也。鄉飲酒之禮者，所以明長幼之序也。」孔穎達疏，將射之時，天子、諸侯先行燕禮，所以明君臣之義；卿、大夫將射，先行鄉飲酒之禮，所以明長幼之序也〔註226〕。再如，「天子以備官爲節，諸侯以時會天子爲節，卿大夫以循法爲節，士以不失職爲節。故明乎其節之志，以不失其事，則功成而德行立。德行立，則無暴亂之禍矣，功成則國安。故曰：『射者，所以觀盛德也。』」孔穎達疏，天子以備官爲志，諸侯以時會爲志，卿大夫以循法度爲志，士以不失職爲志，各明達其樂節之志，故能不失其所爲之事。以先由德行，乃功成也。盛德，無暴亂之禍，則國家安定。射者各明其志，能致盛德〔註227〕。復如，「朝覲之禮，所以明君臣

〔註223〕《禮記正義》卷二十二《禮運》。
〔註224〕《禮記正義》卷二十三《禮器》。
〔註225〕《禮記正義》卷六十一《冠義》。
〔註226〕《禮記正義》卷六十二《射義》。
〔註227〕《禮記正義》卷六十二《射義》。

之義也。聘問之禮，所以使諸侯相尊敬也。喪祭之禮，所以明臣子之恩也。鄉飲酒之禮，所以明長幼之序也。昏姻之禮，所以明男女之別也。夫禮，禁亂之所由生，猶坊止水之所自來也。故以舊坊爲無所用而壞之者，必有水敗。以舊禮爲無所用而去之者，必有亂患。故昏姻之禮廢，則夫婦之道苦，而淫辟之罪多矣。鄉飲酒之禮廢，則長幼之序失，而爭鬥之獄繁矣。喪祭之禮廢，則臣子之恩薄，而倍死忘生者眾矣。聘覲之禮廢，則君臣之位失，諸侯之行惡，而倍畔侵陵之敗起矣」〔註228〕。

所以，王者爲政，要注重對眾民的禮義教化，使民合之於禮義，則德政施化，美道成。「王懋昭大德，建中於民，以義制事，以禮制心，垂裕後昆。……殖有禮，覆昏暴。欽崇天道，永保天命。」孔安國傳曰，欲王自勉，明大德，立大中之道於民，率義奉禮，垂憂足之道示後世。有禮者封殖之，昏暴者覆亡之。王者如此上事，則敬天安命之道〔註229〕。「王不敢後用，顧畏於民碞。」孔穎達疏，王者爲政，任賢使能，有能有用，宜先任之，故王者爲政當不敢後其能用之士，必任之爲先。「碞」即岩也，參差不齊之意，故爲僭也。畏其僭差，當治之使合禮義。既任能人，復憂下民，故又當顧畏於下民僭差禮義。能此二者，則德化立，美道成〔註230〕。「故禮之教化也微，其止邪也於未形，使人日徙善遠罪而不自知也，是以先王隆之也。《易》曰：『君子愼始，差若豪氂，繆以千里。』此之謂也。」孔穎達疏，禮之教人豫前，事微之時豫教化之，又教化之時，依微不甚指斥。止人之邪，在於事未形著，是教化於事微者也，使人至之也；又使人日日徙善、遠於罪惡而不自覺知。爲此之故，是以先世之王隆尚之也。君子謹愼事之初始，差錯若豪氂之小，至後廣大錯繆以至千里之大。禮之防人在於未形著之前，若初時不防，則後致千里之繆〔註231〕。

二、治成以樂

人類社會是一個「混亂」與「有序」交替演進的過程，也即「噪音」不斷被規訓爲「樂音」的過程，音樂是人類社會秩序最早的表達者之一〔註232〕。

〔註228〕《禮記正義》卷五十《經解》。
〔註229〕《尚書正義》卷八《商書・仲虺之誥》。
〔註230〕《尚書正義》卷十五《周書・召誥》。
〔註231〕《禮記正義》卷六十《經解》。
〔註232〕李憲堂：《先秦儒家的專制主義精神——對話新儒家》，北京：中國人民出版社2003年版，第244頁。

樂在政治生活的重要政治意義得到普遍認同，通過對樂的特殊設計和控制，可以實現諸多政治功能，如宣揚政治價值、凝聚政治情感、型塑政治文化、施行政治教化等。

對「樂」在治國平天下中的重要政治功用，孔穎達亦有充分認識。《禮運》載，治國「合之以仁，而不安之以樂，猶獲而弗食也」，孔穎達疏，治國雖聚仁，若不奏樂和之，則仁心不堅，如農夫雖聚穀而不食，則甘穀空失也〔註233〕。

孔穎達認爲，政由樂生，故審識其樂，即可以知其政。但音易識而樂難知，知樂則近於禮，所以唯有君子即大德聖人，才能知極樂之理。之所以此政由樂生，先審識其樂，可以知政，是因爲樂由音、聲相生，聲感善惡而起，若能審樂，則知善惡之理，行善不行惡，習是不習非，知爲政化民。政善樂和，音聲皆善，人事無邪僻，則治道備具〔註234〕。

《樂記》對治世之音、亡國之音有詳細的記載：「凡音者，生人心者也。情動於中，故形於聲。聲成文，謂之音。是故治世之音，安以樂，其政和。亂世之音，怨以怒，其政乖。亡國之音，哀以思，其民困。聲音之道，與政通矣。」孔穎達亦對之作了詳盡的分析，指出君上之樂隨人情而動，若人情歡樂，樂音亦歡樂；若人情哀怨，樂音亦哀怨。情動於中，而有音聲之異，故言治平之世，其樂音安靜而歡樂。治世之音，民既安靜以樂而感其心，故樂音亦安以樂，由其政和美故也。君政和美，使人心安樂，人心安樂，故樂聲亦安以樂也。亂世，謂禍亂之世，樂音怨恨而恚怒。亂世之時，其民怨怒，故樂聲亦怨怒流亡，由其政乖僻故也。亡國，謂將欲滅亡之國，樂音悲哀而愁思。亡國之時，民心哀思，故樂音亦哀思，由其人困苦故也。若政和則聲音安樂，若政乖則聲音怨怒，是「聲音之道，與政通矣」〔註235〕。五音本身就是一個權力體系，宮爲君，商爲臣，角爲民，徵爲事，羽爲物，其所處的位置、言說的方式、負責的職能都是固定不變的，每個符號都被賦予了相應的政治倫理內容。五聲宮、商、角、徵、羽之殊，所主之事，上下不一，得則樂聲和調，失則國將滅亡也。若五聲並和，則君臣上下不失。若五聲不和，則君臣上下互相陵越，所以爲「慢」也。君臣互相陵慢如此，則國必叛滅，旦夕可俟，無復一日〔註236〕。

〔註233〕《禮記正義》卷二十二《禮運》。
〔註234〕《禮記正義》卷三十七《樂記》。
〔註235〕《禮記正義》卷三十七《樂記》。
〔註236〕《禮記正義》卷三十七《樂記》。

《益稷》載：「予欲聞六律、五聲、八音，在治忽，以出納五言，汝聽。」孔穎達疏，八音之聲皆有清濁，聖人差之以爲五品。五聲高下各有所準則，聖人制爲六律，與五聲相均，作樂者以律均聲，聲從器出。帝言欲以六律和彼五聲八音，即謂以此樂之音聲，察世之治否。正如《詩序》云「治世之音安以樂，其政和；亂世之音怨以怒，其政乖」，此則聽聲知政之道。若其音安樂和平，則時政辨治而修理也；若其音怨怒乖離，則時政忽慢而怠惰也；是用樂之聲音察天下治理及忽怠者也。所以君主既知其治理，則保以修之；知其忽怠，則改以修之。又因爲樂之感人，使和易調暢，若樂音合度，則言必得理。以此樂音出納仁義禮智信五德之言，乃君之發言，合彼五德，施之於人，可以成其教化，是出五言也。人之五言，合彼五德，歸之於君，可以成諷諫，是納五言也。君言可以利民，民言可以益君，是言之善惡由樂音而知也。此言之善惡，亦人君之所願聞也。政之理忽，言之善惡，皆是上所願聞，欲令察知以告己，得守善而改惡〔註 237〕。

故君主要用「禮以道其志，樂以和其聲，政以一其行，刑以防其奸。禮、樂、刑、政，其極一也，所以同民心而出治道也」。孔穎達疏，先代聖人在上，制於正禮正樂以防之，不欲以外境惡事感之。「禮以道其志，樂以和其聲，政以一其行，刑以防其奸」四事，皆是防慎所感之具。政，法律也。既防慎其感，故用其正禮教道其志，用正樂諧和其聲，用法律齊一其行，用刑辟防其凶奸，則民不復流僻也。用禮、樂、刑、政四事齊之，使同其一致，不爲非也。雖禮、樂、刑、政之殊，及其檢情歸正，同至理極，其道一也。故聖人用此四者制之，使俱得其所也〔註 238〕。

因爲樂合天地之命，人感樂聲，自然會產生敬畏之感，所以君要教臣民以德音之樂。「樂者，天地之命，中和之紀，人情之所不能免也」。孔穎達疏，樂者感天地之氣，是天地之教命也。人感天地而生，又感陰陽之氣。樂既合天地之命，協中和之紀，感動於人，是人情不能自免退。諸物各順其性，由樂道使然，歸功於樂也。這是因爲樂之根本由人心而生，人心調和則樂音純善。協律呂之體，調陰陽之氣，二氣既調，故萬物得所也〔註 239〕。「古者天地順而四時當，民有德而五穀昌，疾疢不作而無妖祥，此之謂大當。然後聖人

〔註 237〕《尚書正義》卷五《虞書・益稷》。
〔註 238〕《禮記正義》卷三十七《樂記》。
〔註 239〕《禮記正義》卷三十八《樂記》。

作爲父子君臣，以爲紀綱。紀綱既正，天下大定。天下大定，然後正六律，和五聲，絃歌《詩・頌》，此之謂德音，德音之謂樂。」孔穎達疏，以道德既正，天下應和，所以莫然而靖，定其道德之音。聖人作爲樂器道德之音，以示後世。用樂體別尊卑於朝廷，使各得其宜。聞樂知德，及施於子孫，是示後世。又宗族長幼同聽之，莫不和順；閨門之內，父子兄弟同聽之，莫不和親，是長幼之序也。「故樂者，審一以定和，比物以飾節，節奏合以成文，所以合和父子君臣，附親萬民也。是先王立樂之方也」〔註240〕。

不僅教化臣民以德音之樂，而且對君主的繼承人也非常注重典樂之教。「命汝典樂，教冑子。直而溫，寬而栗，剛而無虐，簡而無傲。詩言志，歌永言，八音克諧，無相奪倫，神人以和。」孔穎達疏，繼父世者，惟長子有資格，故以冑爲長也。典掌樂事之臣，當以詩樂教訓世嫡長子，使其正直而溫和，寬弘而莊栗，剛毅而不苛虐，簡易而不傲慢。之所以教之詩樂，是因爲詩言人之志意，歌詠其義以長其言。樂聲依此長歌爲節，律呂和此長歌爲聲。八音皆能和諧，無令相奪道理，如此則神人相和〔註241〕。

孔穎達主張，王者要詳審於樂，用樂教化臣民，移風易俗，以和治民心。「樂也者，聖人之所樂也，而可以善民心。其感人深，其移風易俗，故先王著其教焉」。孔穎達疏，樂體者，聖人心所愛樂也。聖人貪愛此樂，以樂身化民。用樂化民，調善民心。樂本從民心而來，乃成於樂，故感人至深。風，謂水土之風氣，謂舒疾剛柔；俗，謂君上之情慾，謂好惡趣舍。用樂化之，故使惡風移改，弊俗變易。因爲其樂有如此之功能，故先王立樂官，以樂教化。「致樂以治心，則易、直、子、諒之心油然生矣。易、直、子、諒之心生則樂，樂則安，安則久，久則天，天則神。天則不言而信，神則不怒而威，致樂以治心者也。」孔穎達疏，致，謂深致詳審；易，謂和易；直，謂正直；子，謂子愛；諒，謂誠信。也就是說，君主如能深遠詳審此樂以治正其心，則和易、正直、子愛、誠信之心油油然從內而生。樂能感人，使心生善。四善之心生，則令人和樂。心樂故體安而不躁。既身不躁，故性命長久。志明行成，久而不改，則人信之如天。既爲人所信如天，故又爲人所畏如神也。「天則不言而信」者，即謂四時不失；「神則不怒而威」者，即言宗廟社稷之中而民自敬。聖王既能用樂和心，故不言而信似天也，不怒而威似神也。聖王所

〔註240〕《禮記正義》卷三十九《樂記》。
〔註241〕《尚書正義》卷三《虞書・舜典》。

以能如此者，正在於能詳審於樂以和治民心〔註 242〕。

三、禮樂相須

禮樂制度是國家制度之本，禮與樂也是一對相反相成的範疇。「禮交動乎上，樂交應乎下，和之至也。」孔穎達疏，上下禮樂交相應會，和諧之至極也〔註 243〕。樂有陽的屬性，而禮有陰的屬性。「樂由陽來者也，禮由陰作者也。陰陽和而萬物得。」孔穎達疏，陽，天也。天氣化，故作樂象之，樂以氣爲化；陰，地也。地以形生，故制禮象之，禮以形爲教。若禮樂由於天地，天地與之和合，則萬物得其所〔註 244〕。孔穎達疏一再主張「禮樂相須」，並指出，禮樂並舉，缺一不可，所以「唯須禮樂兼有，所以爲美」〔註 245〕。

孔穎達多次強調禮樂象天法地。禮樂，一陽一陰，一動一靜，體現了宇宙間的普遍法則，意在說明倫理道德與天理接通，使其與政治同構互化時帶有權威性與威懾力。孔穎達疏，樂之爲體，敦重和同，因循聖人之神氣，而從於天也；禮之爲體，殊別萬物所宜，居處鬼之所爲而順地也。合結禮者，天地有別，聖人制禮有殊別，是從天地之分別也；作樂者法象天地之和氣，若作樂和，則天地亦和。以天高地下不同，故人倫尊卑有異，其間萬物各散殊途。禮者，別尊卑，定萬物，是禮之法制行矣；樂者，調和氣性，合德化育，是樂興也。禮與樂相互匹配，「群物皆別」而有序，「百物皆化」而和諧，故「禮樂之功，包天地之德」〔註 246〕。再如，「樂者，天地之和也。禮者，天地之序也。和故百物皆化，序故群物皆別。樂由天作，禮以地制。過制則亂，過作則暴。明於天地，然後能興禮樂也。」孔穎達疏，禮樂從天地而來，王者必明於天地，然後能興禮樂。樂者，調暢陰陽，是天地之和也，禮明貴賤，是天地之序也；樂生於陽，是法天而作也，禮主於陰，是法地而制，即言禮樂皆法天地也。禮樂與天地合德，明王用之，相因不改，功名顯著。天地氣和，而生萬物。又由於大樂之體，順陰陽律呂，生養萬物；天地之形，各有高下大小爲限節，所以大禮辨尊卑貴賤，與天地相似。以大樂與天地同和，能生成百物，故不失其性；以大禮與天地同節，有尊卑上下，報生成之功。「禮

〔註 242〕《禮記正義》卷三十九《樂記》。
〔註 243〕《禮記正義》卷二十四《禮器》。
〔註 244〕《禮記正義》卷二十五《郊特牲》。
〔註 245〕《禮記正義》卷三十七《樂記》。
〔註 246〕《禮記正義》卷三十七《樂記》。

樂偩天地之情，達神明之德，降興上下之神，而凝是精粗之體，領父子君臣之節。」孔穎達疏，禮出於地，尊卑有序，是順依地之情也。樂出於天，遠近和合，是順依天之情也。禮樂出於人，心與神明和會，故達神明之德。禮樂既與天地相合，故禮樂理治父子君臣之限節，而樂主於和，聽之則上下相親。又宮爲君，商爲臣，是樂能領父子君臣也；禮定貴賤長幼，是禮能領父子君臣也〔註247〕。

正因爲充分認識到禮樂在政治生活中具有重要的政治意義，孔穎達多次提到，惟聖人才能識合天地，制禮作樂。《中庸》載「非天子不議禮，不制度，不考文」，《樂記》載「知音而不知樂者，眾庶是也。唯君子爲能知樂」，孔穎達疏，音樂之異，音易識而樂難知，知樂則近於禮。君子即謂大德聖人，才能知極樂之理。「作者之謂聖，述者之謂明」，惟有「通達物理」的聖王，才能「制作禮樂」，即「王者功成作樂，治定制禮」。孔穎達疏，唯聖人識合天地者，則制作禮樂不誤。聖王既能使禮樂與天地同和節，又於顯明之處尊崇禮樂以教人，幽冥之處尊敬鬼神以成物也。以行禮得所，故四海會合其敬；行樂得所，故四海之內齊同其愛矣。聖人若能如此上事行禮樂得所，以治天下，則四海之內合其敬愛；若非聖識，則必誤，誤制禮，則尊卑淫亂，猶地體誤，則亂於高下也。「論倫無患，樂之情也。欣喜歡愛，樂之官也。中正無邪，禮之質也。莊敬恭順，禮之制也。若夫禮樂之施於金石，越於聲音，用於宗廟社稷，事乎山川鬼神，則此所與民同也」。孔穎達疏，禮樂文質不同，事爲有異。樂之本情主和同，論說等倫，無相毀害，是樂之情也。內心中正，無有邪僻，是禮之本質。外貌莊敬，謙恭謹愼，是禮之節制。樂之情，樂之官，禮之質，禮之制，先王所專有，獨能專此四事。正所謂「敦樂而無憂，禮備而不偏者，其唯大聖乎」。孔穎達疏，樂人之所好，害在淫侉。若極而不止，則必至憂蹙。禮人之所勤，若人不能勤行於禮，好生懈倦，則致粗略。如若達致禮樂相協的理想狀態，即厚重於樂，知足則止，而無至於憂也；行禮安靜，委曲備具，不致勤苦倦略，那只能是大聖之人才能辦得到，能行禮樂如此〔註248〕。

孔穎達指出，禮樂各有根本，本貴而末賤。君子要辨其本末，才能有制於天下。樂主相親，是主領其同；禮殊別貴賤，是分別其異。樂主和同，則

〔註247〕《禮記正義》卷三十八《樂記》。
〔註248〕《禮記正義》卷三十七《樂記》。

遠近皆合；禮主恭敬，則貴賤有序。樂本出於人心，心哀則哀，心樂則樂，是可以原窮極本；窮人根本，知內外改變，唯樂能然，故云「樂之情也」；顯著誠信，退去詐僞，是禮之常也。若人內心虛詐，則外貌敖狠，唯禮知之，故云「禮之經也」。樂從心起，故感動於內；禮從外生，故發動於外。樂能感人心，故極益於和也；禮以檢貌，故極益於順也。因爲樂以和心，故德輝美發動於內，而民莫不承奉聽從；由於禮以治貌，故理發見於外，而民莫不承奉敬順。是故「先王本之情性，稽之度數，制之禮義，合生氣之和，道五常之行，使之陽而不散，陰而不密，剛氣不怒，柔氣不懾，四暢交於中，而發作於外，皆安其位，而不相奪也」。天子之於天下喜怒，節之以禮樂，則兆民和從而畏敬之。禮樂，王者所常興則盛矣。聖人若能詳審極致禮樂之道，舉而錯置於天下，悉皆敬從，無復有難爲之事也〔註 249〕。

同時，孔穎達指出，樂和內，禮飾外；樂爲同，禮爲異；樂和上下，禮別貴賤，二者雖有異同，但又相須而用。若樂過和同而無禮，則流慢，無復尊卑之敬。若禮過殊隔而無和樂，則親屬離析，無復骨肉之愛。唯須禮樂兼有，所以爲美，故《論語》云「禮之用，和爲貴」。「合情飾貌者，禮樂之事也。禮義立，則貴賤等矣。樂文同，則上下和矣。好惡著，則賢不肖別矣。刑禁暴，爵舉賢，則政均矣。仁以愛之，義以正之。如此，則民治行矣。」孔穎達疏，合情，謂樂也。樂和其內，是合情也；飾貌，謂禮也，禮以撿跡於外，是飾貌也。貌與心半，二者無偏，則是禮樂之事也。若行禮得其宜，則貴賤各有階級矣。若行樂文采諧同，則上下各自和好也。所好得其善，所惡得其惡，是好惡著，則賢與不肖自然分別矣。用刑罰禁止暴慢，用爵以舉賢良，刑爵得所，政教均平矣。刑者則愼罰，爵者則明德，王者用仁以愛民〔註 250〕。凡以諸事即禮樂刑爵仁義以行政，自然達致政明治清的理想境界。

禮樂自內自外，或易或簡，天子行之得所，則樂達禮行。「樂由中出，禮自外作。樂由中出，故靜。禮自外作，故文。大樂必易，大禮必簡。樂至則無怨，禮至則不爭。揖讓而治天下者，禮樂之謂也。暴民不作，諸侯賓服，兵革不試，五刑不用，百姓無患，天子不怒，如此，則樂達矣。合父子之親，明長幼之序，以敬四海之內，天子如此，則禮行矣。」孔穎達疏，樂從心起，禮敬在外貌也。行之在心，故靜也；禮肅人貌，貌在外，故云「動也」。樂行

〔註 249〕《禮記正義》卷三十七《樂記》。
〔註 250〕《禮記正義》卷三十七《樂記》。

於人由於和故，無怨矣。禮行於民由于謙敬，謙敬則不爭也。民無怨爭，則君上無爲，但揖讓垂拱，而天下自治，其功由於禮樂〔註251〕。

禮據王業之初，樂據王業之成，二者相輔相成。「禮也者，反其所自生。樂也者，樂其所自成。是故先王之制禮也以節事，修樂以道志。故觀其禮樂而治亂可知也。蘧伯玉曰：『君子之人達。』故觀其器而知其工之巧，觀其發而知其人之知。故曰：君子慎其所以與人者。」孔穎達疏，先王制禮樂以節事道志，化民治下也。王者制禮，各反其本，王業所由生以制禮也，猶若殷周爲民除害，以得民心。初生王業，其制禮還以得民心之事而爲禮本。王者制樂，樂己所由成者以制樂，若殷周之等，民樂其用武，除殘討惡，以成王業，故作樂以尚其威武也。禮與樂，俱是象其王業所由，禮據王業之初，樂據王業之末，但太平功成治定之後，制禮本論其初，故云「反其所自生」，作樂論其末，故云「樂其所自成」。以禮爲反本，故用禮以節萬事。動皆反本，以初生王業，用此禮以得民心，故用民心之義，以節事宜。王者修治所作之樂以道達己志，由己用此樂以成王業，故修正其樂，以勸道己志，使行之不倦。若能以禮節事，以樂道志，則國治；若不以禮節事，不以樂道志，則國亂。有德君子，自達義理，觀其禮樂，則知治亂。以工匠之事譬喻禮樂，觀其器之善惡，而知工匠巧拙，器善則工巧，器惡則工拙。以人事譬喻禮樂，觀其人之發動所爲，而知其人之有知。若發而皆中，則知有知；若發而不中，則知無知。禮樂亦猶是也，若禮正而樂和，則知其國治；若禮慢而樂淫，則知其國亂〔註252〕。所以孔穎達強調，禮樂皆得，才可謂有德之君。《樂記》載：「知樂，則幾於禮矣。禮樂皆得，謂之有德。德者得也。是故樂之隆，非極音也。食饗之禮，非致味也。《清廟》之瑟，朱弦而疏越，壹倡而三歎，有遺音者矣。大饗之禮，尚玄酒而俎腥魚。大羹不和，有遺味者矣。是故先王之制禮樂也，非以極口腹耳目之欲也，將以教民平好惡，而反人道之正也。」孔穎達疏，知樂則知政之得失，知政之得失，則能正君、臣、民、事、物。王者能使禮樂皆得其所，謂之有德之君。所以名爲德者，得禮樂之稱也。樂之隆盛，本在移風易俗，非崇重於鐘鼓之音；禮之隆重，在於孝敬，非在於致其美味而已。以玄酒、腥魚、大羹是非極口腹也，以朱弦疏越是非極耳目也。先王制禮樂，不爲口腹耳目，而將以教民均平好惡，使好者行之，惡者

〔註251〕《禮記正義》卷三十七《樂記》。
〔註252〕《禮記正義》卷二十四《禮器》。

避之，而反歸人道之正也〔註253〕。

制禮作樂還有時機把握的問題，樂隨王者之功，禮隨治世之教，所以孔穎達強調禮樂要因時而制。《禮記・樂記》載：「五帝殊時，不相沿樂。三王異世，不相襲禮。」孔穎達疏，五帝既先後殊時，不相共同用一樂。三王前後異世，不相共襲因一禮。若論禮樂之情，則聖王同用，即「禮樂之情同，故明王以相沿」。禮樂之跡，損益有殊，隨時而改，故不相襲也。

人感物而動。物有好惡，所感不同。「樂者，音之所由生也，其本在人心之感於物也。是故其哀心感者，其聲噍以殺。其樂心感者，其聲嘽以緩。其喜心感者，其聲發以散。其怒心感者，其聲粗以厲。其敬心感者，其聲直以廉。其愛心感者，其聲和以柔。六者非性也，感於物而後動。」孔穎達疏，六事隨見而動，非關其本性，故先代聖人在上，制於正禮正樂以防之，不欲以外境惡事感之。「故禮以道其志，樂以和其聲，政以一其行，刑以防其奸」，是防慎所感之具。既防慎其感，故用其正禮教道其志，用正樂諧和其聲，用法律齊一其行，用刑辟防其凶奸，則民不復流僻也。用禮、樂、刑、政四事齊之，使同其一致，不為非也〔註254〕。正所謂「禮節民心，樂和民聲，政以行之，刑以防之。禮、樂、刑、政，四達而不悖，則王道備矣」〔註255〕。

第六節　仁義相輔

《五經正義》的宗旨性命題與孔孟大儒一樣，即「以仁治國」。在孔穎達看來，仁是道的內涵和功能之一，所謂「道之為體，顯見仁功，衣被萬物，是顯諸仁也」〔註256〕。因此，「道德為萬事之本，仁義為群行之大」〔註257〕。仁義推廣到政治領域，就是推行以「愛人」為基本特徵的仁政，所謂「古之為政愛人為大者，人為國本，是以為政之道愛養民人為大」。簡言之，「仁義為政教之本」〔註258〕。

〔註253〕《禮記正義》卷三十七《樂記》。
〔註254〕《禮記正義》卷三十七《樂記》。
〔註255〕《禮記正義》卷三十七《樂記》。
〔註256〕《周易正義》卷七《繫辭上》。
〔註257〕《禮記正義》卷二《曲禮上》。
〔註258〕《禮記正義》卷五十《哀公問》。

一、守位以仁

《說文解字》釋：「仁，親也，從人二。」二乃厚之象，即仁厚以待人之意。孔穎達多次強調，仁則善也，謂行仁德〔註259〕，仁是施恩及物也〔註260〕。仁德有親親、愛人重民、恕道之意，往往涵蓋好多德目，但在爲君之道方面主要強調愛民、重民、恤民、行仁政。

《繫辭下》曰：「何以守位？曰仁。」孔穎達疏，聖人何以保守其位，必信仁愛〔註261〕。君主當用寬裕之道，居處其位也；以仁恩之心，行之被物，即「寬以居之，仁以行之」，就是君德〔註262〕。「與不仁人爭，明無不勝」，意思就是說，仁者無敵。孔穎達疏，自殷王中宗，及高宗，及祖甲，及周文王，此四人者，皆蹈明智之道以臨下民。如有人告之曰「小人怨恨汝，罵詈汝」，他們會大自敬德，更增修善政。其民有過，則曰：「是我之過」。民信有如是怨詈，則不啻不敢含怒以罪彼人，乃欲得數聞此言以自改悔，寬弘之若是〔註263〕。爲政每事以仁恕行之，故能施有政令也〔註264〕。

「《詩》曰：『靖共爾位，好是正直。神之聽之，介爾景福。』恤民爲德，正直爲正，正曲爲直，參和爲仁。如是，則神聽之，介福降之。」孔穎達疏，天生烝民，立君以牧之。君不獨治，爲臣以佐之。君之與臣，皆爲恤民而設之。能安靖共敬，在其職位，是其所以憂民也。人能安靖共敬，以居爾之職位，愛好正直之人，與之共處於朝，則神明聽順之，當助君主以大福也。能憂念下民，是爲德也，正直己心是爲正也，能以己正正人之曲，是爲直也。此德也、正也、直也三者和備，是爲仁也。人能如是，則神明聽順之，大福降與之〔註265〕。

爲政者要「視民如子，見不仁者誅之，如鷹鸇之逐鳥雀也」〔註266〕，給百姓庶民施以惠政。《左傳》文公二年仲尼指出：「臧文仲，其不仁者三，不知者三。下展禽，廢六關，妾織蒲，三不仁也」，即卑下展禽而不肯舉薦，廢

〔註259〕《周易正義》卷一《乾卦》。
〔註260〕《禮記正義》卷二《曲禮上》。
〔註261〕《周易正義》卷七《繫辭下》。
〔註262〕《周易正義》卷一《乾卦》。
〔註263〕《尚書正義》卷十六《周書・無逸》。
〔註264〕《尚書正義》卷十八《周書・君陳》。
〔註265〕《春秋左傳正義》卷三十《襄公七年》。
〔註266〕《春秋左傳正義》卷三十八《襄公二十五年》。

去六關而不設防禁，妾織蒲席而與民爭利，此三事爲不仁也。孔穎達對「不仁者三」作了進一步的解疏，《論語》稱「仁者愛人」，故以害於物者爲不仁。根據《論語》云「臧文仲，其竊位者與！知柳下惠之賢而不與立也」以及「仁者，己欲立而立人」，可知賢不舉，是無恕心，故爲不仁。民以田農爲本，商賈爲末。農民力以自食，商民遊以求食。《漢書》賈誼說上曰「今毆攴民而歸之農，皆著其本，各食其力。末伎遊食之民，轉而緣南畝，則畜積足矣」，「末遊」者，即末伎遊食之民。《周禮・司關》載「司貨賄之出入，掌其治禁」，之所以禁約末遊者，時令其出入有度。今而廢之，使末遊之人無所禁約，損害農民，是不仁也；《大學》云「食祿之家不與民爭利」，故妾織蒲席而與民爭利，損害農民，是不仁也〔註 267〕。由孔穎達的疏可以看出，其不仁者三，有兩項直接涉及民生，尤其觸及農民利益，由此也可以看出政論家對農本政策的重視和支持。

《左傳》載成公二年，齊國佐向晉國國君獻禮求和時說，先王考察土地特點，根據有利於生產的要求，因地制宜，劃分疆界，而晉國國君劃分疆界卻只考慮自己行車方便，對先王的制度置若罔聞，違反先王的正確做法就是不義。接著又舉例證之，「四王之王也，樹德而濟同欲焉。五伯之霸也，勤而撫之，以役王命。今吾子求合諸侯，以逞無疆之欲。《詩》曰：『布政優優，百祿是遒。』子實不優，而棄百祿」。孔穎達疏，禹、湯、文、武四王之王天下也，立德於民而成其同欲。民有所欲，上即同之。東畝南畝，皆順民意。五伯之霸諸侯也，唯勤勞其功而撫順之，以奉事王命而已，不改王之制度也。晉國國君求合諸侯，只想滿足自己的欲望而置諸侯之利益不顧，是不與民同，違王霸之政。成湯布政優優然而寬，故百種福祿於是聚歸之。晉國國君實不能優寬，是自棄福祿〔註 268〕。孔穎達的解疏無疑強調了爲政者要民有所欲，上即同之，要順民意，布政寬仁。只有做到爲政優寬，才能享有福祿，即「神福仁而禍淫」〔註 269〕。

在刑罰典律方面一樣，要公平公正，有好德之心，行仁愛之道，從輕不從重。「帝德罔愆，臨下以簡，御眾以寬。罰弗及嗣，賞延於世。宥過無大，刑故無小。罪疑惟輕，功疑惟重。與其殺不辜，寧失不經。好生之德，洽於

〔註 267〕《春秋左傳正義》卷十八《文公二年》。
〔註 268〕《春秋左傳正義》卷二十五《成公二年》。
〔註 269〕《春秋左傳正義》卷二十六《成公五年》。

民心，茲用不犯於有司。』」孔穎達疏，父子罪不相及，而及其賞，道德之政。過誤所犯，雖大必宥。不忌故犯，雖小必刑。刑疑附輕，賞疑從重，忠厚之至。寧失不常之罪，不枉不辜之善，仁愛之道。《論語》云：「居敬而行簡，以臨其民，不亦可乎？」意思就是說臨下宜以簡也。又曰：「寬則得眾。」「居上不寬，吾何以觀之哉？」即謂御眾宜以寬也。枉殺無罪，妄免有罪，二者皆失，必不得民心。寧妄免大罪，不枉殺無罪，以好生之心故也。大罪尚赦，小罪可知。「寧失不經」與「殺不辜」相對，故為放赦罪人，原帝之意，等殺無罪，寧放有罪。帝德之善，寧失有罪，不枉殺無罪，是仁愛之道〔註 270〕。

二、教民義方

在《五經正義》中，「義」的政治意蘊有循規蹈矩、禁人為非、斷決得中、仁義之義，等等，但總歸集中於一點，以「宜」釋義居多。

在《五經正義》中，義的政治意涵之一是要人循規蹈矩，事事要皆得其宜。「義者，天下之制也。」孔穎達疏，義，宜也；制，謂裁斷。既使物各得其宜，是能裁斷於事也〔註 271〕。「禮以行義，義以生利，利以平民，政之大節也。」孔穎達疏，尊卑各有其禮，上下乃得其宜，此禮所以行其物宜也。物皆得宜，然則是利生焉，此義所以生利益也〔註 272〕。錯心方直，動合事宜乃謂之為義〔註 273〕。「國有患，君死社稷，謂之義」〔註 274〕。德義乃生民之本，為政者要教民以義，使其得宜。「民未知義，未安其居。」孔穎達疏，未知君臣之義，不作長久之圖，苟且為生，以過朝夕，是未安其居〔註 275〕。義者，宜也。教之義方，使得其宜〔註 276〕。人君為政之道，亦勞心施政，除民之疾，又當惟其飾以禮義，使之行善然後治〔註 277〕。「禮之所尊，尊其義也。……知其義而敬守之，天子之所以治天下也。」孔穎達疏，禮之所以可尊重者，尊其有義理也。聖人能知其義理而恭敬守之，是天子所以治天下也〔註 278〕。

〔註 270〕《尚書正義》卷四《虞書・大禹謨》。
〔註 271〕《禮記正義》卷五十四《表記》。
〔註 272〕《春秋左傳正義》卷二十五《成公二年》。
〔註 273〕《春秋左傳正義》卷三《隱公三年》。
〔註 274〕《禮記正義》卷二十二《禮運》。
〔註 275〕《春秋左傳正義》卷十六《僖公二十七年》。
〔註 276〕《春秋左傳正義》卷六《桓公六年》。
〔註 277〕《尚書正義》卷十四《周書・梓材》。
〔註 278〕《禮記正義》卷二十六《郊特牲》。

義的政治意涵之二是決斷適宜。「道德仁義，非禮不成」，孔穎達疏，義是裁斷合宜〔註279〕。「義者，天下之制也」，孔穎達疏，義，宜也；制謂裁斷。既使物各得其宜，是能裁斷於事也〔註280〕。「道者義也」，鄭玄注曰：「義也，謂斷以事宜也」，孔穎達疏，義，宜也。凡可履蹈而行者，必斷割得宜，然後可履蹈，故云「道者義也」〔註281〕。《禮記・中庸》中鄭玄注曰木神則仁，孔穎達借皇侃疏：「義亦果敢斷決也」。也就是說，斷決得中也。《禮記・郊特牲》載：「大夫強而君殺之，義也。」孔穎達疏，大夫強盛，則干國亂紀，而君能殺之，是銷絕惡源，得其義也〔註282〕。

義的政治意涵之三是禁人爲非。「禁民爲非曰義」，孔穎達疏，義，宜也。禁約其民爲非僻之事，勿使行惡，而得其宜也，是謂之義〔註283〕。

孔穎達指出，凡行事合宜，決斷適宜，則功業成，反之，不義則亡。「直其正也，方其義也。君子敬以直內，義以方外，敬義立而德不孤。『直方大，不習?不利』，則不疑其所行也。」孔穎達疏，君子用敬以直內，內謂心也，用此恭敬以直內理。君子法地正直而生萬物，皆得所宜，各以方正。身有敬義，以接於人，則人亦敬，義以應之，是德不孤也。直則不邪，正則謙恭，義則與物無競，方則凝重不躁，則所行不須疑慮〔註284〕。「大國制義，以爲盟主。是以諸侯懷德畏討，無有貳心。謂汶陽之田，敝邑之舊也，而用師於齊，使歸諸敝邑。今有二命，曰『歸諸齊』。信以行義，義以成命，小國所望而懷也。信不可知，義無所立，四方諸侯，其誰不解體？」孔穎達疏，大國當制其義事，以爲諸侯之盟主。言之有信，義事乃行。事必以義，命乃成就。杖信以行義事，以義而命諸侯，故以小國所望而歸之。言而無信，則信不可知；所命非義，則義無所立，如是則四方諸侯，其誰不解體？〔註 285〕「不義不暱，厚將崩」，孔穎達疏，以牆屋喻也。厚而無基必自崩，喻眾所不附將自敗也〔註286〕。「重施而報，君將何求；重施而不報，其民必攜，攜

〔註279〕《禮記正義》卷二《曲禮上》。
〔註280〕《禮記正義》卷五十四《表記》。
〔註281〕《禮記正義》卷五十四《表記》。
〔註282〕《禮記正義》卷二十五《郊特牲》。
〔註283〕《周易正義》卷八《繫辭下》。
〔註284〕《周易正義》卷一《坤卦》。
〔註285〕《春秋左傳正義》卷二十六《成公八年》。
〔註286〕《春秋左傳正義》卷二《隱公元年》。

而討焉，無眾，必敗。」不義故民離〔註 287〕。孔穎達疏，天命之不於常，有義則存，無義則亡〔註 288〕。「強以克弱而安之，強不義也。不義而強，其斃必速。《詩》曰：『赫赫宗周，褒姒滅之。』強不義也。……夫以強取，不義而克，必以爲道。道以淫虐，弗可久已矣！」孔穎達疏，以不義謂之爲道，而淫虐爲之，民所不堪，不可久矣〔註 289〕。違義，禍也〔註 290〕。

三、仁義相須

仁與義也是一對相反相成的範疇。《周易·說卦》：「立天之道曰陰與陽，立地之道曰柔與剛，立人之道曰仁與義。」孔穎達疏，其天地生成萬物之理，須在陰陽必備。天地既立，人生其間，立人之道，有二種之性，曰愛惠之仁與斷割之義也〔註 291〕，即仁義是天地之道陰與陽、柔與剛在人間的延伸。仁義相輔在政治實踐中即屬德刑兼備。

孔穎達認爲，仁是仁愛，是「仁恩之道」，政治決策則體現爲仁政；義即宜也，是「斷割得宜」，要人有所節制，有所不爲，見諸政治規範則多以裁斷、禁限等形式出現。「仁近於樂，義近於禮。」鄭玄注：「言樂法陽而生，禮法陰而成。」孔穎達疏：「仁主仁愛，樂主和同，故仁近於樂也。義主斷割，禮爲節限，故義近於禮也。」〔註 292〕「君子欲觀仁義之道，禮其本也。」孔穎達疏，君子欲觀其人行仁義之道，必須用禮爲其本。若行合於禮則有仁義，若不合於禮則無仁義〔註 293〕。只有仁義相輔，配合運用，才能達到理想的效果。仁是義之本，義爲仁之節，「義者，藝之分，仁之節也。協於藝，講於仁，得之者強。仁者，義之本也，順之體也，得之者尊」。孔穎達疏，義者，裁斷合宜也；藝，才也；仁，施也。人有才能，又有仁施。若不以義裁斷則過失，故用義乃得分節也。此唯明仁須義，一切皆須義斷。「藝者審其分，仁者宜得節，皆須義以斷之」，是說義爲藝之分，仁之節，說明義之貴也。斷才得分，即是義能合藝也；使仁得節，是義能明於仁也。仁能與義作本，仁者施生，故爲順之體。既能施生，又爲順體，故爲人所尊仰。但義主斷割，能服於人，

〔註 287〕《春秋左傳正義》卷十三《僖公十三年》。
〔註 288〕《春秋左傳正義》卷三十五《襄公二十三年》。
〔註 289〕《春秋左傳正義》卷四十一《昭公元年》。
〔註 290〕《春秋左傳正義》卷四十二《昭公二年》。
〔註 291〕《周易正義》卷九《說卦》。
〔註 292〕《禮記正義》卷三十七《樂記》。
〔註 293〕《禮記正義》卷二十四《禮器》。

故得義者強；仁是恩施，眾所敬仰，故得仁者尊〔註 294〕。

爲政者要兼行仁義，相輔而成，達致理想政治即王道。「仁者，天下之表也；義者，天下之制也。」孔穎達疏，表謂儀表，言仁恩是行之盛極，故爲天下之儀表也。義，宜也；制，謂裁斷。既使物各得其宜，是能裁斷於事也〔註 295〕。「仁者右也，道者左也。仁者人也，道者義也」，明仁義相須，若手之左右。仁恩者，若人之右手，右手是用之便也，仁恩亦行之急也。道是履蹈而行，比仁恩稍劣，故爲左也。仁恩之道，以人情相愛偶也。凡可履蹈而行者，必斷割得宜，然後可履蹈。「厚於仁者薄於義，親而不尊。厚於義者薄於仁，尊而不親」，即謂仁義並行者也，仁多則人親之，義多則人尊之。「道有至義有考，至道以王，義道以霸，考道以爲無失」。孔穎達疏，一道之內兼有三種，道之所用「有至」，即兼行仁義，行之至極可以王有天下；道之所用「有義」，謂仁義之中，唯有義無仁，則直能斷決，若齊桓、晉文以甲兵斷割，可以霸於諸侯；道之所用「有考」，謂於仁義之中，或取仁，或取義，隨取其一，不違於理，勉力成之，非本性也。即考道勉強而行以成就之，不是天性自然所稟者。由孔穎達疏可以看出，只有仁義相須之道才是至道，才可以王有天下，稱爲王道〔註 296〕。

第七節　克庸祇德

中國古代政治思想中，道德與政治互構凸顯了政治對道德力量的藉重，德成爲一個重要的政治和道德概念，關乎政治的成敗得失，道德因素上升爲中國古代政治權力更迭模式中的軸心力量。德既是成爲帝王的合法論原則之一，也是人主創立功業的前提，還是治理國家、管理社會的方略，即德爲政教之本。倫理道德成爲約束和規範、協調政治的致治之道，所以反覆強調積德、用德彰厥善，持之以恆地敬德明德成爲重要的爲君之道。

一、治國之道在貴德

「夫令名，德之輿也。德，國家之基也」〔註 297〕。「我之不德，民將棄

〔註 294〕《禮記正義》卷二十二《禮運》。
〔註 295〕《禮記正義》卷五十四《表記》。
〔註 296〕《禮記正義》卷五十四《表記》。
〔註 297〕《春秋左傳正義》卷三十五《襄公二十四年》。

我」〔註 298〕。「背施無親，幸災不仁，貪愛不祥，怒鄰不義。四德皆失，何以守國？」〔註 299〕能否貴德、用德，關係到一個政權的盛衰成敗，所以孔穎達疏多次強調貴德對治國的重要性，勸勉君主貴德，不非德。

天道遠而難動，德能動遠。「天道多在西北。南師不時，必無功。叔向曰：『在其君之德也。』」孔穎達引《孟子》疏曰，天時不如地利，地利不如人和〔註 300〕。這裡的人和特指君主的仁政德行是否順得人心、凝聚人心。「國之將興，明神降之，監其德也；將亡，神又降之，觀其惡也。故有得神以興，亦有以亡，虞、夏、商、周皆有之」〔註 301〕，意思就是說天命據爲政者行政德惡而福禍之，使其或興或亡，正所謂「惟命不於常」。孔穎達疏，君主當常念天命之不於常也。惟行善則得之，行惡則失之。不絕國祚，短長由德也〔註 302〕。「皇天無親，惟德是輔。民心無常，惟惠之懷。」〔註 303〕天之於人，無有親疏，惟有德者則輔祐之。民之於上，無有常主，惟愛己者則歸之。「惟德動天，無遠弗屆。」孔穎達疏，「惟德動天」，天遠而難動，德能動遠。「無遠不屆」，乃據人言德動遠人，無不至也，修德致遠也。他進一步指出，德之動天，經傳多矣。《禮運》云，聖人順民，天不愛其道，地不愛其寶，故天降膏露，地出醴泉。如此之類，皆德動之也〔註 304〕。「天難諶，命靡常。常厥德，保厥位」〔註 305〕，天無常，故難信。人能常其德，則安其位。「民有不若德，不聽罪。天既孚命正厥德。」孔穎達疏，天自信行賞罰之命，賞有義，罰無義，欲使有義者長，不義者短，此事必信也。天自正其德，福善禍淫，其德必不差也。謂民有永有不永，天隨其善惡而報之。王安得不行義事，求長命也？意在勸王改過修德以求長治久安〔註 306〕。「方懋厥德，罔有天災。」孔穎達疏，由於勉行其德，故無有天災，即能以德禳災〔註 307〕。「國將興，聽於民；將亡，聽於神。神，聰明正直而壹者也，依人而行。虢多涼德，其何土之能得？」孔穎達疏，神依人而行，

〔註 298〕《春秋左傳正義》卷三十《襄公九年》。
〔註 299〕《春秋左傳正義》卷十三《僖公十四年》。
〔註 300〕《春秋左傳正義》卷三十三《襄公十八年》。
〔註 301〕《春秋左傳正義》卷十《莊公三十二年》。
〔註 302〕《尚書正義》卷十四《周書・康誥》。
〔註 303〕《尚書正義》卷十七《周書・蔡仲之命》。
〔註 304〕《尚書正義》卷四《虞書・大禹謨》。
〔註 305〕《尚書正義》卷八《商書・咸有一德》。
〔註 306〕《尚書正義》卷十《商書・高宗肜日》。
〔註 307〕《尚書正義》卷八《商書・伊訓》。

謂善則就之，惡則去之。虢多薄德，神所不依，其何土之能得？〔註 308〕

君主爲政，德惟治，否德亂，所以執政務修德音，以亨神人。「明王愼德，四夷咸賓」，孔穎達疏，自古明聖之王，愼其德教以柔遠人，四夷皆來賓服〔註 309〕。《商書・太甲下》載：「惟天無親，克敬惟親。民罔常懷，懷於有仁。鬼神無常享，享於克誠。天位艱哉！德惟治，否德亂。」意思就是說，居天子之位有三難：即天於人無有親疏，惟親能敬身者；民所歸無常，以仁政爲常；鬼神不保一人，能誠信者則享其祀。爲政以德則治，不以德則亂。「君若以德綏諸侯，誰敢不服？君若以力，楚國方城以爲城，漢水以爲池，雖眾，無所用之」〔註 310〕。「無喪而慼，憂必仇焉；無戎而城，仇必保焉。寇讎之保，又何愼焉！守官廢命，不敬；固仇之保，不忠。失忠與敬，何以事君？《詩》云：『懷德惟寧，宗子惟城。』君其修德而固宗子，何城如之？」孔穎達疏曰，和其德以撫民，則其國惟安矣。但能以德安國，則宗子之固若城〔註 311〕。「德之不建，民之無援」〔註 312〕，君不能建德，結援大國，故突然而亡。孔穎達疏，眾保於城，城保於德。君上能以德附眾，以功庇下，民信其德，恃其固，故能交相依懷，以衛社稷。苟無固志，盈城之眾，一朝而散，如積水之敗〔註 313〕。「恃險與馬，不可以爲固也，從古以然。是以先王務修德音，以亨神人，不聞其務險與馬也」〔註 314〕。「甚德而度，德不失民，度不失事，民親而事有序，其天所啓也」〔註 315〕。

治國之道在於貴德賤財。「《詩》云：『殷之未喪師，克配上帝。儀監於殷，峻命不易。』道得眾則得國，失眾則失國。是故君子先愼乎德。有德此有人，有人此有土，有土此有財，有財此有用。德者本也，財者末也。外本內末，爭民施奪。是故財聚則民散，財散則民聚。是故言悖而出者，亦悖而入，貨悖而入者，亦悖而出。《康誥》曰：『惟命不於常。』道善則得之，不善則失之矣。《楚書》曰：『楚國無以爲寶，惟善以爲寶。』舅犯曰：『亡人無以爲寶，仁親以爲寶。』」孔穎達疏，其意在表明治國之道在於貴德賤財。有德之人，

〔註 308〕《春秋左傳正義》卷十《莊公三十二年》。
〔註 309〕《尚書正義》卷十三《周書・旅獒》。
〔註 310〕《春秋左傳正義》卷十二《僖公四年》。
〔註 311〕《春秋左傳正義》卷十二《僖公五年》。
〔註 312〕《春秋左傳正義》卷十九《文公五年》。
〔註 313〕《春秋左傳正義》卷十八《文公三年》。
〔註 314〕《春秋左傳正義》卷四十二《昭公二年》。
〔註 315〕《春秋左傳正義》卷四十《襄公三十一年》。

人之所附從也。德能致財，財由德有，故德爲本，財爲末也。外，疏也；內，親也；施奪，謂施其劫奪之情也。君主若親財而疏德，則爭利之人皆施劫奪之情也。事不兩興，財由民立。君主若重財而輕民，則民散也，若散財而周恤於民，則民咸歸聚也。若人君政教之言悖逆人心而出行者，則民悖逆君上而入以報答，拒違君命也。若人君厚斂財貨，悖逆民心而入積聚者，不能久如財，人叛於上，財亦悖逆君心而散出。意思就是說，眾叛親離，財散非君有也。天之命，不常住在一家，爲善則得之，不善則失之〔註 316〕。

孔穎達指出，德雖小，但其發揮的效用大，產生的效應良好；惡雖小，但其危害性極大，產生的影響極其惡劣，甚至可以使君位不保，所以君主要引以爲戒，時刻念慮道德政教。「惟上帝不常，作善降之百祥，作不善降之百殃。爾惟德罔小，萬邦惟慶。爾惟不德罔大，墜厥宗。」孔穎達疏，此處是戒王惟修德而爲善。德無小，德雖小猶萬邦賴慶，況大善乎？若惟不德而爲惡，惡無大，惡雖小猶墜失其宗廟，況大惡乎？《易・繫辭》曰「善不積不足以成名，惡不積不足以滅身」，乃謂大善始爲福，大惡乃成禍〔註 317〕。「弗慮胡獲？弗爲胡成？一人元良，萬邦以貞」，即謂君主要常念慮道德，則得道德；念爲善政，則成善政。天子有大善，則天下得其正。孔穎達疏，伊尹此言，勸王爲善，「弗慮」、「弗爲」，必是善事。人君善事，惟有道德政教。念慮有所得，知心所念慮是道德也。爲之有所成，則知心所念是爲善政也〔註 318〕。

二、敬德以永天命

君權的合法性來源有四：天命、聖德、民意、宗祧。而天命惟以德是瞻。所以天命和敬德捆綁在一起，君主要永葆天命，得天道，就必須敬德。「社稷無常奉，君臣無常位，自古以然」〔註 319〕，江山社稷奉之無常人，即言唯德保社稷。所以爲人君所當早起夜寐，無有不勤於德〔註 320〕。「德日新，萬邦惟懷」，孔穎達借《繫辭》疏，日新之謂盛德，修德不怠，日日益新，德加於人，無遠不屆，故萬邦之眾惟盡歸之〔註 321〕。

〔註 316〕《禮記正義》卷六十《大學》。
〔註 317〕《尚書正義》卷八《商書・伊訓》。
〔註 318〕《尚書正義》卷八《商書・太甲下》。
〔註 319〕《春秋左傳正義》卷五十三《昭公三十二年》。
〔註 320〕《尚書正義》卷十三《周書・旅獒》。
〔註 321〕《尚書正義》卷八《商書・仲虺之誥》。

孔穎達多次強調，君主能不能保其君位，其政治統治能不能長治久安，其執政時間能不能長久，關鍵取決於君主能不能敬德、善政。最有名的是《召誥》中的兩段疏文：（1）王所以須愼敬所爲不可不敬之德，夏商之君皆有歷年，長不與長，由敬與不敬故也，王當法其歷年，戒其不長。有夏之君，服行天命，以敬德之故，惟有多歷年數。有夏桀不其長久，惟不敬其德，乃早墜失其王命。是爲敬者長，不敬者短。有殷之君受天命，以敬德之故，惟有多歷年數。殷紂不其長久，惟不敬其德，乃早墜失其王命。亦是所敬者長，不敬者短。夏殷短長既如此矣，王者惟當用此二國夏殷長短之命以爲監戒，繼順其功德者而法則之，勸王爲敬德也〔註 322〕。（2）王者要知爲政之要，即爲政初則能善，天必遺王多福，使王有智則常吉，歷年長久。今天觀人所爲以授之命，其命有智與愚也，其命吉與凶也，其命歷年與不長也。若能敬德，則有智常吉，歷年長久；若不敬德，則愚凶不長。天觀王善惡，欲授之命，故王者應當疾行敬德。爲行當用德，則能求天長命以歷年。王勿妄役小人過用非常之事，亦當果敢絕刑戮之道，以治下民順行禹湯所有成功，則惟王居天子之位，在德行之首。王能如是，小民乃惟法則於王，行用王德於天下，如是則於王道亦有光明也〔註 323〕。

正因如此，孔穎達多處強調王者應「順天之意，勤德以受命」〔註 324〕。如《立政》載：「帝欽罰之，乃伻我有夏，式商受命，奄甸萬姓。」孔穎達疏，皇天無親，祐有德。周能用賢，天親有德，故得爲天子〔註 325〕。《君陳》載：「至治馨香，感於神明。黍稷非馨，明德惟馨。」孔穎達疏，有至美治之善者，乃有馨香之氣，感動於神明。所言馨香感神者，並非黍稷飲食之氣馨香，而意在表明德之所遠及乃惟爲馨香〔註 326〕。《畢命》亦載：「資富能訓，惟以永年。惟德惟義，時乃大訓」。孔穎達疏，資財富足，能順道義，則惟可以長年命矣。惟能用德，惟能行義，是乃爲大順德也〔註 327〕。《周易・乾卦》九五爻辭曰：「飛龍在天，利見大人。」王弼注曰：「夫位以德興，德以位敘，以至德而處盛位，萬物之睹，不亦宜乎？」孔穎達疏，九五陽氣盛至於天，此自然之象，猶若聖

〔註 322〕《尚書正義》卷十五《周書・召誥》。
〔註 323〕《尚書正義》卷十五《周書・召誥》。
〔註 324〕《尚書正義》卷十六《周書・君奭》。
〔註 325〕《尚書正義》卷十七《周書・立政》。
〔註 326〕《尚書正義》卷十八《周書・君陳》。
〔註 327〕《尚書正義》卷十九《周書・畢命》。

人有龍德飛騰而居天位，德備天下，爲萬物所瞻睹，故天下利見此居王位之大人。位謂王位，以聖德之人能興王位也。有聖德之人，得居王位，乃能敘其聖德。若孔子雖有聖德，而無其位，是德不能以位敘也〔註 328〕。

再如，《左傳》成公十六年載：「君其戒之！《周書》曰：『惟命不於常。』有德之謂。」孔穎達疏曰，唯上天之命，不常於一人也，言善則得之，惡則失之，唯有德者，於是與之〔註 329〕。「盛德必百世祀」，即謂世世益賢，而位漸高，有恩德而得民意〔註 330〕。昭公二十八年載：「《詩》曰：『唯此文王，帝度其心。莫其德音，其德克明。克明克類，克長克君。王此大國，克順克比。比于文王，其德靡悔。既受帝祉，施于孫子。』心能制義曰度，德正應和曰莫，照臨四方曰明，勤施無私曰類，教誨不倦曰長，賞慶刑威曰君，慈和徧服曰順，擇善而從之曰比，經緯天地曰文。九德不愆，作事無悔，故襲天祿，子孫賴之。主之舉也，近文德矣，所及其遠哉！」孔穎達疏，「唯此文王」之身爲天帝所祐，天帝開度其心，令其有揆度之惠，所度前事莫不皆得其中。又使之莫然安靜，其德教之善音，施之於人則皆應和之。又能有監昭在下之明，又能有勤施無私之善，又能教誨不倦，有爲人師長之德，又能賞善刑惡，有爲人君上之度。既有人君之德，故爲人君王此周之大邦也。其施教令，能使國人遍服而順之；既爲國人順服，又能擇人之善者，比方其善，乃從而用之。以此文王之德比於上世，有能經緯天地文德之王如堯舜之輩。其此詩人稱比較於文王之九德，其德皆是無爲人所悔吝者，言文王之德堪比，或以爲比於前世文德之王，義亦通也。以此之故，既受天之祉福，施及於後世之子孫，得使長王天下也〔註 331〕。

三、以德施化

「聲色之於以化民，末也。《詩》曰：『德輶如毛。』毛猶有倫。『上天之載，無聲無臭。』至矣。」孔穎達疏，君子之德不大聲以色，引夫子舊語聲色之事以接之，即言化民之法當以德爲本，不用聲色以化民。若用聲色化民，是其末事〔註 332〕。也就是說，強調爲政者教化百姓民眾要以德爲根本。

〔註 328〕《周易正義》卷一《乾卦》。
〔註 329〕《春秋左傳正義》卷二十八《成公十六年》。
〔註 330〕《春秋左傳正義》卷四十四《昭公八年》。
〔註 331〕《春秋左傳正義》卷五十二《昭公二十八年》。
〔註 332〕《禮記正義》卷五十三《中庸》。

《左傳》隱公四年載：「以德和民，不聞以亂。以亂，猶治絲而棼之也。」賞作爲一種化民權柄，要賞得其當，必加於賢人，不得無德濫賞，施德也要名實相符。「德無常師，主善爲師。」〔註 333〕「汝克黜乃心，施實德於民」，「用德彰厥善」，孔穎達疏，用照察之德彰明其行善。有善者，人主以照察之德加賞祿以明之，使競慕爲善，是彰其善也〔註 334〕。「式敷民德」，布示於民，必以德義〔註 335〕。「人不易物，惟德其物。德盛不狎侮。」言物貴由人，有德則物貴，無德則物賤，所貴在於德。孔穎達疏，有德不濫賞，賞必加於賢人，得者則以爲榮，故「有德則物貴」也。無德則濫賞，賞或加於小人，賢者得之反以爲恥，故「無德則物賤」也。所貴不在於物，乃在於德。有德無德之王，俱是以物賜人，所賜之物一也，不改易其物。惟有德者賜人，其此賜者是物。若無德者賜人，則此物不是物矣。恐人主恃己賜人，不自修德，意在戒人主使修德。德盛者常自敬身，不爲輕狎侮慢之事〔註 336〕。「鬼神非人實親，惟德是依。故《周書》曰：『皇天無親，惟德是輔。』又曰：『黍稷非馨，明德惟馨。』又曰：『民不易物，惟德繄物。』如是，則非德民不和，神不享矣。神所馮依，將在德矣」。孔穎達疏：「民不易物」者，設有二人，俱以物祭，其祭相似，不改易此物。唯有德者繄，此乃是物無德而薦，神所不享，則此物不是物也〔註 337〕。

百官是君主和庶民之間的中介，所以君主尤須昭其德以率百官。「君人者將昭德塞違以臨照百官，猶懼或失之，故昭令德以示子孫。是以清廟茅屋，大路越席，大羹不致，粢食不鑿，昭其儉也。袞、冕、黻、珽，帶、裳、幅、舄，帶，衡、紞、紘、綖，昭其度也。藻、率、鞞、鞛，鞶、厲、游、纓，昭其數也。火、龍、黼、黻，昭其文也。五色比象，昭其物也。鍚、鸞、和、鈴，昭其聲也。三辰旂旗，昭其明也。夫德，儉而有度，登降有數，文、物以紀之，聲、明以發之，以臨照百官。百官於是乎戒懼，而不敢易紀律。今滅德立違，而寘其賂器於大廟，以明示百官。百官象之，其又何誅焉？國家之敗，由官邪也。官之失德，寵賂章也。」孔穎達疏，德者，得也。謂內得於心，外得於物。在心爲德，施之爲行。德是行之未發者也，而德在於心，

〔註 333〕《尚書正義》卷八《商書·咸有一德》。
〔註 334〕《尚書正義》卷九《商書·盤庚上》。
〔註 335〕《尚書正義》卷九《商書·盤庚下》。
〔註 336〕《尚書正義》卷十三《周書·旅獒》。
〔註 337〕《春秋左傳正義》卷十二《僖公五年》。

不可聞見，故聖王設法以外物表之。儉與度、數、文、物、聲、明，皆是昭德之事，故傳每事皆言昭，是昭其德也〔註 338〕。

同爲施教手段，在德與刑的關係上，爲政者要「明德慎罰，不敢侮鰥寡，庸庸，祗祗，威威，顯民」，孔穎達疏，顯用俊德，慎去刑罰，以爲教首。故惠恤窮民，不侮慢鰥夫寡婦，況貴強乎？其明德，用可用，敬可敬，其慎罰，威可威者，顯此道以示民〔註 339〕。「德威惟畏，德明惟明。」孔穎達疏曰，以德行威，則民畏之，不敢爲非。以德明人，人皆勉力自修，使德明〔註 340〕。「不度德，不量力，不親親，不徵辭，不察有罪」〔註 341〕，犯五不韙，必喪其政。《左傳》載：「《夏書》曰：『臯陶邁種德，德，乃降。』姑務修德以待時乎。」孔穎達疏，臯陶能行、布其德，德乃下洽於民，故民歸之。今引之斷章，取證降義，當言臯陶能布行其德，由其有德，乃爲人降服也〔註 342〕。「招攜以禮，懷遠以德。德、禮不易，無人不懷。」〔註 343〕「大上以德撫民，其次親親以相及也。」孔穎達疏，然則大上謂人之最，大上，上聖之人也，以德撫民，唯能是用，不簡親疏也。其次聖之人，則親其所親，以漸相及而至於遠人〔註 344〕。《左傳》文公七年載：「親之以德，皆股肱也，誰敢攜貳？」「重而無基，能無敝乎？」〔註 345〕即言勢重而無德以爲基，必招致叛亂。「王敬作所不可不敬德」，孔穎達疏，王當敬爲所不可不敬之德，其德爲下所敬，則下敬奉其上命，則化必行矣。聖王爲政，當使易從而難犯，故令行如流水，民從如順風。若使設難從之教，爲易犯之令，雖迫以嚴刑，而終不用命。故爲其德不可不敬也。王必敬爲此不可不敬之德，則下民無不敬奉其命矣。民奉其王命，是化行也〔註 346〕。即使必須用刑，君主要明白刑者所以助教而不可專用，除非身有明德，則不能用刑。「穆穆在上，明明在下，灼於四方，罔不惟德之勤。」孔穎達疏，堯躬行敬敬之道在於上位，三后之徒躬秉明德明君道在於下，君臣敬明與德，灼然著於四方，故天下之事無不惟德之勤，悉皆

〔註 338〕《春秋左傳正義》卷五《桓公二年》。
〔註 339〕《尚書正義》卷十四《周書・康誥》。
〔註 340〕《尚書正義》卷十九《周書・呂刑》。
〔註 341〕《春秋左傳正義》卷四《隱公十一年》。
〔註 342〕《春秋左傳正義》卷八《莊公八年》。
〔註 343〕《春秋左傳正義》卷十三《僖公七年》。
〔註 344〕《春秋左傳正義》卷十五《僖公二十四年》。
〔註 345〕《春秋左傳正義》卷六十《哀公二十六年》。
〔註 346〕《尚書正義》卷十五《周書・召誥》。

勤行德矣。天下之士皆勤立德，故乃能明於用刑之中正，循大道以治於民，輔成常教。美堯君臣明德，能用刑得中以輔禮教〔註 347〕。

以德化民要因人施教，樹模範典型，引導不良者化惡從善。「爾無忿疾於頑，無求備於一夫。必有忍，其乃有濟。有容，德乃大。簡厥修，亦簡其或不修。進厥良，以率其或不良。」孔穎達疏，民有不知道者，王者當無忿怒疾惡。頑嚚之民，當以漸教訓之。無求備於一人，當取其所能。在爲人君，必有所含忍，其事乃有所成。有所寬容，其德乃能大，戒王者要寬大不褊隘也。王者之爲政，須知民之善惡，簡別其德行修者，亦簡別其有不修德行者。進顯其賢良，以率勵其不良者。欲令其化惡，使爲善也〔註 348〕。

在德利關係上，要以德幅利，使利生之有道，取之亦有道，用之有度。「富，人之所欲也……且夫富，如布帛之有幅焉。爲之制度，使無遷也。夫民，生厚而用利，於是乎正德以幅之，使無黜嫚，謂之幅利。利過則爲敗。吾不敢貪多，所謂幅也。」言厚利皆人之所欲，唯正德可以爲之幅。孔穎達疏，人皆欲生計重厚而多財用，利益心既無厭，於是乎用正德以幅之。用正德以爲邊幅，使其有度也〔註 349〕。

君主要因世治政，世情不同，治政之德亦不同，並且修德養民要持之以恆。《洪範》載：「三德。一曰正直，二曰剛克，三曰柔克。平康正直，彊弗友剛克，燮友柔克。」孔穎達疏，此三德者，人君之德，張弛有三也。一曰正直，言能正人之曲使直。二曰剛克，言剛強而能立事。三曰柔克，言和柔而能治。既言人主有三德，又說隨時而用之。平安之世，用正直治之。強禦不順之世，用剛能治之。和順之世，用柔能治之〔註 350〕。「井：改邑不改井。」孔穎達疏，古者穿地取水，以瓶引汲，謂之爲井。此卦明君子修德養民，有常不變，終始無改，養物不窮，莫過乎井，故以修德之卦取譬名之「井」焉〔註 351〕。

第八節　重愼刑罰

孔穎達常常告誡君主謹愼其身，唯在依法度、愼法度。有關刑罰法制的

〔註 347〕《尚書正義》卷十九《周書・呂刑》。
〔註 348〕《尚書正義》卷十八《周書・君陳》。
〔註 349〕《春秋左傳正義》卷三十八《襄公二十八年》。
〔註 350〕《尚書正義》卷十二《周書・洪範》。
〔註 351〕《周易正義》卷五《井卦》。

思想可以概括爲：一方面，刑爲政教之用，治國齊家，嚴肅法制，不能不使用刑罰；另一方面，刑罰必須運用適度，切忌濫用，要因時立法，德主刑輔，先德後刑，重德輕刑，執法中正，斷獄從寬。

一、刑不可不施

《五經正義》充分肯定必要的剛克、刑罰，乃至動用極刑、征伐，主張刑政是實現仁義中和的必由之路，「爲亂而罪，天理當然，故曰『天討有罪，五刑五用哉』」〔註 352〕。孔穎達疏，刑，無非天意也，天討治有罪，使之絕惡，當承天意爲五等之刑，使五者輕重用法〔註 353〕。

「亂在外爲奸，在內爲軌。御奸以德，御軌以刑。不施而殺，不可謂德；臣逼而不討，不可謂刑。德、刑不立，奸、軌並至」〔註 354〕。「先王之命，唯罪所在，各致其辟」〔註 355〕。只要有罪，就要懲罰。「以刑教中，則民不暴。」〔註 356〕「刑此亂五常者，不可赦放也。」〔註 357〕「政不率法，而制於心。民各有心，何上之有？」〔註 358〕《周易・蒙卦》初六爻辭曰：「發蒙，利用刑人，用說桎梏，以往吝。」「利用刑人，以正法也。」孔穎達疏，刑人之道乃賊害於物，是道之所惡，所以利用刑人者，在於以正其法制，不可不刑矣。故刑罰不可不施於國，鞭撲不可不施於家〔註 359〕。「毀則爲賊，掩賊爲藏。竊賄爲盜，盜器爲奸。主藏之名，賴奸之用，爲大凶德，有常無赦。在《九刑》不忘！」孔穎達疏，有人毀法則者是爲賊，言其賊敗法也。掩匿賊人是爲藏，言其藏罪人也。竊人財賄謂之爲盜，盜人器用謂之爲奸，主爲藏匿罪人之名，恃賴奸人所盜之用，爲極大之凶德。有常刑無赦，其事在《九刑》之書，不遺忘也〔註 360〕。

「君子以施祿及下，居德則忌」，孔穎達疏，忌，禁也；「決」有二義，《象》則澤來潤下，《彖》則明法決斷，所以君子法此夬義，威惠兼施，雖復施祿及

〔註 352〕《尚書正義》卷十四《周書・酒誥》。
〔註 353〕《尚書正義》卷四《商書・皋陶謨》。
〔註 354〕《春秋左傳正義》卷二十八《成公十六年》。
〔註 355〕《春秋左傳正義》卷三十六《襄公二十五年》。
〔註 356〕《尚書正義》卷十八《周書・周官》。
〔註 357〕《尚書正義》卷十四《周書・康誥》。
〔註 358〕《春秋左傳正義》卷四十二《昭公四年》。
〔註 359〕《周易正義》卷一《蒙卦》。
〔註 360〕《春秋左傳正義》卷二十《文公十八年》。

下，其在身居德，復須明其禁令，合於健而能說，決而能和〔註361〕。孔穎達爲《震卦》「震：亨。震來虩虩，笑言啞啞」疏曰，「震」之爲用，天之威怒，所以肅整怠慢，故迅雷風烈，君子爲之變容，施之於人事，則是威嚴之教行於天下也。故震之來也，莫不恐懼。物既恐懼，不敢爲非，保安其福，遂至笑語之盛〔註362〕。孔穎達進一步指出，威震之來，初雖恐懼，但能因恐懼而自修，所以致福也。因恐懼自修而未敢寬逸，致福之後，方有「笑言」。正因爲曾經戒懼，不敢失則，必時然後言，樂然後笑〔註363〕。

二、因時立法

禮樂刑政共同維繫王道，缺一不可，治國齊家，嚴肅法制，不能不使用刑罰，但要因時立法。法之設文有限，民之犯罪無窮，故爲法立文，不能網羅諸罪。民之所犯，不必正與法同，自然有危疑之理。因此危文以生與上爭罪之心，緣徼幸以成其巧僞，將有實罪而獲免者，所以主張因時立法、變法。

「昔先王議事以制，不爲刑辟，懼民之有爭心也。猶不可禁禦，是故閑之以義，糾之以政，行之以禮，守之以信，奉之以仁，制爲祿位，以勸其從，嚴斷刑罰，以威其淫。懼其未也，故誨之以忠，聳之以行，教之以務，使之以和，臨之以敬，涖之以強，斷之以剛。猶求聖哲之上，明察之官，忠信之長，慈惠之師，民於是乎可任使也，而不生禍亂。民知有辟，則不忌於上。並有爭心，以徵於書，而徼幸以成之，弗可爲矣。夏有亂政，而作《禹刑》。商有亂政，而作《湯刑》。周有亂政，而作《九刑》。三辟之興，皆叔世也。」孔穎達先引《伊訓》、《呂刑》、《周禮》等篇就豫制刑法作了解疏。《尚書．伊訓》云：「先王肇修人紀，制官刑，儆於有位。」穆王命呂侯訓夏贖刑，作《呂刑》之篇，其經云：「墨罰之屬千，劓罰之屬千，剕罰之屬五百，宮罰之屬三百，大辟之屬二百，五刑之屬三千。」《周禮》載：「司刑掌五刑之法，以麗萬民之罪，墨罪五百，劓罪五百，宮罪五百，剕罪五百，殺罪五百。」據此二文，雖王者相變，條數不同，皆是豫制刑法。緊接著他又對「臨事制刑，不豫設法」的原因作了解釋，認爲聖王雖制刑法，舉其大綱，但共犯一法，情有淺深，或輕而難原，或重而可恕，臨其時事，議其重輕，雖依準舊條，而斷有出入，不豫設定法，告示下民，令不測其淺深，常畏威而懼罪也。法

〔註361〕《周易正義》卷五《夬卦》。
〔註362〕《周易正義》卷五《震卦》。
〔註363〕《周易正義》卷五《震卦》。

之所以不可豫定者，於小罪之間，或情有大惡，盡皆致之極刑，則本非應重之罪；悉令從其輕比，又不足以創小人也。於大罪之間，或情有可恕，盡加大辟，則枉害良善；輕致其罰，則脫漏重辜。因此不得不臨時議之，準狀加罪。其後孔穎達又對豫定刑法之利弊作了分疏，今鄭鑄之於鼎，以章示下民，亦既示民，即爲定法。民有所犯，依法而斷。設令情有可恕，不敢曲法以矜之；罪實難原，不得違制以入之。法既豫定，民皆先知，於是倚公法以展私情，附輕刑而犯大惡，是無所忌而起爭端也。漢、魏以來，班律於民，懼其如此，制爲比例。入罪者舉輕以明重，出罪者舉重以明輕。因小事而別有大罪者，則云所爲重，以重論，皆不可一定故也。夏、商之有亂政，在位多非賢哲，察獄或失其實，斷罪不得其中，至有以私亂公，以貨枉法。其事不可復治，乃遠取創業聖王當時所斷之獄，因其故事，制爲定法，亦如鄭鼎所鑄，遵舊施行，不能臨時議事，以制刑罪也〔註 364〕。「夏有亂政而作《禹刑》，商有亂政而作《湯刑》，周有亂政而作《九刑》，三辟之興，皆叔世也。」叔世，謂衰世，世衰民慢，所以作嚴刑以督之。稱其創制聖王以爲所作之法，夏作禹刑，商作湯刑，則周作九刑，作周公之刑也〔註 365〕。從孔穎達的解疏中可以看出他非常肯定臨時議事、因時因世立法的爲政之道的，這與先王之法不可常、應與時俱進的觀點是一致的。

孔穎達在《立政》中進一步疏曰：「治獄必有定法，此定法有所愼行。《周禮・大司寇》云：『刑新國用輕典，刑平國用中典，刑亂國用重典。』〔註 366〕「度作刑以詰四方。」孔穎達疏，度時世所宜，作夏贖刑以治天下四方之民。所謂觀民設教，遭時制宜，刑罰所以世輕世重，爲此故也〔註 367〕。「刑罰世輕世重，惟齊非齊，有倫有要。」孔穎達疏，「刑罰隨世輕重」，言觀世而制刑也，即「刑新國用輕典，刑亂國用重典，刑平國用中典」。他同時把鄭玄根據國情不同而用法不同的看法列出，但未置可否，以備讀者自己裁定。即「新國者，新闢地立君之國。用輕法者，爲其民未習於教也。平國，承平守成之國。用中典者，常行之法也。亂國，簒弒叛逆之國。用重典者，以其化惡，伐滅之也」〔註 368〕。

〔註 364〕《春秋左傳正義》卷四十三《昭公六年》。
〔註 365〕《春秋左傳正義》卷二十《文公十八年》。
〔註 366〕《尚書正義》卷十七《周書・立政》。
〔註 367〕《尚書正義》卷十九《周書・呂刑》。
〔註 368〕《尚書正義》卷十九《周書・呂刑》。

孔穎達在爲「子產鑄刑書，而叔向責之。趙鞅鑄刑鼎，而仲尼譏之」作疏時進一步強調了先王之法不可常，應因時立法的觀念：子產鑄刑書，而叔向責之。趙鞅鑄刑鼎，而仲尼譏之。如此傳文，則刑之輕重，不可使民知也。而李悝做法，蕭何造律，頒於天下，懸示兆民，秦、漢以來，莫之能革。以今觀之，不可一日而無律也，因爲當吏不及古，民僞於昔。因此聖人作法，不能經遠。古今之政，何以異乎？斯有旨矣。古者分地建國，作邑命家，諸侯則弈世相承，大夫亦子孫不絕，皆知國爲我土，眾實我民，自有愛吝之心，不生殘賊之意。故得設法以待刑，臨事而議罪，不須豫以告民，自令常懷怖懼，故仲尼、叔向所以譏其鑄刑書也。秦、漢以來，天下爲一，長吏以時遷代，其民非復己有。儒弱則爲殿負，彊猛則爲稱職。且疆域闊遠，戶口滋多，大郡竟餘千里，上縣數以萬計。豪橫者陵蹈邦邑，桀健者雄張閭里。故漢世酷吏，專任刑誅。或乃肆情好殺，成其不橈之威；違眾用己，以表難測之知。至有積骸滿阱，流血丹野，郅都被「蒼鷹」之號，延年受「屠伯」之名。若復信其殺伐，任其縱舍，必將喜怒變常，愛憎改竟，不得不作法以齊之，宣眾以令之。所犯當條，則斷之以律；疑不能決，則讞之上府。故須萬民以察，天下以治。聖人制法，非不善也，古不可施於今。今人所作，非能聖也，足以周於用，所謂「觀民設教，遭時制宜」，謂此道也〔註 369〕。守其舊法，民不豫知，臨時制宜，輕重難測。民是以能尊其貴，畏其威刑也。官有正法，民常畏威，貴者是以能守其業，保祿位。貴者執其權柄，賤者畏其威嚴，貴賤尊卑不愆，此乃所謂度也。言所謂法度，正如此是也〔註 370〕。

孔穎達認爲，今古既異時，政必殊古，事雖不得盡行，又不可頓除古法，故《說命》曰：「事不師古，以克永世，匪說攸聞。」是後世爲治當師古法，雖則聖人，必須順古。若空欲追遠，不知考擇，居今行古，更致禍災〔註 371〕。

三、明德慎刑

人之有疾，治之以理則疾去。人之有惡，化之以道則惡除。政以德爲主，不嫌不明，政失由於濫刑。孔穎達認爲，爲人君，當明惟爲治民之道而善安之；民未治之時，用安治民；民無道不之而易化，若不以道訓之，則無善政

〔註 369〕《春秋左傳正義》卷四十三《昭公六年》。
〔註 370〕《春秋左傳正義》卷五十三《昭公二十九年》。
〔註 371〕《尚書正義》卷二《虞書・堯典》。

在其國，所以須安民以德刑〔註372〕。「予惟不可不監，告汝德之說於罰之行。今惟民不靜，未戾厥心，迪屢未同，爽惟天其罰殛我，我其不怨。惟厥罪無在大，亦無在多，矧曰其尚顯聞於天？」孔穎達疏，因爲人君須善政在國，令民安，當爲政以愼德刑爲教，故王又命之曰：「封，我惟不可不視古義，告汝施德之說於罰之所有。」欲令封勤德愼刑也。如果做不到勤德愼刑，假令惟天下民不安，未定其心，於周教道屢數而未和同，是爲罪大不可赦〔註373〕。

孔穎達主張德主刑輔，先德後刑，重德輕刑，即愼罰。「惟乃丕顯考文王，克明德愼罰，不敢侮鰥寡，庸庸，祗祗，威威，顯民。用肇造我區夏，越我一二邦以修。」孔穎達疏：「『用可用，敬可敬』，即『明德』也。『用可用』謂小德小官，『敬可敬』謂大德大官，『刑可刑』謂『愼罰』也。」〔註374〕所謂「愼罰」之義，即謂當敬明王者所行刑罰，須明其犯意。人有小罪，非過誤爲之，乃惟終身自爲不常之行，用犯君，如此者，有其罪小，乃不可不殺，以故犯而不可赦。若人乃有大罪，非終行之，乃惟過誤爲之，以此故，君當盡斷獄之道以窮極其罪，是人所犯，乃不可以殺，當以罰宥論之，因爲失誤的緣故。即原心定罪，斷獄之本，所以須敬明之〔註375〕。「汝乃其速由茲義率殺，亦惟君惟長。不能厥家人，越厥小臣外正，惟威惟虐，大放王命，乃非德用乂。汝亦罔不克敬典，乃由裕民，惟文王之敬忌。」孔穎達疏，惡不可爲，爲人君長乃其疾用此典刑宜於時世者，循理以刑殺亂常者，則亦惟爲人君，惟爲人長之正道。既爲人君長，不能治其五教，施於家人之道，則於其卑小臣外土正官之吏，惟爲威暴，則爲酷虐，乃放棄王命矣。如是乃非以道德用治之故。因此要敬其常事，用寬民之道，當思惟念用文王之所敬畏而法之〔註376〕。

孔穎達一再指出，刑罰事重，君主當敬之〔註377〕。王其勿誤於眾治獄之官，當須愼刑〔註378〕。「惟敬五刑，以成三德」，惟當敬愼用此五刑，以成剛柔正直之三德〔註379〕。孔穎達在注疏《旅卦》「君子以明，愼用刑而不留獄」

〔註372〕《尚書正義》卷十四《周書・康誥》。
〔註373〕《尚書正義》卷十四《周書・康誥》。
〔註374〕《尚書正義》卷十四《周書・康誥》。
〔註375〕《尚書正義》卷十四《周書・康誥》。
〔註376〕《尚書正義》卷十四《周書・康誥》。
〔註377〕《尚書正義》卷十九《周書・呂刑》。
〔註378〕《尚書正義》卷十四《周書・康誥》。
〔註379〕《尚書正義》卷十九《周書・呂刑》。

時說:「火在山上,逐草而行,勢不久留,故爲旅象。又上下二體,艮止離明,故君子象此,以靜止明察,審愼用刑,而不稽留獄訟。」〔註380〕

孔穎達疏力主君主制定刑法和施行刑罰要就「輕」避「重」,「德威惟畏,德明惟明。」孔穎達疏:「以德行其威罰,則民畏之,而不敢爲非。以德明人,人皆勉力自修,使德明。」即當君主看到民怨時,要「增修其德」,「所行賞罰各得其所」,「敦德以臨之,以德行其威罰,則民畏之而不敢爲非」。古代聖王「能以德威罰罪人,故人皆畏威服德也」〔註381〕。「刑善也夫!一人刑善,百姓休和,可不務乎?《書》曰:『一人有慶,兆民賴之,其寧惟永。』其是之謂乎!周之興也,其《詩》曰:『儀刑文王,萬邦作孚。』言興善也。」孔穎達疏,儀,善也。刑,法也。孚,信也。善用法者,文王也。文王善用法,故能爲萬國所信〔註382〕。

四、教主刑輔 先禮後刑

孔穎達疏一再強調,爲政者治民尤須注意先禮後刑,以教化爲主,刑罰爲輔。

《呂刑》載:「乃命三后,恤功於民。伯夷降典,折民惟刑。禹平水土,主名山川。稷降播種,農殖嘉穀。三后成功,惟殷於民。士制百姓於刑之中,以教祇德。」孔穎達疏,堯既誅苗民,乃命三君伯夷、禹、稷優施功於民。使伯夷下禮典教民,折斷下民,惟以典法。伯禹身平治水土,主名天下山川,其無名者皆與作名。后稷下教民布種,在於農畝種殖嘉。穀三君者各成其功,惟以殷盛於民,使民衣食充足。乃使士官制御百官之姓於刑之中正,以教民爲敬德。先以禮法化民,民既富而後教之,非苟欲刑殺也。禹、稷教民,使衣食充足。伯夷道民,使知禮節,有不從教者,乃以刑威之。先言三君之功,乃說用刑之事。禹、稷教民稼穡,衣食既已充足。伯夷道民典禮,又能折之以法。禮法既行,乃使皋陶作士,制百官於刑之中。令百官用刑,皆得中正,使不僭不濫,不輕不重,助成道化,以教民爲敬德。伯夷之法,敬德行禮也〔註383〕。「四方司政典獄,非爾惟作天牧?今爾何監,非時伯夷播刑之迪?」孔穎達疏,伯夷典禮,皋陶主刑,刑禮相成以爲治。不使視皋陶而令視伯夷

〔註380〕《周易正義》卷六《旅卦》。
〔註381〕《尚書正義》卷十九《周書・呂刑》。
〔註382〕《春秋左傳正義》卷三十二《襄公十三年》。
〔註383〕《尚書正義》卷十九《周書・呂刑》。

者，欲其先禮而後刑。道之以禮，禮不從乃刑之，則刑亦伯夷之所布，故令視伯夷布刑之道而法之。王肅云：「伯夷道之以禮，齊之以刑」〔註 384〕。「穆穆在上，明明在下，灼於四方，罔不惟德之勤。故乃明於刑之中，率乂於民棐彝。」孔穎達疏，刑者所以助教而不可專用，不是身有明德，則不能用刑。以天下之大，萬方之眾，必當盡能用刑，天下乃治。此美堯能使「天下皆勤立德，故乃能明於用刑之中正」，言天下皆能用刑，盡得中正，循治民之道以治於民，輔成常教。伯夷所典之禮，是常行之教也〔註 385〕。「貪色為淫，淫為大罰。《周書》曰：『明德慎罰。』文王所以造周也。明德，務崇之之謂也。慎罰，務去之之謂也。」孔穎達疏，「務崇之」，謂務欲崇益道德；「務去之」，謂務欲去其刑罰。惟乃丕顯考文王，克明德慎罰。文王能為此行，故建立周朝〔註 386〕。

五、斷獄從寬 安民須以德刑

「剛克之道，不可常行。若專用威猛，以此即戎，則便為尚力取勝，即是決而不和，其道窮矣」〔註 387〕，理想的政治願景是「服萬物而不以威刑也」〔註 388〕。所以，君主「以赦過宥罪」。孔穎達疏：「赦謂放免，過謂誤失，宥謂寬宥，罪謂故犯，過輕則赦，罪重則宥，皆解緩之義也。」〔註 389〕

「帝德罔愆，臨下以簡，御眾以寬。罰弗及嗣，賞延於世。宥過無大，刑故無小。罪疑惟輕，功疑惟重。與其殺不辜，寧失不經。好生之德，洽於民心，茲用不犯於有司。」孔穎達疏，民合於中者，由帝德純善，無有過失，臨臣下以簡易，御眾庶以優寬。罰人不及後嗣，賞人延於來世。宥過失者無大，雖大亦宥之。刑其故犯者無小，雖小必刑之。罪有疑者，雖重，從輕罪之。功有疑者，雖輕，從重賞之。與其殺不辜非罪之人，寧失不經不常之罪。以等枉殺無罪，寧妄免有罪也。由是故帝之好生之德，下洽於民心，民服帝德如此，故用是不犯於有司〔註 390〕。

〔註 384〕《尚書正義》卷十九《周書・呂刑》。
〔註 385〕《尚書正義》卷十九《周書・呂刑》。
〔註 386〕《春秋左傳正義》卷二十五《成公二年》。
〔註 387〕《周易正義》卷五《夬卦》。
〔註 388〕《周易正義》卷七《繫辭上》。
〔註 389〕《周易正義》卷四《解卦》。
〔註 390〕《尚書正義》卷四《虞書・大禹謨》。

「君子以議獄緩死。」孔穎達疏：「中信之世，必非故犯過失爲辜，情在可恕，故君子以議其過失之獄，緩舍當死之刑也。」〔註 391〕「奸宄殺人，歷人宥。肆亦見厥君事，戕敗人宥。」孔穎達疏，詳察其奸宄及殺人之人，二者所過歷之人，原情不知，有所寬宥。以斷獄務從寬，而民有過誤殘敗人者，當寬宥之〔註 392〕。「《康誥》曰：『父不慈，子不祗，兄不友，弟不共，不相及也。』」孔穎達疏，其意言不慈不祗，不友不恭，各用文王之法刑之，不是罪子又罪父，刑弟復刑兄，是其不相及也〔註 393〕。「《詩》曰：『惠我無疆，子孫保之。』《書》曰：『聖有謨勳，明徵定保。』夫謀而鮮過、惠訓不倦者，叔向有焉，社稷之固也。猶將十世宥之，以勸能者，今壹不免其身，以棄社稷，不亦惑乎？鯀殛而禹興；伊尹放大甲而相之，卒無怨色；管、蔡爲戮，周公右王。若之何其以虎也棄社稷？子爲善，誰敢不勉？」〔註 394〕即言不以父罪而廢其子，不以一怨而妨大德，兄弟罪不相及。「與於青之賞，必及於其罰。在《康誥》曰，父子兄弟，罪不相及。」孔穎達疏，此非《康誥》之全文，其本文云：「子弗祗服厥父事，大傷厥考心。於父不能字厥子，乃疾厥子。於弟弗念天顯，乃弗克恭厥兄；兄亦不念鞠子哀，大不友于弟。惟弔茲，不於我政人得罪。」孔安國傳曰：「至此不孝不慈弗友不恭，不於我執政之人得罪乎！道教不至所致。」「文王作罰，刑茲無赦。」意思是說，刑此不孝不慈之人無赦也。刑不慈者，不可刑其父又刑其子；刑不孝者，不可刑其子又刑其父。正所謂父子兄弟，罪不相及〔註 395〕。

孔穎達指出，峻法酷刑是敗亡之道，君主切忌立重法，用重刑，更不能施用虐刑，殺戮無辜。《康誥》載：「有敘，時乃大明服，惟民其敕懋和。若有疾，惟民其畢棄咎。若保赤子，惟民其康乂」。孔穎達疏，以刑者政之助，不得已才用之；非情好殺害，故又本於政不可以濫刑。欲正刑之本，要而王政教有次序，是乃治理大明則民服。惟民既服從化，其自敕正勉力而平和。然而爲政之目的是化惡爲善，若有病而欲去之，治之以理，則惟民其盡棄惡而修善。惟民爲善，其皆安治。所以爲政保民，不可行以淫刑、濫刑施予無辜、無罪之人〔註 396〕。「刑之不濫，君之明也，臣之原也。淫刑以逞，誰則無

〔註 391〕《周易正義》卷六《中孚卦》。
〔註 392〕《尚書正義》卷十四《周書・梓材》。
〔註 393〕《春秋左傳正義》卷十七《僖公三十三年》。
〔註 394〕《春秋左傳正義》卷三十四《襄公二十一年》。
〔註 395〕《春秋左傳正義》卷四十九《昭公二十年》。
〔註 396〕《尚書正義》卷十四《周書・康誥》。

罪？」〔註 397〕「若古有訓，蚩尤惟始作亂，延及於平民，罔不寇賊鴟義，奸宄奪攘矯虔。苗民弗用靈，制以刑，惟作五虐之刑曰法。殺戮無辜，爰始淫爲劓、刵、椓、黥。越茲麗刑並制，罔差有辭。民興胥漸，泯泯棼棼，罔中於信，以覆詛盟。虐威庶戮，方告無辜於上。上帝監民，罔有馨香，德刑發聞惟腥。皇帝哀矜庶戮之不辜，報虐以威，遏絕苗民，無世在下。」孔穎達疏，以峻法治民，民不堪命，故惡化轉相染易，延及於平善之民，亦化爲惡也。蚩尤作亂，當是作重刑以亂民。以峻法酷刑，民無所措手足，困於苛虐所酷，人皆苟且，故平民化之，無有不相寇賊〔註 398〕。

六、刑當其罪　中正平法

君主以天下爲公，表現在執法方面，就要做到公正無私，「治國制刑，不隱於親」〔註 399〕，「無偏無黨，王道蕩蕩。無黨無偏，王道平平」〔註 400〕。「聖人以順動，則刑罰清而民服」，孔穎達疏：「聖人能以理順而動，則不赦有罪，不濫無辜，故『刑罰清』也。刑罰當理，故人服也。」〔註 401〕

君主只有刑罰各得其實，罪當其罪，天下百姓才心服口服，從而贏得人心。《大禹謨》載：「明於五刑，以弼五教，期於予治。刑期於無刑，民協於中。」孔穎達疏，明曉於五刑，以輔成五教。用刑期於無刑，以殺止殺，使民合於中正之道，令人每事得中〔註 402〕。據歷史記載，舜在攝位之前，就已經開始重慎刑罪，初於登用之日即用刑當其罪，流徙共工於北裔之幽州，放逐驩兜於南裔之崇山，竄三苗於西裔之三危，誅殛伯鯀於東裔之羽山。行此四罪，各得其實，而天下皆服從之。舜既攝位，更加念慮重慎刑罰，常常留意於民，詳其罪罰，依法用其常刑，使罪各當，刑不越法。用流放之法寬宥五刑。五刑雖有犯者，或以恩減降，不使身服其罪，所以流放宥之。五刑之外，更有鞭作治官事之刑；有撲作師儒教訓之刑；其有意善功惡，則令出金贖罪之刑；若過誤爲害，原情非故者，則緩縱而赦放之；若怙恃奸詐，終行不改者，則賊殺而刑罪之。舜不僅要求自己慎刑如此，還告誡百官，令其勤

〔註 397〕《春秋左傳正義》卷十五《僖公二十三年》。
〔註 398〕《尚書正義》卷十九《周書・呂刑》。
〔註 399〕《春秋左傳正義》卷四十七《昭公十四年》。
〔註 400〕《尚書正義》卷十二《周書・洪範》。
〔註 401〕《周易正義》卷二《豫卦》。
〔註 402〕《尚書正義》卷四《虞書・大禹謨》。

念刑罰，不使枉濫也〔註 403〕。孔穎達疏主張，刑者所以助教而不可專用，非是身有明德，則不能用刑。以天下之大，萬方之眾，必當盡能用刑，天下乃治。所以君主要使「天下皆勤立德，故乃能明於用刑之中正」，即謂天下皆能用刑，盡得中正，循治民之道以治於民，輔成常教〔註 404〕。

斷獄之法惟在中正，要因時因事而斷。「同罪異罰，非刑也」〔註 405〕。決斷獄訟，要「上下比罪，無僭亂辭，勿用不行，惟察惟法，其審克之。上刑適輕，下服。下刑適重，上服。輕重諸罰有權。刑罰世輕世重，惟齊非齊，有倫有要。」孔穎達疏，將斷獄訟，當上下比方其罪之輕重，乃與獄官眾議斷之。其囚有僭亂之虛辭者，無得聽之，勿用此辭斷獄。惟當清察罪人之辭，惟當附以法理，其當詳審使能之，勿使僭失為不能也。如一人雖犯一罪，狀當輕重兩條，據重條之上有可以虧減者，以輕條為則，服下罪也。若一人之身輕重二罪俱發，則以重罪而從上服，令之服上罪。或輕或重，諸所罪罰，皆有權宜，當臨時斟酌其狀，不得雷同加罪。刑罰有世輕世重，當視世所宜，權而行之。行罰者所以齊非齊者，有倫理，有要善，一定要審量之〔註 406〕。

孔穎達進一步指出，君子法象天威而用刑罰，亦當文明以動，折獄斷決也。斷決獄訟，須得虛實之情；致用刑罰，必得輕重之中。若動而不明，則淫濫斯及，故君子象於豐卦而折獄致刑〔註 407〕。「其惟王勿以小民淫用非彝，亦敢殄戮用乂民。」孔穎達疏，其惟王勿妄役小人過用非常之事，亦當果敢絕刑戮之道，以治下民。聖人作法，以刑止刑，以殺止殺，若直犯罪之人，亦當果敢致罪之，以此絕刑戮之道，治民。如果獄事無疑，決斷得理，則果敢為絕刑戮之道。若其獄情疑惑，枉濫者多，是為不能果敢絕刑戮之道〔註 408〕。「嚴斷刑罰，以威其淫。……臨之以敬，涖之以彊，斷之以剛。」孔穎達疏，其有犯罪則制之刑罰，以威其驕淫放佚也，當彊力以臨之，柔而少決，為政之病，故斷獄者要斷之以剛彊，即嚴斷之義。《喪服四制》云「門內之治恩揜義，門外之治義斷恩」；《尚書・胤征》云「威克厥愛允濟，愛克厥威允罔功」，均戒斷獄者，皆當義斷恩〔註 409〕。「叛而伐之，服而舍之，德、刑成矣。伐叛，刑也；

〔註 403〕《尚書正義》卷三《虞書・舜典》。
〔註 404〕《尚書正義》卷十九《周書・呂刑》。
〔註 405〕《春秋左傳正義》卷三十《襄公六年》。
〔註 406〕《尚書正義》卷十九《周書・呂刑》。
〔註 407〕《周易正義》卷六《豐卦》。
〔註 408〕《尚書正義》卷十五《周書・召誥》。
〔註 409〕《春秋左傳正義》卷四十三《昭公六年》。

柔服，德也」〔註410〕。「亂在外爲奸，在內爲軌。御奸以德，御軌以刑。不施而殺，不可謂德；臣逼而不討，不可謂刑。德、刑不立，奸、軌並至」〔註411〕。

王者宜告誡負責典獄刑罰的百官群僚，要守法遵法，中正斷獄，廉潔執法。「無依勢作威，無倚法以削，寬而有制，從容以和。殷民在辟，予曰辟，爾惟勿辟。予曰宥，爾惟勿宥。惟厥中。有弗若於汝政，弗化於汝訓，辟以止辟，乃辟。狃於奸宄，敗常亂俗，三細不宥。」孔穎達疏，君主要告誡典獄官不得依恃形勢以作威於人，更不得倚附法制刻削百姓，必當寬容而有法制，使疏而不漏；從容以和協於物，莫爲褊急。有犯事在於刑法未斷決者，不得從上意，君主說罰臣就罰，君主說放臣就放，惟其以中正平法斷決之。民眾其有不順於政令，不化於訓教，其罪既大，當行刑中。刑罰一人可以止息後犯者，故云犯刑者乃刑之。如其罪或輕細，罰不當理，雖刑勿息，故不可輒刑。若有人習於奸宄兇惡，敗五常之道，亂風俗之教，三犯其事者，事雖細小，勿得宥之。以其知而故犯，當殺之以絕惡源〔註412〕。「民之亂，罔不中聽獄之兩辭，無或私家於獄之兩辭。獄貨非寶，惟府辜功，報以庶尤。永畏惟罰，非天不中，惟人在命。天罰不極，庶民罔有令政在於天下。」孔穎達疏，民之所以治者，皆由獄官無有不用中正聽訟之兩辭。由於以中正之法斷獄的緣故，下民乃得治。典獄官無有敢受貨賂，成私家於獄之兩辭。君主要鑒戒典獄官勿於獄之兩家受貨致富，治獄受貨非家寶也，惟是聚罪之事。多聚罪則天報汝，以眾人見被尤怨而罰責之。當長畏惟天所罰，天罰非是天道不中，惟人在於自作教命，使不中爾。教命不中，則天罰臣僚。天道罰不中，若令眾民無有善政在於天下，則是人主不中，天亦將罰人主〔註413〕。

爲政者要防範典獄諸官徇私枉法。「罰懲非死，人極於病。非佞折獄，惟良折獄，罔非在中。察辭於差，非從惟從。哀敬折獄，明啓刑書，胥占，咸庶中正。其刑其罰，其審克之。獄成而孚，輸而孚。其刑上備，有並兩刑。」孔穎達疏，聖人之制刑罰，所以懲創罪過，並非要使人死也，欲使惡人極於病苦，莫敢犯之而已。非口才辯佞之人可以斷獄，惟良善之人乃可以斷獄。斷獄無非在其中正，佞人即不能然也。察囚之辭其難在於言辭差錯，斷獄者非從其僞辭，惟從其本情。斷獄之時，當哀憐之下民之犯法，敬慎斷獄之害人，勿得輕耳斷

〔註410〕《春秋左傳正義》卷二十三《宣公十二年》。
〔註411〕《春秋左傳正義》卷二十八《成公十六年》。
〔註412〕《尚書正義》卷十八《周書・君陳》。
〔註413〕《尚書正義》卷十九《周書・呂刑》。

之，必令典獄諸官明開刑書，相與占之，皆無幾得中正之道，其所刑罰，其當詳審能之，勿使失中。其斷獄成辭，得其信實，又當輸信實之狀而告於王。其斷刑文書上於王府，皆使備具，不得有疏漏。其囚若犯二事，罪雖從重，有並兩刑上之者，即有兩刑，亦具上之。獄官不得有所隱沒〔註414〕。

綜上所述，我們可以看出，《五經正義》中內含極其豐富的有關刑罰法制的政治理念，其主要政治特徵是強調「德本刑用」理念，肯定刑罰在政治中的地位與作用，強調依法斷罪理念，極力主張司法公正，強調官吏公平廉潔的執法、守法理念，其目的是維繫整個君主政治秩序的等級制度和等級結構，最終服務於君主政治體系的高效運轉。

第九節　一張一弛

「張而不弛，文、武弗能也。弛而不張，文、武弗爲也。一張一弛，文、武之道也」。孔穎達疏，張謂張弦；弛謂落弦。若弓久張而不落弦，則絕其弓力，譬喻民久勞而不息，則亦損民之力。若使民如此，縱令文武之治，亦不能使人之得所，以言其苦，故稱其不能。弓久落弦而不張設，則失其弓之往來之體，譬喻民久休息而不勞苦，則民有驕逸之志。民若如此，文、武亦不能爲治也。弓一時須張，一時須弛，隱喻民一時須勞，一時須逸。勞逸相參，若調之以道，化之以理，張弛以時，勞逸以意，則文、武得其中道也，使可以治。所以爲政治國之要，在於一張一弛，文武之道也〔註41〕。弓弩是要爲人所用的，張弓過度則勢必損壞弓弦，而落弦不張則勢必棄置其功用。治民之道亦然，須一張一弛，其哲學基礎即剛柔並濟，其見諸政治實踐即寬猛相濟。

一、剛柔並濟

孔穎達疏，以天地之道論剛柔，認爲「天剛而能柔」，這是剛中有柔；「地柔而能剛」，這是柔中有剛〔註416〕。《詩經》以載：「不競不絿，不剛不柔，敷政優優，百祿是遒。」孔穎達疏曰，湯之行，能致美譽之由。湯之性行，不爭竟，不急躁，不大剛猛，不大柔弱，舉事得其中，敷陳政教則優優而和美，

〔註414〕《尚書正義》卷十九《周書・呂刑》。
〔註415〕《禮記正義》卷四十三《雜記下》。
〔註416〕《尚書正義》卷十二《周書・洪範》。

以此之故，百眾之祿於是聚而歸之〔註 417〕。

《洪範》載：「三德：一曰正直，二曰剛克，三曰柔克。平康正直，強弗友剛克，燮友柔克。沉潛剛克，高明柔克。」孔穎達疏：「此三德者，人君之德，張弛有三也。一曰正直，言能正人之曲使直。二曰剛克，言剛強而能立事。三曰柔克，言和柔而能治。既言人主有三德，又說隨時而用之。平安之世，用正直治之。強禦不順之世，用剛能治之。和順之世，用柔能治之。」〔註 418〕正直、剛克、柔克三德不僅應當是人主之德，而且也應當是賢臣之德。《詩經》載：「羔裘晏兮，三英粲兮。彼其之子，邦之彥兮。」毛亨傳：「三英，三德也。」鄭玄箋云：「三德，剛克，柔克，正直也。」孔穎達疏，剛能、柔能，謂寬猛相濟，以成治立功。剛則強，柔則弱。此陷於滅亡之道，非能也。然則正直者，謂不剛不柔，每事得中也。剛克者，雖剛而能以柔濟之。柔克者，雖柔而能以剛濟之。故三者各為一德〔註 419〕。

《左傳》載：「《商書》曰：『沉漸剛克，高明柔克。』天為剛德，猶不於時，況在人乎？且華而不實，怨之所聚也。犯而聚怨，不可以定身。」孔穎達疏認為，人性有剛柔之別。人們必須以柔調整剛的本性，或以剛調整柔的本性，否則無法自保其身。孔安國以此二句為天地之德，故注云「沉漸謂地，雖柔亦有剛，能出金石。高明謂天，言天為剛德，亦有柔克，不干四時」。杜預以傳證人性，即以人事解之。沉漸謂人性之沉滯濡溺也，高明謂人性之高亢明爽也。滯溺者，當以剛勝其本性。亢爽者，當以柔勝其本性。必自屈矯己，乃能成全。不然，則沉漸失於弱，高明失於剛，不能保其身也〔註 420〕。

《周易正義》中多有剛柔辯證之論。「坤至柔而動也剛」，孔穎達疏，六爻皆陰，是至柔也。體雖至柔而運動也剛，柔而積漸，乃至堅剛，則上云「履霜堅冰」是也。又地能生物，初雖柔弱，後至堅剛而成就〔註 421〕。孔穎達解疏《周易・損卦》九二爻辭是論道，柔不可以全益，剛不可以全削，下不可以無正〔註 422〕。「二簋應有時，損剛益柔有時。損益盈虛，與時偕行。」孔穎達疏，二簋至約，惟在損時應時行之，非時不可也。損之所以能「損下益上」

〔註 417〕《毛詩正義》卷二十《商頌・長發》。
〔註 418〕《尚書正義》卷十二《周書・洪範》。
〔註 419〕《毛詩正義》卷四《國風・鄭風・羔裘》。
〔註 420〕《春秋左傳正義》卷十九《文公五年》。
〔註 421〕《周易正義》卷一《坤卦》。
〔註 422〕《周易正義》卷四《損卦》。

者，以下不敢剛亢，貴於奉上，則是損於剛亢而益柔順也。人之爲德，須備剛柔，就剛柔之中，剛爲德長。既爲德長，不可恒減，故損之「有時」。虛此以盈彼，但有時宜用，故應時而行〔註 423〕。《兌卦》載，「兌，說也。剛中而柔外，說以利貞。是以順乎天而應乎人」，孔穎達疏，外雖柔說，而內德剛正，則不畏邪諂。內雖剛正，而外跡柔說，則不憂侵暴。只爲剛中而柔外，中外相濟，故得說亨而利貞也。廣明說義，合於天人。天爲剛德而有柔克，是剛而不失其說也〔註 424〕。

二、寬猛相濟

《左傳》昭公二十年載，仲尼曰：「善哉！政寬則民慢，慢則糾之以猛。猛則民殘，殘則施之以寬。寬以濟猛，猛以濟寬，政是以和。《詩》曰，『民亦勞止，汔可小康；惠此中國，以綏四方。』施之以寬也。『毋從詭隨，以謹無良，式遏寇虐，慘不畏明』，糾之以猛也。『柔遠能邇，以定我王』，平之以和也。又曰，『不競不絿，不剛不柔，布政優優，百祿是遒』，和之至也。」孔穎達疏，苛政勞民，民亦大疲勞止，其可以小息之，君應施之以寬。詭、隨謂詭人爲善，隨人小惡，此雖惡之小者，其事不可舍從也，毋得從此詭隨之人，以謹敕彼無善之人。無善之惡，大於詭隨，詭隨不從，則無善息止，是謹敕之也。寇虐之惡人又大於無善。王當嚴爲刑威，用止臣民之間有爲寇盜苛虐，曾不畏明白之刑者。君應糾之以猛也。王者當以寬政安慰遠人，使之懷附，則各以才能自進者，是近人也。遠者懷而歸，近者以能自進，用此以定我爲王之功。如湯之爲政，不大強，不大急，不大剛，不大柔，布行政教，優優然和綏，百種福祿於是聚而歸之，其和之至也〔註 425〕。

「道有升降，政由俗革，不臧厥臧，民罔攸勸。」孔安國傳，政教有用俗改更之理。民之俗善，以善養之。俗有不善，以法御之。若乃不善其善，則民無所勸慕。孔穎達疏，天氣下降，地氣上騰，寒暑生焉。刑新國用輕典，刑亂國用重典，輕重隨俗而有寬猛之區分。天道有上下交接之義，故寒暑易節。政教有用俗改更之理，故寬猛相濟。天道有寒暑遞來，政教以寬猛相濟〔註 426〕。《周書・衰畢命》載：「不剛不柔，厥德允修。」孔安國傳：「治之

〔註 423〕《周易正義》卷四《損卦》。
〔註 424〕《周易正義》卷六《兑卦》。
〔註 425〕《春秋左傳正義》卷四十九《昭公二十年》。
〔註 426〕《尚書正義》卷十九《周書・畢命》。

不剛不柔，寬猛相濟，則其德政信修立。」「唯有德者能以寬服民，其次莫如猛。夫火烈，民望而畏之，故鮮死焉；水懦弱，民狎而玩之，則多死焉。故寬難。」孔子對此表示讚賞：「善哉！政寬則民慢，慢則糾之以猛。猛則民殘，殘則施之以寬。寬以濟猛，猛以濟寬，政是以和。」〔註 427〕

第十節　廣開言路

《五經正義》中關於各種廣開言路的經典依據十分豐富，尤為主張統治者兼聽博納，集思廣益，在廣泛諮詢臣民意見的基礎上決斷政務。「廣開言路」的主要功能是開闢上達民情、民意的通道，特別是形成經常化、制度化的信息溝通機制、日常民意渠道，保證政治決策恰當、有效，符合廣大臣民的心願，最終目的是維護王朝的穩定。

君主納諫是君道的重要內容，君主納諫與否關係到王朝盛衰興亡，故「天子齊戒受諫」。孔穎達疏：「以其歲終，舊來所施之事，或有不便，須有改為，百官以此上諫於王，天子以其事重，故先齊戒而後受於諫也。」〔註 428〕在文獻中，「諫」字最早見於《詩經・大雅・民勞》的「王欲玉汝，是用大諫」。

史伯以和與同論君臣，認為政治上就是君臣配合，取長補短，即君主任賢納諫，廣泛聽取臣下的批評意見。如果君主拒諫飾非，任用姦佞，排斥忠良，就會走向滅亡。齊國大夫晏嬰公認為，君臣之間應像調羹作樂一樣，互相配合。「和如羹焉，水、火、醯、醢、鹽、梅，以烹魚肉，燀之以薪，宰夫和之，齊之以味，濟其不及，以泄其過。君子食之，以平其心。君臣亦然。君所謂可而有否焉，臣獻其否，以成其可；君所謂否而有可焉，臣獻其可，以去其否，是以政平而不干，民無爭心。」反之，「君所謂可，據亦曰可；君所謂否，據亦曰否。若以水濟水，誰能食之？若琴瑟之專壹，誰能聽之？同之不可也如是」。孔穎達疏曰，君主非徒身自賢明，亦有和羹之臣，臣與其君可否相濟，如宰夫之和齊羹也。臣能諫君，君能改悔，兩者相須之意也。君主能與臣之賢者和齊可否，其為政教，如宰夫和齊羹之味也〔註 429〕。

「國有大任，焉得專之？」〔註 430〕君主決策應當兼聽博納，盡可能廣泛

〔註 427〕《春秋左傳正義》卷四十九《昭公二十年》。
〔註 428〕《禮記正義》卷十三《王制》。
〔註 429〕《春秋左傳正義》卷四十九《昭公二十年》。
〔註 430〕《春秋左傳正義》卷二十八《成公十六年》。

諮詢眾人的意見。「汝則有大疑，謀及乃心，謀及卿士，謀及庶人，謀及卜筮。汝則從，龜從，筮從，卿士從，庶民從，是之謂大同。身其康彊，子孫其逢吉。」孔安國傳：「將舉事而汝則有大疑，先盡汝心以謀慮之，次及卿士、眾民，然後卜筮以決之。人心和順，龜筮從之，是謂大同於吉。動不違眾，故後世遇吉。」孔穎達引據《周禮》小司寇掌外朝之政，有大疑「以致萬民而詢焉」，疏曰謀及庶人，必是大事，進一步闡釋了「物貴和同，故『大同』之吉延及於後」的道理〔註 431〕。「王命眾悉至於庭」，孔穎達引《周禮》云：「小司寇掌外朝之政，以致萬民而詢焉，一曰詢國危，二曰詢國遷，三曰詢立君。」即謂國將大遷，必詢及於萬民。故知眾悉至王庭，是「群臣以下」，謂及下民也〔註 432〕。《左傳》載：「公子買戍衛，不卒戍，刺之。」孔穎達因《周禮》云：「司刺掌三刺之法，以贊司寇聽獄訟。一刺曰訊群臣，再刺曰訊群吏，三刺曰訊萬民。」鄭玄云：「刺，殺也。訊而有罪則殺之。」訊，言也，內殺大夫。此及成十六年「刺公子偃」，皆書刺者，若云用彼三刺之法，言問臣、吏、萬民，皆言合殺，乃始殺之，以示不枉濫也〔註 433〕。

《左傳》載鄭人遊於鄉校，以論執政。然明謂子產曰：「毀鄉校，何如？」子產曰：「何爲？夫人朝夕退而遊焉，以議執政之善否。其所善者，吾則行之；其所惡者，吾則改之。是吾師也，若之何毀之？我聞忠善以損怨，不聞作威以防怨。豈不遽止？然猶防川，大決所犯，傷人必多，吾不克救也。不如小決使道，不如吾聞而藥之也。」孔穎達疏：「不毀鄉校，使人遊處其中，聞謗我之政者而即改焉，以爲我之藥石也」〔註 434〕，以藥石之喻論證了廣開言路的必要性。「啓乃心，沃朕心。若藥弗瞑眩，厥疾弗瘳」。孔穎達疏，當開汝心所有，以灌沃我心。欲令以彼所見，教己未知故也。其沃我心，須切至，正如服藥不使人瞑眩憒亂，則其疾不得瘳愈。藥毒乃得除病，言切乃得去惑也〔註 435〕。

即使是聖王也要廣開言路，受納人言。「舜格於文祖，詢於四岳，辟四門，明四目，達四聰。」孔穎達疏，明四方之目，使爲己遠視四方也。達四方之聰，使爲己遠聽聞四方也〔註 436〕，受納人言，使多所聞見，以博大此聰明，

〔註 431〕《尚書正義》卷十二《周書・洪範》。
〔註 432〕《尚書正義》卷九《商書・盤庚上》。
〔註 433〕《春秋左傳正義》卷十六《僖公二十八年》。
〔註 434〕《春秋左傳正義》卷四十《襄公三十一年》。
〔註 435〕《尚書正義》卷十《商書・說命上》。
〔註 436〕《尚書正義》卷三《虞書・舜典》。

以輔弼和諧其政〔註437〕。「每歲孟春，遒人以木鐸徇於路，官師相規，工執藝事以諫。其或不恭，邦有常刑。」孔穎達疏，先王大開諫爭之路。每歲孟春，遒人之官以木鐸徇於道路，以號令臣下，使在官之眾更相規闕；百工雖賤，令執其藝能之事以諫上之失常。其有違諫不恭謹者，國家則有常刑。「相規」，相平等之辭，故「官眾」謂「眾官」，「相規」謂「更相規闕」。平等有闕，己尚相規，見上之過，必諫之。「百工各執其所治技藝以諫」，謂被遣作器，工有奢儉，若《月令》云「無作淫巧，以蕩上心」，見其淫巧不正，當執之以諫。百工之賤，猶令進諫，則百工以上，不得不諫〔註438〕。

君主不僅要廣開言路，鼓勵進諫，還要善於納諫，從諫如流。「用人惟己，改過不吝。」孔穎達疏，用人之言，惟如己之所出；改悔過失，無所吝惜。凡庸之主，得人之言，恥非己智，雖知其善，不肯遂從。己有愆失，恥於改過，舉事雖覺其非，不肯更悔，是惜過不改〔註439〕。「好問則裕，自用則小。」即問則有得，所以足，不問專固，所以小〔註440〕。「先王肇修人紀，從諫弗咈，先民時若」。孔安國傳曰，言湯始修為人綱紀，有過則改，從諫如流，必先民之言是順〔註441〕。「有言逆於汝心，必求諸道。有言遜於汝志，必求諸非道。」傳疏曰，人以言咈違汝心，必以道義求其意，勿拒逆之。順汝心，必以非道察之，勿以自臧〔註442〕。「惟木從繩則正，后從諫則聖。后克聖，臣不命其承，疇敢不祗若王之休命？」孔安國傳曰，木以繩直，君以諫明。君能受諫，則臣不待命，其承意而諫之。王如此，誰敢不敬順王之美命而諫者乎？」〔註443〕「夫子語我九言，曰：『無始亂，無怙富，無恃寵，無違同，無敖禮，無驕能，無復怒，無謀非德，無犯非義。』」傳言簡子能用善言，所以遂興〔註444〕。「聽言則對，誦言如醉，匪用其良。」昏亂之君，不好典誦之言，聞之若醉；得道聽塗說之言，則喜而答對。不用良臣之言〔註445〕。「商俗靡靡，利口惟賢。」孔穎達疏，商之舊俗，靡靡然好相隨順，利口辯捷、阿諛順旨者惟以為賢。

〔註437〕《尚書正義》卷四《虞書・皋陶謨》。
〔註438〕《尚書正義》卷七《夏書・胤征》。
〔註439〕《尚書正義》卷八《商書・仲虺之誥》。
〔註440〕《尚書正義》卷八《商書・仲虺之誥》。
〔註441〕《尚書正義》卷八《商書・伊訓》。
〔註442〕《尚書正義》卷八《商書・太甲下》。
〔註443〕《尚書正義》卷十《商書・說命上》。
〔註444〕《春秋左傳正義》卷五十四《定公四年》。
〔註445〕《春秋左傳正義》卷十八《文公元年》。

韓宣子稱，紂使師延作靡靡之樂。「靡靡」者，相隨順之意。紂之爲人，拒諫飾非，惡聞其短，惟以靡靡相隨順、利口捷給、能隨從上意者以之爲賢。商人傚之，遂成風俗，由此所以覆亡國家〔註446〕。

第十一節　居安思危

居安思危的思想是《五經正義》政治道德思想的重要內容，孔穎達強調統治者要以史爲鑒，居安思危，要有憂患意識，不斷對爲政之道進行反思。

「危者，安其位者也。亡者，保其存者也。亂者，有其治者也。是故君子安而不忘危，存而不忘亡，治而不忘亂，是以身安而國家可保也。《易》曰：『其亡其亡，繫於苞桑。』」孔穎達疏，之所以今有傾危者，是由於以前安樂於其位，自以爲安，不有畏愼。之所以今日滅亡者，是由於往前保有其存，恒以爲存，不有憂懼。之所以今有禍亂者，是由於往前自恃有其治理，謂恒以爲治，不有憂慮。是故君子今雖復安，心恒不忘傾危之事；國之雖存，心恒不忘滅亡之事；政之雖治，心恒不忘禍亂之事。心恒畏愼：其將滅亡！其將滅亡！乃繫於苞桑之固也〔註447〕。

「《易》之興也，其於中古乎？作《易》者，其有憂患乎？」無憂患則不爲而足也。孔穎達疏，若無憂患，何思何慮，不須營作。今既作《易》，故知有憂患也。身既患憂，須垂法以示於後，以防憂患之事，故繫之以文辭，明其失得與吉凶〔註448〕。他進而指出：「《易》之興也，其當殷之末世、周之盛德邪？當文王與紂之事邪？是故其辭危。其道甚大，百物不廢。懼以終始，其要无咎。此之謂易之道也。」夫文不當而吉凶生，則保其存者亡，不忘亡者存，有其治者亂，不忘危者安，懼以終始，歸於无咎，安危之所由，爻象之本體也。孔穎達疏，明《易》之興起在紂之末世，故其辭者，憂其傾危。以當紂世憂畏滅亡，故作《易》辭，多述憂危之事，亦以垂法於後，使保身危懼，避其患難。易道功用甚大，百種之物，賴之不有休廢。恒能憂懼於終始，能於始思終，於終思始。能始終皆懼，要會歸於无咎。易之爲道，若能終始之懼，則無凶咎，此謂易之所用之道，其大體如此〔註449〕。

〔註446〕《尚書正義》卷十九《周書・畢命》。
〔註447〕《周易正義》卷八《繫辭下》。
〔註448〕《周易正義》卷八《繫辭下》。
〔註449〕《周易正義》卷八《繫辭下》。

《乾卦》九三爻辭曰：「君子終日乾乾，夕惕若厲，无咎。」孔穎達疏，在憂危之地，故「終日乾乾」，每恒終竟此日，健健自強，勉力不有止息。終竟此日後，至向夕之時，猶懷憂惕。尋常憂懼，恒如傾危，乃得无咎。謂既能如此戒愼，則無罪咎，如其不然，則有咎。故《繫辭》云：「无咎者，善補過也」〔註 450〕。所以《乾卦・文言》謂九三「知至至之，可與幾也。知終終之，可與存義也。是故居上位而不驕，在下位而不憂。故乾乾因其時而惕，雖危无咎矣。」「君子以思患而豫防之」。孔穎達疏：「既濟之道，初吉終亂，故君子思其後患，而豫防之。」〔註 451〕「日中則昃，月盈則食，天地盈虛，與時消息，而況於人乎？況於鬼神乎？」孔穎達疏，此孔子因豐設戒，以上言王者以豐大之德，照臨天下，同於日中。然盛必有衰，自然常理。日中至盛，過中則昃；月滿則盈，過盈則食。天之寒暑往來，地之陵谷遷貿，盈則與時而息，虛則與時而消。天地日月，尚不能久，況於人與鬼神，而能長保其盈盛乎？勉令及時修德，仍戒居存慮亡也〔註 452〕。

「凡爲天下國家有九經，所以行之者一也。凡事豫則立，不豫則廢。言前定則不跲，事前定則不困，行前定則不疚，道前定則不窮。」孔穎達疏，「九經」之法，唯在豫前謀之，欲爲事之時，先須豫前思定，則臨事不困。欲爲行之時，豫前思定，則行不疚病。欲行道之時，豫前謀定，則道無窮也〔註 453〕。「若昔大猷，制治於未亂，保邦於未危。」孔穎達疏，「治」謂政教，「邦」謂國家。治有失則亂，家不安則危。恐其亂則預爲之制，慮其危則謀之使安，制其治於未亂之始，安其國於未危之前。張官設府，使分職明察，任賢委能，令事務順理，如是則政治而國安矣。標此二句於前，以示立官之意。必於未亂未危之前爲之者，思患而預防之〔註 454〕。《禮運》曰：「明於順，然後能守危也。」鄭玄注曰：「能守自危之道也。君子居安如危，小人居危如安，《易》曰：『危者安其位。』」孔穎達疏，既明順道，不敢爲非，則能守自危之道，謂以危戒愼而自守保。按《易・繫》乃云：「危者安其位者也，亡者保其存者也。」危者安其位，謂所以今日危亡者，正爲不知畏懼，偷安其位，故致危

〔註 450〕《周易正義》卷一《乾卦》。
〔註 451〕《周易正義》卷六《既濟卦》。
〔註 452〕《周易正義》卷六《豐卦》。
〔註 453〕《禮記正義》卷五十二《中庸》。
〔註 454〕《尚書正義》卷十八《周書・周官》。

也。引之者，證人之所居，恒須危懼也〔註 455〕。

〔註 455〕《禮記正義》卷二十二《禮運》。

第五章　君德 臣道 民規：政治道德之德

在古代社會中，君、臣、民從上至下分屬於三個政治等級層次，分別承擔著不同的政治角色，各自遵循著獨具特色的「內得於己」的政治道德規範。在《五經正義》中對君、臣、民三種政治角色，提出了不同的政治道德規範要求，其中尤以君德爲多。需要指出的是，由於人主之下皆臣民，所以涉及臣的政治道德規約，某種程度上也適用於民，而民的政治道德規範也適用於臣；同時臣也是民之主，故君的政治道德規範在一定意義上也適合於臣，對臣也具有規範性和約束力。

第一節　君德

君爲國家政治之本，「天爲民立君」命題最爲典型，把君主視爲決定治亂的關鍵，「君人者，國之本也」〔註 1〕。論及政治中的決定因素、主宰因素時強調「一言而興邦」，「一言喪邦」〔註 2〕。《尚書・呂刑》載：「一人有慶，兆民賴之。」即國家安危、臣民善惡，皆取決於君主。《左傳・襄公十三年》引《呂刑》「一人有慶，兆民賴之，其寧惟永」以論「一人刑善，百姓休和，可不務乎」。

君主是政治生活的核心人物，是元首，所以《五經正義》非常注重君主的政治倫理規範，強調君主的道德性，對君主的政治道德修爲提出了極具價值的思想和建議。君德成爲《五經正義》政治思想中極爲重要的思考論題。

〔註 1〕《春秋繁露》卷六《立元神》。
〔註 2〕《論語注疏》卷十三《子路》。

一、敬

君主重要的道德修爲之一就是要敬愼、敬肅、恭敬。「敬，德之聚也。能敬必有德，德以治民」〔註3〕。「不忘恭敬，民之主也。」〔註4〕「禮，身之幹也；敬，身之基也。」孔穎達疏，幹以樹木爲喻，基以牆屋爲喻。樹木以本根爲幹，有幹，故枝葉茂盛；牆屋以下土爲基，有基，乃牆屋成焉。人身以禮、敬爲本，必有禮、敬，身乃得存〔註5〕。「君子勤禮，小人盡力。勤禮莫如致敬，盡力莫如敦篤。」孔穎達疏，君子勤禮以臨下，小人盡力以事上。勤禮莫如臨事致敬，盡力莫如用心敦篤〔註6〕。「敬，民之主也，而棄之，何以承守？」〔註7〕即言棄敬無以承先祖，守其家。諸事能行敬，則無難無災，因爲有天的福祐〔註8〕

關於天、德、民，可以說三者之間的循環論證是君主立身之本。天立君、天賦君權，「敬之敬之！天惟顯思，命不易哉！」天道顯明，君主受其命甚難，所以不可不敬以奉之〔註9〕。然命靡常，惟德是輔，所以敬天就要敬德修德。「天視自我民視，天聽自我民聽」，敬德保民成爲君主立政治國之大道。敬天敬德敬民在治國方略中已詳加論述，這裡僅就「敬身」、「謹敬職事」作一闡述。

（一）敬身

「立愛惟親，立敬惟長，始於家邦，終於四海。」孔安國傳曰：立愛敬之道，始於親長，則家國並化，終洽四海。孔穎達疏，王者之馭天下，撫兆人，惟愛敬二事而已。《孝經・天子之章》盛論愛敬之事，言天子當用愛敬以接物也。行之所立，自近爲始。立愛惟親，先愛其親，推之以及疏。立敬惟長，先敬其長，推之以及幼，即《孝經》所云「愛親者不敢惡於人，敬親者不敢慢於人」。推親以及物，始則行於家國，終乃治於四海，即《孝經》所云「德教加於百姓，刑於四海」是也。二者有所不同之處在於，《孝經》論愛敬並始於親，令緣親以及疏，此分敬屬長，從長以及幼耳〔註10〕。

〔註3〕《春秋左傳正義》卷十七《僖公三十三年》。
〔註4〕《春秋左傳正義》卷二十一《宣公二年》。
〔註5〕《春秋左傳正義》卷二十七《成公十三年》。
〔註6〕《春秋左傳正義》卷二十七《成公十三年》。
〔註7〕《春秋左傳正義》卷三十八《襄公二十八年》。
〔註8〕《春秋左傳正義》卷四十二《昭公二年》。
〔註9〕《春秋左傳正義》卷二十五《成公四年》。
〔註10〕《尚書正義》卷八《商書・伊訓》。

《禮記・哀公問》載：「昔三代明王之政，必敬其妻、子也，有道。妻也者，親之主也，敢不敬與？子也者，親之後也，敢不敬與？君子無不敬也，敬身爲大。身也者，親之枝也，敢不敬與？不能敬其身，是傷其親。傷其親，是傷其本。傷其本，枝從而亡。三者，百姓之象也。身以及身，子以及子，妃以及妃。君行此三者，則愾乎天下矣，大王之道也。如此，國家順矣。」孔穎達疏，三代明王爲政之道，敬其妻、子及敬其身，乃可施政教於天下。三代明王爲何敬其妻、子，其中必有道理。若愛百姓，先須敬身及子及妃，乃能及百姓。能愛己身，則以及百姓之身。能愛己子，則以及百姓之子。能愛己妃，則以及百姓之妃。人君行此三事，從近而能廣至於天下矣。既能愛百姓之身及妻、子如似己身及己之妻、子也，則天下懷德，無不順從。再如《禮記・哀公問》載，公曰：「敢問何謂敬身？」孔子對曰：「君子過言則民作辭，過動則民作則。君子言不過辭，動不過則，百姓不命而敬恭。如是則能敬其身。能敬其身，則能成其親矣。」孔穎達疏，爲政在於敬身。故此經公問敬身之事，孔子對以敬身之理。以君爲民表，下之所從。假令君子過誤出言，民猶法之稱，作其辭。君子假令過誤舉動，而民作其法則，所以君子出言不得過誤其辭，舉動不得過誤法則〔註11〕。

孔穎達指出，君主修己行敬才能得以安民。能修己及安人，則是所能者大。《論語》云「修己以安百姓，堯舜其猶病諸」，其中「貌」是容儀，舉身之大名也；「言」是口之所出；「視」是目之所見；「聽」是耳之所聞；「思」是心之所慮，一人之上有此五事也。貌必須恭，言必可從，視必當明，聽必當聰，思必當通於微密也。此一重即是敬用之事。貌能恭，則心肅敬也；言可從，則政必治也；視能明，則所見照晢也；聽能聰，則所謀必當也；思通微，則事無不通，乃成聖也。此一重言其所致之事。《洪範》本體與人主作法，皆據人主爲說。貌總身也，口言之，目視之，耳聽之，心慮之，人主始於敬身，終通萬事，此五事爲天下之本〔註12〕。

孔穎達還指出，修其身，使信德合於群下，惟乃明君〔註13〕。「愼厥身修，思永。惇敘九族，庶明勵翼，邇可遠，在茲。」孔穎達疏，行上謀者，當謹愼其己身，而修治人之事，思爲久長之道。厚次敘九族之親而不遺棄，則眾

〔註11〕《禮記正義》卷五十《哀公問》。

〔註12〕《尚書正義》卷十二《周書・洪範》。

〔註13〕《尚書正義》卷八《商書・太甲中》。

人皆明曉上意，而各自勉勵翼戴上命，行之於近，可推而至遠。昭九年《左傳》說晉叔向言「翼戴天子」，故以爲「翼戴上命」，如鳥之羽翼而奉戴之。自身以外，九族爲近，故慎修其身，又厚次敘九族，猶堯之爲政，先以親九族。人君既能如此，則眾庶皆明其教，而各自勉勵翼戴上命。王者率己以化物，親親以及遠，故從近可推而至於遠者，在修己身、親九族之道〔註 14〕。

君主剛正自修，身無虛妄，則災害自除。《周易・无妄卦》九五爻辭曰：「无妄之疾，勿藥有喜。」孔穎達疏，凡禍疾所起，由有妄而來。今九五居得尊位，爲无妄之主，而偶然有此疾害，故云「无妄之疾」。若疾自己招，或寒暑飲食所致，當須治療。若其自然之疾，非己所致，疾當自損，勿須藥療而「有喜」也。此假病象以喻人事，猶若人主而剛正自修，身無虛妄，下亦無虛妄，而遇逢凶禍，若堯、湯之厄，災非己招，但順時修德，勿須治理，必欲除去，不勞煩天下，是「有喜」也。然堯遭洪水，使鯀、禹治之者，雖知災未可息，必須順民之心。鯀之不成，以災未息。禹能治救，災欲盡也，亦是自然之災，「勿藥有喜」之義〔註 15〕。

《周易・家人卦》上九爻辭曰：「有孚，威如，終吉」。孔穎達疏曰，上九處家人之終，家道大成，「刑于寡妻」，以著於外，信行天下，威被海內。威、信並立，上得終於家道，而吉從之。《家人卦・象》曰：「『威如』之吉，反身之謂也。」孔穎達疏，身得人敬則敬於人，明知身敬於人人亦敬己，反之於身則知施之於人，故曰「反身之謂」〔註 16〕。

「君子以反身修德」，孔穎達疏，蹇難之時，未可以進，惟宜反求諸身，自修其德，道成德立，方能濟險。處難之世，不可以行，只可反省察，修己德用乃除難。君子通達道暢之時，並濟天下，處窮之時則獨善其身〔註 17〕。正所謂修身齊家治國平天下，正家而天下定、君子居家不忘修言行、美風化，可以看出身、家、天下之間一條極具濃厚政治色彩的線索。

（二）謹敬職事

「兢兢業業，一日二日萬幾」，孔安國傳，兢兢，戒慎；業業，危懼；幾，微也，即言當戒懼萬事之微。孔穎達疏，爲人君當兢兢然戒慎，業業然危懼。

〔註 14〕《尚書正義》卷四《虞書・皋陶謨》。
〔註 15〕《周易正義》卷三《无妄卦》。
〔註 16〕《周易正義》卷四《家人卦》。
〔註 17〕《周易正義》卷四《蹇卦》。

一日二日之間而有萬種幾微之事，皆須親自知之，不得自爲逸豫也〔註18〕。

「敬哉！無作怨，勿用非謀非彝。蔽時忱，丕則敏德，用康乃心，顧乃德，遠乃猷，裕乃以民寧」孔穎達疏，修己以敬哉！無爲可怨之事，勿用非善謀、非常法，而以決斷行是誠信之道，大當法爲機敏之德。用是信敏安汝心，顧省汝德，廣遠汝謀，能行寬政，乃以民安〔註19〕。

「亦厥君先敬勞，肆徂厥敬勞。肆往，姦宄殺人，歷人宥。肆亦見厥君事，戕敗人宥。」孔穎達疏，爲邦君之道，非但順常，亦須敬勞之，即《論語》云「先之，勞之」是也。當先敬心以愛勞民。治民，必敬勞之。又因民須敬勞之故，要詳察其姦宄及殺人之人，二者所過歷之人，原情不知，有所寬宥。以斷獄務從寬，故往治亦當見其爲君之事，而民有過誤殘敗人者，當寬宥之，此亦爲敬勞之也〔註20〕。

「率作興事，慎乃憲，欽哉！屢省乃成，欽哉！……元首明哉！股肱良哉！庶事康哉！……元首叢脞哉！股肱惰哉！萬事墮哉！」孔穎達疏，人君率領臣下，爲起政治之事，慎汝天子法度而敬其職事，又當數自顧省己之成功而敬終之哉！元首之君能明哉，則股肱之臣乃善，事皆得安寧！元首之君叢脞細碎哉，則股肱之臣懈怠緩慢，眾事悉皆墮廢〔註21〕。即言政之得失由君也。

二、慎

孔穎達多次強調君主要戒慎、慎獨。「君子戒慎乎其所不睹，恐懼乎其所不聞。莫見乎隱，莫顯乎微，故君子慎其獨也。」孔穎達疏，君子行道，先慮其微。若微能先慮，則必合於道，故君子恒常戒於其所不睹之處。人雖目不睹之處猶戒慎，況其惡事睹見而肯犯乎？君子恒恐迫畏懼於所不聞之處，即雖耳所不聞，恒懷恐懼之，不睹不聞猶須恐懼，況睹聞之處恐懼可知也。凡在眾人之中，猶知所畏，及至幽隱之處，謂人不見，便即恣情，人皆佔聽，察見罪狀，甚於眾人之中，所以恒須慎懼如此。以罪過愆失無見於幽隱之處，無顯露於細微之所也。「故君子慎其獨也」者，以其隱微之處，恐

〔註18〕《尚書正義》卷四《虞書・皋陶謨》。
〔註19〕《尚書正義》卷十四《周書・康誥》。
〔註20〕《尚書正義》卷十四《周書・梓材》。
〔註21〕《春秋左傳正義》卷五《虞書・益稷》。

其罪惡彰顯，故君子恒慎其獨居〔註 22〕。意思是說雖曰獨居，但能謹慎守道。再如，「禮之以少爲貴者，以其內心者也。德產之致也精微，觀天下之物無可以稱其德者，如此，則得不以少爲貴乎？是故君子慎其獨也。」孔穎達疏，禮之以少爲貴之意，以其內心者也。用心於內，即謂行禮不使外跡彰著。德，即天地之德，生於萬物，深密，唯精唯微，無所遺忘者也。視天下萬物，皆是天地所生。若待彼所生，以報於彼，終非報義，故云無可以稱其德者也。如此則得不以少爲貴乎者，既無物可稱，則宜少外多內。是其外跡，豈得不貴少乎？既外跡應少，故君子用少而極敬慎〔註 23〕。又如，「戒哉！儆戒無虞，罔失法度。罔遊於逸，罔淫於樂。任賢勿貳，去邪勿疑。疑謀勿成，百志惟熙。罔違道以干百姓之譽，罔咈百姓以從己之欲。無怠無荒，四夷來王。』」孔穎達疏，君主當誡慎之：無失其守法度，使行必有恆，無違常也。無遊縱於逸豫，無過耽於戲樂，當誡慎之以保己也。任用賢人勿有二心，逐去回邪勿有疑惑。所疑之謀勿成用之，如是則百種志意惟益廣也。無違越正道以求百姓之譽，無反戾百姓以從己心之欲。常行此事，無怠惰荒廢，則四夷之國皆來歸往之〔註 24〕。綜觀《五經正義》告誡君主戒愼的思想，主要集中於君主要愼言愼微、愼始愼終，居安思危，常具憂患意識方面。

（一）愼言愼微

首先，言語者，君子之樞機，所以君主要愼言，愼出令，要言之信實，行之謹愼。

「君子居其室，出其言善，則千里之外應之，況其邇者乎；居其室，出其言不善，則千里之外違之，況其邇者乎。言出乎身，加乎民；行發乎邇，見乎遠。言行，君子之樞機。樞機之發，榮辱之主也。言行，君子之所以動天地也，可不愼乎？」孔穎達疏，樞謂戶樞；機謂弩牙，意思就是說，戶樞之轉，或明或暗；弩牙之發，或中或否，猶言行之動，從身而發，以及於物，或是或非也。行雖初在於身，其善惡積而不已，所感動天地，豈可不愼乎？〔註 25〕

「君子約言，小人先言。」鄭玄注曰，人尚德不尚言也。君子約則小人多矣，小人先則君子後矣。誠如《易》曰「君子以多識前言往行，以畜其德」。

〔註 22〕《禮記正義》卷五十二《中庸》。
〔註 23〕《禮記正義》卷二十三《禮器》。
〔註 24〕《尚書正義》卷四《虞書・大禹謨》。
〔註 25〕《周易正義》卷七《繫辭上》。

孔穎達疏，君子省約其言，則小人多言也。小人行在於後，必先用其言。君子則後言先行其行，二者相互也〔註26〕。「惟口出好興戎，朕言不再。」孔安國注，好謂賞善，戎謂伐惡。口榮辱之主，慮而宣之，成於一也。孔穎達疏，昭二十八年《左傳》云「慶賞刑威曰君」，即謂君出言有賞有刑，「出好」謂愛人而出好言，故爲賞善；「興戎」謂疾人而動甲兵，故謂伐惡。《易・繫辭》曰「言語者，君子之樞機。樞機之發，榮辱之主」，所以必當慮之於心，然後宣之於口，故成之於一而不可再〔註27〕。

孔穎達指出，謀爲政之事，譬若以弩射也。可準度之機已張之，又當以意往省視矢括，當於所度，則釋而放之。如是而射，則無不中矣。猶若人君所修政教，欲發命也，當以意夙夜思之，使當於民心，明旦行之，則無不當矣〔註28〕。「君罔以辯言亂舊政」〔註29〕，孔安國傳曰，利口覆國家，故特慎焉。「凡我有官君子，欽乃攸司，愼乃出令，令出惟行，弗惟反。」孔安國傳曰，敬汝所司，愼汝出令，從政之本。令出必惟行之，不惟反改。若二三其令，亂之道。孔穎達疏，安危在於出令，故愼出令是從政之本也。令既出口，必須行之，令而不行，是去而更反。「不惟反者」，令其必行之，勿使反也。若前令不行而倒反，別出後令以改前令，二三其政，則在下不知所從，是亂之道也〔註30〕。

人之開發言語、咀嚼、飲食，皆動頤之事，故君子觀此頤象，以謹愼言語，裁節飲食。先儒云禍從口出，患從口入，意即頤養而愼節〔註31〕。《節卦》載：「不出戶庭，无咎。」不出戶庭，含有愼言語、守機密的象徵意義。孔穎達疏，初九處節之初，將立制度，宜不出戶庭，言守其愼密，若不愼而泄，則民情奸險，應之以僞，故愼密不失，然後事濟而无咎〔註32〕。《繫辭上》引孔子語曰：「君不密則失臣，臣不密則失身，幾事不密則害成。是以君子愼密而不出也。」孔穎達疏，臣既盡忠，不避危難，爲君謀事，君不愼密乃彰露臣之所爲，使在下聞之，眾共嫉怒，害此臣而殺之，是失臣也。臣之言行，

〔註26〕《禮記正義》卷五十一《坊記》。
〔註27〕《尚書正義》卷四《虞書・大禹謨》。
〔註28〕《尚書正義》卷八《商書・太甲上》。
〔註29〕《尚書正義》卷八《商書・太甲下》。
〔註30〕《尚書正義》卷十八《周書・周官》。
〔註31〕《周易正義》卷三《頤卦》。
〔註32〕《周易正義》卷六《節卦》。

既有虧失，則失身也。幾謂幾微之事，當須密慎，預防禍害。若其不密而漏泄，禍害交起。易言之，是身慎密不出戶庭，於此義言之，亦謂不妄出言語。亂之所生，則由言語以爲亂之階梯〔註33〕。《左傳》載仲尼曰：「《志》有之：『言以足志，文以足言。』不言，誰知其志？言之無文，行而不遠。……慎辭也！」孔穎達疏，戶樞之發或明或暗，弩牙之發或中或否，以譬言語之發有榮有辱。所以要慎文辭言語〔註34〕。

孔穎達指出，調和飲食之味以養人，目的在於順人氣。氣得和順，所以充人志也。志意充滿，慮之於心，所以定言語也。詳審言語，宣之於口，所以出號令也〔註35〕。「庸言之信，庸行之謹」，孔穎達疏，庸謂中庸，常也。從始至末，常言之信實，常行之謹慎。防閑邪惡，當自存其誠實也〔註36〕。「君子以言有物而行有恆。」孔穎達疏，物，事也。言必有事，即口無擇言，行必有常，即身無擇行。言之與行，君子樞機。出身加人，發邇化遠，故舉言行以爲之誡。發言立行，皆須合於可常之事，互而相足也〔註37〕。

其次，君主要戒懼萬事之微，防微杜漸。君子行道，先慮其微。若微能先慮，則必合於道。

幾，動之微也，知幾是聖人之德。孔穎達疏，易道弘大，故聖人用之，所以窮極幽深，而研覈幾微也。幾者離無入有，是有初之微。以能知有初之微。則能興行其事，故能成天下之事務〔註38〕。君子既見事之幾微，則須採取行動以應對之，不得待終其日。赴幾之速也，即知禍福，何用終竟其日，當時則斷可識矣。凡事之理，從微以至彰，知幾之人，既知其始，又知其末，是合於神道，故爲萬夫所瞻望，爲天下之主〔註39〕。

「故禮之教化也微，其止邪也於未形，使人日徙善遠罪而不自知也，是以先王隆之也。《易》曰：『君子慎始，差若豪氂，繆以千里。』此之謂也。」孔穎達疏，禮之教人豫前，事微之時豫教化之，又教化之時，依微不甚指斥。止人之邪，在於事未形著，是教化於事微者也。是教化依微，不甚指斥，又

〔註33〕《周易正義》卷七《繫辭上》。
〔註34〕《春秋左傳正義》卷三十六《襄公二十五年》。
〔註35〕《春秋左傳正義》卷四十五《昭公九年》。
〔註36〕《周易正義》卷一《乾卦》。
〔註37〕《周易正義》卷四《家人卦》。
〔註38〕《周易正義》卷七《繫辭上》。
〔註39〕《周易正義》卷八《繫辭下》。

使人日日徙善、遠於罪惡而不自知。職此之故，是以先世之王隆尚之也。君子謹慎事之初始，差錯若豪氂之小，否則至後廣大錯繆以至千里之大。引之以證禮之防人在於未形著之前，若初時不防，則後致千里之繆〔註40〕。

「故聖人耐以天下爲一家，以中國爲一人者，非意之也，必知其情，闢於其義，明於其利，達於其患，然後能爲之。」孔穎達疏，聖人之所以能致之理，並非以意測度謀慮而已，須知情、義、利、患等諸事。「意，心所無慮」者，謂於無形之處，用心思慮。無慮，即慮無也。宣十二年《左傳》云「前茅慮無」，即是備慮無形之處，謂聖人以德義而感天下，而非以意豫前無時以惻度思慮，故云「非意」也〔註41〕。

「兢兢業業，一日二日萬幾」，孔安國傳曰，兢兢，戒慎；業業，危懼；幾，微也，即言當戒懼萬事之微。孔穎達疏，《易・繫辭》云「幾者動之微」，故「幾」爲微也。一日二日之間，微者乃有萬事，當戒慎萬事之微。微者尚有萬，則大事必多矣。爲人君當兢兢然戒慎，業業然危懼。一日二日之間而有萬種幾微之事，皆須親自知之，不得自爲逸豫也〔註42〕。孔穎達指出，帝王當謹慎其所在之位，欲慎其位，當須先安定汝心好惡所止，念慮事之微細，以保安其身〔註43〕。「敕天之命，惟時惟幾」，孔穎達疏，「敕」是正齊之意，故爲正也，意思是說人君奉正天命，以臨下民，惟當在於順時，不妨農務也；惟在慎微，不忽細事也〔註44〕。「一人三失，怨豈在明？不見是圖。予臨兆民，懍乎若朽索之馭六馬，爲人上者，奈何不敬？」孔穎達疏，一人之身，三度有失；凡所過失，爲人所怨，豈在明著？大過皆由小事而起，小事不防，易致大過，故於不見細微之時，當豫圖謀之，使人不怨也。君臨兆民之上，常畏人怨，懍懍乎危懼，若腐索之馭六馬，索絕則馬逸，即言危懼之甚。人之可畏如是，爲民上者奈何不敬慎乎？怨未必皆在明著之時，必於未形之日思善道以自防衛之，備慎其微〔註45〕。所以，爲人君者「夙夜罔或不勤，矜細行，終累大德」。孔穎達疏，爲人君所當早起夜寐，無有不勤於德。若不矜惜細行，作隨宜小過，終必損累大德。「矜」是憐惜之意，故以不惜細行爲「輕

〔註40〕《禮記正義》卷五十《經解》。
〔註41〕《禮記正義》卷二十二《禮運》。
〔註42〕《尚書正義》卷四《虞書・皋陶謨》。
〔註43〕《尚書正義》卷五《虞書・益稷》。
〔註44〕《尚書正義》卷五《虞書・益稷》。
〔註45〕《尚書正義》卷七《夏書・五子之歌》。

忽小物」，謂上狎侮君子小人、愛玩犬馬禽獸之類是小事也。積小害，毀大德，故君子慎其微。《易・繫辭》曰：「小人以小善爲無益而不爲也，以小惡爲無傷而不去也，故惡積而不可掩，罪大而不可解。」是故君子當慎微〔註46〕。

「履霜堅冰，陰始凝也。馴致其道，至『堅冰』也」。孔穎達疏，陰氣始凝，結而爲霜；馴猶狎順，若鳥獸馴狎然。言順其陰柔之道，習而不已，乃至「堅冰」。以其喻明人事有爲，不可不制其節度，故於履霜而逆以堅冰爲戒，所以防漸慮微，慎終於始也〔註47〕。「地中生木，升。君子以順德，積小以高大。」孔穎達疏，「地中生木」，始於細微，以至高大，故爲升象也。地中生木，始於毫末，終至合抱。君子象之，以順行其德，積其小善，以成大名，故《繫辭》云：「善不積不足以成名」是也〔註48〕。君子求賢得使居位，化風俗使清善，皆須文德謙下，漸以進之。若以卒暴威刑，物不從矣〔註49〕。

君主執政要嚴防臣子之惡，要防微杜漸。「積善之家，必有餘慶。積不善之家，必有餘殃。臣弒其君，子弒其父，非一朝一夕之故，其所由來者漸矣，由辯之不早辯也。《易》曰：『履霜堅冰至』，蓋言順也。」孔穎達疏，初六其惡有漸，故先明其所行善惡事，由久而積漸，故致後之吉凶。弒君弒父非一朝一夕率然而起，其禍患所從來者積漸久遠。臣子所以久包禍心，由君父欲辯明之事，不早分辯故也。順習陰惡之道，積微而不已，乃致此弒害。凡萬事之起，皆從小至大，從微至著，故上文善惡並言，今獨言弒君弒父有漸者，以陰主柔順，積柔不已，乃終至禍亂，故特於坤之初六言之，欲戒其防柔弱之初，又陰爲弒害，故寄此以明義〔註50〕。「孺子其朋，孺子其朋，其往。無若火始焰焰，厥攸灼敘，弗其絕。」孔安國傳曰「事從微至著，防之宜以初」，孔穎達疏，「無令若火始然」，以喻無令朋黨始發。若火既然，初雖焰焰尚微，其火所及，灼然有次序，不其復可絕也。以喻朋黨若起，漸漸益大，群黨既成，不可復禁止也。事從微至著，防之宜以初，即謂君主應在朋黨未發之前，防之使不發〔註51〕。「怨之所聚，亂之本也。多怨而階亂，何以在位？《夏書》曰：『怨豈在明？不見是圖。』將慎其細也。」孔穎達疏，其爲人所怨者，豈

〔註46〕《尚書正義》卷十三《周書・旅獒》。
〔註47〕《周易正義》卷一《坤卦》。
〔註48〕《周易正義》卷五《升卦》。
〔註49〕《周易正義》卷五《漸卦》。
〔註50〕《周易正義》卷一《坤卦》。
〔註51〕《尚書正義》卷十五《周書・洛誥》。

必在明白之處乎？其於人所不見，當於是圖謀之。此書之言，將謂愼其細小之事者也〔註52〕。《易》稱「善不積不足以成名，惡不積不足以滅身。小人以小善爲無益而弗爲，以小惡爲無傷而弗去也。故惡積而不可揜，罪大而不可解」，至於滅身也〔註53〕。《易》之所說，論其初微之事，以至其終末顯著也；論其初時幽暗，以至終末闡明也，皆從微以至顯，從幽以至明。觀其《易》辭，是微而幽暗也；演其義理，則顯見著明也〔註54〕。

（二）愼始愼終

許多帝王在執政初期能無爲而治，與民休息，嚴格執行各項政治道德規範，從而基本達致經濟復蘇，吏治清明，國力上升的理想政治境界。但很少有能堅持到最後的，往往虎頭蛇尾，行百里者半九十，不能善始善終。儘管政治現實情況以及君主個人素質的原因，很難眞正達致愼始愼終的理想狀態，但歷朝歷代的政論家、思想家都還是不厭其煩地一再強調君主要愼始愼終，始終皆要愼重。

「今王嗣厥德，罔不在初」〔註55〕，善惡之由無不在初，欲其愼始。「無安厥位，惟危。愼終於始」，即言當常自危懼，以保其位。於始慮終，於終思始。孔穎達疏，欲愼其終，於始即須愼之。傳以將終戒惰，故又云「於終思始」，言終始皆當愼也〔註56〕。

凡萬事之起，皆從小至大，從微至著，所以君主要愼始。「王乃初服。嗚呼！若生子，罔不在厥初生，自貽哲命。」孔穎達疏，王剛開始執政時，其行教化當如初生之子，始欲學習爲善，則善矣。子之善惡無不在其初生，若能爲善，天必授之以賢智之命，是此賢智之命由己行善而來，是自遺智命矣。初習爲惡則惡矣，若其爲惡，天必授之以頑愚之命，亦是自遺愚命也。方欲勸王慕善，故惟舉智命而不言愚命者，愚智由學習而至，是無不在其初生。爲政之道亦猶初生之子習善惡，爲善政得福，爲惡政得禍。爲政初則能善，天必遺王多福，使王有智則常吉，歷年長久〔註57〕。

「積善之家，必有餘。積不善之家，必有餘。臣弒其君，子弒其父，非

〔註52〕《春秋左傳正義》卷二十八《成公十六年》。
〔註53〕《春秋左傳正義》卷四十六《昭公十三年》。
〔註54〕《周易正義》卷八《繫辭下》。
〔註55〕《尚書正義》卷八《商書・伊訓》。
〔註56〕《尚書正義》卷八《商書・太甲下》。
〔註57〕《尚書正義》卷十五《周書・召誥》。

一朝一夕之故，其所由來者漸矣，由辯之不早辯也。」孔穎達疏，欲明初六其惡有漸，故先明其所行善惡事，由久而積漸，故致後之吉凶。弒君弒父，非一朝一夕率然而起，其禍患所從來者積漸久遠矣。臣子所以久包禍心，由君父欲辯明之事，不早分辯故也〔註 58〕。君子觀「屯」象，悟知當局勢初創多艱之時，須奮發治理天下。孔穎達疏，天造萬物於草創之始，如在冥昧之時也。於此草昧之時，王者當法屯卦，宜建立諸侯以撫恤萬方之物，而不得安居於事〔註 59〕。「君子以作事謀始」，孔穎達疏，物既有訟，君子當防此訟源。凡欲興作其事，先須謀慮其始。若初始分職分明，不相干涉，即終無所訟也〔註 60〕。孔穎達疏，治家之道，在初即須嚴正，立法防閑。若黷亂之後，方始治之，即有悔矣。初九處家人之初，能防閑有家，乃得「悔亡」〔註 61〕。「履霜堅冰，陰始凝也。馴致其道，至『堅冰』也」，孔穎達疏，陰陽之氣無爲，故積馴履霜，必至於堅冰。以明人事有爲，不可不制其節度，故於履霜而逆以堅冰爲戒，所以防漸慮微，愼終於始〔註 62〕。

不僅要愼始，而且「愼厥終，惟其始」〔註 63〕。靡不有初，鮮克有終，故戒愼終如其始。「肆嗣王丕承基緒。惟尹躬先見於西邑夏，自周有終，相亦惟終。其後嗣王，罔克有終，相亦罔終。嗣王戒哉！祗爾厥辟，辟不辟，忝厥祖」〔註 64〕。孔安國傳，周，忠信也，言身先見夏君臣用忠信有終。桀君臣滅先人之道德，不能終其業，以取亡。以不終爲戒愼之至，敬其君道，則能終。「爲山九仞，功虧一簣。」孔穎達疏，譬如爲山，已高九仞，其功虧損在於一簣。惟少一簣而止，猶尚不成山，以喻樹德行政，小有不終，德政則不成矣，故必當愼終如始，以成德政。《論語》云「譬如爲山，未成一簣」，鄭云「簣，盛土器」，「爲山九仞」，欲成山，以喻爲善向成也。未成一簣，猶不爲山，故曰爲山「功虧一簣」。古語云「行百里者半於九十」，言末路之艱難。是以聖人乾乾不息，至於日昃，不敢自暇，恐末路之失，同於一簣，故「愼終如始」〔註 65〕。「惟乃知民德，亦罔不能厥初，惟其終。祗若茲，往敬

〔註 58〕《周易正義》卷一《坤卦》。
〔註 59〕《周易正義》卷一《屯卦》。
〔註 60〕《周易正義》卷二《訟卦》。
〔註 61〕《周易正義》卷四《家人卦》。
〔註 62〕《周易正義》卷一《坤卦》。
〔註 63〕《尚書正義》卷八《商書・仲虺之誥》。
〔註 64〕《尚書正義》卷八《商書・太甲上》。
〔註 65〕《尚書正義》卷十三《周書・旅獒》。

用治。」孔穎達疏，《詩》云「靡不有初，鮮克有終」，即謂凡民之德，無有不能其初，少能有終者。也就是說，言行之雖易，終之實難。恐召公不能終行善政，故戒之以愼終，行善不懈怠也〔註 66〕。

「汔至亦未繘井，羸其瓶，凶。」孔穎達疏，汔，幾也；幾，近也；繘，綆也。雖汲水以至井上，然綆出猶未離井口，而鉤羸其瓶而覆之也。棄其方成之功，雖有出井之勞，而與未汲不異，譬喻今人行常德，須善始令終。若有初無終，則必致凶咎〔註 67〕。孔穎達疏「既濟：亨小，利貞，初吉終亂」曰，濟者，濟渡之名；既者，皆盡之稱，萬事皆濟，故以「既濟」爲名。既萬事皆濟，若小者不通，則有所未濟，故曰「既濟，亨小」也。小者尚亨，何況於大？則大小剛柔，各當其位，皆得其所。當此之時，非正不利。但人皆不能居安思危，愼終如始，故戒以今日。既濟之初，雖皆獲吉，若不進德修業至於終極，則危亂及之，故曰「初吉終亂」也〔註 68〕。孔穎達進一步疏「『初吉』，柔得中也。『終』止則『亂』，其道窮也」曰：以柔小尚得其中，則剛大之理，皆獲其濟。物無不濟，所以爲吉，故曰「初吉」也。終止則亂，其道窮者，此正釋戒。若能進修不止，則既濟無終。既濟終亂，由止故亂。終止而亂，則既濟之道窮矣，故曰「終止則亂，其道窮」〔註 69〕。

「爲善不同，同歸於治。爲惡不同，同歸於亂。爾其戒哉！愼厥初，惟厥終，終以不困。不惟厥終，終以困窮。」孔安國傳，人爲善爲惡，各有百端，未必正同。而治亂所歸不殊，宜愼其微。汝其戒治亂之機哉！作事云爲，必愼其初，念其終，則終用不困窮〔註 70〕。「惟周公克愼厥始，惟君陳克和厥中，惟公克成厥終。三后協心，同底於道，道洽政治，澤潤生民。」〔註 71〕孔安國傳，周公遷殷頑民以消亂階，能愼其始。君陳弘周公之訓，能和其中。畢公闡二公之烈，能成其終。三君合心爲一，終始相成，同致於道。道至普洽，政化治理，其德澤惠施，乃浸潤生民。「大哉乾元！萬物資始，乃統天。雲行雨施，品物流形，大明終始，六位時成，時乘六龍，以御天。乾道變化，各正性命。」孔穎達疏，以乾之爲德，大明曉乎萬物終始之道，始則潛伏，

〔註 66〕《尚書正義》卷十六《周書・君奭》。
〔註 67〕《周易正義》卷五《井卦》。
〔註 68〕《周易正義》卷六《既濟卦》。
〔註 69〕《周易正義》卷六《既濟卦》。
〔註 70〕《尚書正義》卷十七《周書・蔡仲之命》。
〔註 71〕《尚書正義》卷十九《周書・畢命》。

終則飛躍，可潛則潛，可飛則飛，是明達乎始終之道，故六爻之位，依時而成。若其不明終始之道，應潛而飛，應飛而潛，應生而殺，應殺而生，六位不以時而成也〔註 72〕。孔穎達進一步指出，聖人上法乾德，生養萬物，大明乎盛衰終始之道，使天地四時貴賤高下，各以時而成〔註 73〕。「君子之行，思其終也，思其復也。《書》曰：『慎始而敬終，終以不困。』」孔穎達疏，慎厥初，惟厥終，終以不困〔註 74〕。君子之爲謀也，思其始，思其中，思其終，三者盡無猜嫌，皆可舉而行之〔註 75〕。「『君子終日乾乾，夕惕若厲，无咎』，何謂也？子曰：『君子進德修業。』忠信所以進德也。修辭立其誠，所以居業也。知至至之，可與幾也。知終終之，可與存義也。」孔穎達疏，九三處一體之極，方至上卦之下，是「至」也。既居上卦之下，而不凶咎，是「知至」也。既能知是將至，則是識幾知理，可與共論幾事。幾者，去無入有，有理而未形之時。此九三既知時節將至，知理欲到，可與共營幾也。居一體之盡，而全其終竟，是「知終」也。既能知此終竟，是終盡之時，可與保存其義。義者宜也，保全其位，不有失喪，於事得宜。九三既能知其自全，故可存義。利則隨幾而發，見利則行也。義者依分而動，不妄求進。故進物速疾，義不如利，由義靜而利動故也。保全已成之物，不妄興動，故「利不及義」。見利則行，不顧在後，是「靡不有初」；不能守成其業，是「鮮克有終」〔註 76〕。《左傳》襄公二十五年載：「大叔問政於子產。子產曰：『政如農功，日夜思之，思其始而成其終。朝夕而行之，行無越思，如農之有畔，其過鮮矣。』」

三、謙

謙，即謙虛、謙遜、謙讓。《說文解字》釋：「謙，敬也。」謙讓作爲道德規範，是君主個人修身必備的德目，同時也是一種政治手段。「謙，德之柄也。」孔穎達疏，爲德之時，以謙爲用，若行德不用謙，則德不施用，是謙爲德之柄，猶斧刃以柯柄爲用也〔註 77〕。「謙也者，致恭以存其位者也。」孔穎達疏，謙退致其恭敬，以存其位。也就是說，由恭德保其祿位〔註 78〕。

〔註 72〕《周易正義》卷一《乾卦》。
〔註 73〕《周易正義》卷一《乾卦》。
〔註 74〕《春秋左傳正義》卷三十六《襄公二十五年》。
〔註 75〕《春秋左傳正義》卷六十《哀公二十七年》。
〔註 76〕《周易正義》卷一《乾卦》。
〔註 77〕《周易正義》卷八《繫辭下》。
〔註 78〕《周易正義》卷七《繫辭上》。

「昔者聖人建陰陽天地之情，立以爲《易》，易抱龜南面，天子卷冕北面，雖有明知之心，必進斷其志焉，示不敢專，以尊天也。善則稱人，過則稱己，教不伐以尊賢也。」孔穎達疏，明其不敢專輒尊賢之事。聖人謂伏羲、文王之屬，興建陰陽天地之情，仰觀天文，俯察地理，立此陰陽，以作《易》，即今時易也。立爲占《易》之官，抱龜南面。尊其神明，故南面。天子親執卑道，服衮冕北面。天子雖有顯明哲知之心，必進於龜之前，令龜斷決其己之所有爲之志，示不敢自專，以尊敬上天也。有善稱人，有過稱己，教在下不自伐其善，以尊敬賢人也〔註79〕。「子云：『善則稱人，過則稱己，則民不爭。善則稱人，過則稱己，則怨益亡。《詩》云：『爾卜爾筮，履无咎言。』。子云：『善則稱人，過則稱己，則民讓善。《詩》云：『考卜惟王，度是鎬京。惟龜正之，武王成之。』」〔註80〕「風雷，益。君子以見善則遷，有過則改。」孔穎達疏，遷謂遷徙慕尚，改謂改更懲止，遷善改過，益莫大焉，故君子求益，以「見善則遷，有過則改」〔註81〕。

孔穎達疏《屯卦》初九「磐桓，利居貞，利建侯」，夫息亂以靜，守靜以侯，安民在正，弘正在謙。「弘正在謙」者，取象其「以貴下賤」也，言弘大此屯，正在于謙也。屯難之世，民思其主之時，既能「以貴下賤」，所以大得民心也〔註82〕。「君子以虛受人」，孔穎達疏，「山上有澤，咸」，澤性下流，能潤於下；山體上承，能受其潤。以山感澤，所以爲「咸」。君子法此咸卦，下山上澤，故能空虛其懷，不自有實，受納於物，無所棄遺，以此感人，莫不皆應〔註83〕。「益：利有攸往，利涉大川」，孔穎達疏，「益」者，增足之名，損上益下，故謂之益。下已有矣，而上更益之，明聖人利物之無已也。引向秀「明王之道，志在惠下，故取下謂之損，與下謂之益」明之，既上行惠下之道，利益萬物，動而無違，何往不利，以益涉難，理絕險阻，故曰「利涉大川」〔註84〕。既居上者能自損以益下，則下民歡說，無復疆限〔註85〕。「以杞包瓜，含章，有隕自天。」孔穎達疏，杞之爲物，生於肥地；匏瓜爲物，繫而不食，九五處得尊位而不遇，其應是得地而不食。不遇其應，命未流行，

〔註79〕《禮記正義》卷四十八《祭義》。
〔註80〕《禮記正義》卷五十一《坊記》。
〔註81〕《周易正義》卷四《益卦》。
〔註82〕《周易正義》卷一《屯卦》。
〔註83〕《周易正義》卷四《咸卦》。
〔註84〕《周易正義》卷四《益卦》。
〔註85〕《周易正義》卷四《益卦》。

無物發起其美，故曰「含章」。然體剛居中，雖復當位，命未流行，而不能改其操，無能傾隕之，故曰「有隕自天」，蓋言惟天能隕之耳〔註86〕。九五陽剛中正以居尊位，當遇之時，有屈己謙下以求遇賢者之德，猶如高大的杞樹以綠葉蔽護樹下的甜瓜。九五剛中居正，內含章美，以此求遇，必有賢者自天而降與之應和。「君能下人，必能信用其民矣」〔註87〕。

志意自滿則陵人，人既被陵，情必不附，雖九族之親，乃亦離之〔註88〕。即謂自多足，人莫之益，亡之道。「以蕩陵德，實悖天道……驕淫矜侉，將由惡終。」孔穎達疏，天道以上臨下，以善率惡，今乃以下慢上，以惡陵善，如此者實亂天道也。以放蕩之心陵邈有德之士，如此者實悖亂天道。驕恣過制，矜能自侉，行如此不變，將用惡自終〔註 89〕。「君驕侈而克敵，是天益其疾也。難將作矣！」〔註90〕「讓，禮之主也。范宣子讓，其下皆讓。欒黶為汏，弗敢違也。晉國以平，數世賴之。刑善也夫！一人刑善，百姓休和，可不務乎？《書》曰：『一人有慶，兆民賴之，其寧惟永。』其是之謂乎！周之興也，其《詩》曰：『儀刑文王，萬邦作孚。』言興善也。及其衰也，其《詩》曰：『大夫不均，我從事獨賢。』言不讓也。世之治也，君子尚能而讓其下，小人農力以事其上。是以上下有禮，而讒慝黜遠，由不爭也，謂之懿德。及其亂也，君子稱其功以加小人，小人伐其技以馮君子。是以上下無禮，亂虐並生，由爭善也，謂之昏德。國家之敝，恒必由之。」孔穎達疏，諷刺幽王役使不均乎！被使之人，自稱己之功勞。其臣子所以特從王事者，在上獨以其為賢。自云己賢，是不讓也〔註 91〕。「子容專，司徒侈，皆亡家之主也。……專則速及，侈將以其力斃，專則人實斃之，將及矣。」〔註92〕專，自是也。速及禍也。力盡而自斃。「君子能知其過，必有令圖。令圖，天所贊也。」〔註93〕無禮而好陵人，怙富而卑其上，弗能久矣〔註94〕。

〔註86〕《周易正義》卷五《姤卦》。
〔註87〕《春秋左傳正義》卷二十三《宣公十二年》。
〔註88〕《尚書正義》卷八《商書・仲虺之誥》。
〔註89〕《尚書正義》卷十九《周書・畢命》。
〔註90〕《春秋左傳正義》卷二十八《成公十七年》。
〔註91〕《春秋左傳正義》卷三十二《襄公十三年》。
〔註92〕《春秋左傳正義》卷三十九《襄公二十九年》。
〔註93〕《春秋左傳正義》卷四十一《昭公元年》。
〔註94〕《春秋左傳正義》卷四十一《昭公元年》。

四、勤

勤政是君主的基本道德規範，勤、敬是君主治理天下應備的品德和政治態度。天子之在天位，職當牧養兆民。主以尊位，用爲逸豫，是滅人君之德，眾人會皆有二心〔註 95〕。所以，天子修德不怠，日日益新，德加於人，無遠不屆，故萬邦之眾惟盡歸之〔註 96〕。《五經正義》中類似要求君主勵精圖治的思想處處可見。

《皋陶謨》載：「無教逸欲有邦，兢兢業業，一日二日萬幾。」孔穎達疏，「毋」者禁戒之辭，上之所爲，下必傚之。人君身爲逸欲，下則傚之，是以禁人君使不自爲耳。無教在下爲逸豫貪欲之事，是有國之常道也。爲人君當兢兢然戒慎，業業然危懼。一日二日之間而有萬種幾微之事，皆須親自知之，不得自爲逸豫也。《易・繫辭》云「幾者動之微」，故「幾」爲微也。一日二日之間，微者乃有萬事，言當戒慎萬事之微。微者尚有萬，則大事必多矣。且微者難察，察則勞神，以言不可逸耳〔註 97〕。《太甲上》載：「先王昧爽丕顯，坐以待旦。旁求俊彥，啓迪後人，無越厥命以自覆。」孔穎達疏，先王以昧爽之時，思大明其德，既思得其事，則坐以待旦，明則行之。其身既勤於政，又乃旁求俊彥之人，置之於位，令以開導後人。先王之念子孫，其憂勤若是，嗣王今承其後，無得墜失其先祖之命，以自覆敗〔註 98〕。

「今嗣王新服厥命，惟新厥德。終始惟一，時乃日新。」孔穎達疏，今新始服其王命，惟當新其所行之德。所云「新」者，終始所行，惟常如一，無有衰殺之時，是乃「日新」也。「新其德」者，勤行其事，日日益新，戒王勿懈怠也〔註 99〕。「王懋乃德，視乃厥祖，無時豫怠」〔註 100〕。孔安國傳曰，當勉修其德，法視其祖而行之，勿要逸豫怠惰。「王用丕欽，罔有逸言，民用丕變。」即言王用大敬其政教，無有逸豫之言，民用大變從化〔註 101〕。「往盡乃心，無康好逸豫，乃其乂民」。孔穎達疏，安之既難，其往治之，當盡汝心

〔註 95〕《尚書正義》卷七《夏書・五子之歌》。
〔註 96〕《尚書正義》卷八《商書・仲虺之誥》。
〔註 97〕《尚書正義》卷四《虞書・皋陶謨》。
〔註 98〕《尚書正義》卷八《商書・太甲上》。
〔註 99〕《尚書正義》卷八《商書・咸有一德》。
〔註 100〕《尚書正義》卷八《商書・太甲中》。
〔註 101〕《尚書正義》卷九《商書・盤庚上》。

爲政，無自安好逸豫而寬縱，乃可以治民〔註 102〕。「君子所其無逸。」孔安國傳曰，歎美君子之道，所在念德，其無逸豫。君子且猶然，況王者乎？孔穎達疏，「君子」者，言其可以君正上位，子愛下民，有德則稱之，不限貴賤。君子之人，念德不怠。「君子且猶然，而況王者乎」，即謂王者處位爲政，日有萬幾，彌復不可逸豫〔註 103〕。

「自朝至於日中昃，不遑暇食，用咸和萬民。」孔安國傳曰，從朝至日昳不暇食，思慮政事，用皆和萬民。孔穎達疏：「自朝旦至於日中及昃，尙不遑暇食，用善政以諧和萬民故也。」〔註 104〕君之奉民，謂設美政於民也。以善奉民，當敬以循之，不敢懈惰〔註 105〕。「惟日孜孜，無敢逸豫。」孔穎達疏，惟當每日孜孜勤法行之，不敢自寬暇逸豫，教其勤於事務〔註 106〕。「罔曰弗克，惟既厥心。罔曰民寡，惟愼厥事」〔註 107〕。孔安國傳曰，人之爲政，無曰不能，惟在盡其心而已；無曰人少不足治也，惟在愼其政事，無敢輕之。「柔遠能邇，惠康小民，無荒寧。」孔穎達疏，以文德安彼遠人。欲安遠，必能安近，是遠近乃得安耳。當以順道安汝之小民，無得荒廢人事以自安逸〔註 108〕。

孔穎達疏，君子恒自戰戰兢兢，不敢懈惰，今見天之怒，畏雷之威，彌自修身省察己過〔註 109〕。「天行健，君子以自強不息」。孔穎達疏，「天行健」者，謂天體之行，晝夜不息，周而復始，無時虧退，故云「天行健」。此謂天之自然之象。「君子以自強不息」，此以人事法天所行，言君子之人，用此卦象，自強勉力，不有止息〔註 110〕。孔穎達疏《升卦》「冥升，利於不息之貞」曰，「冥升」者，冥猶暗也。處升之上，進而不已，則是雖冥猶升也，故曰「冥升」。「利於不息之貞」者，若宴升在上，陵物爲主，則喪亡斯及；若潔己修身，施於爲政，則以不息爲美，故曰「利於不息之貞」〔註 111〕。

「懼而增德，不可當也。《詩》曰：『毋念爾祖，聿修厥德。』……念德

〔註 102〕《尚書正義》卷十四《周書・康誥》。
〔註 103〕《尚書正義》卷十六《周書・無逸》。
〔註 104〕《尚書正義》卷十六《周書・無逸》。
〔註 105〕《尚書正義》卷十七《周書・多方》。
〔註 106〕《尚書正義》卷十八《周書・君陳》
〔註 107〕《尚書正義》卷十九《周書・畢命》。
〔註 108〕《尚書正義》卷二十《周書・文侯之命》。
〔註 109〕《周易正義》卷五《震卦》。
〔註 110〕《周易正義》卷一《乾卦》。
〔註 111〕《周易正義》卷五《升卦》。

不怠，其可敵乎？」〔註 112〕「非德，莫如勤，非勤，何以求人？能勤，有繼。其從之也。《詩》曰：『文王既勤止。』文王猶勤，況寡德乎？」〔註 113〕勤則功繼之，《詩・頌》文王勤以創業。「位其不可不慎也乎！蔡、許之君，一失其位，不得列於諸侯，況其下乎？《詩》曰：『不解于位，民之攸塈。』其是之謂矣。」〔註 114〕即言在上者勤正其位，則國安而民息。「弗躬弗親，庶民弗信。」此處是譏諷在位者，不躬親政事，則庶民不奉信其命。孔穎達引《詩》注云：「言王之政不躬而親之，則恩澤不信於眾民矣」〔註 115〕。《左傳・哀公五年》載，子思曰：「《詩》曰：『不解于位，民之攸塈。』不守其位，而能久者鮮矣。《商頌》曰：『不僭不濫，不敢怠皇，命以多福。』」孔穎達疏，在上者不懈惰於其位，民之所以得安息。駟秦棄位僭上，是惰於位也。成湯之德，不僭差，不濫溢，不敢怠惰而自暇，以此之故，上天命以多福也〔註 116〕。

《禮記》載：「《康誥》曰『克明德』，《大甲》曰『顧諟天之明命』，《帝典》曰『克明峻德』，皆自明也。湯之《盤銘》曰：『苟日新，日日新，又日新。』《康誥》曰：『作新民。』《詩》曰：『周雖舊邦，其命惟新。』是故君子無所不用其極。」孔穎達疏，誠使道德日益新也。非唯一日之新，當使日日益新。非唯日日益新，又須常恒日新，皆是叮嚀之辭。此謂精誠其意，修德無已也。君子欲日新其德，無處不用其心盡力也。言自新之道，唯在盡其心力，更無於行也〔註 117〕。

五、誠

誠，即眞實無僞，言行合一，忠誠、可信的意思，《說文解字》釋「誠」爲「信也」。孔穎達疏，誠者，實也，秉心純直，布行貞實也〔註 118〕。《禮記・學記》載：「使人不由其誠」，孔穎達疏，「誠，忠誠。」正因爲誠有信實無僞、篤誠無虛之義，所以誠也成爲君主基本的政治道德規範。需要指出的是，誠、信雖都有眞實、不虛僞的意思，但「誠」等側重在內心的眞誠，「信」則偏重言語的眞實以及能信守合約。

〔註 112〕《春秋左傳正義》卷十八《文公二年》。
〔註 113〕《春秋左傳正義》卷二十二《宣公十一年》。
〔註 114〕《春秋左傳正義》卷二十三《宣公十二年》。
〔註 115〕《春秋左傳正義》卷三十《襄公七年》。
〔註 116〕《春秋左傳正義》卷五十七《哀公五年》。
〔註 117〕《禮記正義》卷六十《大學》。
〔註 118〕《春秋左傳正義》卷二十《文公十八年》。

首先，誠爲天生固有之德，所以唯聖人有，但人們能通過學習達致誠的境界。「唯天下至誠，爲能經綸天下之大經，立天下之大本，知天地之化育」〔註 119〕。「誠者，天之道也。誠之者，人之道也。誠者不勉而中，不思而得，從容中道，聖人也。誠之者，擇善而固執之者也。」孔穎達疏，至誠之道，天之性也。則人當學其至誠之性，是上天之道不爲而誠，不思而得。若天之性有殺，信著四時，是天之道。人能勉力學此至誠，是人之道，不學則不得。因爲「誠者，天之道也」，所以唯聖人能然，即謂不勉勵而自中當於善，不思慮而自得於善，從容閒暇而自中乎道，聖人性合於天道自然也。因爲「誠之者，人之道也」，所以由學而致此至誠，惟賢人也，能選擇善事，而堅固執之，行之不已，遂致至誠也〔註 120〕。

聖人和凡人雖都能達致誠，但在誠的起點上是不一樣的，聖人天性就有誠，爲自誠明，謂之性；凡人習得而誠，是「自明誠」，謂之教。孔穎達疏，由天性至誠，而身有明德，此乃自然天性如此，故「謂之性」。由身聰明，勉力學習，而致至誠，非由天性教習使然，故云「謂之教」。然則「自誠明謂之性」，聖人之德也。「自明誠謂之教」，賢人之德也。是誠則能明，明則能誠，優劣雖異，二者皆通有至誠也〔註 121〕。「唯天下至誠，爲能盡其性。能盡其性，則能盡人之性。能盡人之性，則能盡物之性。能盡物之性，則可以贊天地之化育。可以贊天地之化育，則可以與天地參矣」。鄭玄注曰：「盡性者，謂順理之使不失其所也。贊，助也。育，生也。助天地之化生，謂聖人受命在王位致大平。」孔穎達疏，以其至極誠信，與天地合，故能「盡其性」。既盡其性，則能盡其人與萬物之性。既能盡人性，則能盡萬物之性，故能贊助天地之化育，功與天地相參〔註 122〕。

其次，「曲能有誠，誠則形，形則著，著則明，明則動，動則變，變則化。唯天下至誠爲能化。」孔穎達疏，賢人習學而致至誠。曲，謂細小之事。言其賢人致行細小之事不能盡性，於細小之事能有至誠也〔註 123〕。「至誠之道，可以前知。國家將興，必有禎祥。國家將亡，必有妖孽。見乎蓍龜，動乎四

〔註 119〕《禮記正義》卷五十三《中庸》。
〔註 120〕《禮記正義》卷五十三《中庸》。
〔註 121〕《禮記正義》卷五十三《中庸》。
〔註 122〕《禮記正義》卷五十三《中庸》。
〔註 123〕《禮記正義》卷五十三《中庸》。

體，禍福將至，善必先知之，不善必先知之，故至誠如神。」孔穎達疏，身有至誠，可以豫知前事。此至誠之內，是天生至誠，亦通學而至誠。言聖人、賢人俱有至誠之行，天所不欺，可知前事。「國家將興，必有禎祥」者，禎祥，吉之萌兆；祥，善也。言國家之將興，必先有嘉慶善祥也。《文說》：「禎祥者，言人有至誠，天地不能隱，如文王有至誠，招赤雀之瑞也。」「國家將亡，必有妖孽」者，妖孽，謂兇惡之萌兆也。妖猶傷也，傷甚曰孽，謂惡物來爲妖傷之徵。若魯國賓�來巢，以爲國之傷徵。至誠之道，先知前事，如神之微妙，故云「至誠如神」也〔註 124〕。

「誠者自成也，而道自道也。誠者物之終始，不誠無物。是故君子誠之爲貴。誠者非自成己而已也，所以成物也。成己，仁也。成物，知也。性之德也，合外內之道也。故時措之宜也。故至誠無息，不息則久，久則徵，徵則悠遠，悠遠則博厚，博厚則高明。博厚所以載物也，高明所以覆物也，悠久所以成物也。博厚配地，高明配天，悠久無疆。如此者，不見而章，不動而變，無爲而成，天地之道，可壹言而盡也。其爲物不貳，則其生物不測。天地之道博也，厚也，高也，明也，悠也，久也。」言其德化與天地相似，可一言而盡，要在至誠。至誠無貳，乃能生萬物多無數也。孔穎達疏，人有至誠，非但自成就己身而已，又能成就外物。若能成就己身，則仁道興立。若能成就外物，則知力廣遠。誠者是人五性之德，則仁、義、禮、知、信皆猶至誠而爲德。至誠之行合於外內之道，無問外內，皆須至誠。於人事言之，有外有內，於萬物言之，外內猶上下。上謂天，下謂地。天體高明，故爲外；地體博厚閉藏，故爲內。是至誠合天地之道也。至誠者成萬物之性，合天地之道，故得時而用之，則無往而不宜。至誠之德，所用皆宜，無有止息，故能久遠、博厚、高明以配天地。以其不息，故能長久，以其久行，故有徵驗。若事有徵驗，則可行長遠。以其德既長遠，無所不周，故「博厚」。養物博厚，則功業顯著，故「博厚則高明」。以其德博厚，所以負載於物。以其功業高明，所以覆蓋於萬物。以行之長久，能成就於物，此謂至誠之德。聖人之德博厚配偶於地，與地同功，故能載物。聖人功業高明配偶於天，與天同功，故能覆物。聖人之德既能覆載，又能長久行之，所以無窮。既能博厚高明，又須行之悠久。聖人之德如此博厚高明悠久，不見所爲而功業章顯，不見動作而

〔註 124〕《禮記正義》卷五十三《中庸》。

萬物改變，無所施爲而道德成就。聖人之德能同於天地之道，欲尋求所由，可一句之言而能盡其事理，正由於至誠，是「壹言而盡也」。聖人行至誠，接待於物不有差貳，以此之故，能生殖眾物不可測量〔註 125〕。

大學之道在明德、親民、止善。欲章明己之明德，使遍於天下者，先須能治其國。「欲治其國者」，「先齊其家」也。若欲齊家，先須修身。若欲修身，必先正其心。總包萬慮謂之爲心，情所意念謂之意。若欲正其心使無傾邪，必須先至誠，在於憶念也。若能誠實其意，則心不傾邪。修身在於至誠，能至誠，所以贊天地、動蓍龜〔註 126〕。《禮記・大學》載：「所謂誠其意者，毋自欺也，如惡惡臭，如好好色，此之謂自謙。故君子必愼其獨也。」孔穎達疏，誠意之本，先須愼其獨。欲精誠其意，無自欺誑於身，於身必須誠實。見此惡事人嫌惡之，如人嫌臭穢之氣，心實嫌之，口不可道矣。見此善事而愛好之，如以人好色，心實好之，口不可道矣。誠其意者，見彼好事、惡事，當須實好、惡之，不言而自見，不可外貌詐作好、惡，而內心實不好、惡也，皆須誠實矣。心雖好、惡而口不言，應自然安靜也〔註 127〕。

「富潤屋，德潤身，心廣體胖，故君子必誠其意。」孔穎達疏，言家若富，則能潤其屋，有金玉又華飾見於外，德能霑潤其身，使身有光榮見於外也。心寬廣，則外體胖大，言爲之於中，必形見於外。以有內見於外，必須精誠其意，在內心不可虛〔註 128〕。《左傳・昭公二十八年》載：「苟非德義，則必有禍。」孔穎達疏：「苟，誠也。誠不以德義自持，則必有禍。」

六、信

《說文解字》釋曰：「信，誠也，從人從言。」在《五經正義》中，關於信的解釋有很多種，即謂誠、實、不欺，專一不移，言不虛妄等。《禮記・禮運》載：「講信修睦」，孔穎達疏：「信，不欺也。」《聘義》載：「孚尹旁達，信也。」孔穎達疏：「信者，內不欺隱者也。」《禮器》載：「忠信，禮之本也。」孔穎達疏：「信者，外部欺於物也。」《左傳》桓公六年載：「所謂道，忠於民而信於神也。」孔穎達疏：「人言爲信，謂言不虛妄也。」此外，信也釋爲「明

〔註 125〕《禮記正義》卷五十三《中庸》。
〔註 126〕《禮記正義》卷五十三《中庸》。
〔註 127〕《禮記正義》卷六十《大學》。
〔註 128〕《禮記正義》卷六十《大學》。

也」〔註 129〕。君主誠信而取信於民，信用施政，成爲教化臣民的手段之一；君臣民上下由信而產生的交融互信，成爲治平天下的根基之一。信作爲君主政治道德必備內容，其重要性受到歷代思想家、政論家的重視。

孔穎達多次強調信德對於君與國的重要性。「信，國之寶也，民之所庇也」〔註 130〕。「上焉者，雖善無徵，無徵不信，不信，民弗從。下焉者，雖善不尊，不尊不信，不信，民弗從」。孔穎達疏，上，謂君也，言爲君雖有善行，無分明徵驗，則不信著於下，既不信著，則民不從。下，謂臣也，言臣所行之事，雖有善行而不尊，不尊敬於君，則善不信著於下，既不信著，則民不從〔註 131〕。「君子有大道，必忠信以得之，驕泰以失之。」孔穎達疏，大道，謂所由行孝悌仁義之大道也。此孝悌仁義，必由行忠信以得之，由身驕泰以失之也〔註 132〕。「作大事不以信，未嘗可也。」〔註 133〕「『民保於信』，吾以信義也。」〔註 134〕「小所以事大，信也；大所以保小，仁也。背大國，不信；伐小國，不仁。民保於城，城保於德。失二德者，危，將焉保？」〔註 135〕所謂「二德」，即信與仁。「唯器與名，不可以假人，君之所司也。名以出信，信以守器。」孔穎達疏，唯車服之器與爵號之名，不可以借人也。此名號車服，是君之所主也。名位不愆，則爲下民所信，此名所以出信也。動不失信，然後車服可保，此信所以守車服之器也〔註 136〕。「君命無貳，失信不立。」〔註 137〕無信，故無成功。信成，然後有成功〔註 138〕。「信以守禮，禮以庇身。信、禮之亡，欲免得乎？」〔註 139〕「人所以立，信、知、勇也。信，不叛君；知，不害民；勇，不作亂。」〔註 140〕「求逞志而棄信，志將逞乎？志以發言，言以出信，信以立志，參以定之。信亡，何以及三？」孔穎達疏，在心爲志，出口爲言，志有所之，言乃出口，故志以發言也。與人爲信，必言以告之，故言以出信也。

〔註 129〕《春秋左傳正義》卷五十一《昭公二十五年》。
〔註 130〕《春秋左傳正義》卷十六《僖公二十五年》。
〔註 131〕《禮記正義》卷五十三《中庸》。
〔註 132〕《禮記正義》卷六十《大學》。
〔註 133〕《春秋左傳正義》卷四十三《昭公六年》。
〔註 134〕《春秋左傳正義》卷五十四《定公十四年》。
〔註 135〕《春秋左傳正義》卷五十八《哀公七年》。
〔註 136〕《春秋左傳正義》卷二十五《成公二年》。
〔註 137〕《春秋左傳正義》卷二十六《成公八年》。
〔註 138〕《春秋左傳正義》卷三十《襄公五年》。
〔註 139〕《春秋左傳正義》卷二十六《成公十年》。
〔註 140〕《春秋左傳正義》卷二十八《成公十七年》。

於人有信，志乃得立，故信以立志也。人之處身於世，常恐不得安定。參即三也：言，信，志。三者俱備，然後身得安定。欲安其身，用此三者以定之。信亡則志不立，失志必死〔註141〕。

信要發自內心，態度要誠懇，要以誠信服人。孔穎達疏《益卦》，九五得位處尊，爲益之主，兼張德義，以益物者也。「爲益之大，莫大於信，爲惠之大，莫大於心。因民所利而利之焉，惠而不費，惠心者也」。有惠有信，盡物之願，必獲元吉，不待疑問，故曰「有孚惠心，勿問元吉」。我既以信，惠被於物，物亦以信，惠歸於我，故曰「有孚，惠我德」也〔註142〕。信發於中，謂之中孚。人主內有誠信，則雖微隱之物，信皆及矣，莫不得所而獲吉。既有誠信，光被萬物，萬物得宜，以斯涉難，何往不通？〔註143〕誠信發於內，則邦國化於外〔註144〕。人君至誠益於天下，天下之人，無不至誠愛戴，以君之德澤爲恩惠也，即天下皆以信惠歸我，則可以得志於天下。孔穎達疏「中孚以『利貞』，乃應乎天也」曰：天德剛正而氣序不差，是正而信也。今信不失正，乃得應於天，是中孚之盛故須濟以利貞也〔註145〕。居尊而有中正之德，是有至誠致信之心，發之於內而交之於下，以攣天下之心；上下內外，皆以誠信相通，是得爲君之道。處於尊位，爲群物之主，恒須以中誠交物，孚信何可暫舍。繫信不絕，乃得无咎〔註146〕。即君主保持信德要持之以恆，忠誠信用，要發自內心。「所謂道，忠於民而信於神也。上思利民，忠也；祝史正辭，信也。今民餒而君逞欲，祝史矯舉以祭，臣不知其可也。」孔穎達疏，道猶道路，行不失正，名之曰道。施於人君，則治民、事神，使之得所，乃可稱爲道矣。故云所謂道者，忠恕於民而誠信於神也。此復說忠信之義，於文，中心爲忠，言中心愛物也；人言爲信，謂言不虛妄也。在上位者，思利於民，欲民之安飽，是其忠也；祝官、史官正其言辭，不欺誑鬼神，是其信也。如隨國民皆饑餒而君快情慾，是不思利民，是不忠也；祝史詐稱功德以祭鬼神，是不正言辭，是不信也。無忠無信不可謂道，小而無道，何以敵大？〔註147〕「在上位者灑濯其心，壹以待人，軌度其信，可明徵也。而後可以治

〔註141〕《春秋左傳正義》卷三十八《襄公二十七年》。
〔註142〕《周易正義》卷四《益卦》。
〔註143〕《周易正義》卷六《中孚卦》。
〔註144〕《周易正義》卷六《中孚卦》。
〔註145〕《周易正義》卷六《中孚卦》。
〔註146〕《周易正義》卷六《中孚卦》。
〔註147〕《春秋左傳正義》卷六《桓公六年》。

人。夫上之所為，民之歸也。上所不為而民或為之，是以加刑罰焉，而莫敢不懲。若上之所為而民亦為之，乃其所也，又可禁乎？《夏書》曰：『念茲在茲，釋茲在茲，名言茲在茲，允出茲在茲，惟帝念功。』將謂由己壹也。信由己壹，而後功可念也。」孔穎達疏，謂使其臣信有軌，則法度可明，以為徵驗也。劉炫云：「軌，法也。行依法度，而言有信也。允，信也；謂誠信之心出於此身，則善亦誠在此身也。信實由己專壹，然後善功可念〔註 148〕。

君主要通過各種方式踐行誠信。「民未知信，未宣其用」，孔穎達疏，既然信是人之所用，若未伐原示信，民未明於信是人用〔註 149〕。「分寶玉於伯叔之國，時庸展親」，孔穎達疏，分寶玉於同姓伯叔之國，見己無所愛惜，是用誠信其親親之道也〔註 150〕。君主憎疾人為讒佞之說，絕君子之行，而動驚眾人，欲遏之。故任命納言之官。從早至夜以誠信出納君之教命，每事皆信則讒言自絕〔註 151〕。文王教出使之臣，使遠而有光華，又當諮問善道於忠信之人〔註 152〕。在斷刑獄爭訟時，凡訟者，物有不和，情相乖爭而致其訟。凡訟之體，不可妄興，必有信實，被物止塞，而能惕懼，中道而止，乃得吉也〔註 153〕。物初蒙稚，待養而成，無信即不立，所待唯信也〔註 154〕。孔穎達疏《比卦》初六「有孚比之，无咎。有孚盈缶，終來有它吉」曰：處比之始，為比之首，若無誠信，禍莫大焉。必有誠信而相親比，終始如一，為之誠信，乃得无咎。身處比之首，應不在一，心無私吝，莫不比之。有此孚信盈溢質素之缶，以此待物，物皆歸向，從始至終，尋常恒來，非唯一人而已，更有他人並來而得吉〔註 155〕。孔穎達疏，帝堯能放效上世之功而施其教化，心意恒敬，智慧甚明，發舉則有文謀，思慮則能通敏，以此四德安天下之當安者。在於己身則有此四德，其於外接物又能信實、恭勤、善能、謙讓。恭則人不敢侮，讓則人莫與爭，由此為下所服，名譽著聞，聖德美名充滿被溢於四方之外，又至於上天下地〔註 156〕。舜能繼堯，重其文德之光華，

〔註 148〕《春秋左傳正義》卷三十四《襄公二十一年》。
〔註 149〕《春秋左傳正義》卷十六《僖公二十七年》。
〔註 150〕《尚書正義》卷十三《周書・旅獒》。
〔註 151〕《尚書正義》卷三《虞書・舜典》。
〔註 152〕《春秋左傳正義》卷二十九《襄公四年》。
〔註 153〕《周易正義》卷二《訟卦》
〔註 154〕《周易正義》卷二《需卦》。
〔註 155〕《周易正義》卷二《比卦》。
〔註 156〕《尚書正義》卷二《虞書・堯典》。

用此德合於帝堯，與堯俱聖明也。此舜性有深沉智慧，文章明鑒，溫和之色，恭遜之容，由名聞遠達，信能充實上下，潛行道德，升聞天朝，堯乃徵用，命之以位而試之也〔註157〕。「惟厥攸居，政事惟醇」〔註158〕。即言其所居行，皆如所言，則王之政事醇粹。

在處理國與國之間的關係時亦不離信義。「信不由中，質無益也。明恕而行，要之以禮，雖無有質，誰能間之？苟有明信，澗谿沼沚之毛，蘋蘩薀藻之菜，筐筥錡釜之器，潢污行潦之水，可薦於鬼神，可羞於王公。而況君子結二國之信，行之以禮，又焉用質？《風》有《采蘩》、《采蘋》，《采蘩》，《雅》有《行葦》、《泂酌》，昭忠信也。」〔註159〕「苟信不繼，盟無益也。《詩》云：『君子屢盟，亂是用長。』無信也。」〔註160〕即正因爲無信，所以才不斷結盟；數盟則情疏，情疏而憾結，故云長亂。「盟，所以周信也，玉帛以奉之，言以結之，明神以要之。」〔註161〕「要盟無質，神弗臨也。所臨唯信。信者，言之瑞也，善之主也，是故臨之。明神不蠲要盟，背之可也。」孔穎達疏，質，誠也。無忠誠之信，故神弗臨也〔註162〕。「小所以事大，信也。失信，不立。」〔註163〕「小所以事大，信也。小國無信，兵亂日至，亡無日矣」，「杖莫如信。」〔註164〕「君無信，臣懼不免。」〔註165〕「若合諸侯之卿，以爲不信，必不捷矣！食言者不病。」孔穎達疏，不病者，不唯病害而已，必至於死也。言之不用，若食之消散，故謂無信爲食言也〔註166〕。《左傳》僖公二十八年載「背惠食言」，孔穎達引《釋詁》「食，僞也」孫炎云「食言之僞」，《尚書·湯誓》「爾無不信，朕不食言」孔安國注「食盡其言，僞不實也」，以及哀公二十五年傳孟武伯惡郭重曰：「何肥也？」公曰：「是食言多矣，能無肥乎」等多處文獻進行闡釋，食言者，即言而不行，如食之消散，後終不行〔註167〕。「信其不可不愼乎！澶淵之會，卿不書，不信也夫。諸侯之上卿，會而不信，

〔註157〕《尚書正義》卷三《虞書·舜典》。
〔註158〕《尚書正義》卷九《商書·說命下》。
〔註159〕《春秋左傳正義》卷三《隱公三年》。
〔註160〕《春秋左傳正義》卷七《桓公十二年》。
〔註161〕《春秋左傳正義》卷五十九《哀公十二年》。
〔註162〕《春秋左傳正義》卷三十《襄公九年》。
〔註163〕《春秋左傳正義》卷三十五《襄公二十二年》。
〔註164〕《春秋左傳正義》卷三十《襄公八年》。
〔註165〕《春秋左傳正義》卷三十七《襄公二十六年》。
〔註166〕《春秋左傳正義》卷三十八《襄公二十七年》。
〔註167〕《春秋左傳正義》卷十六《僖公二十八年》。

寵名皆棄，不信之不可也如是。《詩》曰：『文王陟降，在帝左右。』信之謂也。又曰：『淑慎爾止，無載爾僞。』不信之謂也。」〔註168〕即爲文王所以能上接天，下接人，動順帝者，唯以信。當善愼舉止，無載行詐僞。「將信以爲本，循而行之。譬如農夫，是穮是蔉，雖有飢饉，必有豐年。」孔穎達疏，耕鋤不息，必有豐年之收，用以比喻禮信不愆，必爲諸侯之長也〔註169〕。

七、正

「一家仁，一國興仁；一家讓，一國興讓；一人貪戾，一國作亂。其機如此。此謂一言僨事，一人定國。堯、舜率天下以仁，而民從之。桀、紂率天下以暴，而民從之。其所令反其所好，而民不從。」即謂民化君行，君若好貨而禁民淫於財利，則不能正也。孔穎達疏，人君行善於家，則外人化之，故一家、一國，皆仁讓也。人君一人貪戾惡事，則一國學之作亂。君主動於近，成於遠，善惡之事，亦發於身而及於一國。若善惡仁暴各隨其行之所好，則人從之。其所好者是惡，所令者是善，則所令之事反其所好，雖欲以令禁人，則人不從〔註170〕。元首之君能明，則股肱之臣乃善，事可皆得安寧。元首之君叢脞細碎，則股肱之臣懈怠緩慢，眾事悉皆墮廢，所謂政之得失由君也〔註171〕。天子是政治之本，盛衰興亡繫於君主一人。統治者率領臣下，爲政治之事，要愼天子法度而敬其職事，當不斷反省自身而敬正之。

（一）正天下先正君

「爲政在人」，即政治教化是由己及人的過程，君之德猶如風，臣民之德猶如草，上行下效，風行草偃，所謂「政者，正也，子帥以正，孰敢不正？」〔註172〕孟子認爲：「君正，莫不正，一正君而國定矣。」〔註173〕荀子說：「君者，儀也；民者，景也。儀正而景正。」〔註174〕「人君正心以正朝廷，正朝廷以正百官，正百官以正萬民，正萬民以正四方。」〔註175〕「天子正而天下

〔註168〕《春秋左傳正義》卷四十《襄公三十年》。
〔註169〕《春秋左傳正義》卷四十一《昭公元年》。
〔註170〕《禮記正義》卷六十《大學》。
〔註171〕《尚書正義》卷五《虞書・益稷》。
〔註172〕《論語注疏》卷十二《顏淵》。
〔註173〕《孟子注疏》卷七《離婁上》。
〔註174〕《荀子・君道》。
〔註175〕《漢書》卷五六《董仲舒傳》。

定矣」〔註 176〕，「君之心，政之本」〔註 177〕。孔穎達疏，身既得正，「可以正邦」也〔註 178〕。

「文武之政，佈在方策，其人存則其政舉，其人亡則其政息。人道敏政，地道敏樹。夫政也者，蒲盧也。故爲政在人，取人以身，修身以道，修道以仁。仁者，人也，親親爲大。義者，宜也，尊賢爲大。親親之殺，尊賢之等，禮所生也。在下位不獲乎上，民不可得而治矣。故君子不可以不修身。」爲政之道在於「取人」、「修身」。孔穎達疏，「其人」，謂賢人。若得賢人，道德存在，則能興行政教。賢人若亡，即道德滅亡，則不能興舉於政教。若位無賢臣，政所以滅絕也。地既無心，云勉力者，以地之生物無倦，似若人勉力行政的樣子。爲人君當勉力行政。爲地之道，亦勉力生殖也。人之無政，若地無草木。善爲政者，化養他民以爲己民，若蒲盧，取桑蟲之子以爲己子。君行善政，則民從之，故欲爲善政者，在於得賢人也。明君欲取賢人，先以修正己身，則賢人至。欲修正其身，先須行於道德。欲修道德，必須先修仁義。仁謂仁愛相親偶也，行仁之法，在於親偶。欲親偶疏人，先親己親，然後比親及疏。宜，謂於事得宜，即是其義。若欲於事得宜，莫過尊賢。五服之節，降殺不同，是親親之衰殺。公卿大夫，其爵各異，是「尊賢之等」。禮者，所以辨明此上諸事也。思念修身之道，必先以孝爲本，故「不可以不事親」〔註 179〕。

《禮記・大傳》載：「聖人南面而聽天下，所且先者五，民不與焉。一曰治親，二曰報功，三曰舉賢，四曰使能，五曰存愛。五者一得於天下，民無不足，無不贍者。五者一物紕繆，民莫得其死。聖人南面而治天下，必自人道始矣。」孔穎達疏，「一曰治親」者，此治親即鄉者三事，三事若正，則於家國皆正，故急在前。「二曰報功」者，既已正親，故下又報於有所功勞者，使爲諸侯之屬是也。緩於親親，故次治親。「三曰舉賢」者，雖已報於有功，若岩穴有賢德之士，未有功者，舉而用之。報功宜急，此又次也。「四曰使能」者，能謂有道藝，既無功德，又非賢能，而有道藝，亦祿之，使各當其職也。輕於賢德，故次之。「五曰存愛」者，存，察也，愛，仁也。治親、報功、舉賢、使能，爲政既足，又宜察於民下側陋之中者，若有雖非賢能而有仁愛之

〔註 176〕《大戴禮記・保傅》。

〔註 177〕陸九淵：《陸九淵集》卷三十《政之寬猛孰先論》，北京：中華書局 1980 年版。

〔註 178〕《周易正義》卷五《漸卦》。

〔註 179〕《禮記正義》卷五十二《中庸》。

心，亦賞異之。五事一皆得行於天下，則民無有不足，無有不周贍者，贍是優足之餘也。五事之中，但有一事紕繆，則民莫得其死。聖人南面而治天下，必自人道即治親、報功、舉賢、使能、存愛，是以理相承順之道。

「古之欲明明德於天下者，先治其國。欲治其國者，先齊其家。欲齊其家者，先修其身。欲修其身者，先正其心。欲正其心者，先誠其意。欲誠其意者，先致其知。致知在格物。物格而後知至，知至而後意誠，意誠而後心正，心正而後身修，身修而後家齊，家齊而後國治，國治而後天下平。自天子以至於庶人，壹是皆以修身爲本，其本亂而末治者否矣。」孔穎達疏，大學之道在明德、親民、止善。欲章明己之明德，使遍於天下者，先須能治其國。「欲治其國者」，「先齊其家」也。若欲齊家，先須修身也。若欲修身，必先正其心也。總包萬慮謂之爲心，情所意念謂之意。若欲正其心使無傾邪，必須先至誠，在於憶念也。若能誠實其意，則心不傾邪也。欲精誠其己意，先須招致其所知之事，言初始必須學習，然後乃能有所知曉其成敗。若能學習招致所知。己有所知，則能在於來物。若知善深則來善物，知惡深則來惡物。善事隨人行善而來應之，惡事隨人行惡亦來應之，善惡之來緣人所好也。物既來，則知其善惡所至。善事來，則知其至於善；若惡事來，則知其至於惡。既能知至，則行善不行惡也。既能知至，則意念精誠也。意能精誠，故能心正也。「國治而後天下平」者，則上「明明德於天下」，是以自天子至庶人皆然也。上從天子，下至庶人，貴賤雖異，所行此者專一，以修身爲本。本亂，謂身不修也。末治，謂國家治也。言己身既不修，而望家國治者否矣〔註 180〕。

「所謂平天下在治其國者，上老老而民興孝，上長長而民興弟，上恤孤而民不倍，是以君子有絜矩之道也。」孔穎達疏，欲平天下，先須修身，然後及物。自近至遠，自內至外，故初明「絜矩之道」，次明散財於人之事，次明用善人、遠惡人。此皆治國、治天下之綱。孤弱之人，人所遺棄，是上君長若能優恤孤弱不遺，則下民學之，不相棄倍此人。絜，猶結也，矩，法也，言君子有執結持矩法之道，動而無失，以此加物，物皆從之〔註 181〕。「所謂修身在正其心者，身有所忿懥，則不得其正；有所恐懼，則不得其正；有所好樂，則不得其正；有所憂患，則不得其正。心不在焉，視而不見，聽而不聞，食而不知其味。此謂修身在正其心。」孔穎達疏，懥，謂怒也。身若有所怒，

〔註 180〕《禮記正義》卷六十《大學》。
〔註 181〕《禮記正義》卷六十《大學》。

「則不得其正」，因怒而違於正也。所以然者，若遇忿怒，則違於理，則失於正也。因恐懼而違於正也。修身之本，必在正心。若心之不正，身亦不修。若心之不在，視聽與食，不覺知也。是心爲身本，修身必在於正心也〔註 182〕。

「所謂齊其家在修其身者，人之其所親愛而辟焉，之其所賤惡而辟焉，之其所畏敬而辟焉，之其所哀矜而辟焉，之其所敖惰而辟焉。故好而知其惡，惡而知其美者，天下鮮矣。故諺有之曰：『人莫知其子之惡，莫知其苗之碩。』此謂身不修，不可以齊其家。」孔穎達疏，此言修身之譬也。設我適彼人，見彼有德，則爲我所親愛，當反自譬喻於我也。以彼有德，故爲我所親愛，則我若自修身有德，必然亦能使眾人親愛於我也。又言我往之彼，而賤惡彼人者，必是彼人無德的緣故，亦當回以譬我。我若無德，則人亦賤惡我。我往之彼而畏敬彼人，必是彼人莊嚴故也，亦回其譬我，我亦當莊敬，則人亦必畏敬我。又我往之彼，而哀矜彼人，必是彼人有慈善柔弱之德故也，亦回譬我，我有慈善而或柔弱，則亦爲人所哀矜也。又我往之彼，而敖惰彼人，必是彼人邪僻故也，亦回譬我，我若邪僻，則人亦敖惰於我也。人心多偏，若心愛好之，而多不知其惡。若嫌惡之，而多不知其美。今雖愛好，知彼有惡事；雖憎惡，知彼有美善，天下之內，如此者少矣。故諺有之曰，人之愛子其意至甚，子雖有惡不自覺知，猶好而不知其惡也。農夫種田，恒欲其盛，苗唯碩大，猶嫌其惡，以貪心過甚，故不知其苗之碩。若能以己子而方他子，己苗而匹他苗，則好惡可知，皆以己而待他物也。不知子惡、不知苗碩之人，皆不修其身，身既不修，不能以己譬人，故不可以齊整其家〔註 183〕。

「王言如絲，其出如綸。王言如綸，其出如綍。故大人不倡遊言。可言也不可行，君子弗言也。可行也不可言，君子弗行也。則民言不危行，而行不危言矣。《詩》云：『淑慎爾止，不愆于儀。』」孔穎達疏，王者出言，下所傚之，其事漸大，不可不慎。王言初出，微細如絲，及其出行於外，言更漸大，如似綸也，漸大出如綍也。浮遊虛漫之言，不可依用。出言，則民皆師法，故尊大之人不倡道此遊言，恐人依象之。口可言說，力不能行，則君子不言也。如此化民，則民言行相應，言不高於行，行不高於言。爲君之法當善，謹慎容止，不愆過於禮之容儀，言當守道以自居，言行不可過也〔註 184〕。

〔註 182〕《禮記正義》卷六十《大學》。

〔註 183〕《禮記正義》卷六十《大學》。

〔註 184〕《禮記正義》卷五十五《緇衣》。

（二）正身以化下，不令而行

「未有上好仁而下不好義者也，未有好義其事不終者也，未有府庫財非其財者也。」孔穎達疏，在上人君好以仁道接下，其下感君仁恩，無有不愛好於義，使事皆得其宜也。臣下悉皆好義，百事盡能終成。君若行仁，民必報義，義必終事。譬如人君有府庫之財，必還爲所用。君行仁道，則臣必爲義，臣既行義，事必終成。以至誠相感，必有實報，如己有府庫之財，爲己所有〔註 185〕。

《禮記·樂記》載：「爲人君者，謹其所好惡而已矣。君好之，則臣爲之。上行之，則民從之。《詩》云：『誘民孔易。』此之謂也。」孔穎達疏，謹愼行之，以此化民，無不從也。在上教道於民甚易，但己行於上，則民化之於下。「子曰：下之事上也，不從其所令，從其所行。上好是物，下必有甚者矣。故上之所好惡，不可不愼也，是民之表也。子曰：禹立三年，百姓以仁遂焉，豈必盡仁？」孔穎達疏，以君者民之儀表，不可不愼。故此兼言上有其善，則下賴之。禹立三年，百姓悉行仁道，達於外內，禹之百姓，豈必本性盡行仁道，只由禹之所化〔註 186〕。民之法則於上，「民具爾瞻」，視上之所爲。「一人有慶，兆民賴之」，天子有善行，民皆蒙賴之；上有善行，賴及於下。上若好仁，則下皆爲仁，爭欲先他人〔註 187〕。

孔穎達疏，《詩》稱「民之秉彝，好是懿德」，故王在德元，則小民乃惟法則於王，行王政於天下。王之爲政，民盡行之，是言治政於王道有光明也〔註 188〕。上之所爲，下必效之。無教在下爲逸豫貪欲之事，是有國之常道。爲人君當兢兢然戒愼，業業然危懼〔註 189〕。「諸侯相厲以輕財重禮，則民作讓矣。」孔穎達疏：諸侯既能相厲以輕財重禮之義，君既行之於上，人則效之於下，故民皆作其廉讓矣〔註 190〕。「夫上之所爲，民之歸也」〔註 191〕。「《詩》曰：『爾之教矣，民胥傚矣。』從我而已，焉用效人之辟？《書》曰：『聖作則。』無寧以善人爲則，而則人之辟乎？匹夫爲善，民猶則之，況國君乎？」〔註 192〕

〔註 185〕《禮記正義》卷六十《大學》。
〔註 186〕《禮記正義》卷五十五《緇衣》。
〔註 187〕《禮記正義》卷五十五《緇衣》。
〔註 188〕《尚書正義》卷十五《周書·召誥》。
〔註 189〕《尚書正義》卷四《虞書·皋陶謨》。
〔註 190〕《禮記正義》卷六十三《聘義》。
〔註 191〕《春秋左傳正義》卷三十四《襄公二十一年》。
〔註 192〕《春秋左傳正義》卷四十三《昭公六年》。

所好必善，所惡必惡。在上者所好所惡，不有愆過，則下民知所適歸，言皆知歸於善也〔註 193〕。孔穎達疏，王者常自以敬我德爲先，則天下無有距違我天子之行者。《論語》云：「上好禮，則民莫敢不敬。上好義，則民莫敢不服。上好信，則民莫敢不用情。」王者自敬其德，則民豈敢不敬之？人皆敬之，誰敢距違者？聖人行而天下皆悅，動而天下皆應，用此道也〔註 194〕。

「一人元良，萬邦以貞」〔註 195〕，一人即天子，天子有大善，則天下得其正。「不役耳目，百度惟貞」，孔穎達疏，君主不可縱恣，不以聲色使役耳目，則百事之度惟皆正〔註 196〕。「玩人喪德，玩物喪志。志以道寧，言以道接。」孔穎達疏，王者不可縱恣，不以聲色使役耳目，則百事之度惟皆正矣。以聲色自娛，必玩弄人物。既玩弄人者，喪其德也；玩弄物者，喪其志也。人物既不可玩，則當以道自處。志當以道而寧身，言當以道而接物，依道而行，則志自得而言自當〔註 197〕。

《周書・酒誥》載：「昔殷先哲王，迪畏天，顯小民，經德秉哲，自成湯咸至於帝乙，成王畏相。惟御事厥棐有恭，不敢自暇自逸，矧曰其敢崇飲？越在外服，侯、甸、男、衛邦伯，越在內服，百僚庶尹惟亞惟服宗工，越百姓里居，罔敢湎於酒。不惟不敢，亦不暇。惟助成王德顯，越尹人祇辟。」孔穎達疏，殷之先代智道之王成湯，於上蹈道以畏天威，於下明著加於小民，即能常德持智以爲政教。自成湯之後皆然，以至於帝乙，猶保成其王道，畏敬輔相之臣。其君既然，惟殷御治事之臣，其輔相於君，有恭敬之德，不敢自寬暇，自逸豫，況曰其敢聚會群飲酒乎？於是在外之服侯、甸、男、衛、國君之長，於是在內之服治事百官眾正惟次大夫惟服事尊官，於百官族姓及致仕在田里而居者，皆無敢沉湎於酒。不惟不敢，亦自不暇飲。所以不暇者，惟以助其君成其王道，令德顯明；又於正人之道，必正身敬法，正身以化下，不令而行，故不暇飲。是亦可以爲法也。

「惟命曰：『汝受命篤，弼丕視功載，乃汝其悉自教工。』」孔安國傳曰，惟天命我周邦，汝受天命厚矣，當輔大天命，視群臣有功者記載之，乃汝新即政，其當盡自教眾官，躬化之。孔穎達疏，天命我文武，故及汝成王復受天命

〔註 193〕《春秋左傳正義》卷四十七《昭公十五年》。
〔註 194〕《尚書正義》卷七《夏書・禹貢》。
〔註 195〕《尚書正義》卷八《商書・太甲下》。
〔註 196〕《尚書正義》卷十三《周書・旅獒》。
〔註 197〕《尚書正義》卷十三《周書・旅獒》。

爲天子，是天之恩德深厚。天以厚德被汝，汝當輔大天命，任賢使能，行合天意，是輔大天也。汝當輔大天命，故宜視群臣有功者記載之，復上「記功，宗以功」言之也。欲令群臣有功，必須躬自教化之在於初始，故言「乃汝新即政，其當盡自教眾官」。欲令王「躬化之」者，正己之身，使群臣法之，非謂以辭化之也。言「盡自教」者，政有大小，恐王輕大略小，令王盡自親化之。言「惟命曰」，亦是致殷勤。王肅云：「此其盡自教百官，謂正身以先之」〔註198〕。「古之人，猶胥訓告，胥保惠，胥教誨，民無或胥譸張爲幻。此厥不聽，人乃訓之，乃變亂先王之正刑，至於小大。民否則厥心違怨，否則厥口詛祝。」孔穎達疏，古人之雖君明臣良，猶尚相訓告以善道，相安順以美政，相教誨以義方。君臣相正如此，故於時之民順從上教，無有相誑欺爲幻惑者。此其不聽中正之君，人乃教訓之以非法之事，乃從其言，變亂先王之正法，至於小大之事，無不皆變亂之。君既變亂如此，其時之民疾苦，否則其心違上怨上，否則其口詛祝之。民之從上，若影之隨形，君臣以道相正，故下民無有相欺誑幻惑者〔註199〕。

孔穎達疏，惟民初生，自然之性皆敦厚。因見所習之物，本性乃有遷變，爲惡皆由習效使然。人之情性，好違上所命，命之不必從也，從其君所好。君之所好，民必從之，在上者不可不慎所好也。汝之治民能敬，當從終常在於道德教之。王者以道德教之，是民乃無不變化。民皆變從王者化，則信陞於大道矣〔註200〕。民從上教而變，猶草應風而偃，不可不慎。凡欲率下，當先正身，王者身能正，則下無敢不正。民心無能中正，惟取王者之中正，王者當正身心以率之〔註201〕。行上謀者，當謹慎其己身，而修治人之事，思爲久長之道。又厚次敘九族之親而不遺棄，則眾人皆明曉上意，而各自勉勵翼戴上命，行之於近，而可推而至遠者，在此道也。自身以外，九族爲近，故慎修其身，又厚次敘九族，猶堯之爲政，先以親九族也。人君既能如此，則眾庶皆明其教，而各自勉勵翼戴上命。王者率己以化物，親親以及遠，故從近可推而至於遠者，在修己身、親九族之道〔註202〕。

「五福。一曰壽，二曰富，三曰康寧，四曰攸好德，五曰考終命。六極。一曰凶短折，二曰疾，三曰憂，四曰貧，五曰惡，六曰弱。」孔穎達疏，人

〔註198〕《尚書正義》卷十五《周書・洛誥》。
〔註199〕《尚書正義》卷十六《周書・無逸》。
〔註200〕《尚書正義》卷十八《周書・君陳》。
〔註201〕《尚書正義》卷十九《周書・君牙》。
〔註202〕《尚書正義》卷四《虞書・皋陶謨》。

所嗜好，稟諸上天，性之所好，不能自已。好善者或當知善是善，好惡者不知惡之爲惡，是善，故好之無厭。任其所好，從而觀之，所好者德，是福之道也。好德者天使之然，故爲福也。鄭云：「民皆好有德也。」王肅云：「言人君所好者道德爲福。」《洪範》以人君爲主，上之所爲，下必從之，人君好德，故民亦好德，事相通也〔註 203〕。

孔穎達疏《周易・无妄卦》「无妄：元、亨、利、貞。其匪正有眚，不利有攸往」曰，无妄者，以剛爲內主，動而能健，以此臨下，物皆無敢詐僞虛妄，俱行實理，所以大得亨通，利於貞正。物既无妄，當以正道行之。若其匪依正道，則有眚災，不利有所往也。「大亨以正，天之命也。」孔穎達疏，威剛方正，私欲不行，何可以妄？此天之教命。天道純陽，剛而能健，是乾德相似。既是天命，豈可犯乎？妄，謂虛妄矯詐，不循正理。若無剛中之主，柔弱邪僻，則物皆詐妄，是有妄之道興也。今遇剛中之主，威嚴剛正，在下畏威，不敢詐妄，是有妄之道滅，无妄之道成。如果身既非正，欲有所往，犯違天命，則天命不祐助也〔註 204〕。「天地養萬物，聖人養賢以及萬民，頤之時大矣哉！」孔穎達疏，頤，養也；貞，正也。所養得正，則有吉也。其養正之言，乃兼二義：一者養此賢人，是其「養正」，故下云「聖人養賢以及萬民」；二者謂養身得正，故《象》云「慎言語，節飲食」〔註 205〕。

「君子之道，本諸身，徵諸庶民。」君臣爲善，須有徵驗，民乃順從。孔穎達疏，君子行道，先從身起，是「本諸身」也。立身行善，使有徵驗於庶民。若晉文公出定襄王，示民尊上也；伐原，示民以信之類也〔註 206〕。孔穎達疏，凡物始感而不以之於正，則害之將及〔註 207〕。革道已成，宜安靜守正，更有所征則凶，居而守正則吉〔註 208〕。

君主是整個政治制度和秩序體系的運轉中軸，是整個統治階層的最高代表，所以政治運作根基於君主的個體德性，其個人道德修養極具典範作用，具有極強的示範效應。正君心、正君身，是天下治平的大根本。只有君主身正，才有可能保證家正、國正，天下人人皆正，從而實現長治久安。

〔註 203〕《尚書正義》卷十二《周書・洪範》。
〔註 204〕《周易正義》卷三《无妄卦》。
〔註 205〕《周易正義》卷三《頤卦》。
〔註 206〕《禮記正義》卷五十三《中庸》。
〔註 207〕《周易正義》卷四《咸卦》。
〔註 208〕《周易正義》卷五《革卦》。

第二節　臣道

除了君主之外，政治道德的主要載體就是百官群臣。在中國古代君—臣—民基本政治關係中，臣起著重要的中間媒介作用。臣道的政治道德規範直接制約和影響百官群臣的政治選擇和政治行為。整個官僚群體的道德素質直接關係到國家的興衰存亡，所謂「國家之敗，由官邪也」〔註 209〕。所以歷朝歷代的思想家、統治者都十分注重加強百官群臣的政治道德規範和政治道德素質的培養。

一、事君以忠

忠是臣的基本道德，所謂「君使臣以禮，臣事君以忠」〔註 210〕。《禮運》載：「何謂人義？父慈、子孝、兄良、弟弟、夫義、婦聽、長惠、幼順、君仁、臣忠，十者謂之人義。」孔穎達疏，從親者為始，以漸至疏，故長幼在後，君臣處末。按《左傳·昭公二十六年》云：「君令、臣共、父慈、子孝、兄愛、弟敬、夫和、妻柔、姑慈、婦聽。」與此大同。「君令」即此「君仁」也，以仁恩而號令。「臣共」即此「臣忠」也。又《左傳·隱公三年》云：「君義、臣行、父慈、子孝、兄愛、弟敬。」義亦同。但傳之二文，皆以國家之事言之，故先君臣後父子。無論怎麼表述，忠總是與臣對應，這種認識和觀念不斷被強化，成為臣的重要的基本道德規範。

維護君權的絕對性、獨尊性是忠君之德的基本意涵。「天子有善，讓德於天。諸侯有善，歸諸天子。卿、大夫有善，薦於諸侯。士、庶人有善，本諸父母，存諸長老。祿爵慶賞，成諸宗廟，所以示順也。」孔穎達疏，明有善讓於尊上，示以敬順之道，不敢專也〔註 211〕。歸功於君，美君之德。「臣罔以寵利居成功」，孔穎達疏，四時之序，成功者退。臣既成功，不知退謝，其志貪欲無限，其君不堪所求，或有怨恨之心，君懼其謀，必生誅殺之計，自古以來，人臣有功不退者皆喪家滅族者眾矣。經稱臣無以寵利居成功者，為之限極以安之也〔註 212〕。「善則稱君，過則稱己，則民作忠。《君陳》曰：『爾有嘉謀嘉猷，入告爾君於內，女乃順之於外。』曰：『此謀此猷，惟我君之德，於乎是惟良顯哉！』」孔穎達疏，臣有善謀善道，則入告君於內。先告君於內，

〔註 209〕《春秋左傳正義》卷五《桓公二年》。
〔註 210〕《論語注疏》卷三《八佾》。
〔註 211〕《禮記正義》卷四十八《祭義》。
〔註 212〕《尚書正義》卷八《商書·太甲下》。

乃順行之於外。善謀善道，惟是我君之德也既推德於君，又歎美君德。云是君德，惟良善顯明哉〔註213〕。

臣要絕對效忠君主，對君主要一心一意，忠貞不二。「爲下克忠」〔註214〕，事上竭誠，「事君無二臣之道，爲人臣者，常宜信之」〔註215〕。君爲元首，臣作股肱，君倡臣行。「外內倡和爲忠」，孔穎達疏，君在內，臣在外，君倡臣和，不相乖違，是名爲忠也〔註216〕。「有熊羆之士，不二心之臣，保乂王家。」孔穎達疏，文武既聖，時臣亦賢，則亦有如熊如羆之勇士，不二心之忠臣，共安治王家。以君聖臣良之故，用能受端直之命於上天。大天用順其道，付與四方之國，使文武受此諸國，王有天下〔註217〕。「臣爲上爲德，爲下爲民。其難其愼，惟和惟一」，即言臣奉上布德，順下訓民，不可官所私，任非其人。其難無以爲易，其愼無以輕之，群臣當和一心以事君，政乃善。孔穎達疏，臣之爲用，所施多矣。何者？言臣之助爲在上，當施爲道德；身爲臣下，當須助爲於民也。臣之既當爲君，又須爲民，故不可任非其才，用非其人。此臣之所職，其事甚難，無得以爲易。其事須愼，無得輕忽。爲臣之難如此，惟當群臣和順，共秉一心，以此事君，然後政乃善。一心即一德，言臣亦當一德也。戒臣無得輕易臣之職也。既事不可輕，宜和協奉上，群臣當一心以事君〔註218〕。《盤庚下》載：「無總於貨寶，生生自庸。式敷民德，永肩一心。」孔穎達疏，爲臣無得總於貨寶以求官位，當進進自用功德，不當用富也。用此布示於民，必以德義，長任一心以事君，不得懷二意〔註219〕。「朝覲，大夫之私覿，非禮也。大夫執圭而使，所以申信也。不敢私覿，所以致敬也。而庭實私覿，何爲乎諸侯之庭？爲人臣者無外交，不敢貳君也。」孔穎達疏，朝覲，謂君親往鄰國行朝覲之禮。大夫從君而行，輒行私覿，是非禮也。既從君而行，不可私覿。若專使而出，則可爲之。故云大夫執圭而使，謂受命執圭，專使鄰國，得行私覿，所以申己之誠信也。復明從君而行，不敢行私覿，所以致敬於己君也。爲人之臣，既無外交，唯專一事君。既從君而行，

〔註213〕《禮記正義》卷五十一《坊記》。
〔註214〕《尚書正義》卷八《商書・伊訓》。
〔註215〕《尚書正義》卷十七《周書・多方》。
〔註216〕《春秋左傳正義》卷四十五《昭公十二年》。
〔註217〕《尚書正義》卷十八《周書・顧命》。
〔註218〕《尚書正義》卷八《商書・咸有一德》。
〔註219〕《尚書正義》卷九《商書・盤庚下》。

不敢貳心於他君，所以不行私覿之禮〔註 220〕。

《左傳》載晉獻公請荀息輔佐天子，荀息表示，「臣竭其股肱之力，加之以忠貞。其濟，君之靈也；不濟，則以死繼之。」公曰：「何謂忠貞？」對曰：「公家之利，知無不爲，忠也；送往事居，耦俱無猜，貞也。」〔註 221〕送死事生，兩無疑恨，所謂正也，即爲了君主利益，臣子要不惜付出自己生命，忠貞不渝。宣公十五年，楚莊王要殺死晉大夫解揚，解揚對曰：「君能制命爲義，臣能承命爲信，信載義而行之爲利。謀不失利，以衛社稷，民之主也。義無二信，信無二命。君之賂臣，不知命也。受命以出，有死無霣，又可賂乎？臣之許君，以成命也。死而成命，臣之祿也。寡君有信臣，下臣獲考，死，又何求？」〔註 222〕臣子欲行信者，不受二命，爲了完成君命，死而無憾，是臣子的福氣。孔穎達在《左傳》宣公四年借杜預的《春秋釋例》進一步闡述道，天生民而樹之君，使司牧之，群物所以繫命。故戴之如天，親之如父母，仰之如日月，事之如神明。其或受雪霜之嚴，雷電之威，則奉身歸命，有死無貳〔註 223〕。

可以說，忠心不二，從一而終的臣道在道德觀念上強化了臣對君的順從和從屬的政治關係。

「夙夜匪懈，以事一人」〔註 224〕，這條材料作爲界定君臣關係，討論爲臣之道的依據，爲人們廣爲引證。《孝經》就曾引以論忠孝。《五經正義》中亦多次強調忠孝一體的爲臣之道。在中國古代社會，國是家的延伸，君權與父權合而爲一，君主既是國家的最高統治者，也是天下最大的父家長，「天子作父母，以爲天下王」。依照孝的規定，父家長對家庭成員有絕對的控制權和支配權，子女等成員必須絕對服從。這種絕對服從精神擴張至國家政治，同樣適用於臣事君，即忠孝道一，「資於事父，以事君，而敬同」，故「以孝事君則忠」〔註 225〕。「惟忠惟孝」，孔穎達疏，忠施於君，孝施於父，子能蓋父，惟得爲孝，而亦得爲忠者，父以不忠獲罪，若能改父之行，蓋父之愆，是爲忠臣也〔註 226〕。「忠臣以事其君，孝子以事其親，其本一也。」世所謂福者，

〔註 220〕《禮記正義》卷二十五《郊特牲》。
〔註 221〕《春秋左傳正義》卷十三《僖公九年》。
〔註 222〕《春秋左傳正義》卷二十四《宣公十五年》。
〔註 223〕《春秋左傳正義》卷二十一《宣公四年》。
〔註 224〕《毛詩正義》卷十八《大雅・蕩之什・烝民》。
〔註 225〕《孝經注疏》卷八《事君》。
〔註 226〕《尚書正義》卷十七《周書・蔡仲之命》。

謂受鬼神之祐助也。賢者之所謂福者，謂受大順之顯名也。其本一者，言忠、孝俱由順出也。孔穎達疏，「其本一也」者，言忠臣事君，孝子事親，其本皆從順而來〔註227〕。《禮記・祭義》載：「事君不忠，非孝也。蒞官不敬，非孝也。」「孝以事君，弟以事長，示民不貳也。」孔穎達疏，用孝以事君，用弟以事長，示民以恭敬之情，不敢自副貳於其君〔註228〕。

「君不徒居民上，臣不徒求祿，皆爲社稷。」〔註229〕即謂社稷重於君主，臣忠君就不是一味盲目順從，而是有所抉擇。如，吳國的公子光刺殺王僚，弒君自立。季札對這件事的態度是：「苟先君無廢祀，民人無廢主，社稷有奉，國家無傾，乃吾君也。吾誰敢怨。」〔註230〕再如，齊莊公與權臣崔杼之妻私通，被崔杼殺死。晏嬰不欲遵從傳統觀念以身殉主，他提出的理由是：「君民者，豈以陵民，社稷是主。臣君者，豈爲其口實，社稷是養。故君爲社稷死，則死之；爲社稷亡，則亡之。若爲己死而爲己亡，非其私暱，誰敢任之？」〔註231〕這就是說，君臣之設皆爲社稷，君爲社稷主，臣爲社稷臣，社稷重於君主，臣不是君主個人的私僕。如果君主爲國而死，臣應盡忠，殉主與殉國是統一的。如果君主爲私利而死，臣子沒有殉死的義務。這兩種認識都把國家、社稷擺在優先於君主的位置，其中晏嬰的思想更爲明確：君、家、國一體的條件是「君爲社稷主」。「君薨不忘增其名，將死不忘衛社稷，可不謂忠乎？忠，民之望也」〔註232〕。與之相連的，還有「賢臣擇主」和「無私即忠」的觀念。《左傳・哀公十一年》載：「鳥則擇木，木豈能擇鳥？」即喻謂良禽擇木而棲，賢臣擇主而佐。《左傳》載：「不背本，仁也；不忘舊，信也；無私，忠也；尊君，敏也。仁以接事，信以守之，忠以成之，敏以行之，事雖大，必濟。」即把公而無私作爲臣忠之道。「季孫於魯，相二君矣。妾不衣帛，馬不食粟，可不謂忠乎？」〔註233〕「君子是以知季文子之忠於公室也：相三君矣，而無私積，可不謂忠乎？」〔註234〕

〔註227〕《禮記正義》卷四十九《祭統》。
〔註228〕《禮記正義》卷五十一《坊記》。
〔註229〕《春秋左傳正義》卷三十六《襄公二十五年》。
〔註230〕《春秋左傳正義》卷五十二《昭公二十七年》。
〔註231〕《春秋左傳正義》卷三十六《襄公二十五年》。
〔註232〕《春秋左傳正義》卷三十二《襄公十四年》。
〔註233〕《春秋左傳正義》卷二十八《成公十六年》。
〔註234〕《春秋左傳正義》卷三十《襄公五年》。

二、守正不移

「君子曰德，德成而教尊，教尊而官正，官正而國治。」〔註 235〕《商書・伊訓》載：「敷求哲人，俾輔於爾後嗣，制官刑，儆於有位。曰：『敢有恆舞於宮，酣歌於室，時謂巫風。敢有殉於貨色，恒於游畋，時謂淫風。敢有侮聖言，逆忠直，遠耆德，比頑童，時謂亂風。惟茲三風十愆，卿士有一於身，家必喪；邦君有一於身，國必亡。』」孔穎達疏，此皆湯所制治官之刑，以儆戒百官之言也。「三風十愆」，謂巫風二，舞也，歌也；淫風四，貨也，色也，遊也，畋也；與亂風四爲十愆也。舞及遊、畋，得有時爲之，而不可常然，故三事特言「恒」也。歌則可矣，不可樂酒而歌，故以「酣」配之。巫以歌舞事神，故歌舞爲巫覡之風俗也。貨色人所貪欲，宜其以義自節，而不可專心殉求，故言「殉於貨色」。心殉貨色，常爲游畋，是謂淫過之風俗也。侮慢聖人之言，拒逆忠直之諫，疏遠耆年有德，親比頑愚幼童，愛惡憎善，國必荒亂，故爲「荒亂之風俗」也。此「三風十愆」，雖惡有大小，但有一於身，皆喪國亡家，故各從其類，相配爲風俗。

「惟爾令德孝恭。惟孝，友于兄弟，克施有政。」孔穎達疏，「令德」，在身之大名。「孝」是事親之稱，「恭」是身之所行，言其善事父母，行己以恭也。《釋訓》云：「善父母爲孝，善兄弟爲友。」父母尊之極，兄弟親之甚，緣其施孝於極尊，乃能施友於甚親。善事父母者必友于兄弟，推此親親之心，以至於疏遠，每事以仁恕行之，故能施有政令也〔註 236〕。

「離，麗也」，孔穎達疏，麗謂附著，以陰柔之質，附著中正之位，得所著之宜，故云「麗」也。以柔附著中正，是附得宜，皆麗於中，中則不偏，故云「中正」。以中正爲德，故萬事亨。以中正得通，故畜養牝牛而得吉也。以牝牛有中正故也〔註 237〕，即喻示臣事君要中正，正而不偏，才得亨通。「中以爲志也」，孔穎達疏，九二所以能居而守貞，不損益之，良由居中，以中爲志，故損益得其節適也〔註 238〕。

《周易・益卦》載：「六三：益之，用凶事，无咎。有孚中行，告公用圭。」孔穎達疏，六三以陰居陽，不能謙退，是求益者也，「益不外來，己自爲之，物

〔註 235〕《禮記正義》卷二十《文王世子》。
〔註 236〕《尚書正義》卷十八《周書・君陳》。
〔註 237〕《周易正義》卷三《離卦》。
〔註 238〕《周易正義》卷四《損卦》。

所不與」。若能求益不爲私己，志在救難，爲壯不至亢極，能適於時，是有信實而得中行。用此「有孚中行」之德，執圭以告於公，公必任之以救衰危之事，故曰「告公用圭」。《周易・益卦》載「中行，告公從。」孔穎達疏，六四居益之時，處巽之始，體柔當位，在上應下，卑不窮下，高不處亢，位雖不中，用中行者也。以此中行之德，有事以告於公，公必從之。「剛巽乎中正而志行。」孔穎達疏：雖上下皆巽，若命不可從，則物所不與也。又因二五之爻，剛而能巽，不失其中，所以志意得行，申其命令也〔註239〕。人有威勢，易爲行恭；神道無形，多生怠慢。若能用居中之德，行至卑之道，用之於神祇，不行之於威勢，則能致之於盛多之吉，而无咎過。九五以陽居陽，違于謙巽，是悔也。然執乎中正，以宣其令，物莫之違，是由貞正獲吉，故得悔亡而无不利〔註240〕。《巽》卦之義，主於順從，況諸陰陽之理，爲陰順陽；譬於君臣之道，則臣順君。但順從的內在意義卻並非一味強調無條件的盲從卑順，而往往是以「剛健」之德爲勉：一是巽之道在持正不阿；二巽之時在有所作爲。所謂順從，當本於陽剛氣質，與屈從之義格格不入。但陰順陽，臣順君，又是直接爲君子、大人申論政令、行使權力服務的，「重巽以申命」「巽以行權」。

「晉如，愁如，貞吉。受茲介福，於其王母。」孔穎達疏，六二進而無應於上，其德不見昭明，故曰「進如愁如」，憂其不昭也。然履順居於中正，不以無應而不修其德，正而獲吉，故曰「貞吉」也〔註241〕。也就是說，身處困境，闇主當政時也要孜孜不倦進修德業，以備獲吉。《周易・明夷卦》載：「明夷：利艱貞。」孔穎達疏，夷者，傷也。此卦日入地中，明夷之象。施之於人事，闇主在上，明臣在下，不敢顯其明智，亦明夷之義也。時雖至暗，不可隨世傾邪，故宜艱難堅固，守其貞正之德。故明夷之世，利在艱貞。《周易・明夷卦》載：「箕子之明夷，利貞。」孔穎達疏，六五最比暗君，似箕子之近殷紂，故曰「箕子之明夷」也。「利貞」者，箕子執志不回，「暗不能沒，明不可息，正不憂危」，故曰「利貞」。《明夷》卦以「明入地中」爲喻，展示了政治昏暗之世的情狀以及臣子自晦其明、守正不移的品質。臣子居明夷之世，有責必有以塞之，無責必有以全身而不失其正。時世雖暗而道不可沒，立身純正則危不足憂：明不可息也。居難之時，若不守正而行其邪道，雖見

〔註239〕《周易正義》卷六《巽卦》。
〔註240〕《周易正義》卷六《巽卦》。
〔註241〕《周易正義》卷四《晉卦》。

大人，亦不得吉。得位履正，不改其節，如此則同志者自遠而來，居難守正，正邦之道〔註 242〕。《周易・困卦》載：「困：亨。貞，大人吉，无咎。有言不信。」孔穎達疏，處困而能自通，必是履正體大之人，能濟於困，然後得吉而「无咎」。處困求濟，在於正身修德。若巧言能辭，人所不信，則其道彌窮，故誡之以「有言不信」也。剛則正直，所以為貞，中而不偏，所以能大。若正而不大，未能濟困；處困能濟，濟乃得吉而无咎也。

三、誠信於身

「棄信而壞其主，在國必亂，在家必亡。」〔註 243〕「在下位不獲乎上，民不可得而治矣。獲乎上有道，不信乎朋友，不獲乎上矣。信乎朋友有道，不順乎親，不信乎朋友矣。順乎親有道，反諸身不誠，不順乎親矣。誠身有道，不明乎善，不誠乎身矣。」孔穎達疏，為臣為人，皆須誠信於身，然後可得之事。人臣處在下位，不得於君上之意，則不得居位以治民。臣欲得君上之意，先須有道德信著朋友。若道德無信著乎朋友，則不得君上之意矣。欲行信著於朋友，先須有道順乎其親。若不順乎其親，則不信乎朋友矣。欲順乎親，必須有道，反於己身，使有至誠。若身不能至誠，則不能「順乎親矣」。欲行至誠於身，先須有道明乎善行。若不明乎善行，則不能至誠乎身矣。言明乎善行，始能至誠乎身。能至誠乎身，始能順乎親。順乎親，始能信乎朋友。信乎朋友，始能得君上之意。得乎君上之意，始得居位治民也〔註 244〕。

孔穎達疏，「損」之為義，「損下益上」，損剛益柔。損下益上，非補不足者也。損剛益柔，非長君子之道者也。若不以誠信，則涉諂諛而有過咎，故必「有孚」，然後大吉，无咎可正，而「利有攸往」矣，明行損之禮，貴夫誠信，不在於豐。既行損以信，何用豐為？二簋至約，可用享祭矣，故曰「曷之用，二簋可用享」也〔註 245〕。「不忘恭敬，民之主也。賊民之主，不忠；棄君之命，不信。」〔註 246〕「臨患不忘國，忠也。思難不越官，信也。圖國忘死，貞也。謀主三者，義也。」〔註 247〕「君薨不忘增其名，將死不忘衛社稷，

〔註 242〕《周易正義》卷四《蹇卦》。
〔註 243〕《春秋左傳正義》卷十八《文公三年》。
〔註 244〕《禮記正義》卷五十三《中庸》。
〔註 245〕《周易正義》卷四《損卦》。
〔註 246〕《春秋左傳正義》卷二十一《宣公二年》。
〔註 247〕《春秋左傳正義》卷四十一《昭公元年》。

可不謂忠乎？忠，民之望也。《詩》曰：『行歸于周，萬民所望。』忠也。」忠信爲周，言德行歸於忠信，即爲萬民所瞻望。孔穎達疏，都人之士所行，要歸於忠信，其餘萬民寡識者，咸瞻望而法傚之〔註 248〕。

四、謹敬職事

「率義不爽，好惡不愆，城可獲而民知義所，有死命而無二心，不亦可乎！」孔穎達疏，知義所在，在於事君，不怠惰，不苟求生也〔註 249〕。「夙夜惟寅，直哉惟清。」孔穎達疏，「早夜敬服其職」，謂侵早已起，深夜乃臥，謹敬其職事也〔註 250〕。「仕而廢其事，罪也」，「下有上祿，亂也」〔註 251〕。「凡我有官君子，欽乃攸司，愼乃出令，令出惟行，弗惟反。」孔穎達疏，大夫已上有職事者。令出於口，惟即行之，不惟反之而不用，是去而復反也。爲政之法，以公平之心滅己之私欲，則才能取得民眾的信任、認同、服從〔註 252〕。

「蓄疑敗謀，怠忽荒政，不學牆面，蒞事惟煩。戒爾卿士，功崇惟志，業廣惟勤，惟克果斷，乃罔後艱。」孔穎達疏，戒群臣，要強於割斷，勤於職事。蓄積疑惑，不能強斷，則必敗其謀慮。怠惰忽略，不能恪勤，則荒廢政事。人而不學，如面向牆，無所睹見，以此臨事，則惟煩亂，不能治理。鑒戒臣僚之有事者，功之高者惟志意強正，業之大者惟勤力在公，惟能果敢決斷，乃無有後日艱難。多疑必將致後患矣，申說「蓄疑敗謀」也〔註 253〕。「位不期驕，祿不期侈。恭儉惟德，無載爾僞。作德，心逸日休。作僞，心勞日拙。居寵思危，罔不惟畏，弗畏入畏。推賢讓能，庶官乃和，不和政厖。舉能其官，惟爾之能。稱匪其人，惟爾不任。」孔穎達疏，爲德者自得於己，直道而行，無所經營，於心逸豫，功成則譽顯，而名益美也。爲僞者行違其方，枉道求進，思念欺巧，於心勞苦，詐窮則道屈，而事日益拙也。以此故，僞不可爲〔註 254〕。「三事暨大夫，敬爾有官，亂爾有政，以祐乃辟。永康兆民，萬邦惟無斁。」孔安國傳，公卿已下，各敬居其所有之官，治其所有之職。臣僚當敬治官政，以助君主，

〔註 248〕《春秋左傳正義》卷三十二《襄公十四年》。
〔註 249〕《春秋左傳正義》卷四十七《昭公十五年》。
〔註 250〕《尚書正義》卷三《虞書・舜典》。
〔註 251〕《春秋左傳正義》卷三十八《襄公二十七年》。
〔註 252〕《尚書正義》卷十八《周書・周官》。
〔註 253〕《尚書正義》卷十八《周書・周官》。
〔註 254〕《尚書正義》卷十八《周書・周官》。

長安天下兆民〔註255〕。「今爾罔不由慰日勤，爾罔或戒不勤。」孔穎達疏，今汝等諸侯無不用安道以自居，曰我當勤之哉。既已許自勤，即當必勤，不要徒念我戒，許欲自勤而身竟不勤，戒使必自勤也〔註256〕。

五、進諫匡正

《周易》的「王臣蹇蹇」說、《禮運》的「君臣相正」說和《孝經》的「爭臣」說等，都是論說進諫的重要思想材料，並廣爲徵引。

歷代論諫文章都把進諫納入忠孝規範，進諫成爲臣之軌度、忠之極致。爭臣是最大的忠臣，匡諫爲臣的道德義務。人們普遍認爲，諫是君與臣、父與子、上與下之間互動的準則，是實現王道的必由之路。在君父有過失時，臣子不能苟且恭順，必須諫與爭，必要時可以抗君之命。

「臣下不匡，其刑墨，具訓於蒙士。」孔穎達疏，臣無貴賤，皆當匡正君主。湯制官刑，非直教訓邦君卿大夫等，使之受諫，亦備具教訓下士，使受諫也。十愆有一，則亡國喪家，邦君卿士慮其喪亡之故，則宜以爭臣自匡正。犯顏而諫，臣之所難，故設不諫之刑以激勵臣下，故言「臣不正君，則服墨刑」〔註257〕。「朝夕納誨，以輔臺德。若金，用汝作礪。若濟巨川，用汝作舟楫。若歲大旱，用汝作霖雨。」〔註258〕即言納諫的重要性猶如鐵須礪以成利器，渡大水待舟楫，霖以救旱。臣僚當納諫誨直辭，以輔君德。

臣僚對於君主的諫諍對於政治秩序的運轉和政治體系的維繫非常重要。「啓乃心，沃朕心。若藥弗瞑眩，厥疾弗瘳。」孔穎達疏，臣僚要開誠布公，傾其心所想，以灌沃君心，欲令以臣所見，教君未知之惑。其沃我心，以喻須切至，若服藥不使人瞑眩憒亂，則其疾不得瘳愈；藥毒乃得除病，言切乃得去惑也〔註259〕。「若跣弗視地，厥足用傷。惟暨乃僚，罔不同心，以匡乃辟。俾率先王，迪我高后，以康兆民。嗚呼！欽予時命，其惟有終。」〔註260〕即群臣皆同心以匡正人君，使其循先王之道，蹈成湯之蹤，以安天下。「惟予一人無良，實賴左右前後有位之士，匡其不及，繩愆糾謬，格其非心，俾克紹

〔註255〕《尚書正義》卷十八《周書・周官》。
〔註256〕《尚書正義》卷十九《周書・呂刑》。
〔註257〕《尚書正義》卷八《商書・伊訓》。
〔註258〕《尚書正義》卷十《商書・說命上》。
〔註259〕《尚書正義》卷十《商書・說命上》。
〔註260〕《尚書正義》卷十《商書・說命上》。

先烈。」孔穎達疏，木不正者，以繩正之。「繩」謂彈正，「糾」謂發舉，有愆過則彈正之，有錯謬則發舉之。「格」謂檢括，其有非理枉妄之心，檢括使妄心不作。惟君一人無善，亦既無知，實恃賴左右前後有職位之臣，匡正其智所不及者。君主激勵群臣正己，要繩其愆過，糾其錯謬，格其非妄之心，使能繼先王之功業。君主只有得到臣的匡輔，乃可繼世〔註 261〕。

臣下要通過各種渠道向君主納諫。「有君而爲之貳，使師保之，勿使過度。是故天子有公，諸侯有卿，卿置側室，大夫有貳宗，士有朋友，庶人、工、商、皂、隸、牧、圉，皆有親暱，以相輔佐也。善則賞之，過則匡之，患則救之，失則革之。自王以下，各有父兄子弟以補察其政。史爲書，瞽爲詩，工誦箴諫，大夫規誨，士傳言，庶人謗，商旅於市，百工獻藝。故《夏書》曰：『遒人以木鐸徇於路，官師相規，工執藝事以諫。』正月孟春，於是乎有之，諫失常也。天之愛民甚矣，豈其使一人肆於民上，以從其淫，而棄天地之性？必不然矣！」孔穎達進行了詳細地正義：（1）詩者，民之所作。採得民詩，乃使瞽人爲歌以風刺，非瞽人自爲詩也。《周語》云：「天子聽政，公卿至於列士獻詩，瞽陳曲。」韋昭云：「公以下至上士，各獻諷諫之詩，瞽陳樂曲獻之於王。」是言瞽爲歌詩之事。（2）詩辭自是箴諫，而箴諫之辭，或有非詩者，如《虞箴》之類，其文似詩而別。且諫者萬端，非獨詩箴而已。詩必播之於樂，於或直誦其言，與歌誦小別，故使工、瞽異文也。（3）規，亦諫也。鄭玄《詩》箋云：「規者，正圓之器。以恩親正君曰規。」然則物有不圓者，規之使圓；行有不周者，正之使備，猶規正物然。故云「規正諫誨其君」也。（4）庶人卑賤，不與政教，聞君過失，不得諫爭，得在外誹謗之。謗謂言其過失，使在上聞之而自改，亦是諫之類也。昭四年傳「鄭人謗子產」，《周語》「厲王虐，國人謗王」，皆是言其實事，謂之爲謗。但傳聞之事，有實有虛，或有妄謗人者，今世遂以謗爲誣類，是俗易而意異也。《周語》云「庶人傳語」，是庶人亦得傳言以諫上也。此有「士傳言」，故別云「庶人謗」爲等差耳。（5）「旅、陳」，《釋詁》文也。商旅於市，謂商人見君政惡，陳其不正之物，以諫君也。劉炫云：《王制》言巡守之事，云「命市納賈，以觀民之所好惡，志淫好辟。」鄭玄云「市，典市者。賈，謂物貴賤厚薄也。質則用物貴，則侈物貴」。此亦彼類。彼上觀民，此民觀上。商陳此物，自爲求利，非欲諫君。但觀所陳，則貴尚可見。在上審而察之，其過足以自改，故亦爲

〔註 261〕《尚書正義》卷十九《周書・冏命》。

諫類，則齊鬻踴之比是也。(6)《周禮・考工記》云：「審曲面勢以飭五材，以辨民器，謂之百工。」鄭玄云：「五材各有工。言百，眾言之也。」則工是巧人，能用五材金、木、水、火、土者也。此百事之工，各自獻其藝，能以其所能，譬喻政事，因獻所造之器，取喻以諫上，即《夏書》所云「工執藝事以諫」是也。(7)「每歲孟春，遒人以木鐸徇於路，官師相規，工執藝事以諫。其或不共，邦有常刑。」此傳引彼，略去「每歲孟春」，直引「遒人」以下，乃以正月孟春結之，殷勤以示歲首，恒必然也。孔安國云：「遒人，宣令之官。木鐸，金鈴木舌，所以振文教也。」《周禮》無遒人之官。彼云「其或不共，邦有常刑」，是號令群臣百工，使之諫也。木鐸徇路，是號令之事。孔言「宣令之官」，杜必以爲「行人之官」者，以其云「徇於道路」，故以爲行人之官，採訪歌謠者。與孔「宣令之官」，其事不異。杜意謂師爲長，故以官師爲大夫。言大夫是群官之長，大夫自相規正。案孔安國云：「官眾，眾官也，更相規闕。」其意以師爲眾。杜必知官師是大夫者，此云「官師相規」，上云「大夫規誨」，規文既同，故以爲大夫。《尚書》文無所對，故孔云「官眾，眾官也」〔註 262〕。

臣下進諫並不是非得要據理力爭，君臣合道，有義則合，無義則離。同樣，進諫也一樣，視情況而定。「爲人臣之禮，不顯諫。三諫而不聽，則逃之」，孔穎達先以經作疏，聽猶從也。逃猶去也。君臣有離合之義，有義則合，無義則離。若三諫不聽，則待放而去也。他隨後又以莊二十四年「曹羈出奔陳」一事作了例解，《公羊傳》云：「戎將侵曹，曹羈諫曰：『戎眾以無義，君請勿自敵也。』曹伯曰：『不可。』三諫不從，遂去之。」緊接著孔穎達又詳細解疏了何休所說的「五諫」，並評價了其可圈可點之處。何休云「諫有五，一曰諷諫」者，案定十二年《公羊傳》云：「孔子以季氏之強謂季孫曰：『家不藏甲，邑無百雉之城。』季孫聞之，墮費邑。」是諷諫也。何休又云：「二曰順諫，曹羈是也。」即上諫曹君，無以戎敵，三諫不從，遂出奔陳。所謂以道事君，不可則止，此是順諫也。何休又云：「三曰直諫，子家駒是也。」案昭二十五年《公羊傳》云：「昭公將弒季氏，子家駒諫曰：『諸侯僭於天子，大夫僭於諸侯久矣。」是不辟君僭而言之，是直諫也。何休又云：「四曰爭諫，子反請歸是也。」案宣十五年《公羊》云，楚莊王圍宋，子反、華元乘堙相對語。華元謂子反云：「易子而食之，析骸而炊之。」子反謂華元：「吾軍有七日之糧。」子反勸楚王赦宋而歸，楚王不可。子反頻諫不聽，乃引師去，

〔註 262〕《春秋左傳正義》卷三十二《襄公十四年》。

楚王亦歸。是爭諫也。何休又云：「五曰贛諫，百里子、蹇叔子是也。」案僖三十三年《公羊》云，秦穆公將襲鄭，百里子、與蹇叔子諫。穆公不從，百里子、蹇叔子從其子而哭之。是贛諫也。凡諫，諷諫爲上，贛諫爲下。事君雖主諫爭，亦當依微納進善言耳，不得顯然明言君惡以奪君之美也〔註 263〕。

第三節　民規

「夫禮、樂、慈、愛，戰所畜也。夫民，讓事、樂和、愛親、哀喪，而後可用也。」孔穎達疏，禮、樂、慈、愛，謂國君教民，民間有此四者，畜聚此事，然後可與人戰，禮尙謙讓，「讓事」謂禮也；樂以和親，「樂和」謂樂也；慈謂愛之深也，「愛親」謂慈也。愛極然後哀喪，「哀喪」謂愛也。民間有此四事，然後可用以戰〔註 264〕。關於民的政治道德規範，在史料文獻中不常見，尤其是正面的、長篇大論者極少，但有不少零星、隱約之間的論述涉及民規問題。

一、孝爲德本

由孝而順，由順而忠，全體民眾都要忠君，這最大的孝道。關於如何移孝作忠，《孝經》中最有體現。《孝經》以孝爲中心，將「孝」劃分爲五等，肯定了當時的尊卑等級秩序，並突破家庭倫理的限制，貫通孝親與忠君，移孝作忠，體現了倫理孝道與王權政治的結合。「孝」上升爲治國之條目，守社稷之綱領，天子通過從上到下的示範作用以「孝」化民，臣民以孝順命尊君，達致「天下和平，災害不生，禍亂不作」。《孝經》不僅探討了孝治的哲學理據，對君德臣道提出了具體的制約規範，而且從孝順天下理念出發，系統論析了政治體系景觀建制：孝爲治道之本、孝治天下的治國宗旨、五等之孝的政教方針、天下和平的政治功能，全方位展現了一幅「以孝治國」的理想政治圖景。所以，歷朝歷代思想家、政論家都十分注重對老百姓施行孝道教化，孔穎達主持撰修的《五經正義》亦不例外。

「親親、尊尊、長長，男女之有別，人道之大者也。」孔穎達疏，親親謂父母也，尊尊謂祖及曾祖、高祖也，長長謂兄及旁親也。不言卑幼，舉尊

〔註 263〕《禮記正義》卷五《曲禮下》。
〔註 264〕《春秋左傳正義》卷十《莊公二十七年》。

長則卑幼可知也。親親、尊尊、長長，男女有別，人間道理最大者〔註265〕。「忠臣以事其君，孝子以事其親，其本一也。世所謂福者，謂受鬼神之祐助也。賢者之所謂福者，謂受大順之顯名也。其本一者，言忠、孝俱由順出也。孔穎達疏：「其本一也」者，言忠臣事君，孝子事親，其本皆從順而來〔註266〕。「眾之本教曰孝，其行曰養，養可能也，敬爲難。」孔穎達疏，孝爲眾行之根本，以此根本而教於下，名之曰孝。則《孝經》云「孝者德之本」，「教民親愛，莫善於孝」，是以眾行之根本以教於民〔註267〕。「仁人不過乎物，孝子不過乎物。是故仁人之事親也如事天，事天如事親，是故孝子成身。」孔穎達疏，仁德之人不過失於其事，言在事無過失也。孝子事親，亦於事無過也。仁人事親以敬，如以事天相似，敬親與敬天同。仁人事天以孝愛，如人事親孝愛相似，愛親與愛天同。上稱仁人，則孝子也，據其泛愛，則稱仁人；據其事親，則稱孝子。內則孝敬於父母，外則孝敬於天地。其間無所不行孝敬，故云「孝子成身」也〔註268〕。

「仁者仁此者也，禮者履此者也，義者宜此者也，信者信此者也，強者強此者也。樂自順此生，刑自反此作。」孔穎達疏，欲行仁於外，必須行仁恩於父母也。欲行禮於外者，必須履踐此孝者也。欲行義於外者，必須得宜於此孝也。行孝得宜，乃可施義於外。欲行誠信於外，須誠信於孝道。行孝道誠信，始可誠信於外。欲強盛於外者，必須強盛於孝道。行孝道強盛，則能強盛於外。身之和樂，由順從孝道而生。若能順從孝道，則身和樂。身受刑戮，由反此孝道而興作。若違反孝道，則刑戮及身〔註269〕。《禮記・祭義》載：「孝悌發諸朝廷，行乎道路，至乎州巷，放乎獀狩，修乎軍旅，眾以義死之，而弗敢犯也。」孔穎達疏，「眾以義死之，而弗敢犯也」者，言孝悌之道通於朝廷，行於道路、州巷、獀狩、軍旅，無處不行孝悌以教眾庶也。故眾以道理之義死於孝悌也。言行孝悌，雖死不舍，不敢犯此孝悌而不行也。

《禮記・鄉飲酒義》載：「民知尊長養老，而後乃能入孝悌。民入孝悌，出尊長養老而後成教，成教而後國可安也。」《禮記・祭義》載：「樹木以時伐焉，禽獸以時殺焉。夫子曰：『斷一樹，殺一獸，不以其時，非孝也。』孝

〔註265〕《禮記正義》卷三十二《喪服小記》。
〔註266〕《禮記正義》卷四十九《祭統》。
〔註267〕《禮記正義》卷四十八《祭義》。
〔註268〕《禮記正義》卷五十《哀公問》。
〔註269〕《禮記正義》卷四十八《祭義》。

有三，小孝用力，中孝用勞，大孝不匱。思慈愛忘勞，可謂用力矣。尊仁安義，可謂用勞矣。博施備物，可謂不匱矣。父母愛之，嘉而弗忘。父母惡之，懼而無怨。父母有過，諫而不逆。」。孔穎達疏，以庶人思父母慈愛，忘躬耕之勞，可謂用力矣。諸侯、卿、大夫、士尊重於仁，安行於義，心無勞倦，是可謂用勞矣。廣博於施，則德教加於百姓，刑於四海是也。備物，謂四海之內，各以其職來助祭，如此即是大孝不匱也。

「夫孝，置之而塞乎天地，溥之而橫乎四海，施諸後世而無朝夕。推而放諸東海而準，推而放諸西海而準，推而放諸南海而準，推而放諸北海而準。」孔穎達疏，孝道措置於天地之間，塞滿天地。上至天，下至地，謂感天地神明也。布此孝道而橫被於四海，孝道廣遠也。施此孝道於後世，而無一朝一夕而不行也，終長行之。推排孝道至於四海，能以爲法，準平而法象之，無所不從也〔註270〕。

二、匡諫評議

中國古代政治權威和政權合法性的來源是雙重的：天道和民意。天道是權威的終極的、超越的源頭，但在現實世界中，又只能通過民意來體現，民意與天道內在相通。「思其艱以圖其易，民乃寧。」孔穎達疏，天不可怨，民尚怨之，治民欲使無怨，其惟難哉！思慮其難，以謀其易，爲治不違道，不逆民，民乃安矣〔註271〕。「民之所欲，天必從之」，爲政者必須遵從天命，察民意、化民意爲政令，「以小民受天永命」，否則將招致革命。

在中國古代社會，民作爲民意的主體，主要通過擊鼓、外朝、民謠、清議等渠道表達自身呼聲和願望。就普通人而言，他們往往採用「示威遊行」、「擊鼓」和「攔轎」等方法鳴冤或反映輿情。相傳堯舜之時，「立誹謗之木，使天下得盡其言；建進善之旍，使天下得盡其才；置諫鼓於朝，使天下得攻其過」，其目的都是讓民意得以上呈，以便能明察明斷。以後統治者在朝堂或官衙外設鼓，臣民可擊鼓鳴冤或上告急情，稱爲「登聞鼓」，宋代設有「登聞鼓院」。在發生了外敵入侵、遷都改邑和選立君主的情況下，會在國都的雉門外召集外朝，外朝的設置賦予了平民一定的表達權利。《周禮・小司寇》載：「小司寇之職，掌外朝之政，以致萬民而詢焉。一曰詢國危，二曰詢國遷，三曰詢立君。」《周禮・秋官・司寇・朝士》載：「朝士，掌建邦外朝之法。

〔註270〕《禮記正義》卷四十八《祭義》。
〔註271〕《尚書正義》卷十九《周書・君牙》。

左九棘，孤卿大夫位焉，群士在其後；右九棘，公侯伯子男位焉，群吏在其後；面三槐，三公位焉，州長眾庶在其後。左嘉石，平罷民焉；右肺石，達窮民焉。」這一制度在春秋時期還較爲常見。《左傳・僖公十八年》載：「邢人、狄人伐衛，圍兔圃。衛侯以國讓父兄子弟。及朝眾，曰：『苟能治之，毀請從焉。眾不可，而後師於訾婁。』」

《詩經・大雅・民勞》載：「先民有言，詢於芻蕘。」毛亨傳：「芻蕘，薪采者。」鄭玄箋：「古之賢者有言：有疑事當與薪采者謀之。匹夫匹婦或知及之，況於我乎！」孔穎達疏，以樵采之賤者猶當與之謀，古之賢者，親取薪采，則是賤者。「上酌民言，則下天上施。上不酌民言則犯也，下不天上施則亂也。故君子信讓以蒞百姓，則民之報禮重。《詩》云：『先民有言，詢於芻蕘。』」鄭玄注：「酌猶取也。取眾民之言，以爲政教，則得民心。得民心，則恩澤所加民受之如天矣。言其尊。……蒞，臨也。報禮重者，猶言能死其難。……詢，謀也。芻蕘，下民之事也。言古之人君將有政教，必謀之於庶民乃施之。」孔穎達疏，在上人君取下民之言以爲政教，既得民心，民皆喜悅，則在下之民仰君之德如天，敬此在上所施之恩澤。若在上不取民言，違戾於下，則民人怨怒以犯於上。君子在上用信讓以臨百姓，則民之報上之禮心意厚重，能死其難。先世之君王將有政教之言，必先詢謀采於芻蕘之賤者〔註 272〕。《洪範》載：「汝則有大疑，謀及乃心，謀及卿士，謀及庶人，謀及卜筮。汝則從，龜從，筮從，卿士從，庶民從，是之謂大同。身其康強，子孫其逢吉」。孔安國傳：「將舉事而汝則有大疑，先盡汝心以謀慮之，次及卿士、眾民，然後卜筮以決之。人心和順，龜筮從之，是謂大同於吉。動不違眾，故後世遇吉。」孔穎達引據《周禮》小司寇掌外朝之政，有大疑「以致萬民而詢焉」，疏曰謀及庶人，必是大事〔註 273〕。「王命眾悉至於庭。」孔穎達疏，《周禮》云「小司寇掌外朝之政，以致萬民而詢焉，一曰詢國危，二曰詢國遷，三曰詢立君」，是國將大遷，必詢及於萬民。故知眾悉至王庭是「群臣以下」，謂及下民也〔註 274〕。

民謠自古就是一種輿論行爲，它以精闢的詩句表達公眾對時政的看法，並以此記錄史事。孔子編纂《詩經・國風》反映的即是當時各國不同的風俗，包括很多諷刺詩，如《召南》之甘棠，《衛風》之碩人，《魏風》之伐檀、碩

〔註 272〕《禮記正義》卷五十一《坊記》。
〔註 273〕《尚書正義》卷十二《周書・洪範》。
〔註 274〕《尚書正義》卷九《商書・盤庚上》。

鼠，《秦風》之黃鳥等。這些民謠言簡意賅，對統治階級進行了諷刺和抨擊。《禮記・王制》載：「命大師陳詩，以觀民風。命市納賈，以觀民之所好惡，志淫好辟」。鄭玄注：「陳詩謂采其詩而視之。市，典市者。賈謂物貴賤厚薄也。質則用物貴，淫則侈物貴。民之志淫邪，則其所好者不正。」孔穎達疏，各陳其國風之詩，以觀其政令之善惡。若政善，詩辭亦善。政惡，則詩辭亦惡。觀其詩，則知君政善惡。進納物賈之書，以觀民之所有愛好，所有嫌惡。若民志淫邪，則愛好邪辟之物。民志所以淫邪，由在上教之不正。此陳詩納賈所以觀民風俗，是欲知君上善惡也。巡察采詩之政治功能就是以觀風俗，審善惡，察民情，瞭解民眾的好惡，知得失，自考正也。

士農工商各個階層都要通過自己獨有的方式補察君政，匡諫君主失常之政。「自王以下，各有父兄子弟以補察其政。史爲書，瞽爲詩，工誦箴諫，大夫規誨，士傳言，庶人謗，商旅於市，百工獻藝。故《夏書》曰：『遒人以木鐸徇於路，官師相規，工執藝事以諫。』正月孟春，於是乎有之，諫失常也。天之愛民甚矣，豈其使一人肆於民上，以從其淫，而棄天地之性？必不然矣！」孔穎達疏，首先，詩者，民之所作。采得民詩，乃使瞽人爲歌以風刺，非瞽人自爲詩也。《周語》云：「天子聽政，公卿至於列士獻詩，瞽陳曲」，韋昭云「公以下至上士，各獻諷諫之詩，瞽陳樂曲獻之於王。」是言瞽爲歌詩之事。詩辭自是箴諫。其次，庶人卑賤，不與政教，聞君過失，不得諫爭，得在外誹謗之。謗謂言其過失，使在上聞之而自改，亦是諫之類也。昭四年傳「鄭人謗子產」，《周語》「厲王虐，國人謗王」，皆是言其實事，謂之爲謗。但傳聞之事，有實有虛，或有妄謗人者，今世遂以謗爲誣類，是俗易而意異也。《周語》云「庶人傳語」，是庶人亦得傳言以諫上也。再次，商人見君政惡，陳其不正之物，以諫君也。劉炫云：《王制》言巡守之事，云「命市納賈，以觀民之所好惡，志淫好辟。」鄭玄云「市，典市者。賈，謂物貴賤厚薄也。質則用物貴，則侈物貴」。此亦彼類。彼上觀民，此民觀上。商陳此物，自爲求利，非欲諫君。但觀所陳，則貴尚可見。在上審而察之，其過足以自改，故亦爲諫類，則齊鬻踊之比是也。復次，《周禮・考工記》云：「審曲面勢以飭五材，以辨民器，謂之百工。」鄭玄云：「五材各有工。言百，眾言之也。」則工是巧人，能用五材金、木、水、火、土者也。此百事之工，各自獻其藝，能以其所能，譬喻政事，因獻所造之器，取喻以諫上，即《夏書》所云「工執藝事以諫」是也。最後，「每歲孟春，遒人以木鐸徇於路，官師相規，工執藝事以諫。其或不共，邦有常刑。」孔安國云：「遒人，宣令之官。木鐸，金鈴木舌，所以振文教也。」《周禮》無遒人之官。彼云「其或不共，邦有常刑」，是號令群臣百工，使之諫也〔註 275〕。

歷代的學士們中間都存在一種非官方的評論家，他們往往利用「鄉校」和館舍等輿情表達的「公共空間」來談古論今、關切時弊。「鄉校」是春秋時代鄭國的鄉間公共場所，它既是學校，又是鄉人聚會議事的地方。《左傳》載鄭人遊於鄉校，以論執政。然明謂子產曰：「毀鄉校，何如？」子產曰：「何爲？夫人朝夕退而遊焉，以議執政之善否。其所善者，吾則行之；其所惡者，吾則改之。是吾師也，若之何毀之？我聞忠善以損怨，不聞作威以防怨。豈不遽止？然猶防川，大決所犯，傷人必多，吾不克救也。不如小決使道，不如吾聞而藥之也。」孔穎達疏：「言不如不毀鄉校，使人遊處其中，聞謗我之政者而即改焉，以爲我之藥石也」〔註 276〕，以藥石之喻論證了廣開言路的必要性，積極鼓勵民眾議政。到漢魏，許多城鎮建有規模更大的宮殿與館舍，儒士說客經常在這些地方議論朝政，形成清議或清談風氣。漢朝的公眾批判和黨錮運動、宋代學潮和明朝的東林黨運動作爲古代輿論高潮，其共同之處是太學生充當了輿論運動的生力軍，他們與當朝的諫官、監察御史或正直的官員聯合起來，共同抨擊和反對貪官污吏或賣國求榮的可恥行徑。而這種非官方的公眾批判眞實地代表民眾的聲音。

雖然古代思想家普遍關注「庶人之議」的政治功能，他們提出了系統的理論論證和周到的制度設計，但在中國古代，君、臣、民三大政治等級對國家大政的「議」權是不平等的。君主同時享有議可、議政、議論之權；臣可以有議政、議論之權；民幾乎沒有參與議政的可能性，實際上只有議論之權。議論，即評論、評議國家政治，屬於言論、輿論範疇，多在鄉間閭里、街道集市等場合，往往以論人之非、說人之奸、議人之短的訕謗形式表達，故有「庶人謗於市」、「俗夫巷議」之類的說法。有關民心、民意、民議論述雖然精彩，富有政治理性與政治智慧，但最後斟酌、裁定的權力掌握在最高統治者手中即「政由君主」，所以相關思想都不屬於民主政治範疇〔註 277〕。

〔註 275〕《春秋左傳正義》卷三十二《襄公十四年》。

〔註 276〕《春秋左傳正義》卷四十《襄公三十一年》。

〔註 277〕張分田、孫妍：《儒家經典「庶人之議」的本質屬性與歷史價值》，《人文雜誌》2011 年第 1 期。

第六章　《五經正義》政治道德思想之實踐：貞觀之治

思想與社會本來就是一個有機的整體，深化傳統政治道德建設研究不能侷限於從思想到思想，從概念到概念，應注重思想與社會、思想與實踐、思想與制度相結合的研究路徑。重視整體性研究思想與社會的關係，不是一個新的話題，而是一個老生常談的問題，顧頡剛、侯外廬等先賢都有過篳路藍縷之功。傳統政治道德理論，既不是無所憑依的主觀想像，也不是虛無縹緲的烏托邦，其面對現實問題大多具有可操作性。本章運用有關唐太宗時期的官方學說代表作、帝王將相著述、君臣朝堂議政等所保存的歷史資料，以「貞觀之治」爲典型個案，考察《五經正義》政治道德思想對唐太宗時期政治實踐、政策選擇、政治關係的影響，進而客觀、全面評價《五經正義》在儒學發展中的歷史地位。

第一節　政治道德踐履之典範：唐太宗與貞觀之治

武德九年（626），唐太宗李世民即位，改元「貞觀」。從此，唐王朝開始了封建社會值得稱頌的太平治世〔註 1〕——「貞觀之治」時期（627～649）。吳兢在《上貞觀政要表》中評價說：「太宗文武皇帝之政化，自曠古而來，未

〔註 1〕關於貞觀之治，學術多以盛世相稱，也有學者對此提出疑義，認爲貞觀之治其實是治世而不是盛世。參見劉後濱《從貞觀之治看中國古代政治傳統中的治世與盛世》，《北京聯合大學學報》2003 年第 2 期。

有如此之盛者也。雖唐堯、虞舜、夏禹、殷湯、周之文、武，漢之文、景，皆所不逮也。」

唐太宗不僅在政治上勵精圖治、有所作為，而且思想上兼綜孔、老，並撰有《帝範》、《金鏡》、《民可畏論》等政治論著，在統治思想、治國方略及政治舉措方面多有創見，可謂既是政治家，又是思想家。兩漢以來，儒家經典有今文、古文之分，經典注疏歧義叢雜，儒家內部分為眾多流派。魏晉以來，又產生鄭學、王學之爭，南學、北學之爭。經典文本和經學注解的分歧不僅影響儒學的統一，而且影響到思想的統一，進而關係到整個政治秩序的正常運轉。關於經典文本及注疏的統一與政治秩序的關係，唐初的學者已有了充分的認識：「夫經籍也者，機神之妙旨，聖哲之能事，所以經天地，緯陰陽，正紀綱，弘道德，顯仁足利物，藏用足以獨善，學之者將殖焉，不學者將落焉。大業崇之，則成欽明之德；匹夫克念，則有王公之重。其王者之所以樹風聲，流顯號，美教化，移風俗，何莫由乎斯道？故曰：「其為人也，溫柔軟厚，《詩》教也；疏通知遠，《書》教也；廣博易良，《樂》教也；潔靜精微，《易》教也；恭儉莊敬，《禮》教也；屬辭比事，《春秋》教也。」〔註 2〕「夫仁義禮智，所以治國也；方技數術，所以治旁也；諸子為經籍之鼓吹，文章乃政化之黼黻，皆為治之具也。」〔註 3〕於是，在唐朝初期，唐太宗詔令學者們對過去的經典、禮制、歷史等重新進行考察，以便為現實政治秩序的穩定提供必要的典範理據，命一批名儒考訂五經文字、編纂《五經正義》，並將欽定的文本及其注疏頒行全國。

《五經正義》是唐太宗直接詔令編纂的，至於具體年代，史無明文，學術界一般認為是在貞觀十二年（638）開始編纂的。貞觀十六年（642）初稿完成，雖遭到不少批評，但唐太宗還是給予了很高的評價，下詔曰：「卿皆博綜古今，義理該洽，考前儒之異說，符聖人之幽旨，實為不朽。」後經過復審修訂，於高宗永徽四年（653）頒行全國。《五經正義》的編纂是唐太宗執政時期學術思想領域的一件大事，其義疏思想與唐太宗執政理念相互雜糅、交相互滲。唐太宗親眼目睹了隋朝的速亡，對君權與政權的合法性問題有著更為深刻的體認：「成遲敗速者，國之基也；失易得難者，天之位也。可不惜

〔註 2〕《隋書》卷三十二《經籍志》。
〔註 3〕《隋書》卷三十二《經籍志》。

哉！可不愼哉！」〔註4〕面對各種制約性政治因素，唐太宗如臨深淵，如履薄冰。他不僅以自己對爲君之道的深刻體認制導經典注疏，詔令孔穎達主持編纂《五經正義》，而且自覺躬行《五經正義》的政治道德思想，努力踐履有關君主的各種爲政之道和政治規範。唐太宗可堪稱自覺以君道來指導政治運作、規範政治行爲的帝王典範。思想與社會有機互動，「貞觀之治」本身就是這一認識的政治成果，同時也是研究思想與社會互動的最有力的案例典範。

一、治國方略：滴水不漏

在治國方略方面，唐太宗君臣力行以史爲鑒、居安思危、無爲而治、廣開言路、立公去私、仁義治國、執法公允等政治道德規範。

貞觀治世的局面之所以出現，與唐太宗「監前代成敗，以爲元龜」〔註5〕是密不可分的。唐太宗執政治道的突出特色就是非常重視和善於總結歷史經驗教訓，「朕每觀前代史書，彰善癉惡，足爲將來規誡」〔註6〕。他常「引見群臣，訪以今古，諮以得失」，認爲「與公卿言古今事，必往復難潔，究臧否」〔註7〕，並時刻提醒自己「以古爲鏡，可以知興替」〔註8〕，「手不擇卷，知風化之本，見政理之源」〔註9〕。唐太宗與臣僚論政的主要言論集中於總結歷史經驗教訓，他們認爲，「鑒國之安危，必取於亡國」〔註10〕。貞觀年間，唐太宗君臣探討歷代得失蔚爲風氣。從《貞觀政要》等一批文獻的記載來看，在唐太宗與群臣議論政務時抨擊暴君暴政可謂司空見慣，人物囊括歷代，時空跨越古今，內容涉及治國之道的方方面面。唐太宗曾提出有名的「三鏡說」，其中，古鏡的意蘊就是可以知興替，即以史爲鑒，從歷史中總結經驗教訓。銅鏡則可以正衣冠，引申爲自我反省之意；人鏡可以明得失，即由君臣對話，君主動積極求諫、導諫，臣拼死力爭，嚴正納諫、匡正，從而保持溝通渠道的通暢。唐太宗著文以《金鏡》爲題，顯然是取以史爲鑒、以人爲鑒之義。《冊府元龜》載：「唐太宗貞觀初著《金鏡》，述以示侍臣。」其目的在於通過「觀

〔註4〕《唐太宗集・帝範後序》，吳雲、冀宇編輯校注，西安：陝西人民出版社1986年版。

〔註5〕《新唐書》卷三十《褚遂良列傳》。

〔註6〕《貞觀政要》卷七《文史》。

〔註7〕《新唐書》卷二十四《劉洎列傳》。

〔註8〕《舊唐書》卷七十一《魏徵傳》。

〔註9〕《貞觀政要》卷十《愼終》。

〔註10〕《貞觀政要》卷八《刑法》。

百王之遺跡，興亡之運」，探究歷代王朝「得失異趣，興滅不常」的原因，以「睹治亂之本源，足爲明鏡之鑒戒」〔註11〕。

正因爲能夠以史爲鑒，時刻警醒自己，唐太宗君臣始終持有一種居安思危的敬畏心理。「安不忘危，治不忘亂」〔註12〕的憂患意識和反思精神是唐太宗君臣又一重要執政理念。《貞觀政要》等文獻記載了唐太宗君臣對隋朝政治的全面、激烈的抨擊。在《金鏡》一文中唐太宗抨擊道：「觀夏桀、商辛，嗟其悖惡之甚，猶時令不行，寒暄失序，則猛獸肆毒，蟊螟爲害。夏桀、商辛，豈非猛獸之儔乎？」〔註13〕唐太宗把歷史上的聖王與暴君、成功與失敗一一加以比較，並引以自戒。不僅唐太宗引以自戒，其臣僚亦如此。魏徵曾上疏唐太宗：「自古失國之主，皆爲居安忘危，處治忘亂，所以不能長久。」〔註14〕並提出「十思九德」〔註15〕，即強調君臣在守天下時居安思危，時刻反省，防微杜漸，愼始愼終，「凡百元首，承天景命，莫不殷憂而道著，功成而德衰。有善始者實繁，能克終者蓋寡，豈取之易而守之難乎？昔取之而有餘，今守之而不足，何也？夫在殷憂，必竭誠以待下；既得志，則縱情以傲物。竭誠則胡越爲一體，傲物則骨肉爲行路。雖董之以嚴刑，震之以威怒，終苟免而不懷仁，貌恭而不心服。怨不在大，可畏惟人，載舟覆舟，所宜深愼，奔車朽索，其可忽乎！」〔註16〕貞觀十一年（637）魏徵奏疏曰：「隋氏以富強而喪敗，動之也；我以貧窮而安寧，靜之也。靜之則安，動之則亂，人皆知之，非隱而難見也，非微而難察也。然鮮蹈平易之途，多遵覆車之轍，何哉？在於安不思危、治不念亂、存不慮亡之所致也。……夫鑒形之美惡，必就於止水；鑒國之安危，必取於亡國。故《詩》曰：『殷鑒不遠，在夏后之世。』又曰：『伐柯伐柯，其則不遠。』臣願當今之動靜，必思隋氏以爲殷鑒，則存亡之治亂，可得而知。若能思其所以危，則安矣；思其所以亂，則治矣；思其所以亡，則存矣。……夫守之則易，取之實難。既能得其所以難，豈不能保其所以易？其或保之不固，則驕奢淫泆動之也。愼終如始，可不勉歟！《易》曰：『君子安不忘危，存不忘亡，治不忘亂，是以身安而國家可保也。』

〔註11〕《冊府元龜》卷四十《帝王部・文學》。
〔註12〕《貞觀政要》卷十《慎終》。
〔註13〕《唐太宗集・金鏡》。
〔註14〕《貞觀政要》卷一《政體》。
〔註15〕《貞觀政要》卷一《君道》。
〔註16〕《貞觀政要》卷一《君道》。

誠哉斯言，不可以不深察也。」唐太宗深嘉而納用。

據《貞觀政要》等文獻的記載，唐太宗君臣主張「爲政之本，貴在無爲」，把君主無爲奉爲最高的德治典範。唐朝初年，魏徵就鑒戒唐太宗，天下既得，守成較創業難，原因就在於，「百姓欲靜而傜役不休，百姓凋殘而侈務不息，國之衰弊，恒由此起」，主張爲政要清靜無爲。唐太宗非常認同，「今草創之難既已往矣，守成之難者，當思與公等慎之」〔註 17〕。貞觀二年（628），黃門侍郎王珪亦曰：「古之帝王爲政，皆志尚清靜，以百姓之心爲心。」〔註 18〕唐太宗自己亦強調：「夫治國猶如栽樹，本根不搖，則枝葉茂榮。君能清淨，百姓何得不安樂乎？」〔註 19〕魏徵曾上疏唐太宗人君應行「十思九德」以爲無爲之道：「君人者，誠能見可欲則思知足以自戒，將有作則思知止以安人，念高危則思謙沖而自牧，懼滿溢則思江海下百川，樂盤遊則思三驅以爲度，憂懈怠則思慎始而敬終，慮壅蔽則思虛心以納下，想讒邪則思正身以黜惡，恩所加則思無因喜以謬賞，罰所及則思無因怒而濫刑。總此十思，弘茲九德，簡能而任之，擇善而從之，則智者盡其謀，勇者竭其力，仁者播其惠，信者效其忠。文武爭馳，君臣無事，可以盡豫遊之樂，可以養松、喬之壽，鳴琴垂拱，不言而化。何必勞神苦思，代下司職，役聰明之耳目，虧無爲之大道哉！」〔註 20〕

唐太宗及其輔臣還多方論證君主納諫的必要性及其政治功能，並提出內容系統、豐富的君主納諫與導諫的理論，在理論上、實踐上都具有典型意義。魏徵提出的「兼聽則明，偏信則暗」〔註 21〕膾炙人口：「君之所以明者，兼聽也；其所以暗者，偏信也。《詩》云：『先民有言，詢於芻蕘。』昔唐、虞之理，闢四門，明四目，達四聰。是以聖無不照，故共、鯀之徒，不能塞也；靖言庸回，不能惑也。秦二世則隱藏其身，捐隔疏賤而偏信趙高，及天下潰叛，不得聞也。梁武帝偏信朱異，而侯景舉兵向闕，竟不得知也。隋煬帝偏信虞世基，而諸賊攻城剽邑，亦不得知也。是故人君兼聽納下，則貴臣不得壅蔽，而下情必得上通也。」〔註 22〕唐太宗甚善其言，每見人奏事，必「冀

〔註 17〕《貞觀政要》卷一《君道》。
〔註 18〕《貞觀政要》卷一《政體》。
〔註 19〕《貞觀政要》卷一《政體》。
〔註 20〕《貞觀政要》卷一《君道》。
〔註 21〕《資治通鑒》卷一百九十二，太宗貞觀二年。
〔註 22〕《貞觀政要》卷一《君道》。

聞諫諍，知政教得失」〔註 23〕。唐太宗「每思臣下有讜言直諫，可以施於政教者，當拭目以師友待之」〔註24〕，並一再警醒自己：「明王納諫，病就苦而能消；闇主從諛，命因甘而致殞。可不誡哉！可不誡哉！」〔註25〕正所謂「天子有諍臣，雖無道，不失其天下」〔註26〕。唐太宗認爲，「若人主所行不當，臣下又無匡諫，苟在阿順，事皆稱美，則君爲闇主，臣爲諛臣，君暗臣諛，危亡不遠」〔註 27〕，古代的帝王有興有衰，猶朝之有暮，其原因「皆爲敝其耳目，不知時政得失，忠正者不言，邪諂者日進，既不見過，所以至於滅亡」〔註 28〕。所以唐太宗還提出了「恐人不言，導之使諫」〔註 29〕的思想，並在實踐中總結出一套導諫措施。所謂導諫，即帝王自覺發揮政治主導作用，以各種方式倡導、引導、誘導群臣獻策進言，竭忠盡智。歷代皇帝多有求諫的思想和言行，唐太宗可謂集其大成。朝廷大臣名器崇重，當直辭正諫，論道佐時。所以他常常督促臣僚要積極諫諍，示君以良圖，匡其不及，「君臣之義，得不盡忠匡救乎？」〔註30〕「夫爲人臣，當進思盡忠，退思補過，將順其美，匡救其惡，所以共爲治也」〔註 31〕。唐太宗不僅警戒自己要敬受臣諫，導臣使言，鼓勵臣下犯顏切諫，而且還要求臣僚之間相互匡正。「中書所出詔敕，頗有意見不同，或兼錯失而相正以否。元置中書、門下，本擬相防過誤。人之意見，每或不同，有所是非，本爲公事。或有護己之短，忌聞其失，有是有非，銜以爲怨。或有苟避私隙，相惜顏面，知非政事，遂即施行。難違一官之小情，頓爲萬人之大弊。此實亡國之政，卿輩特須在意防也。隋日內外庶官，政以依違，而致禍亂，人多不能深思此理。當時皆謂禍不及身，面從背言，不以爲患。後至大亂一起，家國俱喪，雖有脫身之人，縱不遭刑戮，皆辛苦僅免，甚爲時論所貶黜。卿等特須滅私徇公，堅守直道，庶事相啓沃，勿上下雷同也。」〔註32〕

〔註23〕《貞觀政要》卷二《求諫》。
〔註24〕《貞觀政要》卷一《政體》。
〔註25〕《唐太宗集・帝範・去讒》。
〔註26〕《貞觀政要》卷二《求諫》。
〔註27〕《貞觀政要》卷二《求諫》。
〔註28〕《貞觀政要》卷一《政體》。
〔註29〕《貞觀政要》卷二《納諫》。
〔註30〕《貞觀政要》卷一《政體》。
〔註31〕《貞觀政要》卷一《君道》。
〔註32〕《貞觀政要》卷一《政體》。

唐太宗君臣在政治統治中繼承和推崇以民爲本的治國理念，其核心是「以仁義爲治」。唐太宗則認爲，「非威德無以致遠；非慈厚無以懷人」〔註33〕。「周既克殷，務弘仁義；秦既得志，專行詐力。非但取之有異，抑亦守之不同。祚之修短，意在茲乎！」〔註34〕唐太宗說：「朕看古來帝王，以仁義爲治者，國祚延長……今欲專以仁義誠信爲治，望革近代之淺薄也。」〔註35〕貞觀二年（628），唐太宗即制定治國之道，必須撫之以仁義：「朕謂亂離之後，風俗難移，比觀百姓漸知廉恥，官民奉法，盜賊日稀，故知人無常俗，但政有治亂耳。是以爲國之道，必須撫之以仁義。」「林深則鳥棲，水廣則魚遊，仁義積則物自歸之。」〔註36〕魏徵亦以史爲鑒，諫諍唐太宗仁義治國，明德慎刑：「臣聞道德之厚，莫尚於軒、唐，仁義之隆，莫彰於舜、禹。欲繼軒、唐之風，將追舜、禹之跡，必鎮之以道德，弘之以仁義，舉善而任之，擇善而從之。……聖哲君臨，移風易俗，不資嚴刑峻法，在仁義而已。故非仁無以廣施，非義無以正身。惠下以仁，正身以義，則其政不嚴而理，其教不肅而成矣。然則仁義，理之本也；刑罰，理之末也。」〔註37〕唐太宗甚至以天喻君，論證君權的合法性，以天道自然，類比仁義之道：「夫天之育物，猶君之御眾。天以寒暑爲德，君以仁愛爲心。寒暑既調，則時無疾疫；風雨不節，則歲有飢寒。仁愛下施，則人不凋弊。」〔註38〕同時，唐太宗亦主張即使施行仁政，也要注意寬猛相濟，文武並用，「子育黎黔，惟資威惠。惠而懷也，則殊俗歸風，若披霜而照春日；威可懼也，則中華懾軏，如履刃而戴雷霆。必須威惠並馳，剛柔兩用，畫刑不犯，移木無欺。賞罰既明，則善惡斯別；仁信普著，則遐邇宅心」〔註39〕。既不應「修德廢武」，也不應「恃眾好勇」，「教令失度，則政有乖違。防其害源，開其利本。顯罰以威之，明賞以化之。威立則惡者懼，化行則善者勸」〔註40〕。也就是說：「仁義之道，猶不得偏；何況於左道乎，何況於不仁乎！」〔註41〕

〔註33〕《唐太宗集・帝範・君體》。
〔註34〕《貞觀政要》卷八《辯興亡》。
〔註35〕《貞觀政要》卷五《仁義》。
〔註36〕《貞觀政要》卷五《仁義》。
〔註37〕《貞觀政要》卷五《公平》。
〔註38〕《唐太宗集・帝範・賞罰》。
〔註39〕《唐太宗集・帝範・務農》。
〔註40〕《唐太宗集・帝範・賞罰》。
〔註41〕《唐太宗集・金鏡》。

君主執法論是君道理論的重要組成部分。貞觀君臣對以法定制、以法施政、以法繩頑和君主尊重成文法極爲重視，把貫徹法制作爲保障君主政治順暢的有效手段〔註 42〕。唐太宗在道德與刑法兩者的關係上雖然明顯地強調「德禮爲政教之本，刑罰爲政教之用」〔註 43〕即德本刑用的理念，注重法律在政治中的地位與作用；強調依法斷罪理念，維護在既定法律面前的司法公正；強調官吏守法理念，把調整國家行政管理放在優先的地位〔註 44〕。這在貞觀時期的《貞觀律》、《貞觀令》、《貞觀格》、《貞觀式》等唐律文獻以及《貞觀政要》中均有體現。針對前朝的嚴刑峻法而激起民變的教訓，唐太宗主張實行仁政，強調明德愼罰。貞觀元年，唐太宗對侍臣說：「死者不可再生，用法務存寬簡。」又道：「大辟罪，皆今中書、門下四品以上及尚書九卿議之。如此，庶免冤濫。」「凡有死刑，雖令即決，皆須五覆奏。」〔註 45〕同時，唐太宗不僅不諱言立君爲公、爲天下、爲萬民，還公開標榜以實現「天下爲公」爲己任：「以一人治天下，不以天下奉一人。」〔註 46〕「天下爲公，一人有慶。」「君人者，以天下爲公。」他主張以法聽訟、據律論罪、依典刑人，認爲「古者稱至公者，蓋謂平恕無私」，主張執法必須「志存公道，人有所犯，一一於法」〔註 47〕，承認「法者非朕一人之法，乃天下之法」〔註 48〕，並努力做到賞罰公平，不私親戚，「吾心如稱，不能爲人作輕重」〔註 49〕。君主必須親疏貴賤一視同仁，做到「大明無偏照，至公無私親」〔註 50〕。魏徵曰：「夫刑賞之本，在乎勸善而懲惡，帝王之所以與天下爲畫一，不以貴賤親疏而輕重者也。」「刑濫則小人道長，賞謬則君子道消。小人之惡不懲，君子之善不勸，而望治安刑措，非所聞也」〔註 51〕。唐太宗反覆強調「國家綱紀，唯賞與罰」〔註 52〕，並在《帝範》中闡述賞

〔註 42〕張分田：《貞觀君臣法理理論剖析》，《歷史教學》1990 年第 4 期。
〔註 43〕《唐律疏議序》。
〔註 44〕張分田：《「以法理天下」的君道理論與隋唐法制的政治特徵》，《江西社會科學》2011 年第 4 期。
〔註 45〕《貞觀政要》卷五《刑法》。
〔註 46〕《貞觀政要》卷八《刑法》。
〔註 47〕《貞觀政要》卷五《公平》。
〔註 48〕《貞觀政要》卷五《公平》。
〔註 49〕《貞觀政要》卷五《公平》。
〔註 50〕《貞觀政要》卷八《刑法》。
〔註 51〕《貞觀政要》卷八《刑法》。
〔註 52〕《資治通鑑》卷一百九十四，太宗貞觀六年。

罰對政令、民生的影響〔註 53〕，把賞罰和務農並稱爲「制俗之機」，刑罰的效力有三：一是防範，二是震懾，三是鞭策。「威可懼也，則中華慴，若履刃而戴雷霆」〔註 54〕，把法提到國家綱紀、大事、政本的高度加以認識。唐太宗認爲「國家法令，惟須簡約」〔註 55〕，他以法定制，依法行政，執法繩頑，把貫徹國家法制作爲保證君主政治順暢運行的重要手段，史稱「大唐自貞觀初，以法理天下，尤重憲官」〔註 56〕。群臣也倡導這類爲君之道，主張帝王「惟奉三尺之律，以繩四海之人」〔註 57〕。貞觀年間，廣州都督黨仁弘違法，當判死刑，唐太宗因其年邁，決定法外開恩，免除黨仁弘的死刑。爲了取得臣下對他這一舉動的諒解，他特下罪己詔，承認自己的做法是枉法行爲〔註 58〕。此外，「人主嚴明，臣下畏法」〔註 59〕，是君主政治正常運轉的保障，所以唐太宗要求群臣百官做到「納之軌度，令行禁止」〔註 60〕，遵守國家法律和行政法規；主張發揮法制的功能，「按舉不法，震肅權豪」〔註 61〕，要求官民一體奉法，強調官吏要依法辦事。需要指出的是，強調皇權至上理念，嚴格區分君臣界限，是其「以法理天下」的根本原則。唯有皇帝有權「發施號令，爲世做法」〔註 62〕，君主秉承天的意旨爲國家立法，「法者，人君所受於天」〔註 63〕，「人君處尊高之位，執賞罰之」〔註 64〕。

二、爲君之德：修身正己

在具體到君主個人道德修行方面，唐太宗多次強調修身正己、清心寡欲、勤政敬職、愼始愼終等行爲規範。

唐太宗非常注重修身，認爲修身是君主爲政之本。唐太宗在《帝範・君體》中曾謂：「夫人者國之先，國者君之本。人主之體，如山岳焉，高俊而

〔註 53〕《唐太宗集・帝範・賞罰》。
〔註 54〕《唐太宗集・帝範・務農》。
〔註 55〕《貞觀政要》卷八《赦令》。
〔註 56〕《通典》卷二十四《職官六・侍御史》。
〔註 57〕《貞觀政要》卷五《公平》。
〔註 58〕《貞觀政要》卷五《刑法》。
〔註 59〕《貞觀政要》卷一《政體》。
〔註 60〕《唐太宗集・禁官人違律詔》。
〔註 61〕《貞觀政要》卷六《貪鄙》。
〔註 62〕《貞觀政要》卷四《太子諸王定分》。
〔註 63〕《資治通鑒》卷一百九十六，太宗貞觀十六年。
〔註 64〕《唐太宗集・金鏡》。

不動；如日月焉，貞明而普照。兆庶之所瞻仰，天下之所歸往。」「君之化下，如風偃草。上不節心，則下多逸志；君不約己，而禁人為非，是猶惡火之燃，添薪望其止焰；忿池之濁，撓浪欲止其流，不可得也。莫若先正其身，則人不言而化矣。」〔註 65〕唐太宗認為，「若安天下，必須先正其身，未有身正而影曲，上治而下亂者」〔註 66〕。「夫立身之道，在乎折衷，不在乎偏射」〔註 67〕。「寬大其志，足以兼包；平正其心，足以制斷。非威德無以致遠，非慈厚無以懷人。撫九族以仁，接大臣以禮。奉先思孝，處位思恭。傾己勤勞，以行德義。此乃君之體也」〔註 68〕。魏徵十分贊同唐太宗對修身一事的認識，認為唐太宗所明修身之道，實同古義：「古者聖哲之主，皆亦近取諸身，故能遠體諸物。昔楚聘詹何，問其治國之要，詹何對以修身之術。楚王又問治國何如，詹何曰：『未聞身治而國亂者。』」〔註 69〕「君心治，則照見下非。誅一勸百，誰敢不畏威盡力？若昏暴於上，忠諫不從，雖百里奚、伍子胥之在虞、吳，不救其禍，敗亡亦繼。」〔註 70〕

唐太宗力倡儉以養性，清心寡欲。「夫君者，儉以養性，靜以修身。儉則人不勞，靜則下不擾。人勞則怨起，下擾則政乖。人主好奇技淫聲、鷙鳥猛獸，遊幸無度，田獵不時。如此則徭役煩，徭役煩則人力竭，人力竭則農桑廢焉。人主好高臺深池，雕琢刻鏤，珠玉珍玩，黼黻絺綌。如此則賦斂重，賦斂重則人才遺，人才遺則飢寒之患生焉。亂世之君，極其驕奢，恣其嗜欲。土木衣緹繡，而人裋褐不全；犬馬厭芻豢，而人糟糠不足。故人神怨憤，上下乖離，佚樂未終，傾危已至。此驕奢之忌也」〔註 71〕，並指出「天下稍安，尤須兢慎，若便驕逸，必至喪敗」〔註 72〕，「朕為億兆人父母，唯欲躬務儉約，必不輒為奢侈」〔註 73〕。「朕每思傷其身者不在外物，皆由嗜欲以成其禍。若耽嗜滋味，玩悅聲色，所欲既多，所損亦大，既妨政事，又擾生民。」〔註 74〕

〔註 65〕《唐太宗集・帝範・務農》。
〔註 66〕《貞觀政要》卷一《君道》。
〔註 67〕《唐太宗集・金鏡》。
〔註 68〕《唐太宗集・帝範・君體》。
〔註 69〕《貞觀政要》卷一《君道》。
〔註 70〕《貞觀政要》卷一《政體》。
〔註 71〕《唐太宗集・帝範・誡盈》。
〔註 72〕《貞觀政要》卷一《政體》。
〔註 73〕《貞觀政要》卷八《務農》。
〔註 74〕《貞觀政要》卷一《君道》。

「夫聖世之君，存乎節儉。富貴廣大，守之以約；睿智聰明，守之以愚。不以身尊而驕人，不以德厚而矜物。茅茨不剪，采椽不斫，舟車不飾，衣服無文，土階不崇，大羹不和。非憎榮而惡味，乃處薄而行儉。」〔註 75〕「驕出於志，不節則志傾；欲生於心，不遏則身喪。」〔註 76〕貞觀後期，唐太宗日益驕奢，魏徵以隋煬帝爲鑒戒上疏唐太宗，並指出：「求木之長者，必固其根本；欲流之遠者，必濬其泉源；思國之安者，必積其德義。源不深而望流之遠，根不固而求木之長，德不厚而思國之理……人君當神器之重，居域中之大，將崇極天之峻，永保無疆之休。不念居安思危，戒奢以儉，德不處其厚，情不勝其欲，斯亦伐根以求木茂，塞源而欲流長者也。」〔註 77〕「知存亡之所在，節嗜欲以從人，省游畋之娛，息靡麗之作，罷不急之務，慎偏聽之怒；近忠厚，遠便佞，杜悅耳之邪說，甘苦口之忠言；去易進之人，賤難得之貨，採堯舜之誹謗，追禹湯之罪己；惜十家之產，順百姓之心，近取諸身，恕以待物，思勞謙以受益，不自滿以招損；有動則庶類以和，出言而千里斯應，超上德於前載，樹風聲於後昆，此聖哲之宏觀，而帝王之大業，能事斯畢，在乎慎守而已。」〔註 78〕

唐太宗執政期間勤政敬職，勵精圖治。唐太宗曾謂：「出一非理之言，萬姓爲之解體，怨讟既作，離叛亦興。朕每思此，不敢縱逸。」〔註 79〕「朕恐懷驕矜，恒自抑折，日旰而食，坐以待晨。……如此，庶幾於時康道泰爾。」〔註 80〕貞觀初，唐太宗謂蕭瑀曰：「朕少好弓矢，自謂能盡其妙。近得良弓十數，以示弓工。乃曰：『皆非良材也。』朕問其故，工曰：『木心不正，則脈理皆邪，弓雖剛勁而遣箭不直，非良弓也。』朕始悟焉。朕以弧矢定四方，用弓多矣，而猶不得其理。況朕有天下之日淺，得爲理之意，固未及於弓，弓猶失之，而況於理乎？」〔註 81〕自是詔京官五品以上，更宿中書內省，每召見，皆賜坐與語，詢訪外事，務知百姓利害、政教得失焉。貞觀三年（629），唐太宗曾謂司空裴寂曰：「比有上書奏事，條數甚多，朕總黏之屋壁，出入觀

〔註 75〕《唐太宗集・帝範・崇儉》。
〔註 76〕《唐太宗集・帝範・崇儉》。
〔註 77〕《貞觀政要》卷一《君道》。
〔註 78〕《貞觀政要》卷八《刑法》。
〔註 79〕《貞觀政要》卷一《君道》。
〔註 80〕《貞觀政要》卷一《政體》。
〔註 81〕《貞觀政要》卷一《政體》。

省。所以孜孜不倦者，欲盡臣下之情。每一思政理，或三更方寢。亦望公輩用心不倦，以副朕懷也。」〔註 82〕

三、君臣關係：相須合道

在對待和處理君臣關係方面，唐太宗亦認同君臣合道，相須一體，君主要知人善任，賞罰分明。

唐太宗常常用良工、舟楫、鳥羽、股肱耳目、手足、魚水之喻申論君臣相須一體的重要性。如「朕方自比於金，以卿爲良工」〔註 83〕；「玉雖有美質，在於石間，不值良工琢磨，與瓦礫不別。若遇良工，即爲萬代之寶。朕雖無美質，爲公所切磋，勞公約朕以仁義，弘朕以道德，使朕功業至此，公亦足爲良工爾」〔註 84〕；「舟航之絕海也，必假橈楫之功；鴻鵠之凌雲也，必因羽翮之用」〔註 85〕；「國家久相任使，一朝忽無良相，如失兩手」〔註 86〕；「正主任邪臣，不能致理；正臣事邪主，亦不能致理。惟君臣相遇，有同魚水，則海內可安」〔註 87〕。唐太宗認爲君與臣是道義的結合，道義是調節君臣關係最主要的政治原則。君應依靠臣「締構霸業」、「弼成王道」，臣應「論道佐時」，輔弼君主，如此方能「君臣一體，克成中和之治」，共康時政。「夫六合曠道，大寶重任。曠道不可偏制，故與人共理之；重任不可獨居，故與人共守之。」〔註 88〕「君臣上下，各盡至公，共相切磋，以成理道」〔註 89〕是君臣結成政治統一體的理想形式。在朝堂議政中，君臣一體、利害攸關的說法很常見。唐太宗認爲：「立國制人，資股肱以合德」〔註 90〕，「君臣本同治亂，共安危」，「君失其國，臣亦不能獨全其家」〔註 91〕，「耳目股肱，寄於卿輩，既義均一體。宜協力同心」〔註 92〕。魏徵亦曰：「君有一德，臣無二心，上播

〔註 82〕《貞觀政要》卷二《求諫》。
〔註 83〕《貞觀政要》卷二《任賢》。
〔註 84〕《貞觀政要》卷一《政體》。
〔註 85〕《唐太宗集・帝範・求賢》。
〔註 86〕《貞觀政要》卷二《任賢》。
〔註 87〕《貞觀政要》卷二《求諫》。
〔註 88〕《唐太宗集・帝範・建親》。
〔註 89〕《貞觀政要》卷二《求諫》。
〔註 90〕《唐太宗集・帝範・審官》。
〔註 91〕《貞觀政要》卷三《君臣鑒戒》。
〔註 92〕《貞觀政要》卷一《政體》。

忠厚之誠，下竭股肱之力，然後太平之基不墜，『康哉』之詠斯起。」〔註 93〕

人君須忠良輔弼，乃得身安國寧，所以能否任人唯賢也就成為君道論的重要內容，不僅關涉到君權在握與否，更延及國家安危。「朕聞太平後必有大亂，大亂後必有太平，大亂之後，即時太平之運也。能安天下者，惟在得用賢才」〔註 94〕。「帝王之為國也，必藉匡輔之資。故求之斯勞，任之斯逸」，「夫國之匡輔，必待忠良。任使得人，天下自治」〔註 95〕。唐太宗曾說：「必須明職審賢，擇材分祿。得其人則風行化洽，失其用則虧教傷人。故云則哲惟難，良可慎也！」〔註 96〕

貞觀六年（632），太宗謂魏徵曰：「古人云，王者須為官擇人，不可造次即用。朕今行一事，則為天下所觀；出一言，則為天下所聽。用得正人，為善者皆勸；誤用惡人，不善者競進。……用人彌須慎擇。」魏徵對曰：「知人之事，自古為難，故考績黜陟，察其善惡。今欲求人，必須審訪其行。」〔註 97〕並向唐太宗提出了觀人知人的方法，即「貴則觀其所舉，富則觀其所養，居則觀其所好，習則觀其所言，窮則觀其所不受，賤則觀其所不為」，建議唐太宗要因其材以取之，審其能以任之，用其所長，掩其所短，並以《說苑》人臣之行「六正」、「六邪」示聖臣、良臣、忠臣、智臣、貞臣、直臣與具臣、諛臣、姦臣、讒臣、賊臣、亡國之臣的區別〔註 98〕。

明君不僅任人唯賢，察人辨才，還要量才授職，知人善任。貞觀元年（627），太宗謂房玄齡等曰：「致治之本，惟在於審。量才授職，務省官員。故《書》稱：『任官惟賢才。』又云：『官不必備，惟其人。』若得其善者，雖少亦足矣；其不善者，縱多亦奚為？古人亦以官不得其才，比於畫地作餅，不可食也。《詩》曰：『謀夫孔多，是用不就。』又孔子曰：『官事不攝，焉得儉？』且『千羊之皮，不如一狐之腋。』此皆載在經典，不能具道。當須更並省官員，使得各當所任，則無為而治矣。卿宜詳思此理，量定庶官員位。」〔註 99〕「明君旁求俊乂，博訪英賢，搜揚側陋。不以卑而不用，不以辱而不

〔註 93〕《貞觀政要》卷八《刑法》。
〔註 94〕《貞觀政要》卷三《擇官》。
〔註 95〕《唐太宗集・帝範・求賢》。
〔註 96〕《唐太宗集・帝範・審官》。
〔註 97〕《貞觀政要》卷三《擇官》。
〔註 98〕《貞觀政要》卷三《擇官》。
〔註 99〕《貞觀政要》卷三《擇官》。

尊」〔註 100〕，「明主之任人，如巧匠之制木，曲者以爲輪；長者以爲棟樑，短者以爲栱角。無曲直長短，各有所施。明主之任人，亦由是也。智者取其謀，愚者取其力，勇者取其威，怯者取其愼，無智、愚、勇、怯，兼而用之。故良匠無棄材，明主無棄士。不以一惡忘其善；勿以小瑕掩其功。割政分機，盡其所有。然則函牛之鼎，不可處以烹雞；捕鼠之狸，不可使以搏獸；一鈞之器，不能容以江漢之流；百石之車，不可滿以斗筲之粟。何則？大非小之量，輕非重之宜。今人智有短長，能有鉅細。或蘊百而尚少，或統一而爲多。有輕才者，不可委以重任；有小力者，不可賴以成職。委任責成，不勞而化，此設官之當也。」〔註 101〕

此外，人君還要賞罰分明。「自古帝王多任情喜怒，喜則濫賞無功，怒則濫殺無罪。是以天下喪亂，莫不由此。」〔註 102〕「適己而妨於道，不加祿焉；逆己而便於國，不施刑焉。故賞者不德君，功之所致也；罰者不怨上，罪之所當也。故《書》曰：無偏無黨，王道蕩蕩。此賞罰之權也。」〔註 103〕「君之賞不可以無功求，君之罰不可以有罪免者也。賞不以勸善，罰不以懲惡，而望邪正不惑，其可得乎？若賞不遺疏遠，罰不阿親貴，以公平爲規矩，以仁義爲準繩，考事以正其名，循名以求其實，則邪正莫隱，善惡自分。」〔註 104〕太宗謂魏徵曰：「賞當其勞，無功者自退；罰當其罪，爲惡者戒懼。故知賞罰不可輕行，用人彌須愼擇。」〔註 105〕魏徵亦曰：「臣之情僞，知之不難矣。又設禮以待之，執法以御之，爲善者蒙賞，爲惡者受罰，安敢不企及乎？安敢不盡力乎？」〔註 106〕

四、君民關係：以民爲本

在君民關係上，隋唐之際的王朝更替將民本思想推向政治思維的核心地位，使之成爲朝堂議政重要話題之一。

唐太宗以秦漢暴君及隋亡之轍爲殷鑒，施政治民，如臨深淵，如履薄冰。

〔註 100〕《唐太宗集・帝範・求賢》。
〔註 101〕《唐太宗集・帝範・審官》。
〔註 102〕《貞觀政要》卷二《求諫》。
〔註 103〕《唐太宗集・帝範・賞罰》。
〔註 104〕《貞觀政要》卷三《擇官》。
〔註 105〕《貞觀政要》卷三《擇官》。
〔註 106〕《貞觀政要》卷三《擇官》。

唐太宗不僅曾引用舟水之訓以論證實行重民政策的必要性，還親撰《民可畏論》，謂「天子有道，則人推而為主；無道，則人棄而不用，誠可畏也」〔註107〕。《貞觀政要》中亦載唐太宗類似說法：「可愛非君，可畏非民。天子者，有道則人推而為主，無道則人棄而不用，誠可畏也。」〔註108〕以唐太宗為首的統治集團認識到安定民生為政治之本，「治天下者，以人為本」〔註109〕，「君，舟也；人，水也。水能載舟，亦能覆舟」〔註110〕。唐太宗提出：「為君之道，必須先存百姓，若損百姓以奉其身，猶割股以啖腹，腹飽而身斃。」〔註111〕民是國家之本、政治之本，「君依於國，國依於民」〔註112〕，「民者國之先，國者君之本」〔註113〕。唐太宗著《自鑒錄》以教導太子，他說，古有胎教世子，朕則不暇。但近自建立太子，遇物必有誨諭。見其臨食將飯，謂曰：「汝知飯乎？」對曰：「不知。」曰：「凡稼穡艱難，皆出人力，不奪其時，常有此飯。」見其乘馬，又謂曰：「汝知馬乎？」對曰：「不知。」曰：「能代人勞苦者也。以時消息，不盡其力，則可以常有馬也。」見其乘舟，又謂曰：「汝知舟乎？」對曰：「不知。」曰：「舟所以比人君，水所以比黎庶；水能載舟，亦能覆舟；爾方為人主，可不畏懼！」〔註114〕在歷代朝堂議政中，這類思路、話語與行為很常見。唐太宗著重從立君為民、民養君、民擇君、民歸於君四個角度論證了貫徹重民政策的重要性〔註115〕。唐太宗及其輔臣深知民是「治亂之本源」，依據民本思想提出了系統的重民政策原則，如順應民心、不竭民力、以農為本、懲處貪官等，從理論上、實踐上發展了民本思想。「貞觀之治」就是這一認識的政治成果。

在朝堂議政中，「農為政本」是引用最多的重民政策原則之一。唐太宗多次強調：「夫食為人天，農為政本。」〔註116〕「凡事皆須務本。國以人為本，人以衣食為本。」「國以民為本，人以食為命。」〔註117〕歷代王朝都奉行「重

〔註107〕《唐太宗集・民可畏論》。
〔註108〕《貞觀政要》卷一《政體》。
〔註109〕《貞觀政要》卷三《擇官》。
〔註110〕《貞觀政要》卷一《政體》。
〔註111〕《貞觀政要》卷一《君道》。
〔註112〕《資治通鑒》卷一百九十二，高祖武德九年。
〔註113〕《唐太宗集・帝範・君體》。
〔註114〕《唐太宗集・自鑒錄》；《貞觀政要》卷四《教戒太子諸王》。
〔註115〕張分田：《民本思想與中國古代統治思想》（上），第267頁。
〔註116〕《唐太宗集・帝範・務農》。
〔註117〕《貞觀政要》卷八《務農》。

農抑末」政策，壓制、限制工商業。唐太宗的思路很有代表性：「禁絕浮華，勸課耕織，使民還其本，俗反其眞，則競懷仁義之心，永絕貪殘之路。此務農之本也。」〔註 118〕農爲食本，民爲國本，國爲君本，故農爲政本。「勸穡務農，則飢寒之患塞；遏奢禁麗，則豐厚之利興。」〔註 119〕

不竭民力是重民政策的眞正基石，其核心內容是節制勞役徵發和賦稅徵收。論證這一政策原則時，人們常引用這樣一個比喻：「竭澤取魚，非不得魚，明年無魚。焚林而畋，非不獲獸，明年無獸。」〔註 120〕唐太宗著《自鑒錄》以教導太子，他揭示了這種政策原則的思維邏輯：馬「能代人勞苦者也。以時消息，不盡其力，則可常有馬也」。民眾如牛馬，不竭其力，才能保證源源不絕的賦役，「省傜賦，不奪其時，使比屋之人恣其耕稼，此則富矣」〔註 121〕。貞觀四年（630 年），唐太宗下詔「發卒修洛陽宮乾陽殿以備巡幸」。張玄素上書諫阻，其依據主要來自「天下不可以力勝，神祇不可以親恃，惟當弘儉約，薄賦斂，愼終如始，可以永固。」唐太宗從善如流，中止營修，並「賜綵二百匹」〔註 122〕。魏徵歎曰：「張公論事，遂有回天之力，可謂仁人之言，其利博哉。」〔註 123〕唐太宗亦不主張頻繁兵役，侵奪農時，認爲「夫兵甲者，國家兇器也。土地雖廣，好戰則民凋；中國雖安，忘戰則民殆。凋非保全之術，殆非擬寇之方，不可以全除，不可以常用，故農隙講武，習威儀也。」〔註 124〕「兵者兇器，不得已而用之。故漢光武云：『每一發兵，不覺頭鬚爲白。』自古以來窮兵極武，未有不亡者也。苻堅自恃兵強，欲必吞晉室，興兵百萬，一舉而亡。隋主亦必欲取高麗，頻年勞役，人不勝怨，遂死於匹夫之手。」〔註 125〕「夫不失時者，在人君簡靜乃可致耳。若兵戈屢動，土木不息，而欲不奪農時，其可得乎？」「今省傜賦，不奪其時，使比屋之人恣其耕稼，此則富矣。」〔註 126〕王珪亦以秦皇漢武爲鑒提醒唐太宗安民之道要善始善終：「昔秦皇、漢武，外則窮極兵戈，內則崇侈宮室，人力既竭，禍難遂興。

〔註 118〕《唐太宗集・帝範・務農》。
〔註 119〕《唐太宗集・帝範・務農》。
〔註 120〕《貞觀政要》卷二《納諫・附直諫》。
〔註 121〕《貞觀政要》卷八《務農》。
〔註 122〕《舊唐書》卷七十五《張玄素傳》。
〔註 123〕《舊唐書》卷七十五《張玄素傳》。
〔註 124〕《唐太宗集・帝範・閱武》。
〔註 125〕《貞觀政要》卷九《征伐》。
〔註 126〕《貞觀政要》卷八《務農》。

彼豈不欲安人乎？失所以安人之道也。亡隋之轍，殷鑒不遠，陛下親承其弊，知所以易之。然在初則易，終之實難。伏願慎終如始，方盡其美。」〔註127〕

在通常情況下，社會大眾基於民本思想而形成的政治認知和政治感情主要體現爲王朝認同意識，即對一個王朝的擁戴、支持與順從，並提供政治文化研究所謂的「服從性支持」（或「順從者支持」）、「政治資源的支持」乃至「要求」〔註128〕。所謂「得民心者得天下，失民心者失天下」。所以統治者要實行「以民爲本」的政治，切實履行「民主」、「君師」、「天下父母」的責任和義務，傾聽民意，令順民心，照顧民利，安定民生。統治者要充分重視民生、民情、民意，從民眾的意願與行爲中考察政治得失，及時調整政策，以避免國家危亡。馬周曾奏疏批評唐太宗違背「儉以息人」的重民政策，呼籲恢復貞觀初年的做法：「凡修政教，當修之於可修之時，若事變一起，而後悔之，則無益也。……若人既勞矣，而用之不息，倘中國被水旱之災，邊方有風塵之警，狂狡因之竊發，則有不可測之事，非徒聖躬旰食晏寢而已」〔註129〕。貞觀十一年（637）魏徵勸諫唐太宗曰：「若惟聖罔念，不慎厥終，忘締構之艱難，謂天命之可恃，忽采椽之恭儉，追雕牆之靡麗，因其基以廣之，增其舊而飾之，觸類而長，不知止足，人不見德，而勞役是聞，斯爲下矣。譬之負薪救火，揚湯止沸，以暴易亂，與亂同道，莫可測也，後嗣何觀！夫事無可觀則人怨，人怨則神怒，神怒則災害必生，災害既生，則禍亂必作，禍亂既作，而能以身名全者鮮矣。順天革命之後，將隆七百之祚，貽厥子孫，傳之萬葉，難得易失，可不念哉！」〔註130〕爲了平息百姓的怨言，唐太宗中止了一些奢縱擾民的做法，同時還敬授民時，「夫食爲人天，農爲政本。倉廩實則知禮節，衣食足則志廉恥。故躬耕東郊，敬授人時」〔註131〕。「凡營衣食，以不失時爲本」，「農時甚要，不可暫失」〔註132〕。

在《金鏡》中，唐太宗感慨道：「民樂則官苦，官樂則民勞」，清醒地認識到調整官民矛盾是一個十分棘手的問題。他多次強調要慎選臨民官。同

〔註127〕《貞觀政要》卷八《務農》。
〔註128〕加布里埃爾·A·阿爾蒙德等：《比較政治學：體系、過程和政策》，曹沛霖等譯，上海：上海譯文出版社1987年版，第10～13頁。
〔註129〕《貞觀政要》卷六《奢縱》。
〔註130〕《貞觀政要》卷一《君道》。
〔註131〕《唐太宗集·帝範·務農》。
〔註132〕《貞觀政要》卷八《務農》。

時，作爲一項重要的重民政策，制定法典對官民關係加以法律界定，一方面保護官與民的主從關係，另一方面又要求官吏秉公守法，清正廉明，愛民如子，並以行政、監察、司法等各種手段整飭吏治，「制馭王公、妃主之家，大姓豪猾之伍」，嚴肅風紀，嚴厲懲治貪官污吏，使之「皆畏威屛跡，無敢侵欺細人」〔註 133〕。

正是因爲唐太宗認同上述各種政治調節理論的基本思路，在朝堂議政中，這些理論經常被引用，而且還在很大程度上制度化、政策化，從而造就了貞觀治世。史載：「太宗自即位之始，霜旱爲災，米穀踴貴，突厥侵擾，州縣騷然。帝志在優人，鋭精爲政，崇尚節儉，大布恩德。是時，自京師及河東、河南、隴右，飢饉尤甚，一匹絹才得一斗米。百姓雖東西逐食，未嘗嗟怨，莫不自安。至貞觀三年，關中豐熟，咸自歸鄉，竟無一人逃散。其得人心如此。加以從諫如流，雅好儒術，孜孜求士，務在擇官，改革舊弊，興複製度，每因一事，觸類爲善。初，息隱、海陵之黨，同謀害太宗者數百千人，事寧，復引居左右近侍，心術豁然，不有疑阻。時論以爲能斷決大事，得帝王之體。深惡官吏貪濁，有枉法受財者，必無赦免。在京流外有犯贓者，皆遣執奏，隨其所犯，置以重法。由是官吏多自清謹。制馭王公、妃主之家，大姓豪猾之伍，皆畏威屛跡，無敢侵欺細人。商旅野次，無復盜賊，囹圄常空，馬牛布野，外戶不閉。又頻致豐稔，米斗三四錢，行旅自京師至於嶺表，自山東至於滄海，皆不齎糧，取給於路。入山東村落，行客經過者，必厚加供待，或發時有贈遺。此皆古昔未有也」〔註 134〕。

第二節　思想與社會互動：《五經正義》與貞觀治世

《五經正義》的政治道德理論體系以宗法關係爲根蒂，以道德倫理爲政治關係連結紐帶，以禮法合一爲政治控制方式，兼綜理論建構與歷史實踐於一體。其理論建構由思想大儒完成，可謂極具理想性、系統性與完美性；政治踐行由政治家推行，可謂極具現實性與可行性。二者有所區別，又相互聯繫，需要通貫而析。唐太宗可堪稱自覺以君道來指導政治運作、規範政治行爲的帝王典範。就《五經正義》實踐性與典範性而言，則以唐太宗的政治踐

〔註 133〕《貞觀政要》卷一《政體》。
〔註 134〕《貞觀政要》卷一《政體》。

履爲最有力說明。思想與社會有機互動，「貞觀之治」本身就是這一認識的政治成果，同時也是研究思想與社會互動的最有力的案例典範。事實上，貞觀之治與儒家的德治思想存在著十分密切的聯繫，限於主要議題，僅以《五經正義》的政治道德理論體系與貞觀政治實踐的同構互化爲中心加以探討。通過比較《五經正義》的政治道德思想體系和唐太宗的執政理念及政治舉措，我們不難發現，二者在治國方略、政治關係、君道、臣德等政治道德規範方面可謂相互印證、雜糅無分。

以史爲鑒的反思精神爲唐太宗君臣所普遍認同，並對實際政治過程產生深刻的影響。唐太宗君臣以史爲鑒，論今引古，但並不是盲目尊古法古，並非爲講古而說古，而是立足於現實，思考王朝治亂興衰的關鍵，在歷史中尋求治國方略和經驗。正如有學者所說，唐太宗論史具有三種不同的趨向：以古頌今、以古喻今、以古諷今。這些事實依據，全是歷史。換言之，「古爲今用」是貞觀時期論史的主要特色〔註 135〕。這一點與《五經正義》的義疏思想可謂一拍即合，《五經正義》中多處強調順古法祖，強調從歷史中借鑒經驗、吸取教訓，同時又主張順古並非一味盲目地生搬硬套，而是與時俱進，有所考擇，順是不順非，因時而變。

強調居安思危的君德思想亦是《五經正義》的一大思想特色，尤其是《周易正義》中尤其突出，「所以今有傾危者，由往前安樂於其位，自以爲安，不有畏慎，故致今日危也。所以今日滅亡者，由往前保有其存，恒以爲存，不有憂懼，故今致滅亡也。所以今有禍亂者，由往前自恃有其治理也，謂恒以爲治，不有憂慮，故今致禍亂也。是故君子今雖復安，心恒不忘傾危之事；國之雖存，心恒不忘滅亡之事；政之雖治，心恒不忘禍亂之事。心恒畏慎：其將滅亡！其將滅亡！乃繫於苞桑之固也」〔註 136〕。這一義疏思想頗得唐太宗心怡，而由居安思危引發深刻的批判、反思、自戒意識對唐太宗的政治意識和政治行爲有重大的影響，他以秦漢暴君及隋亡之轍爲殷鑒，施政治民，居安思危，如臨深淵，如履薄冰，終於成就了「貞觀之治」。

唐太宗制定的「以仁義爲治」的治國方針和理念，同樣也是《五經正義》的宗旨性命題。在孔穎達看來，仁是道的內涵和功能之一，所謂「道之爲體，

〔註 135〕郭志坤：《以古爲鏡，可知興替》，載《唐太宗與貞觀之治論集》，西安：陝西人民出版社 1982 年版，第 215～217 頁。

〔註 136〕《周易正義》卷八《繫辭下》。

顯見仁功，衣被萬物，是顯諸仁也」〔註 137〕。因此，「道德為萬事之本，仁義為群行之大」〔註 138〕。仁義推廣到政治領域，就是以「愛人」為基本特徵的仁政，所謂「古之為政愛人為大者，人為國本，是以為政之道愛養民人為大」。簡言之，「仁義為政教之本」〔註 139〕。有關「以仁治國」的各種制度性、操作性、規範性、評價性的命題都可以在《五經正義》中找到。

在中國古代帝王中，唐太宗可謂是認同、申說、貫徹民本思想的典範。在《帝範》、《金鏡》、《民可畏論》以及記載貞觀時期君臣朝堂議政的文獻中，也多有與民本思想相關的思想材料。在理論上和實踐上，唐太宗代表著民本思想的新進展，許多做法堪稱君主政治的楷模。唐太宗贊成「以一人治天下，不以天下奉一人」，明確認同「天下為公」〔註 140〕，主張「治天下者，以人為本」〔註 141〕。基於對君舟民水論的深刻理解，唐太宗在貞觀之初否定了封德彝等人任法律、雜霸道的主張，採納了魏徵「行帝道則帝，行王道則王」〔註 142〕的政見，確定了「安人寧國」〔註 143〕的治國方略，推行以仁為本的治民政策。唐太宗把民力凋盡視為「危亂之源」〔註 144〕，常以「自食其肉，肉盡必死」〔註 145〕自誡。唐太宗與《五經正義》論析的民本思想和具體治民政策大同小異。從論證方式看，唐太宗結合親身體驗和現實需要，闡釋治國為君之道，道理講得更為令人信服；而《五經正義》民本思想的突出特點是內容的體系化和論證的哲理化。《五經正義》運用天道自然、大道為本的哲學思辨，對天作君師、立君為民、天下為公、民惟邦本、政在養民及各種重民政策原則有所闡釋，有所發揮，從而使官方儒學的民本思想更加系統化、哲理化。而且與先秦漢魏大儒相比，《五經正義》的民本思想內容更為豐滿。在經典文本上，《五經正義》集前代之大成，融《五經》為一體。僅《尚書正義》就囊括了《大禹謨》的「德惟善政，政在養民」、《五子之歌》的「民惟邦本，本固邦寧」、《皋陶謨》的「在知人，在安民」、《益稷》的「烝民乃粒，萬邦

〔註 137〕《周易正義》卷七《繫辭上》。
〔註 138〕《禮記正義》卷一《曲禮上》。
〔註 139〕《禮記正義》卷五十《哀公問》。
〔註 140〕《貞觀政要》卷八《刑法》。
〔註 141〕《貞觀政要》卷三《擇官》。
〔註 142〕《貞觀政要》卷一《政體》。
〔註 143〕《貞觀政要》卷八《務農》。
〔註 144〕《隋書》卷六十八《史臣曰》。
〔註 145〕《貞觀政要》卷八《辯興亡》。

作乂」、《湯誓》的「桀有昏德，天命誅之」、《仲虺之誥》的「懋昭大德，建中於民」、《湯誥》的「惟皇上帝，降衷於下民」、《太甲》的「民罔常懷，懷於有仁」、《咸有一德》的「惟天祐於一德，惟民歸於一德」、《盤庚》的「罔不惟民之承」、《說命》的「不惟逸豫，惟以亂民」、《畢命》的「道洽政治，澤潤生民」等。孔穎達運用自然本體和倫理本位相結合的道論論證他的政治思想，因而在民本思想哲理化方面也多有超越前人的理論貢獻〔註146〕。

在對天人關係的認識上，唐太宗的認識與傳統天人感應觀念背道而馳，極富理性主義態度，主張是人而不是天決定人們的命運。即位不久各地不時奏報祥瑞和凶兆，他駁斥道：「安危在於人事，吉凶繫於政術。若時主肆虐，嘉貺未能成其美；如治道休明，庶徵不能致其惡。」〔註147〕再如貞觀五年（631），有司上書言：「皇太子將行冠禮，宜用二月爲吉，請追兵以備儀注。」唐太宗曰：「今東作方興，恐妨農事。」令改用十月。太子少保蕭瑀奏言：「準陰陽家，用二月爲勝。」太宗曰：「陰陽拘忌，朕所不行。若動靜必依陰陽，不顧理義，欲求福祐，其可得乎？若所行皆遵正道，自然常與吉會。且吉凶在人，豈假陰陽拘忌？農時甚要，不可暫失。」〔註148〕魏徵也主張：「禍福相倚，吉凶同域，惟人所召，安可不思？」〔註149〕孔穎達亦贊同「吉凶由行，不由卜筮，人修德行不可純信卜筮」〔註150〕，他接受道家、玄學「大道爲本」、「天道自然」的思想，以自然之「道」爲最高範疇，高舉「大道爲本」的旗幟，抗拒天人感應論的流弊。對於天人感應、天譴之論，孔穎達並未不加分析、盲目地信服，而是對之作了自己的理性分析：「天道深遠，有時而驗，或亦人之禍釁，偶相逢，故聖人得因其變常，假爲勸誡。知達之士，識先聖之幽情；中下之主，信妖祥以自懼。但神道可以助教，不可專以爲教。神之則惑眾，去之則害宜。故其言若有若無，其事若信若不信，期於大通而已。」〔註151〕

此外，《五經正義》中其他的政治道德思想如廣開言路、納諫導諫、中正執法、任人唯賢、知人善任，勤廉節儉，等等，都可以在唐太宗君臣的執政

〔註146〕張分田：《民本思想與中國古代統治思想》（上），第581頁。
〔註147〕《唐會要》卷二十八《祥瑞》。
〔註148〕《貞觀政要》卷八《務農》。
〔註149〕《貞觀政要》卷八《刑法》。
〔註150〕《春秋左傳正義》卷九《莊公二十二年》。
〔註151〕《春秋左傳正義》卷四十四《昭公七年》。

理念和政治實踐中得到印證，不再一一贅述。

雖然《五經正義》是由以孔穎達爲首的名儒完成的，貞觀治世是由以唐太宗爲首的政治家踐履的，但在維護政治統治秩序的目的、效果和功能上可謂殊途並無二致，呈現出一幅由政治實踐引發思想理論，再由思想理論指導政治實踐的理論與實踐互構、思想與社會互動的理想圖景。首先就其時代要求來講，唐代正是中國古代社會政治由分裂走向統一，並進入鼎盛的時期，這是《五經正義》編撰的政治根源和主要動力之一。其次從唐太宗的角度來講，他親眼目睹了隋朝的速亡，深知天之位，失之易而得之難，守之更難，所以在政治上勵精圖治，思想上兼綜孔、老，並撰有《帝範》、《金鏡》、《民可畏論》等政治論著。儘管《五經正義》的撰修在貞觀之治的後期才基本完成，高宗時正式頒布，但在具體撰修過程中，其思想理念還是對唐太宗執政有潛移默化的影響，甚至加強了他對政治道德的認同，從而促使其比較堅定地踐履這些政治道德規範。唐太宗下令編撰的《五經正義》，可以說其政治道德思想理論來源於政治實踐，又制導現實政治實踐。最後就孔穎達本人而言，他時跨隋末唐初，對改朝換代的歷史進程中君德在政治中的地位和作用有著深刻的認知。於是在撰修《五經正義》時，他從不放過每一個可以發揮君德論的機會，把《五經正義》幾乎變成了君德大全。《五經正義》的政治道德思想與唐太宗貞觀治世的執政理念的不謀而合，絕不是偶然的。

結　語

《五經正義》是第一部比較系統的官修經學著作。這部經典注疏由唐太宗欽命、孔穎達主持、一批當代名儒共同編纂。《五經正義》由國家詔令頒行，是唐代學校教育標準教材。《五經正義》不僅是隋唐之際主流儒學的典型代表，也是唐代官方儒學的主要載體，還是流傳久遠的儒家經典標準讀本之一。這部書博採眾說，自成一體，在哲學思想、政治思想、經學思想、文學思想、訓詁義疏思想及教育思想方面多有建樹，它將儒家經典的各種思想命題和思路進一步融會貫通，使儒家學說更加系統、更加完整，在儒學發展史上佔有繼往開來的重要的地位〔註1〕。

《五經正義》政治道德思想圍繞政治道德之源、政治道德之本、政治道德之用、政治道德之道、政治道德之德等問題進行了系統闡述，不僅有源流之分，亦有本用之別，更有道德之異，涉及政治哲學、政治原則、政治關係、爲政之道、君德、臣道、民規等方方面面。概言之，《五經正義》政治道德理論具有兩方面突出特色。

其一，自然本體與倫理本位相結合。

魏晉南北朝正處在從兩漢到唐宋的過渡時期。這個時期政治思想演變的大趨勢是從兩漢時期的神秘主義泛濫，轉化爲唐宋時期的功德意識凸顯。到唐宋，天道自然論在學術界逐步佔據了主流地位。天道自然思潮，集中表現爲有唐一代的大批著名學者，從哲學和歷史的角度，批判乃至否定天人感應、讖緯符瑞之學。這一思潮使儒學逐漸褪去了兩漢經學的荒誕神秘色彩。

〔註1〕本小節寫作思路深受張分田《民本思想與中國古代統治思想》中相關問題研究的啓發，第260～273頁。

從此作爲「自然之理」的「天」取代了作爲「百神之大君」的「天」，自然化的「道」（天道、天理）成爲正統儒學的最高範疇和終極依據。孔穎達接受道家、玄學「大道爲本」、「天道自然」的思想，以儒家學說爲宗本，充分吸收道家、玄學的哲學思辨成果，將「自然」之道與「倫理」之道緊密地結合在一起。他奉唐太宗之命，主持編纂《五經正義》，把《周易》的王弼注納入其中，並親自主筆《周易正義》，其劃時代的意義亦可從中窺其一斑。與漢代董仲舒的學說加以比較，可以發現，漢儒以天爲「百神之大君」，一切法則取決於天神。在理論上，「天」凌駕於「道」之上，以神聖之「天」爲一切原則的本源，聲稱「道之大原出於天，天不變道亦不變」〔註 2〕，而孔穎達則以自然之「道」爲最高範疇，高舉「大道爲本」的旗幟，抗拒天人感應論的流弊。對於天人感應、天譴之論，孔穎達作了自己的理性分析：「天道深遠，有時而驗，或亦人之禍釁，偶相逢，故聖人得因其變常，假爲勸誡。知達之士，識先聖之幽情；中下之主，信妖祥以自懼。但神道可以助教，不可專以爲教。神之則惑眾，去之則害宜。故其言若有若無，其事若信若不信，期於大通而已。」〔註 3〕這在政治哲學上是有明顯區別的。《五經正義》是唐代欽定的經典注疏和官學教材，這表明統治思想開始正式把「天道自然」、「自然之理」作爲自己的哲學基礎。《五經正義》將宇宙本體、自然法則、最高道德規範和基本政治原則有機地融合爲一體。

其二，「道」「德」相須，比翼雙飛。

任何政治道德體系都是由一系列基本原則、範疇和具體規範構成。政治道德的基本原則總是從根本上論證其所維護的政治體系、政治制度的合理性、合法性和永恆性，並制導政治主體具體的政治道德範疇及規範。而政治道德的具體規範則以政治道德的基本原則爲根據，多層次、全方位地規範、制約政治主體的政治行爲，使其遵守必要的道德準則和要求。因此，政治道德的基本原則是特定的政治道德體系的根本和核心。在《五經正義》中，道與德是一對相輔相成的範疇，猶如一個硬幣的兩面，共同維繫政治體系的穩定運轉。大體而言，道側重論證君權至上和一般政治原則，而德重點突出君德、君道立論，強調調整王權、規範王權的必要性，對臣道、民規亦有所論及，二者相須並濟、相互雜糅、彼此襄助。孔穎達認爲君主的起源及政治的

〔註 2〕《漢書》卷五十六《董仲舒傳》。
〔註 3〕《春秋左傳正義》卷四十四《昭公七年》。

建構運行法則都由「道」決定。「道」見諸政治就是治國之道、爲君之道，其主旨有君權至上、君臣相須、以民爲本、敬奉天道、禮洽天時、大中之道、禮樂相成、仁義相輔、克庸敬德、重愼刑罰、一張一弛、居安思危等。概言之，即「斷天地，理人倫，而明王道」〔註 4〕。《五經正義》把許多道德命題歸之於君主，突出以君德立論，並從理論上闡明道與德、德與政、君與德的循環論證體系。君德的名目繁多，諸如體道行德、誠信公平、謙恭謹愼、虛懷納諫、愼始愼終、愼言愼微、勤敬職守，切忌妄自尊大、驕奢淫逸等。唐代君道理論成熟的主要標誌是：在充分肯定君權至上的前提下，重點討論制約乃至限制君權的各種社會政治因素及君主應對的方略和具體措施。這就從理論上爲君權的行使提出了系統的規範，並把民本論、君臣一體論、法制論、諫議論等政治調節理論及相應的治國方略發展到新的高度〔註 5〕。《五經正義》政治道德思想突出特點是對君德君道頗費筆墨，論述尤多，可以說正是唐代君道理論成熟的一個具體而生動的印證。《五經正義》以道、德涵蓋政治哲學、制度原理、政治關係、政治原則及各種政治規範和道德規範，從而以道、德爲核心，構成了系統而又完整的政治道德理論體系。

綜觀《五經正義》政治道德思想體系，明顯具有綜合性、系統性、實踐性、典範性特徵。

《五經正義》極具綜合性，包括《周易正義》（王弼、韓康伯注）、《尚書正義》（孔安國注）、《毛詩正義》（毛亨傳、鄭玄箋）、《禮記正義》（鄭玄注）和《春秋左傳正義》（杜預注），可謂採百家言，兼王霸術，將一切有益於帝王統治的思維成果融爲一爐。這部經典注疏由唐太宗欽命，孔穎達主持，一批當代名儒共同編纂，其注疏論證緊緊圍繞帝王君主這個中心，調融南北，廣徵博引，薈萃諸家，以孔、老爲主，兼蓄佛、道，將儒家經典的各種思想命題和思路進一步融會貫通，自成體系，使儒家學說更加系統、更加完整，在很大程度上將儒家經學統而爲一，是第一部比較系統的官修經學著作，在學術上顯示了兼容並包的盛唐氣象。尤其值得指出的是，孔穎達在採選經典文本時，將原本屬於《僞古文尚書》的篇章正式納入《尚書正義》，擴充了經文範圍，於是這些篇章所記述的思想也具有了官方認可的「經」的地位與屬性。在經學史上，《孔傳古文尚書》的問世是一個影響深遠的歷史事件。東晉

〔註 4〕《周易正義》卷首《論易之三名》。
〔註 5〕張分田：《民本思想與中國古代統治思想》（上），第 262 頁。

初期，豫章內史梅賾獻給朝廷一部《古文尚書》，共五十八篇，題爲孔安國傳。這部《古文尚書》雖被後人證僞，卻集以往《尚書》學之大成，是一部經學的傑作。它對儒家的聖道王功、君臣之義和民本思想有系統的闡釋，爲儒家後學的相關思想提供了重要的經典依據。孔穎達的《尚書正義》便採納了東晉以來的這個通行本。從此以後，它被絕大多數讀書人奉爲正經正注，一直是影響最大的《尚書》讀本，它爲研究這個時期的官方學說和社會普遍意識提供了可靠的史料。

《五經正義》極具系統性，其內容包羅萬象，博綜古今，義理該洽，在哲學、政治、倫理、文學、注疏及教育方面頗有建樹，內容和體系非常完備。在涉及政治道德規範的各個方面，以政治道德的源流、本用、道德爲理論架構，圍繞君與天、君與民、君與臣、君與德、君與諫、君與法等一系列政治哲學、政治原則、政治取向、政治關係、爲政之道、爲君之德等理論問題展開討論，形成了以君主自我調節理論爲重點的政治道德思想體系，把君主控制社會的剛性手段同調節政治的柔性手段有機結合在一起。

《五經正義》極具實踐性，即具有可操作性。唐代正是中國古代社會政治由分裂走向統一，並進入鼎盛的時期，這是《五經正義》編撰的政治背景和主要動力。唐太宗親眼目睹了隋朝的速亡，他深知：「成遲敗速者，國之基也；失易得難者，天之位也。可不惜哉！可不愼哉！」〔註6〕「秦始皇平六國，隋煬帝富有四海，既驕且逸，一朝而敗，吾亦何得自驕也？言念於此，不覺惕焉震懼！」〔註7〕唐太宗深刻認識到「君依於國，國依於民」〔註8〕的道理，強調「民者國之先，國者君之本」〔註9〕，在政治上勵精圖治，思想上兼綜孔、老，並撰有《帝範》、《金鏡》、《民可畏論》等政治論著，從而在思想上奠定了唐代君主政治的規模和取向。他下令編撰的《五經正義》既是儒學發展史上的里程碑，又是唐代統治思想的代表作。《五經正義》注重實踐運用，強調致用思想，其政治道德思想既不是無所憑依的主觀想像，也不是虛無縹緲的烏托邦，其面對現實的內容大多具有可操作性，其超越現實的內容也大多源於現存秩序的昇華。唐太宗不僅以自己對爲君之道的深刻體認制導經典注

〔註6〕《唐太宗集·帝範後序》。

〔註7〕《貞觀政要》卷十《災祥》。

〔註8〕《資治通鑒》卷一百九十二，高祖武德九年。

〔註9〕《唐太宗集·帝範·君體》。

疏，詔令孔穎達主持編纂《五經正義》，而且自覺躬行《五經正義》中的政治道德思想，努力踐履有關君主的各種爲政之道和政治規範，從而打開了大唐盛世的局面。思想與社會有機互動，「貞觀治世」本身就是這一認識的政治成果。可以說，《五經正義》的政治道德思想理論來源於政治實踐，又面向政治現實，具有實用性和實效性。

《五經正義》極具典範性。它既是隋唐之際主流儒學的典型代表，也是唐代官方儒學的主要載體，《五經》及《五經正義》對唐代官僚群體、士人群體的政治意識有極其深刻的影響，柳宗元等著名思想家把它們視爲「取道之原」〔註 10〕，其自然天道論、大中之道、生人之道顯然受到《五經正義》的影響，有些言論直接取材於該書。《五經正義》政治道德理論行之有效，是開創「貞觀之治」、「開元之治」等王朝盛世的思想基礎，因此備受推崇。吳兢在《貞觀政要》序中說道：「太宗時，政化良足可觀，振古而來，未之有也。至於垂代立教之美，典謨諫奏之詞，可以宏闡大猷，增崇至道者。」於是，編撰《貞觀政要》，輯錄當時的君臣對話、朝堂議政、臣子諫疏等治國要道，揭示了「貞觀治世」的形成過程。唐宋以降這個《五經》版本及其注疏被奉爲儒家經典的標準文本和權威性注疏，馬宗霍謂：「自《五經正義》出，而後經義無異說。每年明經，依此考試，天下士民，奉爲圭臬。蓋自漢以來，經學統一，未有若斯之專且久也。」〔註 11〕後來收錄於《十三經注疏》。

總而言之，無論在經學思想史上，還是在政治思想史上，《五經正義》都具有繼往開來、承上啓下的重要歷史地位。

首先，《五經正義》承南北經學分立之後，總結漢代以來的經學成果，統一儒家經典的文本、文字和注釋，在很大程度上將儒家經學統而爲一，掃清天人感應論的流弊，改變儒學形象，增強了儒學的統一性和凝聚力。

其次，《五經正義》吸收道家、玄學的思維成果，以道即自然論弱化天人感應論，提出自然本體與倫理本位相結合的道論，使其政治思想體系化、哲理化，初步實現了官方儒學的哲學轉型。

再次，《五經正義》既重訓詁，又不廢義理，義疏兼具訓詁詮釋、闡明義理和經世致用的成分，可謂發明義例、考辨意旨，自下新義，上承漢學，下

〔註 10〕柳宗元：《柳河東全集》卷三十四《答韋中立論師道書》。

〔註 11〕馬宗霍：《中國經學史》第九篇《隋唐之經學》，上海：上海書店 1984 年影印本。

啓宋學，不僅從理論上闡明了以禮仁爲中心的治國之道，還在方法上爲從漢學向宋學過渡作了準備，尤爲宋人疑古開新之先導。唐朝以後，不少王朝都有彙編儒家經典的舉措，如宋朝的「十三經」、明朝的《四書大全》、清朝的《十三經注疏》、《四庫全書》等。無論官方儒學還是私家儒學，都將經典注疏作爲立論的基礎，儒家的經典意義不斷被發掘、闡釋、重建。

最後，《五經正義》在政治上繼漢代「罷黜百家，獨尊儒術」之後，再次確認儒家學說作爲統治思想的崇高地位，使之成爲官方正統的指導思想，僅從其名目「正義」亦不難看出其官方正統色彩。《五經正義》由國家詔令頒行，成爲唐代學校教育標準教材。唐代國子學設五經博士，各級學校教育，除專科性質者外，均以《五經正義》爲課本，更是科舉明經考試的依據，其影響延及五代、北宋。《五經正義》在刻畫時代精神風貌方面發揮著重大作用，對有唐一代及至五代、北宋時期的官僚士人的政治思想和政治意識有著廣泛而深刻的影響〔註 12〕。值得注意的是，後來成爲宋明理學核心內容的一些概念、範疇和命題在孔穎達的學說中已經開始凸顯，如天理人慾、居安思危、性善情惡、中庸之德、修養論及道論，等等。

需要指出的是，《五經正義》政治道德思想不是無所憑依的主觀想像，其面對現實的內容大多具有可操作性，不僅集中體現了傳統政治思維的特質和特點，還蘊涵若干超越時代的政治價值和普遍意義。現實世界中，政治只要涉及人，就不會超越道德價值而存在。任何有關政治（包括政治制度、政治形式、政治行爲等）的闡述，背後都會預設一種道德理念、觀點、立場。道德之於政治，其重要性就在於對政治的評判、規範、調整、制約。《五經正義》政治道德思想以規範政治行爲、制約政治權力、調節政治關係、評判政治利弊爲主要導向和重要功能，其有關治國之道、爲君之道、政治關係以及君德、臣道、民規等問題意識蘊涵的道德價值理念極具強烈的批判精神和規範功能，包含了諸多的理性成分和政治智慧，特別是一些具有普遍適用性的操作理念和指導原則，如居安思危、與時俱進、廣開言路、問政於民、利民恤民、勤政清廉、格物修身、誠信守法等，其基本思路符合政治道德建設的一般規律。

〔註 12〕劉澤華主編：《中國政治思想史·隋唐宋元明清卷》，第 150 頁。

參考文獻

1. 《周易正義》，《十三經注疏》本，北京：中華書局1980年版。
2. 《尚書正義》，《十三經注疏》本，北京：中華書局1980年版。
3. 《毛詩正義》，《十三經注疏》本，北京：中華書局1980年版。
4. 《禮記正義》，《十三經注疏》本，北京：中華書局1980年版。
5. 《春秋左傳正義》，《十三經注疏》本，北京：中華書局1980年版。
6. 《論語注疏》，《十三經注疏》本，北京：中華書局1980年版。
7. 《孟子注疏》，《十三經注疏》本，北京：中華書局1980年版。
8. 《孝經注疏》，《十三經注疏》本，北京：中華書局1980年版。
9. 《莊子集解》，《諸子集成》本，北京：中華書局1954年版。
10. 《列子注》，《諸子集成》本，北京：中華書局1954年版。
11. 《荀子集解》，《諸子集成》本，北京：中華書局1954年版。
12. 《商君書》，《諸子集成》本，北京：中華書局1954年版。
13. 《韓非子集解》，《諸子集成》本，北京：中華書局1954年版。
14. 《管子校正》，《諸子集成》本，北京：中華書局1954年版。
15. 《呂氏春秋》，《諸子集成》本，北京：中華書局1954年版。
16. 《國語》，《國語集解》本，北京：中華書局2002年版。
17. 孔安國等：《孔子家語》，上海：上海古籍出版社1990年版。
18. 戴德：《大戴禮記》，《大戴禮記解詁本》，北京：中華書局1983年版。
19. 董仲舒：《春秋繁露》，《春秋繁露義證》本，北京：中華書局1992年版。
20. 班固：《漢書》，北京：中華書局1962年版。
21. 范曄：《後漢書》，北京：中華書局1965年版。
22. 賈思勰：《齊民要術》，文淵閣四庫全書本。

23. 魏徵等：《隋書》，北京：中華書局 1973 年版。
24. 《唐太宗集》，吳雲、冀宇編輯校注，西安：陝西人民出版社 1986 年版。
25. 《唐律疏議》，文淵閣四庫全書本。
26. 《唐六典》，文淵閣四庫全書本。
27. 《貞觀政要集校》，吳兢撰，謝保成集校，北京：中華書局 2003 年版。
28. 杜佑：《通典》，北京：中華書局 1988 年版。
29. 柳宗元：《柳河東全集》，北京：中國書店 1991 年版。
30. 韓愈：《韓昌黎文集》，《韓昌黎文集校注》本，上海：上海古籍出版社 1998 年版。
31. 劉昫：《舊唐書》，北京：中華書局 1975 年版。
32. 《唐會要》，文淵閣四庫全書本。
33. 歐陽修等：《新唐書》，北京：中華書局 1975 年版。
34. 司馬光：《資治通鑒》，北京：中華書局 1956 年版。
35. 《冊府元龜》，北京：中華書局 1960 年版。
36. 程頤：《周易程氏傳》，王孝魚點校，北京：中華書局 2011 年版。
37. 蘇軾：《東坡志林》，北京：中華書局 1981 年版。
38. 楊萬里：《誠齋易傳》，文淵閣四庫全書本。
39. 朱熹：《朱子語類》，北京：中華書局 1994 年版。
40. 陸九淵：《陸九淵集》，北京：中華書局 1980 年版。
41. 馬端臨：《文獻通考》，文淵閣四庫全書本。
42. 《三事忠告 薛文清公從政錄》，叢書集成初編本，北京：商務印書館 1936 版。
43. 徐光啓：《農政全書》，北京：中華書局 1956 年版。
44. 顧炎武：《日知錄》，《日知錄集釋》本，上海：上海古籍出版社 1985 年版。
45. 《全唐文》，北京：中華書局 1983 年版。
46. 段玉裁：《說文解字注》，成都：成都古籍書店 1981 年版。
47. 皮錫瑞：《經學歷史》，北京：中華書局 2004 年版。
48. 安敏：《孔穎達〈春秋左傳正義〉研究》，長沙：嶽麓書社 2009 年版。
49. 陳少峰：《中國倫理學史》，北京：北京大學出版社 1996 年版。
50. 陳剩勇：《中國第一王朝的崛起——中華文明和國家起源之謎破譯》，長沙：湖南出版社 1994 年版。
51. 樊浩：《中國倫理精神的歷史建構》，南京：江蘇人民出版社 1992 年版。

52. 馮天瑜等：《中華文化史》，上海：上海人民出版社 1990 年版。
53. 馮天瑜：《人文論衡》，武漢：武漢出版社 1997 年版。
54. 馮友蘭：《中國哲學史》下冊，北京：中華書局 1984 年版。
55. 葛荃：《中華文化通志》第 5 典《教化與禮儀・政德志》，上海：上海人民出版社 1998 年版。
56. 葛兆光：《中國思想史》三卷本，上海：復旦大學出版社 2001 年版。
57. 郭沫若：《中國古代社會研究》，北京：人民出版社 1964 年版。
58. 侯外廬：《中國思想通史》五卷本，北京：人民出版社 1959 年版。
59. 金耀基：《中國民本思想史》，臺北：臺灣商務印書館 1993 年版。
60. 勞思光：《新編中國哲學史》三卷本，桂林：廣西師範大學出版社 2005 年版。
61. 李憲堂：《先秦儒家專制主義精神》，北京：中國人民大學出版社 2003 年版。
62. 李澤厚：《中國古代思想史論》，北京：人民出版社 1985 年版。
63. 梁啓超：《先秦政治思想史》，上海：上海書店 1992 年版。
64. 梁治平：《尋求自然秩序中的和諧》，北京：中國政法大學出版社 1997 年版。
65. 劉建軍：《中國現代政治的成長》，天津：天津人民出版社 2003 年版。
66. 劉澤華：《中國政治思想史集》，北京：人民出版社 2008 年版。
67. 劉澤華：《中國政治思想史》三卷本，杭州：浙江人民出版社 1996 年版。
68. 劉澤華：《中國的王權主義》，上海：上海人民出版社 2000 年版。
69. 劉澤華：《中國古代政治思想史》，天津：南開大學出版社 1992 年版。
70. 劉澤華：《中國傳統政治思想反思》，北京：三聯書店 1987 年版。
71. 劉澤華主編：《中國傳統政治思維》，長春：吉林教育出版社 1991 年版。
72. 劉澤華、張分田主編：《政治學說簡明讀本》，天津：南開大學出版社 2001 年版。
73. 羅國傑主編：《中國傳統道德》五卷本，北京：中國人民大學出版社 1995 年版。
74. 呂思勉：《呂思勉讀史箚記》，上海：上海古籍出版社 1982 年版。
75. 馬宗霍：《中國經學史》上海：上海書店 1984 年影印本。
76. 龐樸：《儒家辯證法研究》，北京：中華書局 1984 年版。
77. 瞿同祖：《瞿同祖法學論著集》，北京：中國政法大學出版社 1998 年版。
78. 任繼愈主編：《中國哲學史》，北京：人民出版社 1966 年版。

79. 任繼愈主編:《中國哲學發展史》多卷本,北京:人民出版社 1983～1994 年版。
80. 任劍濤:《倫理政治研究——從早期儒學視角的理論透視》,長春:吉林出版集團有限責任公司 2007 年版。
81. 薩孟武:《儒家政論衍義——先秦儒家政治思想的體系及其演變》,臺北:東大圖書有限公司 1982 年版。
82. 薩孟武:《中國政治思想史》,臺北:三民書局 1980 年版。
83. 申屠爐明:《孔穎達 顏師古評傳》,南京:南京大學出版社 2006 年版。
84. 《唐太宗與貞觀之治論集》,西安:陝西人民出版社 1982 年版。
85. 田廣清:《和諧論——儒家文明與當代社會》,北京:中國華僑出版社 1998 年版。
86. 王處輝主編:《中國社會思想史》,天津:南開大學出版社 2000 年版。
87. 韋政通:《中國的智慧》,北京:中國和平出版社 1988 年版。
88. 韋政通:《中國思想史》上下卷,上海:上海書店出版社 2003 年版。
89. 蕭公權:《中國政治思想史》上下冊,臺北:聯經出版事業公司 1996 年版。
90. 蕭萐父、李錦全主編:《中國哲學史綱要》,北京:外文出版社 2000 年版。
91. 肖群忠:《君德論——〈貞觀政要〉研究》,蘭州:甘肅人民出版社 1995 年版。
92. 謝維揚:《中國早期國家》,杭州:浙江人民出版社 1995 年版。
93. 謝无量:《中國哲學史》,北京:中華書局 1940 年版。
94. 虞崇勝:《政治文明論》,武漢:武漢大學出版社 2003 年版。
95. 張岱年:《中國哲學大綱》,北京:中國社會科學出版社 1982 年版。
96. 張寶三:《五經正義研究》,臺灣大學中國文學研究所博士論文,1992 年。
97. 張分田:《民本思想與中國古代統治思想》上下卷,天津:南開大學出版社 2009 年版。
98. 張分田:《中國帝王觀念——社會普遍意識中的「尊君－罪君」文化範式》,北京:中國人民大學出版社 2004 年版。
99. 張分田、蕭延中:《中華文化通志·學術典·政治學誌》,上海:上海人民出版社 1998 年版。
100. 張鴻:《孔穎達》,昆明:雲南教育出版社 2009 年版。
101. 張豈之主編:《中國思想史》,西安:西北大學出版社 1989 年版。
102. 張錫勤:《中國傳統道德舉要》,哈爾濱:黑龍江大學出版社 1996 年版。

103. 張錫勤主編：《中國倫理思想通史》，哈爾濱：黑龍江教育出版社 1992 年版。
104. 鍾泰：《中國哲學史》，臺北：臺灣商務印書館股份有限公司 1979 年版。
105. 朱義祿、張勁：《中國近現代政治思潮研究》，上海：上海社會科學院出版社 1998 年版。
105. 《馬克思恩格斯選集》，北京：人民出版社 1972 年版。
106. 《馬克思恩格斯全集》，北京：人民出版社 1960 年版。
107. 野間文史：《五經正義の研究：その成立と展開》，東京：研文出版社 1998 年版。
108. 艾爾曼：《從理學到樸學——中華帝國晚期思想與社會變化面面觀》，趙剛譯，南京：江蘇人民出版社 1997 年版。
109. 艾爾曼：《經學、政治和宗族——中華帝國晚期常州今文學派研究》，趙剛譯，南京：江蘇人民出版社 1998 年版。
110. 本田成之：《中國經學史》，孫俍工譯，北京：中華書局 1935 年版。
111. 崔瑞德編：《劍橋中國隋唐史》，北京：中國社會科學出版社 1990 年版。
112. 格雷厄姆・沃拉斯：《政治中的人性》，朱曾汶譯，杭州：浙江人民出版社 1988 年版。
113. 康德：《歷史理性批判文集》，何兆武譯，北京：商務印書館 1990 年版。
114. 加布里埃爾・A・阿爾蒙德等：《比較政治學：體系、過程和政策》，曹沛霖等譯，上海：上海譯文出版社 1987 年版。
115. 列奧・斯特勞斯等：《政治哲學史》，李天然等譯，石家莊：河北人民出版社 1993 年版。
116. 孟德斯鳩：《論法的精神》，張雁深譯，北京：商務印書館 2002 年版。
117. 喬納森・H・特納：《社會學理論的結構》，吳曲輝等譯，杭州：浙江人民出版社 1987 年版。
118. 希爾斯：《論傳統》，傅鏗、呂樂譯，上海：上海人民出版社 1991 年版。
119. 雅斯貝爾斯：《歷史的起源與目標》，魏楚雄、俞新天譯，北京：華夏出版社 1989 年版。
120. 亞里士多德：《政治學》，吳壽彭譯，北京：商務印書館 1965 年版。
121. 安敏：《孔穎達主編〈五經正義〉的個人準備》，《陰山學刊》2009 年第 2 期。
122. 安敏：《〈新唐書〉〈舊唐書〉中的〈孔穎達傳〉辨異》，《淮北煤炭師範學院學報》2009 年第 4 期。
123. 艾爾曼：《美國中國思想史研究的新展望》，載《慶祝楊向奎先生教研六十年論文集》，石家莊：河北教育出版社 1998 年版。

124. 陳冠明：《孔穎達年譜略稿》，載《中華傳統文化與新世紀國際學術研討會論文集》，2001 年。
125. 陳冠明：《孔穎達世系及入唐前行實考》，《陰山學刊》2003 年第 5 期。
126. 陳瑛：《政德——政權興亡的生命線》，《倫理學研究》2004 年第 2 期。
127. 董敏志：《政治道德：本質、功能與選擇》，《社會科學》1998 年第 2 期。
128. 龔鵬程：《〈周易正義〉之編撰》，《周易研究》2006 年第 4 期。
129. 郭志坤：《以古爲鏡，可知興替》，載《唐太宗與貞觀之治論集》，西安：陝西人民出版社 1982 年版。
130. 郭繼汾：《孔穎達思想略論》，《河北學刊》1989 年第 3 期。
131. 胡寶華：《從「君臣之義」到「君臣道合」——論唐宋時期君臣觀念的發展》，《南開學報》2008 年第 3 期。
132. 霍松林：《「詩述民志」——孔穎達詩歌理論初探》，《文藝理論研究》1981 年第 1 期。
133. 劉後濱：《從貞觀之治看中國古代政治傳統中的治世與盛世》，《北京聯合大學學報》2003 年第 2 期。
134. 劉敏：《通經明史的孔穎達》，《歷史教學》2000 年第 10 期。
135. 劉玉建：《論唐代易學名家孔穎達的易象觀》，《社會科學戰線》2004 年第 3 期。
136. 劉玉建：《漢魏易學的紹承、超越與開新——孔穎達新型易學理論體系的建構》，《周易研究》2007 年第 6 期。
137. 劉澤華、張分田：《孔穎達的道論與治道》，《孔子研究》1991 年第 3 期。
138. 劉澤華：《開展思想與社會互動的整體研究》，《歷史教學》2001 年第 8 期。
139. 劉澤華、張分田：《開展統治思想與民間社會意識互動研究》，《天津社會科學》2004 年第 3 期。
140. 馬嘯原：《論政治的道德化和道德的政治化》，《思想戰線》1994 年第 3 期。
141. 倪淑娟：《〈周易正義〉的注疏特色》，《周易研究》2010 年第 5 期。
142. 潘忠偉：《〈五經正義〉與北朝經學傳統》，《哲學研究》2008 年第 5 期。
143. 潘忠偉：《從〈周易正義〉看貴無、崇有、獨化三說之融合——試論孔穎達學派與玄學的關係問題》，《哲學研究》2007 年第 3 期。
144. 彭定光：《論政治道德的定位》，《倫理學研究》2007 年第 3 期。
145. 喬東義：《孔穎達儒學思想的異質性考論》，《學術月刊》2007 年第 6 期。
146. 喬東義：《孔穎達美學思想發微》，《哲學動態》2010 年第 3 期。

147. 喬東義：《由經學詮釋到美學詮釋——對孔穎達詮釋學思想的一種考察》，《哲學動態》2009 年第 4 期。

148. 秦學頎：《從〈五經正義〉到〈五經大全〉——關於唐、明二代經學統一的比較》，《孔子研究》2002 年第 1 期。

149. 任劍濤：《道德與中國傳統政治的合法性》，《華中師範大學學報（人文社會科學版）》2005 年第 1 期。

150. 施向峰：《政治道德之學理透析》，《道德與文明》2008 年第 1 期。

151. 施元湘、朱法貞：《論政治的倫理意蘊》，《杭州大學學報》1994 年第 4 期。

152. 孫良明：《古籍譯注樹立語境觀的重要性——談孔穎達的「文勢」說》，《古籍整理研究學刊》1992 年第 5 期。

153. 宋開素：《孔穎達易學思想研究》，《周易研究》1995 年第 4 期。

154. 萬俊人：《「德治」的政治倫理視角》，《學術研究》2001 年第 4 期。

155. 萬俊人：《政治倫理及其兩個基本向度》，《倫理學研究》2005 年第 1 期。

156. 萬俊人：《公共性的政治倫理理解》，《讀書》2009 年第 12 期。

157. 王海英：《孔穎達〈五經正義〉與唐代文論》，《中國文學研究》2001 年第 2 期。

158. 王曉平：《京都市藏唐抄本〈毛詩正義秦風殘卷〉研究》，《天津師範大學學報》2005 年第 5 期。

159. 肖群忠：《論政治權術與政治道德的關係》，《齊魯學刊》1996 年第 1 期。

160. 謝建忠：《論〈毛詩正義〉對李益詩歌的影響》，《文學遺產》2006 年第 1 期。

161. 謝建忠：《論孔穎達與唐詩》，《文學評論》2007 年第 3 期。

162. 許紀霖：《爲何權力代替了權威——辛亥革命百年反思》，《天津社會科學》2011 年第 5 期。

163. 楊雅文：《孔穎達的教育思想》，《煙台師範學院學報》1994 年第 1 期。

164. 楊乃喬、李麗琴：《唐代經學闡釋學與兩種文學觀念的悖立——兼論《五經正義》的闡釋學方法與原則》，《學術月刊》2009 年第 4 期。

165. 張克賓：《論孔穎達「備包有無」的易道觀》，《周易研究》2006 年第 2 期。

166. 張分田：《貞觀君臣法理理論剖析》，《歷史教學》1990 年第 4 期。

167. 張分田：《「以法理天下」的君道理論與隋唐法制的政治特徵》，《江西社會科學》2011 年第 4 期。

168. 張分田、孫妍：《儒家經典「庶人之議」的本質屬性與歷史價值》，《人文雜誌》2011 年第 1 期。

169. 張分田：《論中國古代政治調節理論——民本思想在中國古代政治學說中的核心地位》，《天津社會科學》2007 年第 3 期。

170. 張分田：《從理想政治模式的視野研究傳統社會道德建設理論》，《天津社會科學》2008 年第 6 期。

171. 張鴻、張分田：《孔穎達以「道」爲核心的政治教育思想》，《天津師範大學學報》2010 年第 5 期。

172. 張鴻：《孔穎達論人性、王制與君道》，《史學月刊》2011 年第 10 期。

173. 張善文：《略論孔穎達對〈周易〉義理學的拓展》，《福建師範大學學報》1994 年第 1 期。

174. 趙玲：《社會主義社會政治道德的基本內涵及其實現途徑》，《政治學研究》2004 年第 2 期。

175. 趙榮波：《〈周易正義〉的宇宙觀》，《文史哲》2008 年第 4 期。

176. 趙榮波：《從「糾偏」看〈周易正義〉的經學和哲學價值》，《周易研究》2008 年第 3 期。